「新宿の母」が教える

いちばんやさしい

九星方位気学入門

栗原すみ子＝著

ナツメ社

はじめに

私は昭和33年に新宿の街頭で鑑定を始め、ありがたいことに「新宿の母」という名前をちょうだいして、気がついたらもう半世紀以上が経っていました。

長くこの仕事をやってきてわかったのは、誰でも必ず幸せになれるということで、その方法を探し出して教えて差し上げるのが「母」である私の務めだと思っています。

そして、幸せへと導くために、私自身たくさん勉強したなかで最適だなと感じた占いが、「九星方位気学」です。

九星方位気学は、古代中国の陰陽《いんよう》五行説《ごぎょうせつ》と方位術をもとにした古い歴史をもつ占いで、性格や運勢がわかるのはもちろんのこと、吉方位の気を受けることで開運できる方法をもちます。すなわち「あなたはこういう性格ですよ」「こういう運勢ですよ」だけで終わらせるのではなく、「こうすれば幸せになれますよ」と具体的な開運方法をアドバイスできる占いなのです。

本当なら、お一人お一人、直接お目にかかって悩みをお聞きし、「こちらの方位に出かけると開運できます」とお伝えしたいのですが、すべての方にそれをすることは、残念ながら不可能です。

そこで、この本を書かせていただきました。自分なりにわかりやすく書いたつもりですので、どなたでもきっと、幸せへの指針が見つかると思います。

ご自分やご家族の幸せのためにこの本を活用いただけましたら、これ以上の喜びはありません。

新宿の母
栗原すみ子

「新宿の母」が教える いちばんやさしい九星方位気学入門

もくじ

第一章

九星の基本とルール

九《きゅう》星《せい》方《ほう》位《い》気《き》学《がく》の歴史

古代中国で生まれ、日本独自に発展した開運方位術

九星方位気学のことをお話する前に、東洋の占いについて述べましょう。**東洋の占いは大きく3つに分けること**ができます。ひとつは**卜占《ぼくせん》**、もうひとつは**相占《そうせん》**、そして**命占《めいせん》**です。

卜占は、易などのように偶然に現れた数や文字、形を天のメッセージとして受け取り、占いたい事柄の吉凶を読む占いです。

相占とは、手や顔、家屋などの形状から運気を読み取る占いで、手相、人相、家相などがあります。

命占とは、生年月日（時）からその人の運命や宿命を読んだり、未来を予測したりする占いです。

九星方位気学は3つのうちの**「命占」**に当てはまります。

九星方位気学の原型は「奇門遁甲《きもんとんこう》」から

九星方位気学の歴史は、古代中国にさかのぼります。伝説では、夏《か》の国の王「禹《う》」の時代、黄河の支流・洛水《らくすい》に現れた亀の甲羅に、九星方位気学で用いる九星盤（P19で解説する後天定位《こうてんじょうい》盤《ばん》のこと）を意味する紋様が浮かび上がっていたことが起源とされます。

ただしこれは、あくまで伝説です。実際には易の八卦《はっか》や十干十二支《じっかんじゅうにし》、五行《ごぎょう》論などが考案されたのち、戦争に勝つための兵法**「奇門遁甲《きもんとんこう》」**と呼ばれる方位術が生まれ、それが**九星方位気学の原型になった**と考えられています。

奇門遁甲は日本書紀によると、推古《すいこ》天皇の時代602年、百済《くだら》の僧・観勒《かんろく》によって暦の計算方法（暦法）や地相術（風水）などとともに日本に伝えられたとされます。奇門遁甲は国のゆくえを占う国家機関「陰陽寮《おんみょうりょう》」（安倍晴明《あべのせいめい》も陰陽寮で活躍しました）で研究され、

国家の安泰を守るために活用されてきました。そのため、奇門遁甲を用いることができるのは政治にかかわる一部の人だけで、一般には存在すら知られていなかったのです。

それが一般にも活用されるようになったのは、ずっとあとの江戸時代以降。民間の学者たちが難しい理論の奇門遁甲をわかりやすく解説したことが、一般に親しまれるようになった要因です。そして**奇門遁甲**は、その神髄を残しながらも、徐々に**日本オリジナルの方位術**に変化していきます。

これが九星方位気学です。九星方位気学の占い方は、民衆にもわかりやすく、また、日々の暮らしを幸せに導くための占いだったことから、幕末には大いに流行したといいます。

明治時代にひそかに出回った人気の「おばけ暦」

明治に入ると、政府の命により、暦の改変が行われます。それまでの暦（太陰太陽暦）が、現在私たちが使っているグレゴリオ暦＝**太陽暦**に変わったのです。

改暦前までの暦には、暦注と呼ばれるお日柄を見るためのミニ占いや運勢占いが掲載され、それが人気でした（ただし、九星方位気学はまだ掲載されていませんでした）。ところが明治の改暦で、政府は「暦に占いを載せるのは民衆を惑わすもとになる」との理由から占いの掲載を禁じました。

しかし、人々は暦で「今日は吉」「明日は凶」などを占ったりするのが楽しく、また必要に感じていたため、政府発行の暦以外に内緒で暦を作って売り出していました。これを**「おばけ暦」**といいます。おばけ暦は『運勢暦』『開運暦』などの名前で出回り、そのなかに**九星方位気学による運勢占い・方位占い**も掲載され、大いに人気を呼んだといいます。

現代でも九星方位気学を用いた暦が多く出回っていますが、それだけ**九星方位気学が人々の間に浸透した人気がある占い**、といえるのです。

九星方位気学とは何か？

九星の名称の意味

九星方位気学とは、生まれた瞬間の気のエネルギーを**9つに分類**し、あとで解説する五行《ごぎょう》論や易の八卦《はっか》の理論、それらに十干十二支《じっかんじゅうにし》を割り当てて、**運勢や出かける方位の吉凶を占う占術**です。九星には次の9つがあります。

- ◆一白水星（いっぱくすいせい）
- ◆二黒土星（じこくどせい）
- ◆三碧木星（さんぺきもくせい）
- ◆四緑木星（しろくもくせい）
- ◆五黄土星（ごおうどせい）
- ◆六白金星（ろっぱくきんせい）
- ◆七赤金星（しちせききんせい）
- ◆八白土星（はっぱくどせい）
- ◆九紫火星（きゅうしかせい）

【星の意味】

九星には「星」の文字が使われていますが、九星方位気学では東洋の多くの占いがそうであるように、天文上の実際の星を意味していません。あくまで**星は、「気」（エネルギー）や「性情」（性質と心情）を意味するもの**ととらえてください。

【木・火・土・金・水】

九星には一白水星、二黒土星……というように、どの星にも木・火・土・金・水が割り当てられています。これはあとで解説する五行を意味します。**五行とは自然界のすべてを5つの要素に分類する理論**で、古代中国で考案されました（詳しくはP12参照）。

【白・黒・碧・緑・黄・赤・紫】

九星には三碧木星・七赤金星・九紫火星……というように、**それぞれの星に色が割り当てられています。**三碧木星の「碧」は青のことで、五行の木行の色を表します。四緑木星の「緑」も木行の色で、五黄土星の「黄」、六白金星の「白」も、土行＝黄、金行＝白と、五行の色を意味します。ところが一白水星、二黒土星・七赤金星・八白土星・九紫火星は、五行と色が合っていません（五行と色はP12参照）。実は、色についての根拠があきらかになっていないのです。ただし、地球の磁気の色を表現したもの、季節によって移り変わる自然界の色の象徴などの説があることは記しておきましょう。

九星方位気学で占えること

九星方位気学で占えることは多岐にわたります。それを挙げてみましょう。

- ●**性格や体質**
- ●**年単位、月単位、日単位、時間単位の運勢**
- ●**方位の吉凶**

ほかにも景気や事件、災害などの社会問題、国家のゆくえなどを占うことができますが、これらを占うには高度な知識と経験が必要になることから、本書では個人の運勢や方位の吉凶に特化して解説します。

個人を占う場合に必要なのが、本命星や月命星です。

本命星は生まれ年の九星のことで、月命星は生まれ月の九星をいいます。本命星・月命星の求め方は24～25ページを参照してください。

さて、9ページで九星方位気学が人々の間に浸透し、人気の高い占いであることを述べました。では、その理由はどこにあるのでしょう。

「開運」の要素があるところが九星方位気学の長所

性格や体質、運勢、方位の吉凶がわかるなど、多くの事柄を占えることが一番の理由だと思いますが、もちろんそれだけではありません。

九星方位気学のもっとも大きな長所といえるのは、運気を好転させる「開運」要素があることです。

たとえば、現代は職場でも自分が住む地域でも、そして恋人や家族との関係でも、気持ちが分かり合えない、自分のことを理解してもらえないなど、悩むことが多いと思います。そんな場合でも、九星方位気学の人間関係の法則を知ることで人とのつき合いのコツがわかり、関係改善ができるのです。

また、旅行や引っ越し、店の開店など、現在いる場所から移動や移転する機会は多いものですが、そんなときに役立つのが九星方位気学です。

九星方位気学は大気のエネルギーをもとに9分類した星によって構成されていますから、どの方位に旅行すれば、あるいは移転すれば良いかがわかります。

吉方位への移動や移転は、その人がもつ気のエネルギーと、移動・移転先の大気のエネルギーとが良好な関係を結ぶことを意味しますから、吉作用を期待することができます。

さらに、現在の運気があまり思わしくないなどというときには、吉方位へ出かけることで、良い気を取り入れることができ、ひいてはそれが開運につながります。

今よりもっと幸せになりたいと願う人のための占いが、九星方位気学です。本書でその占い方を学んで、幸せを引き寄せてください。

五《ご》行《ぎょう》について

自然界を5分類したものが五行

九星方位気学を学ぶうえで、一番に押さえておきたい法則が五行《ごぎょう》の関係です。

五行は古代中国で生まれた理論で、自然界のすべてのものは5つの要素に分類できると考えました。たとえば、自然界には樹木があり（木行）、太陽やろうそくの明かりがあり（火行）、大地があり（土行）、鉱物があり（金行）、海や河川があります（水行）。

これらの各行の性質を明確にすると、自然界のどのようなもの（物や季節、一日の時間帯）にも当てはめることができ、もちろん九星も該当します。各行の性質は次の通りです。

木 五行のなかの唯一の生命体で、生気がみなぎる「春」「朝」の気を表します。色は樹木の青や緑。

火 熱や明るさ、燃えるような激しさを意味し、「夏」「昼」の気を表します。色は火気の赤。

土 さまざまな収穫物を養い育てることを表します。季節では、季節と季節の間の土用を意味し、時間帯は夜から朝までの間、朝から昼までの間、昼から夕方までの間、夕方から夜までの間を指します。色は土の黄。

金 万物が硬く引き締まる収斂《しゅうれん》の性質をもち、「秋」「夕刻」の気を表します。色は鉱物が冷たく光るときの白。

水 高い所から低い所（暗い所）に集まるもの、すなわち液体を表し、「冬」「夜」の気をもちます。色は暗さを意味する黒。

五行が表すもの

五行	木	火	土	金	水
象意	樹木	太陽や明かり	大地	鉱物	海や河川
季節	春	夏	土用	秋	冬
時間帯	朝	昼	朝・昼・夕・夜の間	夕	夜
色	青・緑	赤	黄	白	黒
九星	三碧木星 四緑木星	九紫火星	二黒土星 五黄土星 八白土星	六白金星 七赤金星	一白水星

五行の相生《そうしょう》・相剋《そうこく》・比和《ひわ》

五行の理論は、単に5分類するだけを指すのではありません。五行の各行の性質の組み合わせから、**相生《そうしょう》・相剋《そうこく》・比和《ひわ》**と呼ばれる3つの関係が生まれ、九星方位気学では、とくにこれらの関係を重視します。

【相生の関係】

たとえば木をこすり合うと火が生まれます。火はやがて灰になり、灰は土になります。土は長い年月をかけて鉱物（金）になり、鉱物が冷えると水滴が生じます。これは**母と子の関係**に見立てられ、**母の立場から見ると生じる関係、子の立場から見ると生じられる関係**で、併せて相生といいます。

相生は、**スムーズな関係を意味する**ことから、**人間関係**や**方位の吉凶**を判断する場合に**吉**ととらえます。

相生の関係には2通りがあります。

●生気《しょうき》（大吉）

母と子の関係では、子から見た関係になります。自分が木（子）なら、木を生じてくれる水（母）との関係を指し、**相手から力を与えてもらえます。**

●退気《たいき》（小吉）

母と子の関係では、母から見た関係になります。自分が木（母）なら、木が生じる火（子）との関係を指します。**相手に力を与えますから、自分の力は少し弱まります。**

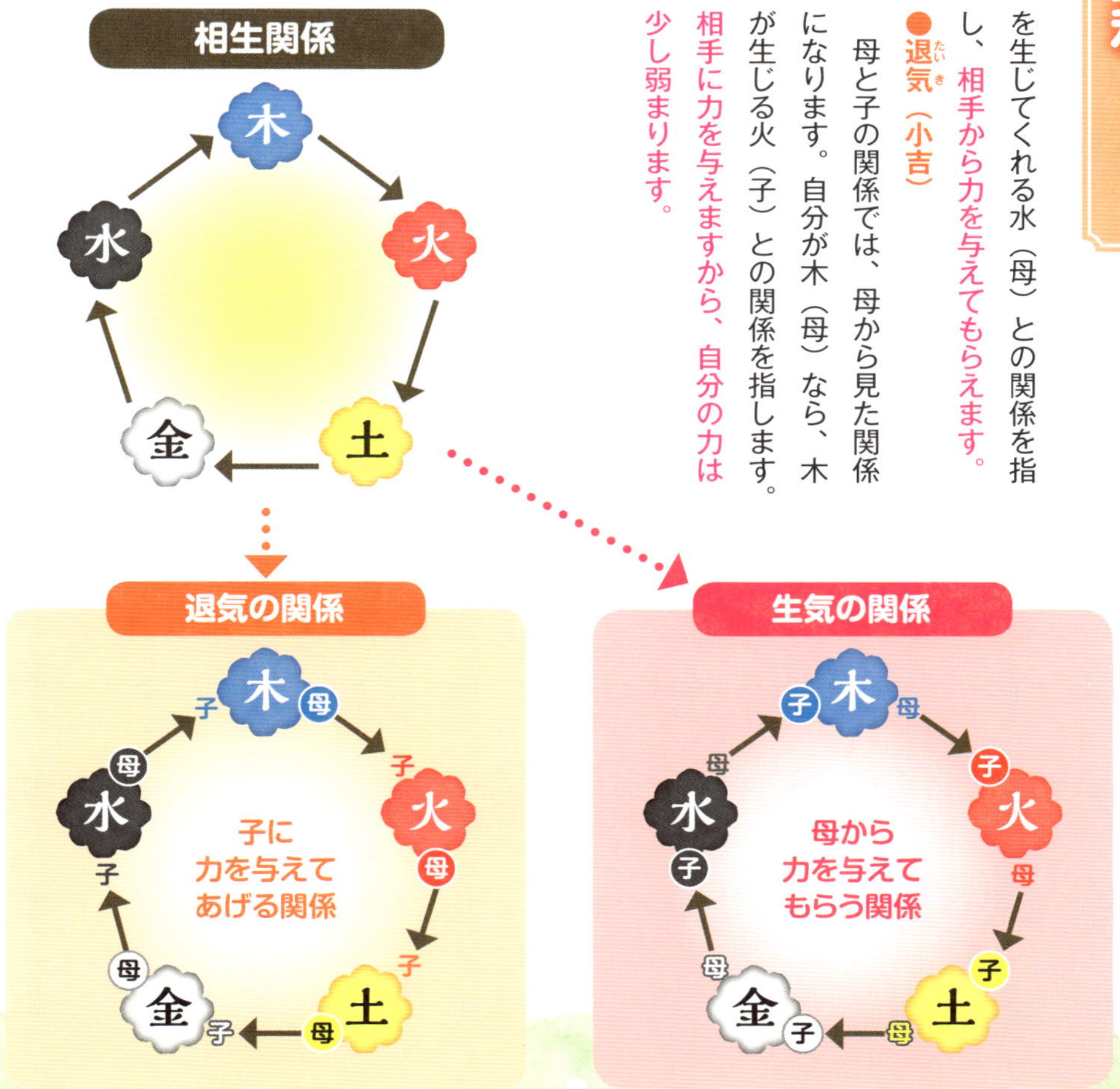

【相剋の関係】

木は、土に根を張って土の養分を吸い取ってしまうため、土をいためつけます。その土は水を汚します。水は火を消します。火は鉱物（金）を溶かします。鉱物（斧）は木を傷つけます。このような関係を**相剋**といい、相手の行が変われば、自分が**相手を傷つけたり**、自分が**相手から傷つけられたり**します。

相剋は、**気がぶつかり合うことを意味する**ため、**人間関係**や**方位の吉凶**を判断する場合に**凶**ととらえます。

相剋の関係には2通りがあります。

●死気《しき》（凶）

自分の行から見たときに、**相手を傷つける関係**のこと。たとえば自分が木なら土との関係をいいます。

●殺気《さっき》（大凶）

自分の行から見たときに、**相手から傷つけられる関係**のこと。たとえば自分が木なら金との関係をいいます。

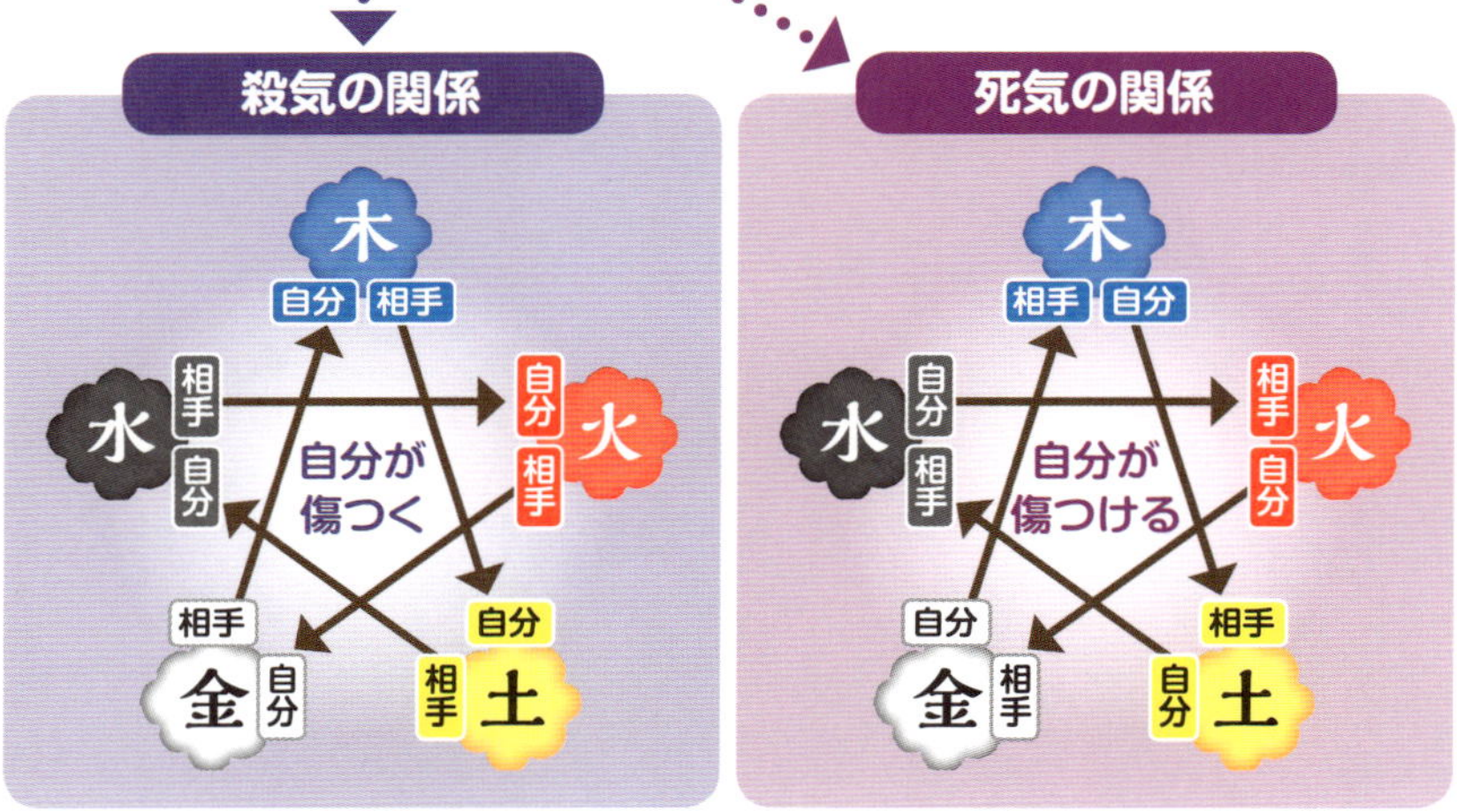

【比和の関係】

木と木、火と火、土と土、金と金、水と水の同じ五行の組み合わせをいいます。

●比和（中吉）

同じ性質の気がタッグを組むことを意味しますから、**パワーが増す**ととらえ、方位の吉凶を判断する場合には**吉**（中吉）ととらえます。人間関係の場合は、比和は同じ性質ですから**理解しやすい関係**ですが、反面、**マンネリや反発が生じやすい**とも判断します。

五行が表すもの

九星	生気（大吉）	比和（中吉）	退気（小吉）	死気（凶）	殺気（大凶）
一白水星	六白金星 七赤金星	独星なのでなし	三碧木星 四緑木星	九紫火星	二黒土星 五黄土星 八白土星
二黒土星	九紫火星	五黄土星 八白土星	六白金星 七赤金星	一白水星	三碧木星 四緑木星
三碧木星	一白水星	四緑木星	九紫火星	二黒土星 五黄土星 八白土星	六白金星 七赤金星
四緑木星	一白水星	三碧木星	九紫火星	二黒土星 五黄土星 八白土星	六白金星 七赤金星
五黄土星	九紫火星	二黒土星 八白土星	六白金星 七赤金星	一白水星	三碧木星 四緑木星
六白金星	二黒土星 五黄土星 八白土星	七赤金星	一白水星	三碧木星 四緑木星	九紫火星
七赤金星	二黒土星 五黄土星 八白土星	六白金星	一白水星	三碧木星 四緑木星	九紫火星
八白土星	九紫火星	二黒土星 五黄土星	六白金星 七赤金星	一白水星	三碧木星 四緑木星
九紫火星	三碧木星 四緑木星	独星なのでなし	二黒土星 五黄土星 八白土星	六白金星 七赤金星	一白水星

※方位を見る場合は、五黄土星は凶方位になるため、吉関係であっても使用できません。

「陰《いん》陽《よう》」と「陰《いん》陽《よう》五《ご》行《ぎょう》」

五行論とともに大事な理論が陰陽論《いんよう》で、万物はすべて陰と陽の2通りに分けられるとする考え方です。

人間でいうなら女（陰）と男（陽）に分けられます。一日なら夜（陰）と昼（陽）、ほかにも暗い（陰）・明るい（陽）、小さい（陰）・大きい（陽）というように、どんなものも陰陽に分けることができます。陰陽に分かれるポイントは、陰は静的で受動的なもの、陽は動的で主体的なものとなります。

陰陽論は五行論と組み合わせて「陰陽五行論」などとも呼ばれ、九星も陰陽五行に分けることができます。

●陰の九星（女星ともいいます）

二黒土星（陰の土）
四緑木星（陰の木）
七赤金星（陰の金）
九紫火星（陰の火）

●陽の九星（男星ともいいます）

三碧木星（陽の木）
六白金星（陽の金）
八白土星（陽の土）
一白水星（陽の水）

※九紫火星と一白水星はそれぞれ単独の五行のため、陰陽に分かれません。しかし、一白水星は陽の気が強く、九紫火星は陰の気が強いため、一白水星が陽、九紫火星が陰になります。五黄土星は陰陽に区別されません。

十《じっ》干《かん》・十《じゅう》二《に》支《し》について

十干

十干《じっかん》とは、甲《こう》・乙《おつ》・丙《へい》・丁《てい》・戊《ぼ》・己《き》・庚《こう》・辛《しん》・壬《じん》・癸《き》の10の干《かん》のことで、きのえ（甲）、きのと（乙）、ひのえ（丙）、ひのと（丁）、つちのえ（戊）、つちのと（己）、かのえ（庚）、かのと（辛）、みずのえ（壬）、みずのと（癸）と訓読みすることもあります。

十干は、古代中国で日の順序を示すための符号として用いられました。両手を使って数を数えると、指10本で10日です。古代の人々は月の満ち欠けによって約30日で一ヵ月になることを知っていました。そこで10日を一単位にして月を上旬・中旬・下旬に3等分し、「今日は上旬あたり」「今日は下旬ごろ」などと認識したのです。このときの一単位が十干です。

さらに十干は、陰陽五行論でいうと、次のように分類できます。

木	甲（陽）・乙（陰）
火	丙（陽）・丁（陰）
土	戊（陽）・己（陰）
金	庚（陽）・辛（陰）
水	壬（陽）・癸（陰）

十干の陰陽を覚えるには簡単な方法があります。訓読みでは陽の木の甲を「きのえ」、陰の木の乙を「きのと」と呼びますが、これは甲が木の兄（陽）、乙が木の弟（陰）であることから、このように読まれます。つまり訓読みで「え」がつけば陽の五行、「と」がつけば陰の五行とわかるのです。

十二支

十二支は子《ね》・丑《うし》・寅《とら》・卯《う》・辰《たつ》・巳《み》・午《うま》・未《ひつじ》・申《さる》・酉《とり》・戌《いぬ》・亥《い》の12の支《し》をいいます。

十二支は十干と同じよう、陰陽五行論から次のように分類できます。

木	寅（陽）・卯（陰）
火	午（陽）・巳（陰）
土	辰（陽）・丑（陰）
	戌（陽）・未（陰）
金	申（陽）・酉（陰）
水	子（陽）・亥（陰）

十二支は、古代中国の人々にとって月や季節、時間の推移を示すための符号でした。

十二支と月の割り振りは、十二支の最初の子を12月に当て、以下、丑を1月、寅を2月、卯を3月……としています。子を12月に振ったのは、12月が冬至《とうじ》の月で、冬至は「一陽来復《いちようらいふく》」「陰極《いんきわ》まって陽となる」、つまり、12月はこれから新しい一年が始まる月だからです。

季節も十二支に割り振られます。たとえば冬なら、初冬（冬の始まり）＝亥、真冬（冬の盛り）＝子、晩冬（寒土用）＝丑と3区分でき、四季×三支＝十二支が成り立ちます。

時間の場合は、古代では2時間を一単位（刻《こく》）としていましたから、たとえば子の刻なら23時～翌01時、丑の刻なら01時～03時という具合に24時間を十二支で表現できました。

さらに方位も十二支で表現できます。九星方位気学では東・西・南・北と、東南・南西・西北・北東の八方位に分けます。このうち、北方位には子が割り振られています。月（12月）も季節（真冬）も時間帯（23時～01時）も「寒さ」が共通するところに子があると覚えておくと良いでしょう。他の方位も同じように、性質が共通する月・季節・時間に十二支が割り振られています。

十二支が表すもの

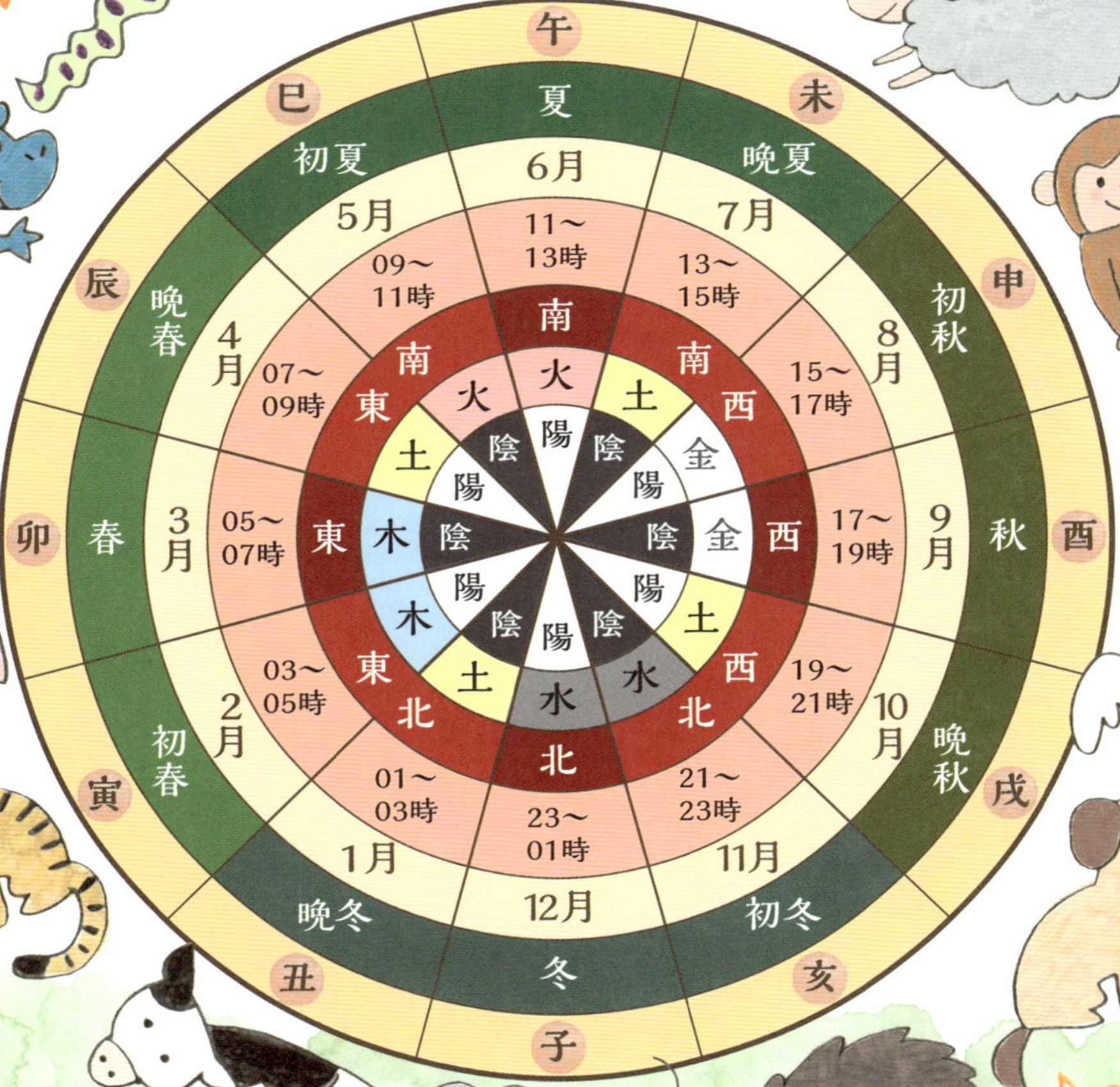

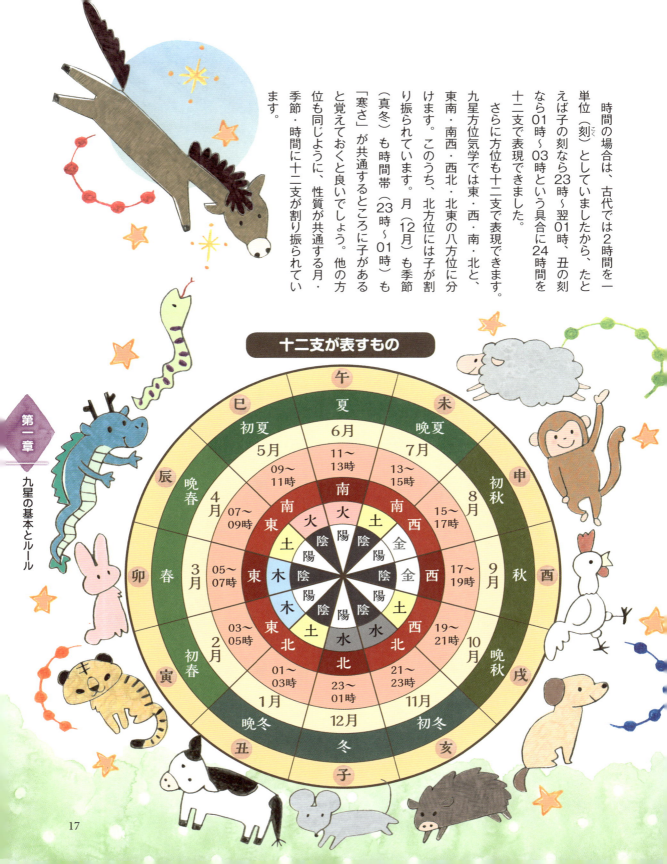

九星のルーツ・八《はっ》卦《か》について

八卦と方位盤・九星は共通する

九星方位気学の方位盤は八方位に分割されていますが、この方位盤のルーツは、古代中国で生まれた易の八卦《はっか》です。

8ページの九星方位気学の歴史のところで、黄河《こうが》支流の洛水《らくすい》から亀が現れて、甲羅に方位盤を意味する紋様が浮かび上がっていたと書きました。この話はあくまで伝説ですが、方位盤を意味する紋様は、8つの卦《か》の要素を意味すると考えられています。

易の八卦は次の通りです。

【易の八卦】

乾《けん》・坤《こん》・震《しん》・巽《そん》・坎《かん》・離《り》・艮《ごん》・兌《だ》

九星方位気学では、この八卦の性情《せいじょう》が方位盤や九星の象意に置き換えられています。つまり**九星方位気学のルーツは、古代中国の易、八卦にある**といえるのです。

八卦の成り立ち

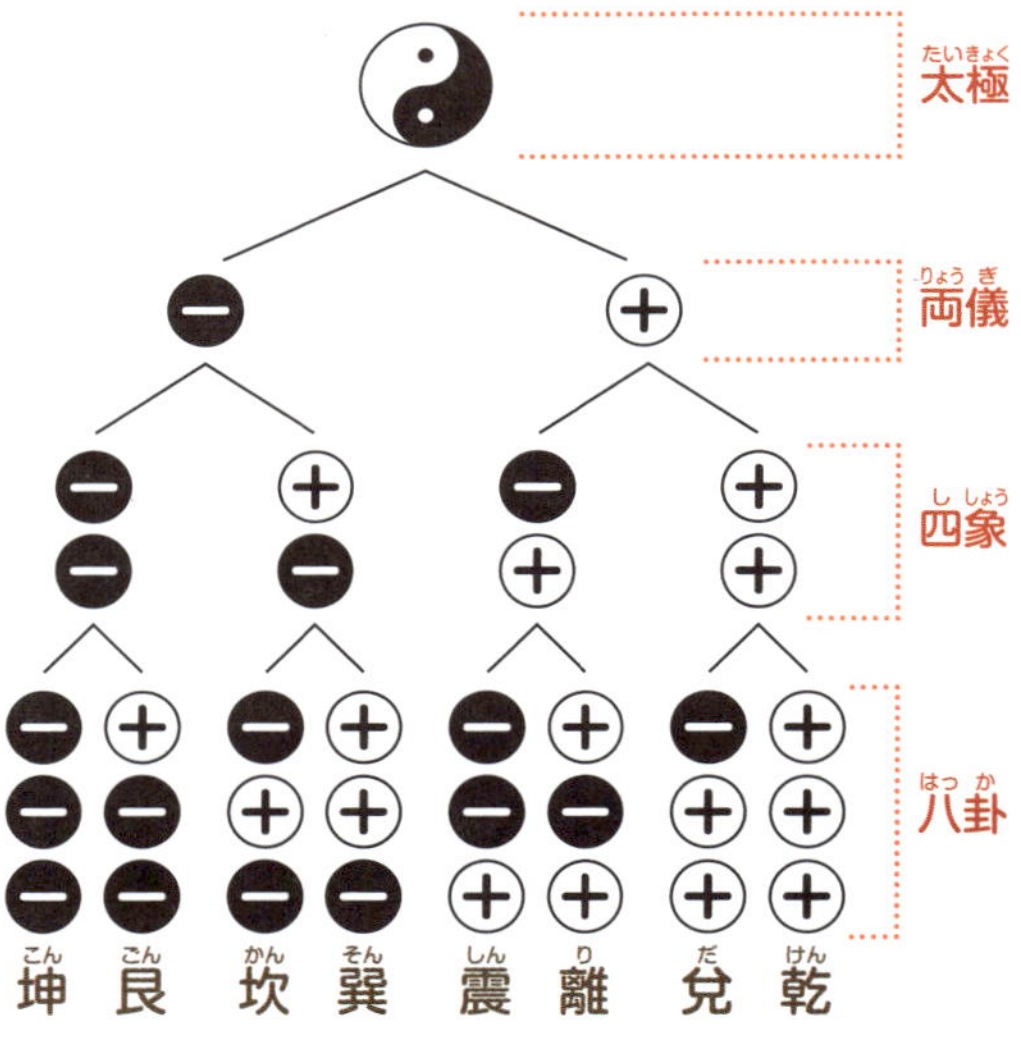

まず、天（陽）と地（陰）の区別がない混沌とした太極があり、これが上昇する気（陽）と下降する気（陰）の二極に分かれます。これを両儀といいます。両儀が二分されて4つに分かれ（四象）、さらに二分されて8通りの陰陽の組み合わせができます。

方位盤の八方位と九星の結びつきは下図の通りです。

※五黄土星は中央に位置するため、八卦には該当しません。

八卦が表すもの

方位盤について

方位盤のしくみ

九星方位気学で用いる方位盤には、**年盤・月盤・日盤・刻盤**（時間の盤）の4種類があります。

【八方位の度数】

どの盤も八方位に分割されていますが、ただし、九星方位気学で用いる方位盤と家相方位盤では分割度数が異なります。

九星方位気学の**方位盤**は八方位均等ではなく、四正《しせい》と呼ばれる**東・西・南・北の四方位が各30度**、四隅と呼ばれる**東南・南西・西北・北東の四方位は60度**です。

家相方位盤は**八方位が45度の均等分割**です（巻末付録参照）。

【方位盤の北と南】

通常、地図では北を上、南を下に置きますが、**方位盤**はその逆で、**南が上、北が下に配置**されます。これは古代中国では王は北を背に、南を向いて座った慣わしに由来し、この座り方を「君主南面す」といいます。そして北を背にして座った王の目線で見たものが、南を上、北を下にする方位盤です。

【方位盤の9つのマスの名称】

方位盤は八方位のほかに中央部分があり、全部で**9つのマス**からできています。このマスのことを「**宮**《きゅう》」といいます。北方位のマスを坎宮《かんきゅう》、北東方位のマスを艮宮《ごんきゅう》、以下、東を震宮《しんきゅう》、東南を巽宮《そんきゅう》、南を離宮《りきゅう》、南西を坤宮《こんきゅう》、西を兌宮《だきゅう》、西北を乾宮《けんきゅう》、中央を中宮《ちゅうぐう》と呼び、これが正式名です。ただし、本書では八卦による宮名は省略し、方位名で宮を表します。

【後天定位盤《こうてんじょういばん》】

方位盤の**9つの宮には一白水星～九紫火星までの九星**が入ります。九星の配置は年・月・日・時で変わり、これを運行といいます。しかし、もともとの九星の配置は決まっており、「後天定位盤」と呼ばれるそれが、**方位盤の基本形**を指します。後天定位盤では五黄土星が中央に位置します。

後天定位盤

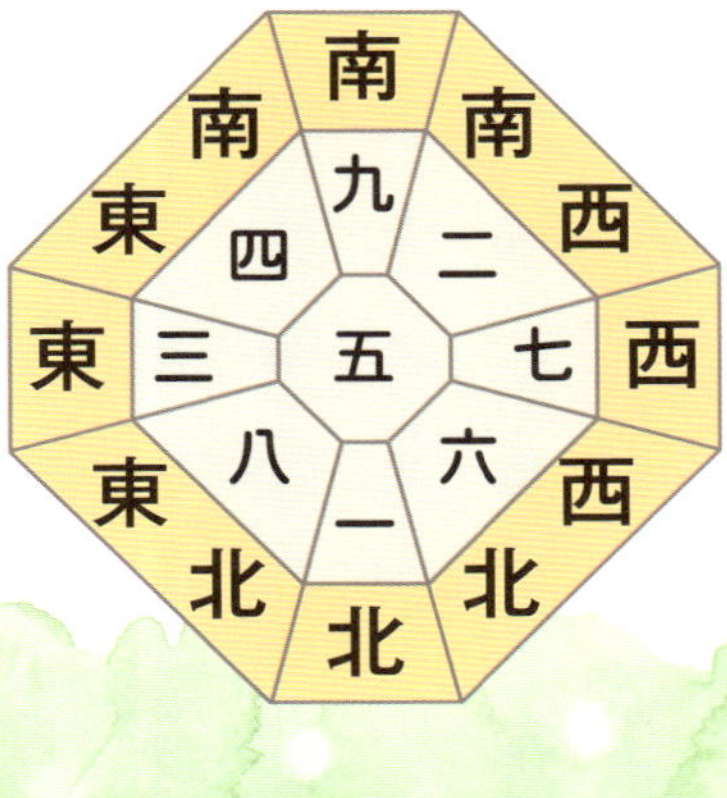

方位盤の測り方

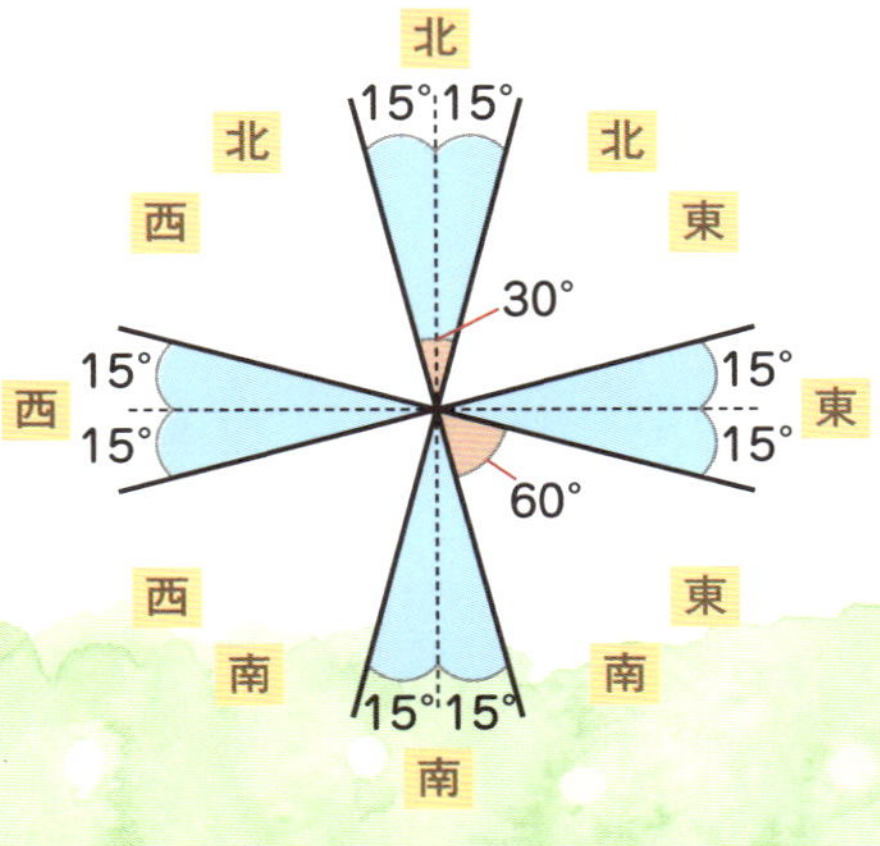

九星の運行ルール

方位盤の九星が運行する場合、運行の仕方にはルールがあります。そのルールを覚えるには、方位盤の基本形である後天定位盤の九星の配置を覚えると理解が早まります。後天定位盤では中央に五黄土星が配置されています。

この五黄土星が次に移動するのは、六白金星のある西北方位です。他の星も同じようにして、後天定位盤の九星の並び順に従って運行すると覚えてください。

九星の運行ルール

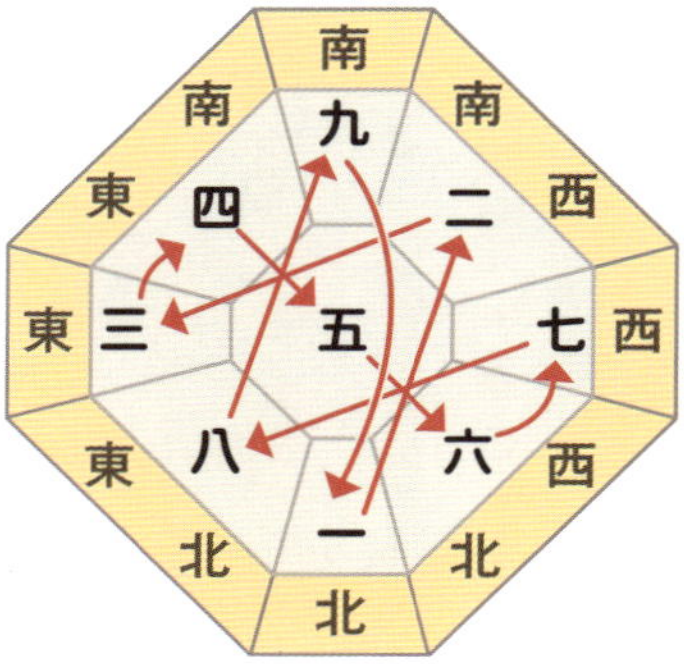

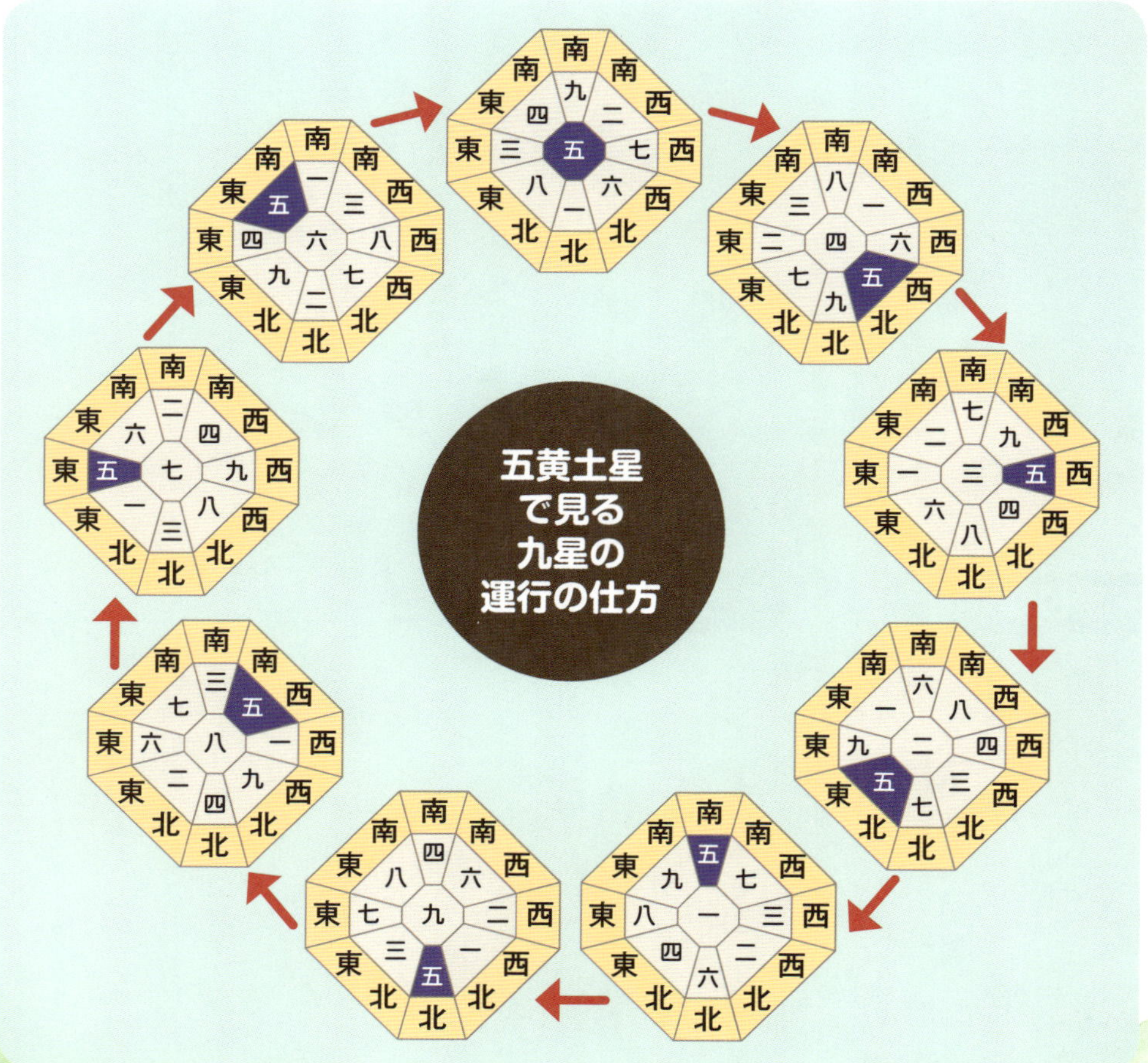

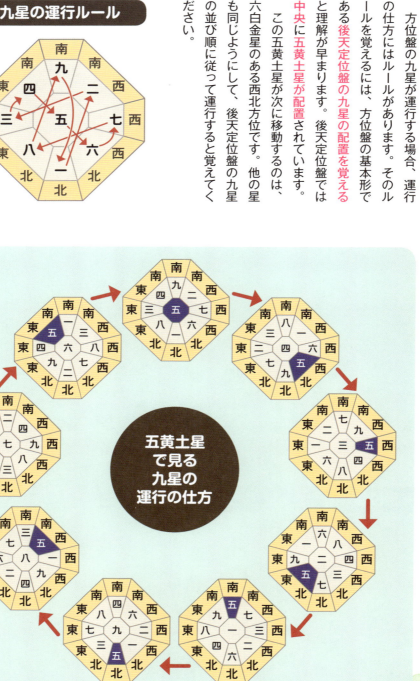

第二章

九星のしくみ

九星方位気学で用いる暦

年や月の区分は二十四節気《にじゅうしせっき》が基準

方位の吉凶や運勢を求めるには、その人の本命星《ほんめいせい》、月命星《げつめいせい》を知ることが先決です。**本命星はその人が生まれた年の九星、月命星は生まれた月の九星**をいいます。

本命星、月命星の求め方は24〜25ページで説明しますが、その前に覚えておきたいことがあります。

それは、年や月の区切り方が、私たちが普段使っている一般のカレンダー（グレゴリオ暦）とは違い、**二十四節気《にじゅうしせっき》**を基準にしていることです。節気とは「季節の変わり目」を指します。

◆◆二十四節気とは、一年を24等分した季節の区分法

二十四節気は古代中国で考案された季節の区分法のことで、もともとは農作業などを効率良く行うために、国の支配者が学者たちに作らせたものです。

たとえば「**立春**」や「**夏至**」など、現代の私たちにもなじみのある季節を表す言葉がありますが、これが二十四節気です。

古代には現代のように誰でも見られる暦がありませんでしたから、季節の移り変わりを示す言葉は、とくに農事に携わる人には必要なものだったのです。二十四節気の季節の区切り方は、次のように行われます。

地球を中心に見た太陽の通り道を黄道といいますが、この**黄道の360度を15度ずつに区分**し、地球（北半球）から見て**太陽がもっとも低い位置にある日を冬至**とし、**太陽がもっとも高い位置にある日を夏至**とします。

次に昼と夜の長さが同じになる日を求めます。これが**春分**と**秋分**です。**冬至・春分・夏至・秋分**で四季の区分ができ、この**4つが季節の中心**（盛り）になります。さらに四季をそれぞれ2等分して**立春・立夏・立秋・立冬**と名づけ、今度は**8等分の一つひとつを3等分**します。これで**一年が24等分**され、季節の始まり、季節の中心、季節の終わりが限定できました。

二十四節気のイメージ図

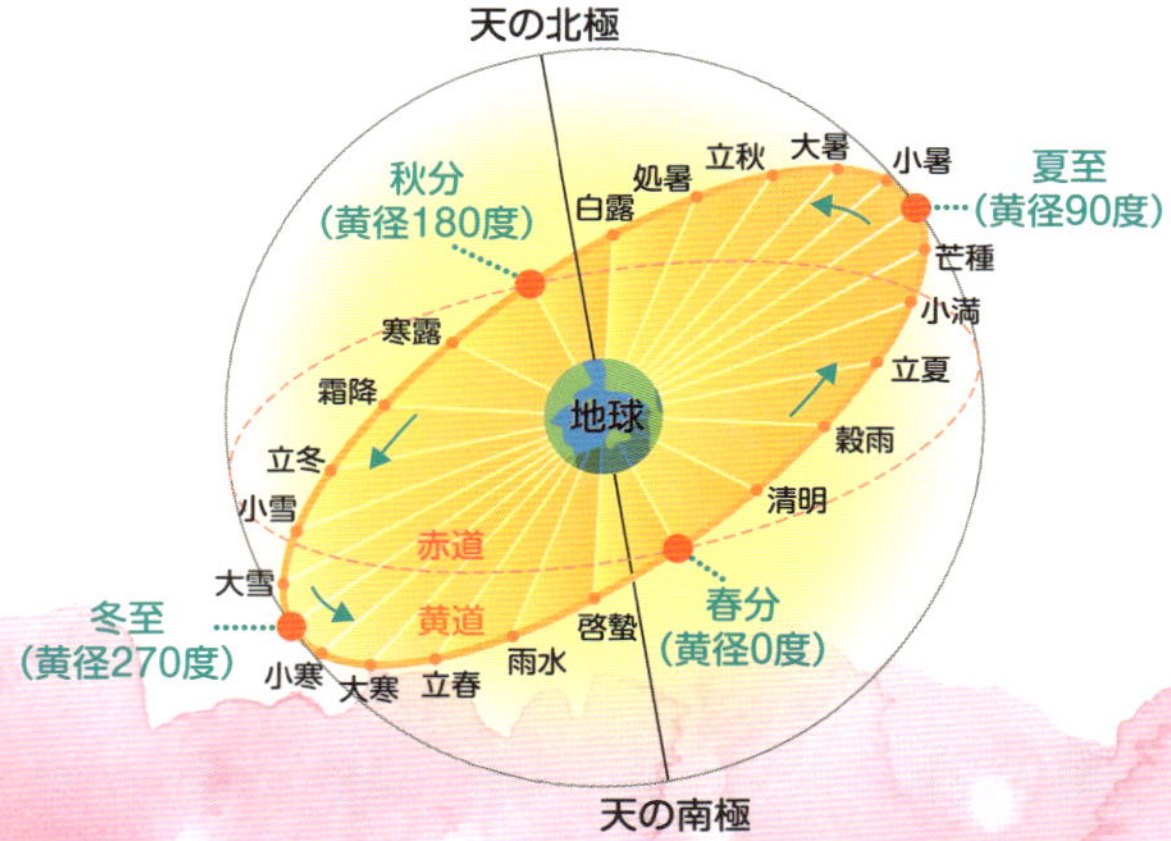

◆◆二十四節気の日付は毎年、少し変化する

二十四節気は、地球と太陽の角度によって季節の移り変わりを示したものですから、どのように時代が変わっても、二十四節気の季節の区分の仕方と実際の季節とがずれることがありません。ですから、九星方位気学をはじめとする**東洋の占いの多くが、二十四節気をもとに年や月を区切っている**のです。

ただし、**二十四節気の日付は毎年同じとは限りません**。たとえば冬至にしても春分にしても、その年その年で一日程度、変わっているはずです。

これは、地球の軸が少し傾いていて、その傾きも磁力によって毎年ほんの少し異なるからです。科学が発達した現代では、日本の場合、国立天文台の観測結果をもとに二十四節気の日付が決められています。

【年の区切り方】

九星方位気学では、**一年を立春（2月4日頃）～立春前日（節分）**とします。古代では、冬至を「陰極まって陽となる」ことから一年の起点にしていましたが、実感としては、これからどんどん寒くなるのが冬至です。

そこで、農事の始まりでもある春の最初を意味する**立春**を、九星方位気学をはじめとする東洋の占いの多くが一年の起点としたのです。これは占いの世界だけでなく、明治6年の改暦以前まで日常的に用いられた一年の区切り方です。

【月の区切り】

月の区切りは、やはり二十四節気にもとづいて行われます。たとえば2月を指すのは、**立春（2月4日頃）～3月の啓蟄前日まで（3月5日頃）、3月は啓蟄から清明前日まで（4月4日頃）**です。一般のカレンダーのように1日始まりではありませんから注意しましょう。

二十四節気表

	季節の初め（一ヵ月）		季節の中心（一ヵ月）		季節の終わり（一ヵ月）	
春	立春（2月4日頃）	雨水（2月19日頃）	啓蟄（3月6日頃）	春分（3月21日頃）	清明（4月5日頃）	穀雨（4月20日頃）
	寒さは残るが春の気が立つとき。暦の上での春。	厳しい寒さも徐々に緩み、雪が雨に変わる頃。	地中で冬ごもりをしていた虫が地上にはい出す頃。	昼と夜の長さが等しく、この日を境に昼が長くなる。	春の陽光を浴びた万物が清らかで明るい姿を見せる。	恵みの雨によって穀物が生長する頃。春の最後。
夏	立夏（5月6日頃）	小満（5月21日頃）	芒種（6月6日頃）	夏至（6月21日頃）	小暑（7月7日頃）	大暑（7月23日頃）
	野山が新緑に覆われ、爽やかな風を感じるとき。	万物が徐々に成長して天地に満ちるとき。	田植えの準備で忙しくなる梅雨入り前の頃。	一番昼が長く夜が短い日。この日から陽が短くなる。	梅雨が明け始め、暑さが次第に増してくる頃。	梅雨が明けて本格的に夏が到来。夏の最後。
秋	立秋（8月8日頃）	処暑（8月23日頃）	白露（9月8日頃）	秋分（9月23日頃）	寒露（10月8日頃）	霜降（10月23日頃）
	暑さは厳しくても、朝晩に秋の気配が感じられる頃。	厳しい暑さが収まり、穀物の収穫が始まる頃。	野草に露が宿り、白く輝く。秋の気配が感じられる。	昼と夜の長さが等しく、この日を境に夜が長くなる。	朝晩に肌寒さが感じられる。秋が深まる。	秋の終わり。初霜が冬の到来を感じさせる頃。
冬	立冬（11月7日頃）	小雪（11月22日頃）	大雪（12月7日頃）	冬至（12月22日頃）	小寒（1月6日頃）	大寒（1月20日頃）
	陽射しも弱まり、初冠雪の便りが届く頃。	北風が吹き始め、ところによっては雪が降ることも。	山は雪に覆われ、野に風花が舞う。本格的な冬が。	一番昼が短く夜が長い日。この日から陽が延びていく。	寒の入り。寒中見舞いが出される頃。	寒さはもっとも厳しいが、陽射しに明るさが。

本《ほん》命《めい》星《せい》の求め方

年盤の中宮する星が本命星

本命星《ほんめいせい》は、生まれ年の九星を意味します。この生まれ年の九星とは、方位盤の真ん中（中宮《ちゅうぐう》）にある九星のことを指します。たとえば一白水星が中宮している年に生まれたなら、その人の本命星は一白水星になります。

その年にどの九星が中宮しているかを知るには、次の方法があります。付録をご覧ください。

付録2～11ページの年盤表から該当する生まれ年の年盤を探し、中宮している九星を見ます。これが本命星です。

例を挙げてみましょう。

【Aさん】

1980（昭和55）年8月17日生まれの場合

該当する年盤は付録6ページにあります。中宮するのは二黒土星ですから、この人の本命星は二黒土星です。

【Aさん】

1980（昭和55）年８月17日生まれ

本命星→二黒土星

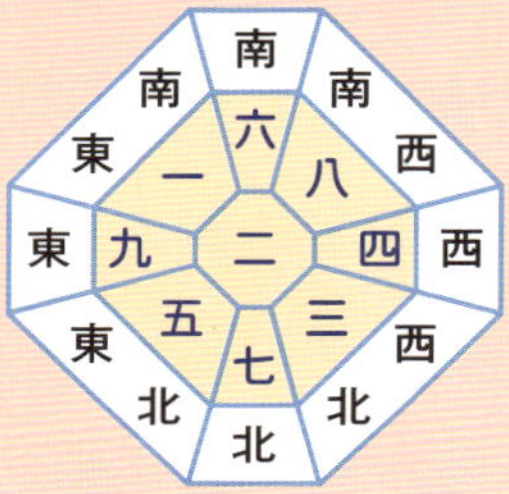

年によって変わる立春の日付に注意！

【Bさん】

1980（昭和55）年2月4日生まれの場合

九星方位気学では、一年は立春（2月4日頃）から始まります。Bさんの誕生日は2月4日ですから、1980年生まれと思ってしまいます。ところが、この年の立春は2月5日です。

つまり、前の年生まれになりますから、1979（昭和54）年の盤を見ます。この年の中宮は三碧木星ですから、Bさんは三碧木星が本命星です。

【Bさん】

1980（昭和55）年２月４日生まれ

この年の2月4日は立春の前日なので、前の年生まれになります。

本命星→三碧木星

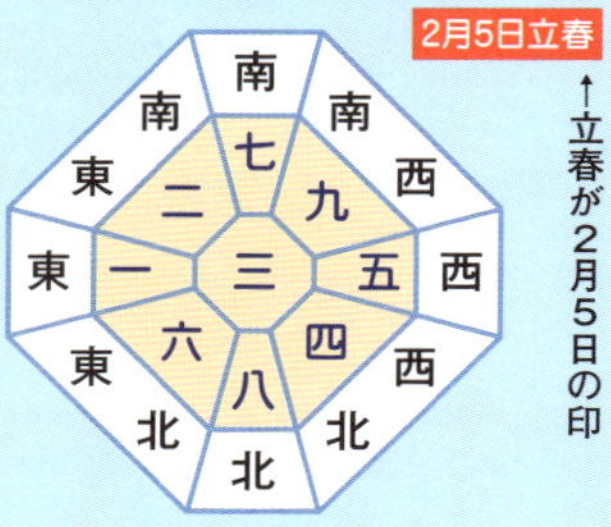

月《げつ》命《めい》星《せい》の求め方

本命星から月命星を求める

本命星がわかったら、次に月命星《げつめいせい》を求めます。月命星は本命星がわからないと求めることができないのです。24ページの例題の人で求めてみましょう。「月の始まりの目安」も参照してください。

【Aさん】

1980（昭和55）年8月17日生まれ→本命星は二黒土星

① 付録13ページの二黒の年の月盤表から求めます。

② Aさんは8月生まれですから、8月の盤を見ます。すると五黄土星が中宮しています。月命星は五黄土星になります。

【Aさん】

1980（昭和55）年8月17日生まれ

本命星→二黒土星

8月の月盤の中宮は五黄土星です。

月命星→五黄土星

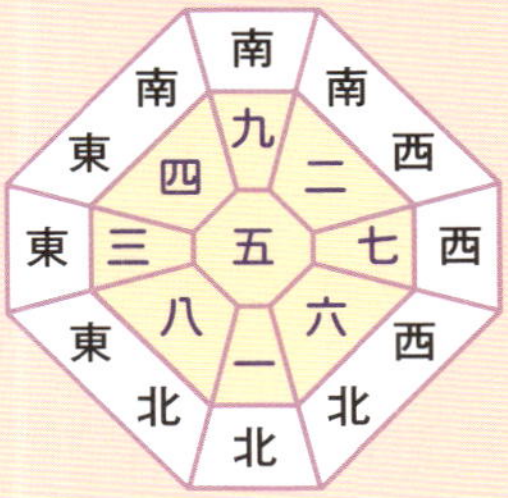

月によって変わる月の始まりに注意！

【Bさん】

1980（昭和55）年2月4日生まれ→本命星は三碧木星

① 付録14ページの三碧の月盤表から求めます。

② Bさんは立春（2月）前の生まれでしたから1月生まれになります。三碧木星の1月の盤の中宮は、本命星と同じ三碧木星です。Bさんは、本命星も月命星も三碧木星ということになります。

【Bさん】

1980（昭和55）年2月4日生まれ

本命星→三碧木星

この年の2月4日は立春前日なので、1月の月盤を見ます。中宮は三碧木星です。

月命星→三碧木星

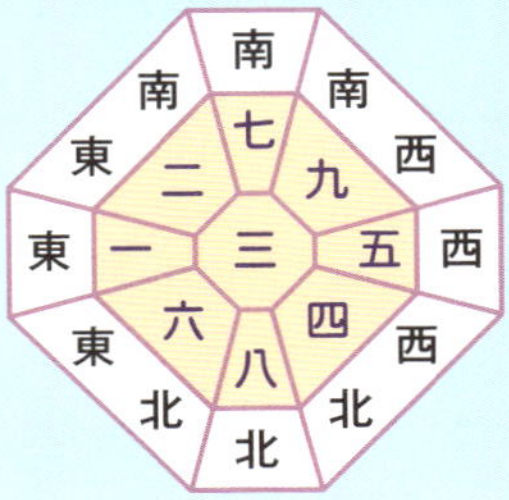

月の始まりの目安

月（十二支の月）	二十四節気	月の始まり
2月（寅月）	立春	2月4日頃
3月（卯月）	啓蟄	3月6日頃
4月（辰月）	清明	4月5日頃
5月（巳月）	立夏	5月6日頃
6月（午月）	芒種	6月6日頃
7月（未月）	小暑	7月7日頃
8月（申月）	立秋	8月8日頃
9月（酉月）	白露	9月8日頃
10月（戌月）	寒露	10月8日頃
11月（亥月）	立冬	11月7日頃
12月（子月）	大雪	12月7日頃
1月（丑月）	小寒	1月6日頃

一《いっ》白《ぱく》水《すい》星《せい》が表すこと

冬・北・夜から星をイメージ

一白水星《いっぱくすいせい》は、後天定位盤では北に位置します。五行は水、季節は真冬ですから、暖かさや明るさに欠ける星ですが、反面、落ち着きと高い知性をもつことが特徴です。また、一白水星は後天定位盤で真下に位置することから、子どもや部下などの目下を表します。十二支では最初の「子」であるため、物事の始まりも意味します。

一白水星の基本要素

宮	…坎
五行	…水行
十干	…壬・癸
十二支	…子
方位	…北
季節	…冬
月	…12月
色	…黒
数	…1・6

▼象意

物事の始まり、再生、生命、栄養、親和、暗闇、苦悩、溺れる、思考、曖昧、流動性、柔軟性、冷える、入浴、薄情、色情、セックス、妊娠、再縁、復職、秘密、浮気、裏切り、失恋、夜遊び、病気、失業、貧困、不景気、盗む、猜疑心、悲しみ、眠る、犯罪、忍耐

▼人物

中年男性、部下、目下、子ども、大衆、下層階級、病人、船員、泥棒、哲学者、教育者、著述家、書家、画家、苦労の多い人、悩んでいる人、陰険な人、異性に溺れる人、愛人、妊婦、家出人、スパイ、囚人、ホスト・ホステス

▼人体

腎臓、耳、血液、リンパ、ホルモン、汗、涙、脊髄、肛門、尿道、膀胱、子宮、卵巣、生殖器

▼場所

海、河川、湖、池、沼、洞窟、裏門、病院、地下室、刑務所、留置所、温泉、寝室、洗面所、浴室、トイレ、水道局、消防署、ガソリンスタンド、水族館、宴会場、葬儀場、居酒屋、バー

▼飲食物

飲料水、酒、牛乳、ヨーグルト、塩、しょう油、漬け物、海苔、昆布、魚介類、にんじん、大根、蓮根、イモ類、豆腐、飴

▼品物

万年筆、ボールペン、インク、下着、ひも、袴《はかま》、スカート、帯、折り畳んだもの、針、雑巾、石油、ガソリン、灯油、船、釣り道具、急須、水晶、仏像、位牌《いはい》、トイレットペーパー

二《じ》黒《こく》土《ど》星《せい》が表すこと

大地・母性から星をイメージ

二黒土星《じこくどせい》は、後天定位盤では南西に位置し、五行では万物を育む大地の土行を表します。大地はすべてを受け入れることから優しい母親を、地道に植物を育てることから勤勉さをそれぞれ意味します。さらに大地は自分からは動かないため、消極性や受け身なども表します。日々の暮らしを大切にするイメージもあります。

二黒土星の基本要素

宮	…坤
五行	…土行
十干	…なし
十二支	…未・申
方位	…南西
季節	…晩夏～初秋
月	…7月・8月
色	…黒・黄
数	…5・10

▼象意

大地、肉体、消極的、従順、受け身、謙譲、家庭、質素、準備、用意周到、努力、勤勉、堅実、地道、寛容、長引く、根気、他力本願、補佐、温和、育成、滋養、生産、怠ける、丁寧、卑屈、臆病、疑り深い、迷う、ケチ、遅い、古い問題、持病、技能、平凡、平均

▼人物

母、祖母、妻、女性、労働者、大衆、庶民、副社長、参謀役、秘書、アシスタント、使用人、団体客、農業に従事する人、真面目な人、物事を忠実に守る人、コンプレックスをもつ人、鈍感な人、迷いやすい人、貧しい人

▼人体

血、肉、脂肪、食道、腹部、胃、腸、脾臓《ひぞう》、腹膜、皮膚、へそ、右手、手足の裏、にきび、そばかす、あせも

▼場所

平原、田園、野原、空き地、郊外、へき地、故郷、出生地、埋め立て地、下町、倉庫、工場、農家、母屋、平屋、墓地、公園、質屋、食堂、定食屋、台所、古着屋、骨董店、押し入れ

▼飲食物

米、麦、大豆、小豆、イモ類、魚、砂糖、小麦粉、餅、おでん、おにぎり、かまぼこ、羊肉、駄菓子、甘いお菓子、郷土料理、大衆的な食べ物

▼品物

リサイクル品、中古品、廉価な物、骨董品、陶磁器、建材、砂利、綿製品、肌着、ズボン・スカート、布団、座布団、袋物、畳、カーペット、風呂敷、角テーブル、将棋盤、盆栽

三碧木星《さんぺきもくせい》が表すこと

発芽する姿が星のイメージ

三碧木星《さんぺきもくせい》は、後天定位盤では東に位置し、五行は木、季節では木の芽が勢いよく吹き出す春を表します。発芽が三碧木星の象徴であるため、若さ、勢い、躍動、自立、急進などが象意となります。また、躍動するものには激しい震動や音が伴うことから、騒々しさも象意に。若さから派生して、新商品などの新しい物も表します。

三碧木星の基本要素

- 宮…震
- 五行…木行
- 十干…甲・乙
- 十二支…卯
- 方位…東
- 季節…春
- 月…3月
- 色…青
- 数…3・8

▼象意

発芽、発展、意欲、発奮、急進、飛躍、若さ、躍動、震動、爆音、驚く、スピード、決断、勇気、猛進、走る、飛ぶ、移動、自己主張、主観的、論争、統率、開店、新規、新製品、発明発見、アイデア、宣伝、軽率、妄言、勇み足、情熱、落雷、稲妻、騒がしい

▼人物

長男、青年、学生、皇太子、有名人、有力者、声優、アナウンサー、司会者、講師、講演者、落語家、スポーツ選手、歌手、ミュージシャン、電気技師、騒がしい人、生意気な人、行動力に富む人、打てば響くノリのいい人、詐欺師

▼人体

神経、筋、肝臓、胆のう、左の横腹、左手足、親指、声帯、爪、毛髪、舌、咽喉、筋肉

▼場所

震源地、発電所、変電所、森林、竹林、コンサート会場、講演会場、放送局、電話局、射撃場、火薬庫、青果市場、生け垣、ゲームセンター、パチンコ店、門、出入り口

▼飲食物

酢、酢の物、梅干し、寿司など酸味のあるもの、レモン・ユズ・ミカン・オレンジ・グレープフルーツなどの柑橘類、緑茶、木の芽、タケノコ、海草類

▼品物

楽器、テレビ・ラジオ・音楽プレーヤーなど音の出る電気製品、鐘・鈴など音の出るもの、花火・ダイナマイト・ピストルなど爆発物、車、のこぎり、ブラシ、聴診器

四《し》緑《ろく》木《もく》星《せい》が表すこと

成長過程の植物や風からイメージ

四《し》緑《ろく》木《もく》星《せい》は、後天定位盤では東南に位置します。五行は木、季節は色とりどりに花が咲き乱れる晩春から初夏にかけての頃を表します。ここから四緑木星は、成長や発展、繁盛などが意味されます。また、風薫る季節であるため風が象意です。さまざまな事物が風に乗って伝わるイメージから、情報や貿易なども表されます。

四緑木星の基本要素

宮	巽
五行	木行
十干	なし
十二支	辰・巳
方位	東南
季節	晩春～初夏
月	4月・5月
色	緑
数	3・8

象意

開花、成長、発展、繁盛、盛況、整う、就職、縁談、見合い、交際、結婚、風、評判、信用、人望、長期、長い、バランス、遠方、外交、交渉、宣伝、運搬、流通、来訪、交通、外出、寄り道、出張、通勤、旅行、往来、情報、連絡、多忙、活動、誤解、行き違い、噂、迷い、優柔不断、伝染

人物

長女、姉、成熟した人、商人、ビジネスマン、外交官、外交員、郵便配達員、宅配業者、交通関係者、セールスマン、仲介人、世話人、案内人、旅人、如才ない人、噂好きの人、利に敏《さと》い人、教育者、遊牧民、道に迷っている人

人体

毛髪、手足、脇、腸、神経、食道、呼吸器、股、動脈、筋肉、体臭

場所

道路、線路、草原、風の吹く場所、林野、飛行場、港、駅、結婚相談所、旅行代理店、郵便局、材木置き場、遠方の場所、ゴルフ場、そば屋、玄関、出入り口、案内所

飲食物

うどん、そば、スパゲティ、春雨、長ねぎ、どじょう、穴子、うなぎ、ごぼう、大根、山芋、太刀魚、細長い形状のもの、燻《くん》製《せい》品、にんにく、くさや、香草、酸味のあるもの

品物

扇、扇子、うちわ、扇風機、エアコン、電話・パソコンなどの通信機器、糸、ロープ、洋傘、杖、木製品、鉛筆、ハガキ、手紙、香水、線香、履き物

五《ご》黄《おう》土《ど》星《せい》が表すこと

生と死の両面から星をイメージ

五黄土星《ごおうどせい》は、後天定位盤では中宮に位置し、五行は土、季節は四季の土用を表します。中宮に位置する五黄土星は、他の8つの星を支配する「帝王」の星と呼ばれる一方で、その強烈なエネルギーによって万物を死滅させる星とも呼ばれ、極端な二面性をもちます。象意は「生と死」「上層と底辺」から派生したものになります。

五黄土星の基本要素

宮	…中宮
五行	…土行
十干	…戊・己
十二支	…なし
方位	…中央
季節	…四季の土用
月	…なし
色	…黄
数	…5・10

▼象意

中央、支配、崩壊、壊滅、爆発、事故、闘争、戦争、兵器、毒物、腐敗、中毒、クーデター、暴行、粗野、凶暴、倒産、廃業、損害、不景気、失業、悪化、虚言、荒涼、絶望、野望、悪習慣、パニック、慢心、高熱、燃焼、ケガ、新陳代謝、災難、被害、天変地異、葬式、自滅、暴飲暴食、古い問題の再発

▼人物

帝王、大統領、首相、ボス、親分、支配人、中心人物、聖者、悪人、無頼漢、盗人、暴力団、殺人犯、高利貸し、横領した人、自殺者、変死者、死人、死刑囚、テロリスト、居候、住所不定者、重病人、寝たきりの人、収監された人、野蛮な人、失業者、古いものを扱う人

▼人体

五臓六腑すべて（とくに脾臓、大腸）

▼場所

原野、荒涼地、焼け跡、戦場、墓地、火葬場、霊安室、廃屋、ゴミ処理場、汚染地、破壊された場所、未開地、死刑場、暗い場所、汚れた場所、被災地、事故現場、トイレ、公害発生地、廃寺

▼飲食物

甘味、納豆、味噌、酒粕、チーズ、ヨーグルト、発酵食品、駄菓子、腐った物、かびた物、食べ残した物、粗末な物、臭いの強い物

▼品物

古道具、古着、代々続いた家宝、遺品、不要な物、錆《さ》びた物、粗悪品、棚卸し品、ぼろ、キズ物、売れ残った物、壊れた物、ゴミ、いわくつきの物

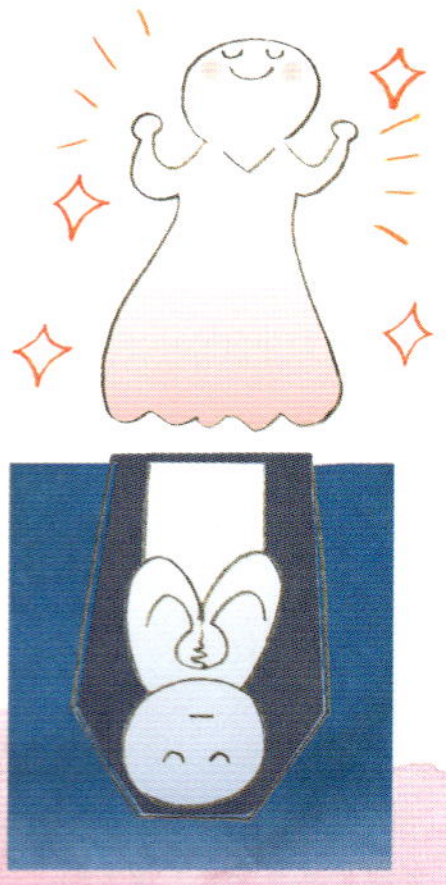

六《ろっ》白《ぱく》金《きん》星《せい》が表すこと

天・上位・男性が星のイメージ

六白金星《ろっぱくきんせい》は、後天定位盤では西北に位置し、五行は金、季節は晩秋から初冬を表します。宮名の「乾」は、易では「天」を意味することから、神仏や上位の人、高尚などを象意とします。また、古来、家の上位者は父や夫を意味したため、六白金星は男性の星とされます。五行の金が金属を表すことから乗り物も象意のひとつ。

六白金星の基本要素

宮	…乾
五行	…金行
十干	…なし
十二支	…戌・亥
方位	…西北
季節	…晩秋～初冬
月	…10月・11月
色	…白
数	…4・9

▼象意

天、宇宙、円満、健全、剛健、完全、完成、統率、威厳、道徳的、寛容、神仏、信仰、高級、援助、引き立て、権力、戦い、財産、資本、投資、決断、特許、行動、目上、スポーツ、乗り物、充実、多忙、施す、寄付、公共性、賭け事、度胸、勝負、散財、予算超過

▼人物

父、夫、祖父、祖先、天皇、王、大統領、首相、会長、社長、君子、聖人、軍人、アスリート、神官、高僧、支配者、指導者、有力者、易者、資本家、弁護士、校長、老人、紳士、官僚、高貴な人、後援者、医者、大企業の社員、精神性の高い人、徳のある人

▼人体

顔、頭、首、心臓、左肺、骨、血圧、肋膜《ろくまく》、胸、皮膚

▼場所

神社仏閣、教会、首都、国会議事堂、官庁街、高級ホテル、高級住宅街、料亭、貴金属店、ブランドショップ、高層ビル、学校、集会場、競技場、名所旧跡、証券取引所、税務署、競馬場

▼飲食物

白米、懐石料理・フレンチなどのコース料理、伝統的で高級とされる食べ物、いなり寿司、精進揚げ、おはぎ、果物、ドライフルーツ、アイスクリーム

▼品物

ダイヤモンド、ハイジュエリー、鉱物、高級時計、ブランド品、航空機・船舶・自動車・自転車など乗り物全般、小切手、証券、神棚、仏壇、スポーツ用品、帽子、コート、手袋

七《しち》赤《せき》金《きん》星《せい》が表すこと

収穫の秋から星をイメージ

七赤金星《しちせききんせい》は、後天定位盤では西に位置し、五行は金、季節は秋です。穀物や果実を収穫する秋ですから、喜び事や楽しみ事が多く、飲食の機会も増えるでしょう。象意はこれらのことから連想されたものです。飲食から口が派生され、口に関することも代表的な象意。さらに収穫物は財に代わるものですから、金銭も意味します。

七赤金星の基本要素

宮	…兌
五行	…金行
十干	…庚・辛
十二支	…酉
方位	…西
季節	…秋
月	…9月
色	…白・赤
数	…4・9

▼象意

喜び、娯楽、リラックス、道楽、趣味、レジャー、愛嬌、社交、サービス、異性、デート、たわむれる、誘惑、親密、口、キス、飲食、結婚、現金、利息、経済、消費、商売、贅沢、酒席、宴会、披露宴、雄弁、口論、剣、傷物、手術、不十分、収縮、隙間、不便、不足

▼人物

少女、愛人、芸者、舞子、ホステス、再婚した人、巫女、仲介者、通訳者、講演者、歌を歌う人、アナウンサー、遊び人、芸能人、ダンサー、歯科医、外科医、勧誘員、金融業者、銀行員、料理人、パティシエ

▼人体

頬、口、歯、舌、喉、右肺、呼吸器、乳房、右脇腹、腎臓、女性器

▼場所

沢地、窪地、沼、低地、水たまり、井戸のある場所、洞穴、プール、歓楽街、アクセサリーショップ、遊技場、飲食店、喫茶店、バー、遊園地、結婚式場、祝賀会場、演芸場、銀行、動物園、養鶏場、造船所、貯蔵庫

▼飲食物

鶏肉料理、卵料理、コーヒー・紅茶などの嗜好品、子ども向けの菓子、キムチ・激辛カレーなど辛い料理

▼品物

ナイフ、カミソリ、鍋、フライパン、スプーン、フォーク、鈴、釣り鐘、工具、トランプ、ボードゲーム、硬貨、紙幣、クレジットカード、小切手、商品券、修繕した物、欠けた物

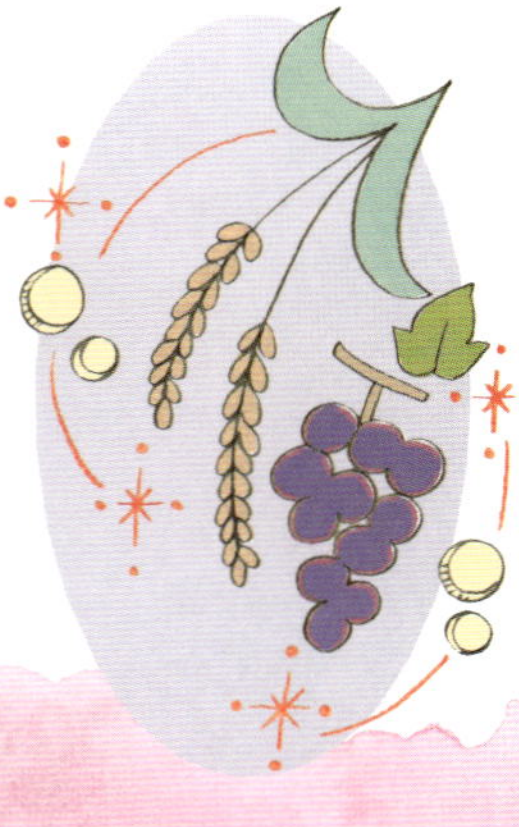

八《はっ》白《ぱく》土《ど》星《せい》が表すこと

変化・山から星をイメージ

八白土星《はっぱくどせい》は、後天定位盤では北東に位置し、五行は土、季節は晩冬から初春の頃を表します。この時期は東洋の暦では新しい年に変わる節目であることから、変化、終わりと始まりなどが意味されます。また、宮名の「艮」は易では山を表すことから、何かを積み上げることが連想され、高地、蓄える、貯蓄などが象意となります。

八白土星の基本要素

宮	…艮
五行	…土行
十干	…なし
十二支	…丑・寅
方位	…北東
季節	…晩冬～初春
月	…1月・2月
色	…黄・白
数	…5・10

象意

山、静止、高尚、頑固、慎重、待つ、遅れる、停滞、傲慢、保守、不動、塞《ふさ》ぐ、徳実、蓄える、積立定期、蓄財、満期、退く、親戚、故郷、相続、不動産、つなぎ目、節目、変わり目、終わりと始まり、改革、変化、終止、閉店、休業、廃業、曲がり角、強欲、再起、改修、復活、組み立て、肥満

人物

少年、年少者、児童、守衛、門番、管理人、賢人、神主、僧侶、山伏、力士、背の高い人、太った人、兄弟、養子、親類縁者、幼なじみ、相続人、蓄財家、強欲な人、同郷の人、仲介業者、不動産業者、駅員

人体

背中、腰、耳、鼻、手、指、関節、筋肉、左足、こぶ、腹膜、盲腸

場所

高台、堤防、石垣、土手、旅館、ホテル、山小屋、山門、階段、墓地、休憩所、停留所、倉庫、トンネル、交差点、神社仏閣、踏切、ターミナル、橋、玄関、建て直した家、突き当たりの家

飲食物

牛肉、挽肉、いくら、数の子、たらこ、ハンバーグ、山芋、かまぼこ、つみれ、さつま揚げ、もなか、だんご、つなぎ合わせて作った物、貯蔵の利く物

品物

積み木、重箱、タンス、机、イス、下駄箱、踏み台、座布団、ロッカー、通帳、貯金箱、財布、石碑、瓦、ブロック、鎖、樫《かし》の木など堅い木で作った物、つなぎ合わせて作った物

九《きゅう》紫《し》火《か》星《せい》が表すこと

火の性質から星をイメージ

九《きゅう》紫《し》火《か》星《せい》は、後天定位盤では南に位置し、五行は火、季節は夏です。五行の火から激しさや情熱、さらに四方を照らすことで物事を明るみにさらす、先を見通すなどが示されます。また、火は点いたり消えたりするため、移り気や別れを、上に昇る性質から名誉や最高位なども意味します。高い精神性や芸術性も代表的な象意。

九紫火星の基本要素

宮	離
五行	火行
十干	丙・丁
十二支	午
方位	南
季節	夏
月	6月
色	赤・紫
数	2・7

▼象意

火、光、太陽、輝く、陽気、先見の明、頭脳明晰、情熱、華麗、学問芸術、見る、見物、露見、診察、鑑定、撮影、鑑識、火災、炎上、昇る、昇進、栄転、名声名誉、高貴、最高位、精神、宗教心、神事、教育、選挙、飾る、派手、化粧、移り気、訴訟、虚栄心、争う、競う、分離、離別、離婚、火の車

▼人物

中年女性、学者、聖人、君主、理事長、文化人、裁判官、警察官、試験官、官僚、芸術家、スタイリスト、メイクアップアーティスト、モデル、俳優、鑑定家、発明家、華道家、消防士、容姿端麗な人、感情的な人、正装した人

▼人体

心臓、眼、脳、血液、耳、顔、頭部、乳房、腹部、血液、精神

▼場所

裁判所、国会議事堂、消防署、官庁街、選挙会場、図書館、美術館、大学、神社仏閣、書店、劇場、映画館、デパート、宴会場、灯台や見張り台のある場所、写真スタジオ、検査場、薬局、理美容院、化粧品売り場、火災現場

▼飲食物

干物、乾物、馬肉、貝類、海苔、カニ、エビ、赤飯、洋酒、カクテル、色彩や盛りつけが美しい料理、焼き物、煮物

▼品物

証券、小切手、証書、免状、トロフィー、名刺、身分証明書、書籍、書画、絵の具、表札、国旗、鏡、メガネ、薬、化粧品、アクセサリー、ろうそく、照明器具、写真、カメラ、設計図

九星別の性格と相性関係

性格は本命星7割、月命星3割で見る

九星方位気学で性格を見る場合、10歳くらいまでは月命星で判断します。それ以降の年齢では、本命星を7割、月命星を3割にしてとらえると、細密な性格判断ができるでしょう。

本命星同士の相性を知りたい場合は、下の相性関係の表が参考になります。大吉・中吉・吉・「マンネリに注意」までは互いを理解しやすい関係です。「刺激を与える関係」「刺激を受ける関係」の刺激とは、ときに困難を意味し、互いの理解に努力を要します。ですから、仕事などの協力関係では、各欄にある本命星の人を仲間に加えると良好に。恋人や夫婦の場合は、各欄の九星が運行する方位がふたりに共通する吉方位になりますから、デートや旅行などに用いると関係アップに役立ちます（吉方位の求め方はP46～47参照）。

本命星同士の相性関係

❂…大吉　◎…中吉　○…吉　△…マンネリに注意
□…刺激を与える　×…刺激を受ける

自分の本命星＼相手の本命星	一白水星	二黒土星	三碧木星	四緑木星	五黄土星	六白金星	七赤金星	八白土星	九紫火星
一白水星	△	×	◎	◎	×	❂	❂	×	□
関係を良好にする星		六白金星 七赤金星			六白金星 七赤金星			六白金星 七赤金星	三碧木星 四緑木星
二黒土星	□	△	×	×	○	◎	◎	○	❂
関係を良好にする星	六白金星 七赤金星		九紫火星	九紫火星					
三碧木星	❂	□	△	○	□	×	×	□	◎
関係を良好にする星		九紫火星			九紫火星	一白水星	一白水星	九紫火星	
四緑木星	❂	□	○	△	□	×	×	□	◎
関係を良好にする星		九紫火星			九紫火星	一白水星	一白水星	九紫火星	
五黄土星	□	○	×	×	△	◎	◎	○	❂
関係を良好にする星	六白金星 七赤金星		九紫火星	九紫火星					
六白金星	◎	❂	□	□	❂	△	○	❂	×
関係を良好にする星			一白水星	一白水星					二黒土星 五黄土星 八白土星
七赤金星	◎	❂	□	□	❂	○	△	❂	×
関係を良好にする星			一白水星	一白水星					二黒土星 五黄土星 八白土星
八白土星	□	○	×	×	○	◎	◎	△	❂
関係を良好にする星	六白金星 七赤金星		九紫火星	九紫火星					
九紫火星	×	◎	❂	❂	◎	□	□	◎	△
関係を良好にする星	三碧木星 四緑木星					二黒土星 五黄土星 八白土星	二黒土星 五黄土星 八白土星		

一白水星の性格

高い順応力と忍耐力をもつ

一白水星は、どんな状況や環境に置かれても対応できる順応力をもち、相手が誰でも無理なくなじめるでしょう。社交上手で人懐っこささえ感じさせることもあります。内面は常に冷静で用心深く、相手に対して一定の距離を保とうとします。本音を隠したがる面もあり、詮索されることをどの星よりも嫌います。知能が高く、落ち着いて考えることができますから、物事の判断も的確でしょう。芯が強く、忍耐力にもすぐれるため、どんな困難に直面しても、じっと耐えて乗り越えていきます。

二黒土星の性格

確実に準備し地道に努力する

二黒土星は母性愛が強く、誰に対しても細やかな心配りができます。行動するときは超現実主義者ですから、不確実なものには手を出さず、何事も準備万端整えてから地道に努力を重ねます。当然、大きな失敗がなく、周囲の信頼も厚いでしょう。ただし、受け身で優柔不断な面があることから、先頭に立つのは自分自身でも苦手に思うようです。反面、補佐役や参謀役であれば、その有能さが光るでしょう。対人面は「狭く深く」のタイプで、一度結んだ親交が生涯続くこともあります。

三碧木星の性格

明るく前向きで果敢に物事に挑戦

三碧木星は独立心が強く、負けず嫌いの行動派。好奇心も旺盛ですから、新しいことや未経験のことにも果敢にチャレンジします。ただし、一本気で結果をすぐに求めたがるせっかちなところがあるため、見切り発車で物事を進めて失敗することが少なくありません。大きなことができる反面、確実性に欠けるともいえるでしょう。とはいえ、天性の明るさと前向きさ、そして頭の切り替えの速さによってすぐに立ち直ることが。何をやらせても、人より頭角を現すのが早い星でもあるでしょう。

四緑木星の性格

協調性にすぐれ 人の和を大事にする

四緑木星は社交性と協調性にすぐれ、何より調和を大事にします。そのため、周囲の気持ちをよく汲み取り、相手に合わせた行動を取ることができます。穏やかで思いやりがあり、決して人と争うことをしませんから、よく慕われるでしょう。ただし、周囲の気持ちや状況を優先するあまり、主体性を失って優柔不断となり、決断できない人にさせることも。自分の評判を気にしやすく、良い人に思われたい意識が強く働くこともあります。身近な人からは「外面が良い」と思われることもあるでしょう。

五黄土星の性格

ワンマンだが 包容力にあふれる

五黄土星は野心家で、目標を達成するためにはどんな努力も惜しまず、困難にもめげず、最後まで頑張り通す強い意志と行動力をもちます。また、同情心にあふれ、弱い立場の人や困っている人がいたら見すごすことができず、どんな犠牲を払ってでも助けようとします。包容力にもすぐれるでしょう。ただし、ワンマンで押しが強く、知らず知らずのうちに相手を自分の思い通りに動かしたい、という気持ちが生まれることも。人望が厚く味方が多い反面、敵も作りやすい星といえるでしょう。

六白金星の性格

不屈の精神で 社会の正義を貫く

六白金星は、「社会の正義」を生き方の基準に定め、社会的に自分が正しいかどうかを、常に自分に問いかける星です。そして、自分が正しいと思ったことや、与えられた役割は、何が何でも果たそうとします。社会に恥ずかしくない自分であるためには自分を磨くことが必要と、常に向上心も抱き続けるでしょう。その不屈の精神と向上心、実行力が、統率者としての立場をもたらします。ただし、融通が利かず、周囲と歩調を合わせることを好まないことから、人間関係に摩擦を生むこともあります。

七赤金星の性格

失言は多いが愛嬌のある人気者

七赤金星は、プライベートでの充実を何より重視する星です。多趣味で人を楽しませる話術が巧みですから、多くの人が七赤金星の周りに集まり、プライベートはいつも賑やかでしょう。おしゃれも上手ですから、異性にもよくモテます。ただし、ときにモテすぎてトラブルを生むことも。口が軽く失言によって問題を起こすなどもありそうです。内心はプライドが高く、見栄を張る場面も少なくないでしょう。とはいえ、何をやっても憎めない愛嬌があるため、ピンチに陥ってもなんとか回避できます。

八白土星の性格

外面は頑固でも内面は人情家

八白土星は自分の心に正直で、人の顔色を見て行動したり、見栄を張ったりすることの少ない星です。自分が信じたことは、たとえ周囲から見て「おかしい」ものであっても、最後まで貫き通します。それが偏屈、意地っ張りなどと見られることもありますが、自分自身は気にならないでしょう。好き嫌いもはっきりしていますから、外面はとっつきにくい印象がありますが、内面は身内愛が強く、家庭や家族など身近な人を大事にします。その分、家族のことを非難されるのをもっとも嫌うでしょう。

九紫火星の性格

才能豊かだが、粘り強さに欠ける

九紫火星は頭の回転が速く、感受性や美的感覚にすぐれる、才能豊かで華やかなオーラをもつ星です。情熱的で隠し事のできないオープンさもあるでしょう。ただし、豊かな感受性は感情の起伏の激しさにつながり、些細なことでカッとなって、これまで築いた人間関係や実績を台無しにすることがよくあります。また、頭が良すぎるために、少しでも見込みがないと感じると、すぐに投げ出してしまうこともあるでしょう。物事を見極める力や決断力にすぐれる星ですが、粘り強さには欠けるようです。

第三章

方位について

方位の考え方

「動くことで吉凶が生じる」が九星方位気学の考え方

では、実際に吉方位を求めてみましょう。

九星方位気学では、「**動くことで吉凶が生じる**」と考えます。たとえば、引っ越しがきっかけで運気が上がる人もいれば、引っ越しをしたことによって運気を下げる人もいるものです。九星方位気学ではこうしたことを偶然ととらえるのではなく、**吉方位**に向かって動けば開運、**凶方位**に向かって動けば運気を下げる、すなわち**運気を上げるのも下げるのも、動く方位次第**と考えるのです。

九星方位気学での吉方位と凶方位は、万人に共通するものではありません。また、ずっと固定するものでもありません。なぜなら、**方位盤は毎年・毎月・毎日・毎時で変化する**からです。

では、肝心の吉方位は、どのように求めれば良いのでしょうか。

まず、吉方位を求めるには、方位盤を運行する九星や、九星の五行、また、方位盤の方位を表す十二支などがもとになっていることを覚えておいてください。

◆◆吉方位の求め方の手順

吉方位・凶方位を知る手順を挙げましょう。

①凶方位を意味する**凶殺**《きょうさつ》を探しましょう。凶殺には万人に共通する**五黄殺**《ごおうさつ》、**暗剣殺**《あんけんさつ》、**歳破**《さいは》や**月破**《げっぱ》と、個人ごとに異なる**本命殺**《ほんめいさつ》・**本命的殺**《ほんめいてきさつ》、**小児殺**《しょうにさつ》があります。くわしくは41～45ページをご覧ください。

②暫定的な吉方位を、本命星と月命星から求めます。くわしくは46ページをご覧ください。

③②の暫定的な吉方位から①の凶殺を除外します。くわしくは47ページをご覧ください。

五《ご》黄《おう》殺《さつ》の意味と見つけ方

じわじわとダメージをもたらす凶殺

五黄殺《ごおうさつ》とは、年・月・日・時間など、方位を知りたいときの方位盤に**五黄土星が運行する方位**をいいます。

たとえば、五黄土星が北東に運行するときは北東が、五黄土星が南に運行するときは南が、それぞれ五黄殺の方位になります（五黄土星が後天定位盤のように中宮するときは、五黄殺はありません）。

五黄殺のもとになる五黄土星は、方位盤の基本形の後天定位盤では中宮に位置します。そのため、**五黄土星は他の星を支配する帝王の星**とも呼ばれ、もっとも強いエネルギーを誇ります。

しかし、五黄土星がある方位（五黄殺の方位）は、その**強烈なエネルギーによって万物を消滅させる**などといわれ、忌み嫌われます。

また五黄殺は、自分自身が起こした行動がきっかけで失敗を招くことが多く、自滅の方位などとも呼ばれます。

※よく勘違いをされるのが、五黄土星の人も、五黄殺のように凶作用をもっているのではないかということです。「方位や運勢を見る場合の五黄土星」と、「五黄土星の人の性格や性質」はまったく違うものです。このことはしっかり押さえておきましょう。

◆◆五黄殺の方位に行くと

五黄殺の方位に引っ越しや移転、長期の旅行を行った場合、**凶作用はじわじわと現れることが特徴**です。

たとえば五黄殺の方位に引っ越しをしても、数年間は穏やかに暮らすことができるでしょう。ところが徐々に仕事がうまくいかなくなったり、家庭生活に問題が生じたりするなど、時間を経てから凶作用が現れてくるのです。

そのダメージは、病気などとして肉体面に現れることもありますが、どちらかというと精神面のほうに、より強く現れるのが特徴です。

2016年の年盤

五黄土星は北東を運行していますから、北東が五黄殺の方位です。

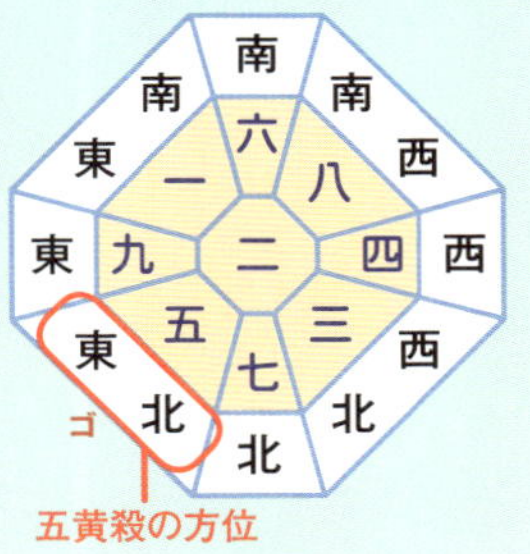

2017年の年盤

五黄土星は南を運行していますから、南が五黄殺の方位です。

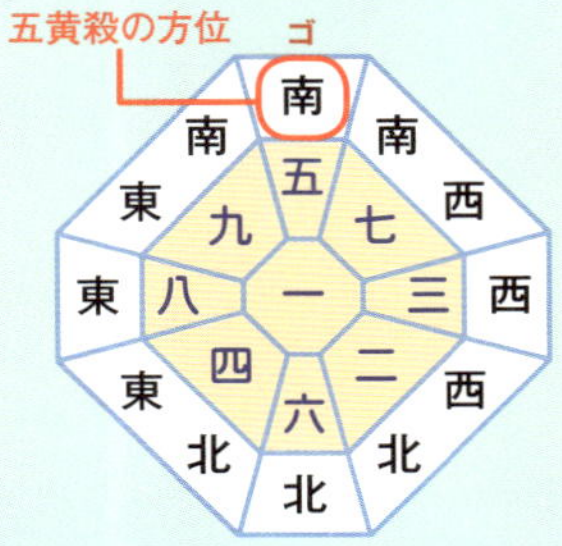

暗《あん》剣《けん》殺《さつ》の意味と見つけ方

他動的にトラブルが舞い込む凶殺

暗剣殺《あんけんさつ》とは、年・月・日・時間など、方位を知りたいときの方位盤の、**五黄土星がある方位と真向かいの方位**のことをいいます。

たとえば五黄土星が北東を運行するときは北東の真向かいの南西が、五黄土星が南に運行するときは南の真向かいの北が、それぞれ暗剣殺の方位になります（五黄土星が後天定位盤のように中宮するときは、暗剣殺の方位はありません）。

暗剣殺のもとになるのは、やはり五黄土星です。五黄土星の強烈なエネルギーが破壊力となって現れ、**五黄土星の真向かいの方位に悪影響を及ぼす**のです。

五黄殺は自分の行動によって凶作用を呼び込むことが特徴ですが、暗剣殺の場合は**他動的なことが原因で凶作用**が現れます。たとえば車の運転をしていて、自分は交通ルールを守っていたのに追突されたり、事故に巻き込まれたり、となりやすいのです。

◆暗剣殺の方位に行くと

暗剣殺の方位に引っ越しや移転、長期の旅行を行った場合、**凶作用は、五黄殺と違ってすぐに現れる**ことが特徴です。

たとえば、暗剣殺の方位に引っ越しをすると、すぐに事故や盗難に遭ったり、病気になるなど、突発的に不幸が降りかかってきやすいのです。まさに「触らぬ神に祟り無し」の方位といえるでしょう。

2016年の年盤

五黄土星は北東を運行していますから、北東が五黄殺の方位です。暗剣殺はその真向かいの南西になります。

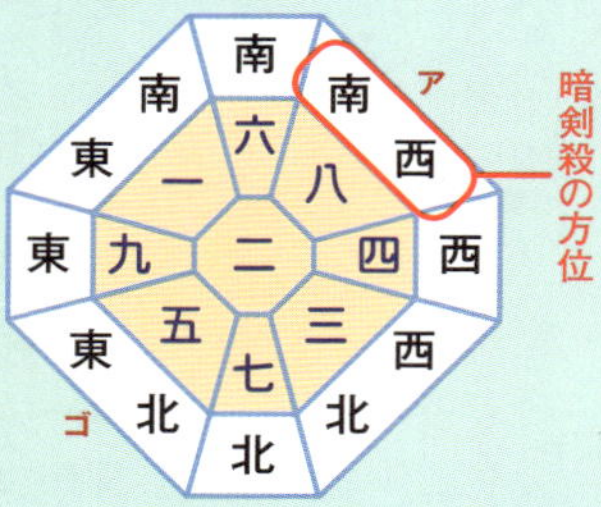

2017年の年盤

五黄土星は南を運行していますから、南が五黄殺です。暗剣殺はその真向かいの北になります。

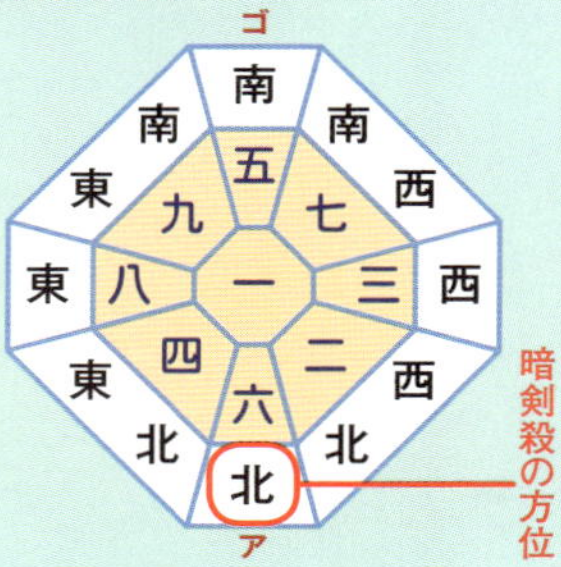

歳《さい》破《は》・月《げっ》破《ぱ》の意味と見つけ方

物事をまとまりにくくさせる凶殺

歳破《さいは》は年の方位盤につく凶殺で、月《げっ》破《ぱ》は月の方位盤につく凶殺です（同じように日の方位盤につく場合は日破《にっぱ》、時間の方位盤につく場合は刻破《こくは》といいます）。いずれも方位盤の十二支と年・月・日・時間の十二支が真向かいの関係にある方位をいいます。

たとえば、その年の十二支が申なら、寅が真向かいの十二支ですから、寅が意味する北東が歳破になります。その月の十二支が午なら、子が真向かいの十二支ですから、子が意味する北が月破です。日破、月破も同じようにして探します。

◆◆歳破・月破の方位に行くと

歳破や月破の方位に引っ越しや移転、長期の旅行を行った場合、「破れ」という現象が引き起こされます。破れとは「物事がまとまらない」意味で、人間関係では「互いが背き合う」などの不和を表します。

たとえば、歳破の方位に引っ越しをしたとたん、夫婦げんかが絶えなくなったり、職場の人間関係が悪くなったりしやすいでしょう。引っ越し前には順調だった恋人との関係が、歳破の方位に引っ越したことで悪化することも考えられます。商談などの交渉事も物別れに終わりやすいでしょう。

方位盤につく十二支

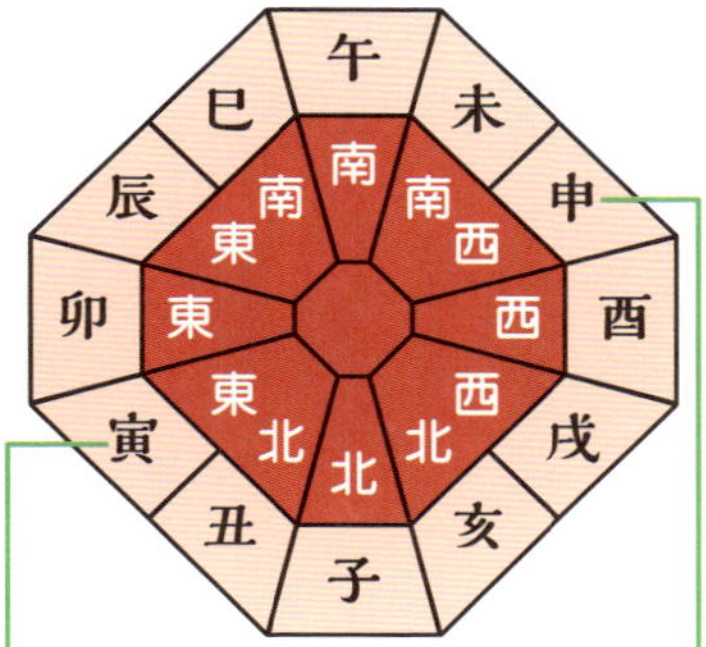

2016年（丙申）の年盤

2016年は丙申年です。年の十二支は申ですから、申の真向かいの寅が歳破です。ただし、方位としては北東全体が歳破の意味になります。

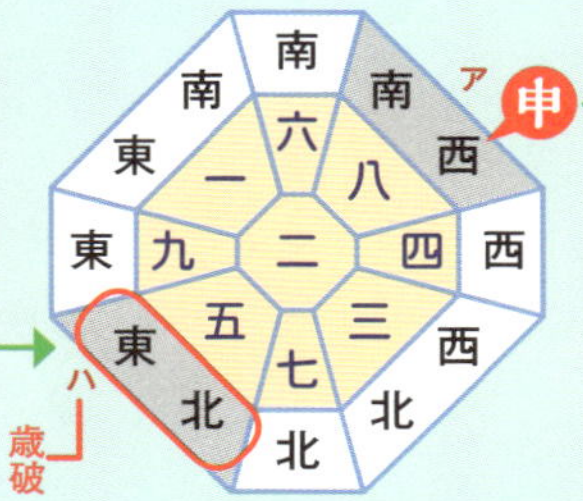

十二支の真向かいの早見表

十二支の真向かいの関係	
年・月・日・時間の十二支	方位盤の十二支
子	午
丑	未
寅	申
卯	酉
辰	戌
巳	亥
午	子
未	丑
申	寅
酉	卯
戌	辰
亥	巳

本《ほん》命《めい》殺《さつ》・本《ほん》命《めい》的《てき》殺《さつ》の意味と見つけ方

健康面に問題が生じやすい凶殺

本命殺《ほんめいさつ》とは、年・月・日・時間など、**方位を知りたいときの方位盤に自分の本命星が運行する方位**のことをいいます。たとえば本命星が一白水星で、一白水星が東南を運行していれば、東南が**本命殺**です。

本命的殺は、**本命殺の真向かいの方位**をいいます。たとえば本命星が一白水星で、一白水星が東南を運行していれば、その真向かいの西北が**本命的殺**になります。

◆本命殺・本命的殺の方位に行くと

本命殺・本命的殺は、いずれも自分自身を表す本命星がもとになる凶方位ですから、とくに**健康面に問題**が生じやすくなります。

たとえば、これらの方位に引っ越しや移転、長期の旅行を行ったことをきっかけに、大病を患ったり、大ケガをしたりしやすいのです。

また、本命殺は自信過剰が原因で災いを招くこともあります。

本命的殺の場合は、見込み違いや思い違いによる失敗のほか、妨害が入りやすいなど他動的なことが原因で災いを招くことが多いでしょう。

一白水星の人の本命殺の例

本命星の一白水星は東南を運行していますから、東南が本命殺です。

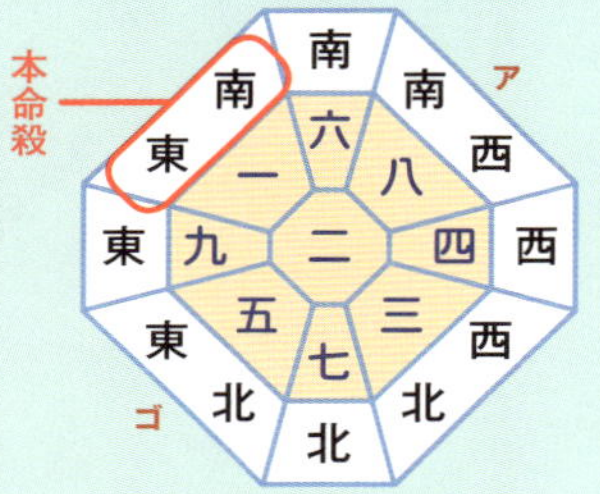

一白水星の人の本命的殺の例

本命星の一白水星は東南を運行していますから、東南の真向かいの西北が本命的殺です。

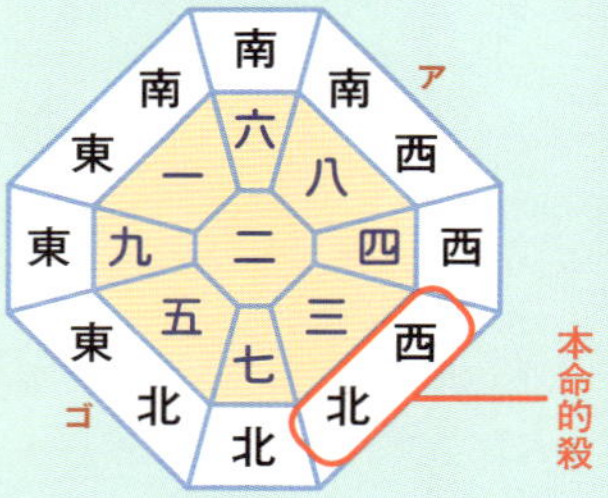

小《しょう》児《に》殺《さつ》の意味と見つけ方

幼い子どもだけに影響する凶殺

小児殺《しょうにさつ》とは、文字通り幼い子どもだけに適用される凶殺です。該当する年齢には諸説ありますが、小学校に上がる前の5～6歳程度の子どもに影響があると考えて良いでしょう。

小児殺は、年の十二支と月の十二支との関係から見つけますが、方法が複雑なので左の表にまとめました。

たとえばその年の十二支が子で、引っ越しなどを予定している月が3月（卯月）だとします。表を見ると西北とあります。つまり、子の年の3月は、西北が小児殺の方位ということです。

◆◆小児殺の方位に行くと

幼い子どもが病気にかかりやすい、事故に遭いやすいなど、小児に限定して凶作用が現れるでしょう。幼い子どもがいる場合は、小児殺方位への旅行や引っ越しなどは避けたいものです。

なお、表にある「中央」とは、小児殺方位がないことを意味します。ただし、小児殺がない月は、家の建築やリフォームなどを行うのはおすすめできないとされています。

小児殺表

月の十二支＼年の十二支	子・寅・辰・午・申・戌・	丑・卯・巳・未・酉・亥・
2月（寅月）	中央	南
3月（卯月）	西北	北
4月（辰月）	西	南西
5月（巳月）	北東	東
6月（午月）	南	東南
7月（未月）	北	中央
8月（申月）	南西	西北
9月（酉月）	東	西
10月（戌月）	東南	北東
11月（亥月）	中央	南
12月（子月）	西北	北
1月（丑月）	西	南西

吉方位の求め方

本命星・月命星と相性の良い九星が位置する方位

吉方位を求めるときの考え方を説明しましょう。

吉方位は、本命星・月命星の五行と「**相生《そうしょう》か比和《ひわ》になる関係**」の九星が、方位盤のどの位置を運行しているか、から求めます。つまり、**自分と相性の良い九星が位置する方位**が**吉方位**ということです。

方位盤の九星は、年・月・日・時で常にぐるぐると運行していますから、相性の良い九星が位置する方位も常に変わります。そのため、吉方位を知るには、占いたい年や月などから、そのつど方位盤を見て求める必要があるのです。

では、実際に吉方位を求めてみましょう。

①本命星と相性の良い九星を探す

まず、あなたの本命星がどの九星と相性が良いかを、左の「**相生・比和表**」から見つけます。この表は**吉方位を探す場合に限定したもの**です。

例として、本命星が一白水星、月命星が八白土星の人で説明しましょう。

本命星が一白水星と相性の良い九星＝六白金星・七赤金星・三碧木星・四緑木星

②月命星と相性の良い九星を探す

同じように、月命星でも相性の良い九星を探します。

月命星が八白土星と相性の良い九星＝九紫火星・二黒土星・六白金星・七赤金星

③本命星と月命星に共通する、相性の良い九星を探す

本命星と月命星、それぞれの相性の良い九星を探すことができたら、その**両者に共通する九星**を探します。この九星が運行する方位が**吉方位**、ということになります。

◆本命星が一白水星、月命星が八白土星の人の場合、共通して相性が良いのは**六白金星・七赤金星**です。これらの星が運行する方位が吉方位です。

あなたも自分の吉方位となる九星を確認しておきましょう。この九星こそが、吉方位を求めるときの基本になるのです。

相生・比和表

本命星／月命星	大吉（生気）	中吉（比和）	吉（退気）
一白水星	六白金星 七赤金星	なし	三碧木星 四緑木星
二黒土星	九紫火星	八白土星	六白金星 七赤金星
三碧木星	一白水星	四緑木星	九紫火星
四緑木星	一白水星	三碧木星	九紫火星
五黄土星	九紫火星	二黒土星 八白土星	六白金星 七赤金星
六白金星	二黒土星 八白土星	七赤金星	一白水星
七赤金星	二黒土星 八白土星	六白金星	一白水星
八白土星	九紫火星	二黒土星	六白金星 七赤金星
九紫火星	三碧木星 四緑木星	なし	二黒土星 八白土星

吉方位から凶殺を除外する

前ページで、吉方位を求めるときの相性の良い九星を探せたと思います。ただし、その九星が運行する方位であれば、常に吉方位なのかというと、そうではありません。

なぜなら方位盤には凶方位となる凶殺があり、それが相性の良い九星が運行する方位に該当しているかもしれないからです。ここで避けるべき凶殺をもう一度おさらいしましょう。

- 五黄土星が運行する方位（五黄殺）
- 五黄土星が運行する方位の真向かいにある方位（暗剣殺）
- 年や月の十二支と、真向かいの関係にある方位盤の十二支の方位（歳破・月破）

- 本命星が運行する方位（本命殺）
- 本命星が運行する方位の真向かいの方位（本命的殺）
- 幼児がいる場合は幼児に影響する凶殺（小児殺）

相性の良い九星が運行する方位にこれらの凶殺がついていなければ、その方位が吉方位になります。

本命星：一白水星、月命星：八白土星の人の吉方位の求め方

【共通する相性の良い九星：六白金星・七赤金星】

2016（丙申）年の年盤

南（六白金星）と北（七赤金星）が吉方位

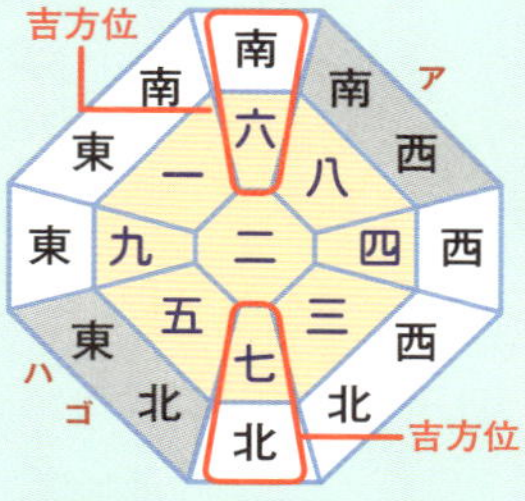

2017（丁酉）年の年盤

南西（七赤金星）が吉方位

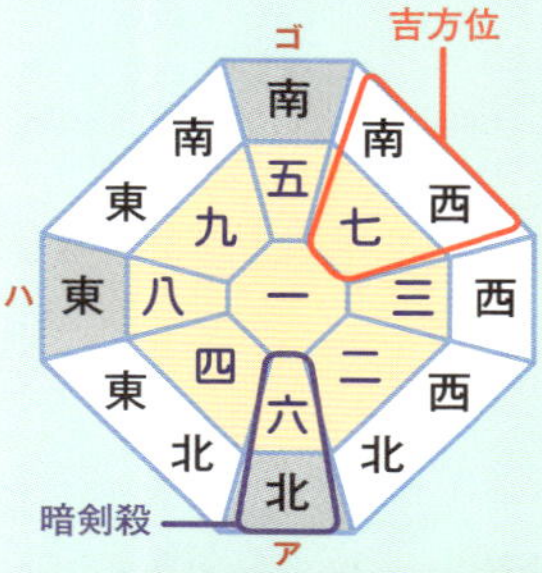

2018（戊戌）年の年盤

南西（六白金星）と東（七赤金星）が吉方位

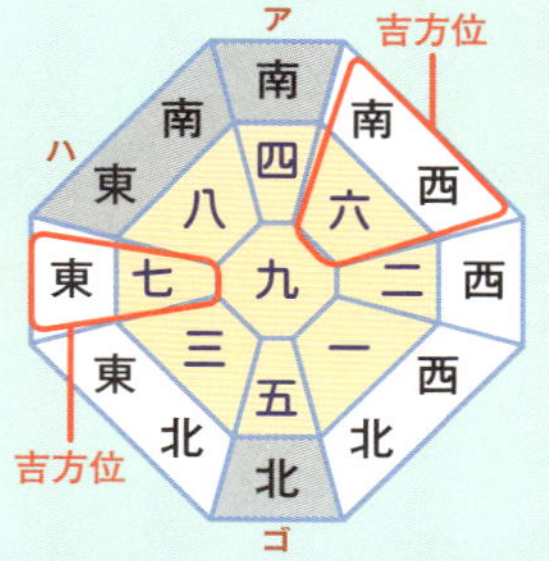

2019（己亥）年の年盤

本命的殺（六白金星）と歳破（七赤金星）

吉方位はなし

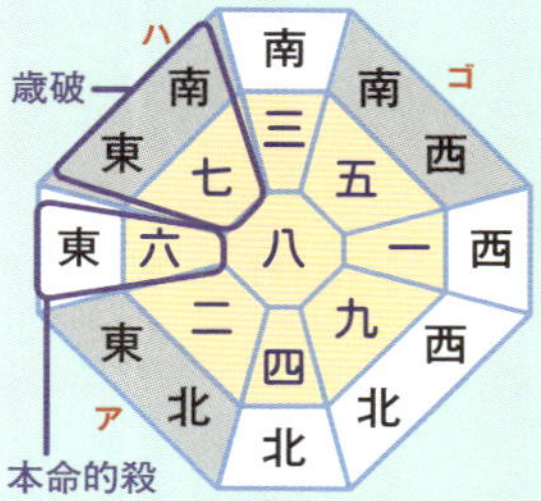

本命星だけで吉方位を求めると…

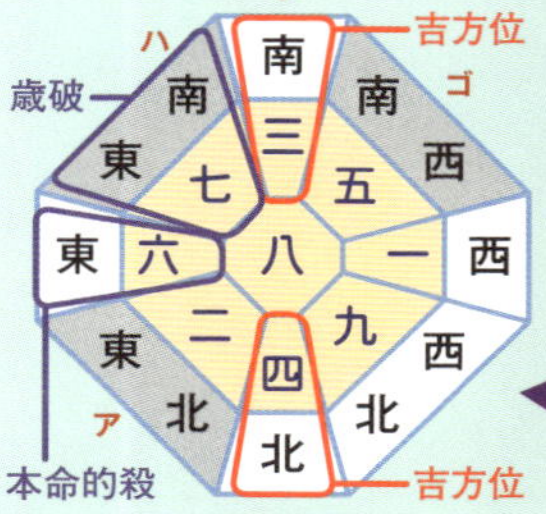

南（三碧木星）と北（四緑木星）が吉方位

吉方位が求められないとき

本命星と月命星から相性の良い九星を求めると、その数が少ないため、凶殺に該当して吉方位を求められないことがあります。このような場合は、本命星だけで相生・比和表から相性の良い九星を求めます。例題の人は本命星が一白水星ですから、六白金星、七赤金星のほかに三碧木星、四緑木星が該当します。

一白がある方位の吉作用・凶作用

一白水星が各方位に運行したときの吉作用と凶作用は次の通りです。

一白が北にあるとき

吉作用

新しい人との交際のチャンスが増えるでしょう。また、思考力や忍耐力がアップして勉強や研究がはかどり、受験生や資格取得の勉強に励んでいる人にはうれしい作用が期待できそうです。さらに、妊娠を望んでいる人には子どもを授かる喜びが得られるかもしれません。秘密の恋が始まる暗示もあります。

凶作用

異性関係や仕事面で、何かを隠さなければいけない事情が発生しそうです。詐欺や盗難などの心配もあるので要注意。また、冷えが原因で泌尿器系や婦人科系統の病気に悩まされることも。

一白が南西にあるとき

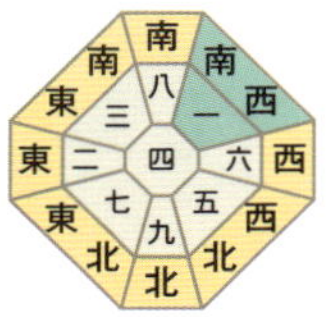

吉作用

勤勉、努力、用意周到、育成などに関して吉作用が得られるでしょう。具体的には、仕事で地道な努力が続けられ、その結果、家計に好影響をもたらします。失業中の人には職を得るチャンスが舞い込むでしょう。また、健康面の改善も期待できます。とくに胃腸障害に悩まされていた人は、改善の兆しが。

凶作用

労働意欲が減退する、職を失うなどの現象が見られるようです。住宅ローンの支払いに窮したり、ときには不動産を手放したりする場合も。持病が再発することもあるかもしれません。

一白が東にあるとき

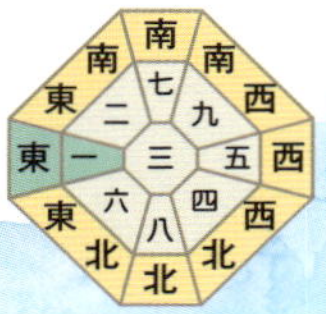

凶作用

一白水星が東にあるときは、自動的に暗剣殺となるため、誰にとっても凶方位です。

凶作用としては、誘惑に負けて不倫や不正行為を行ったり、隠し事がばれて信用を落としたりすることが挙げられるでしょう。盗難やインターネットを使った詐欺などに遭うことも考えられます。過労によって肝臓や腎臓に弱みが出ることもあるでしょう。

一白が東南にあるとき

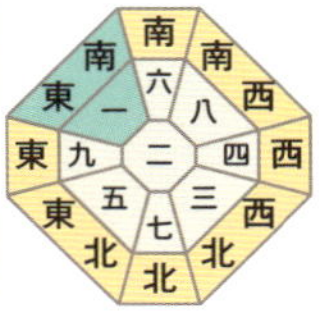

★吉作用

社会的信用が高まって、とくに仕事や人間関係に好影響をもたらすでしょう。仕事面では、良い人脈を得て新しい取引先が見つかる、遠方と取引が始まるなど発展する見込みがあります。ビジネスチャンスが数多く舞い込むと考えて良いでしょう。結婚を望む人には紹介によって良縁が得られ、ゴールインへと進みそう。

凶作用

信頼している人に悪い噂を流される、詐欺まがいの話を持ち込まれるなど、故意ではないにしても結果的に裏切りに遭うことがあります。異性関係では三角関係や失恋の憂き目に遭うことも。

一白が西北にあるとき

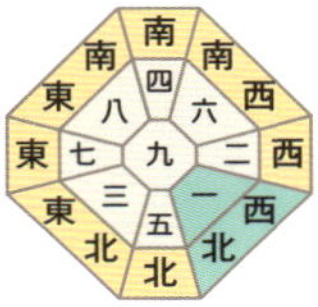

★吉作用

あなた自身の評価が高まって目上に引き立てられたり、後援者が現れたりして仕事運が大幅にアップするでしょう。部下との関係も良好に。自営の人は、規模の大きい取引先を得てステップアップが叶うでしょう。健康面では体力がつき、元気な体を維持。未婚の人は職場で結婚相手が見つかるかもしれません。

凶作用

モラルに反した行動を取りやすく、それが後々大問題になりそうです。また、仕事で重責を負わされ、それがプレッシャーになって健康を害することもあります。とくに過労に注意を。

一白が西にあるとき

★吉作用

金銭面に余裕が生まれ、とくに飲食を楽しむ機会が増えるでしょう。仕事でも接待の機会が増え、それによって仕事がスムーズに運びます。同僚との関係も良好でしょう。異性関係では、未婚の人には、恋愛や結婚につながる新鮮な出会いのチャンスが広がりそうです。新しい趣味が見つかることもあるでしょう。

凶作用

浪費や散財をしやすく、家計のやりくりに窮するかもしれません。異性関係では、不倫や三角関係など苦痛を伴う事案が発生する可能性が。仕事では、失言によるトラブルが心配です。

一白が北東にあるとき

★吉作用

不調だったことが再生の兆しを見せるでしょう。仕事では、方針転換を図ることで状況が大きく好転します。未婚の人や恋人がいなかった人には、親族から紹介されて結婚や恋愛の相手が見つかりそうです。後継者や跡継ぎを望んでいた人には、適任者が現れることも。失業中の人は職に就くことができそうです。

凶作用

行き詰まりを打開するための策が裏目に出て、さらに状況を悪くするでしょう。経済的な困難に遭い、住居を手放す人もいそうです。親族間の揉め事に巻き込まれることも多くなります。

一白が南にあるとき

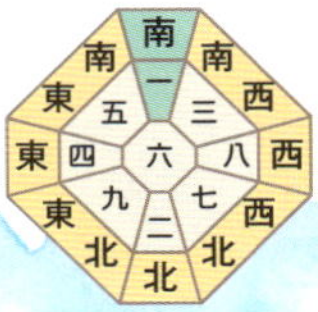

★吉作用

頭が冴えて、先を見通す力が生まれるでしょう。仕事では企画力が増し、ヒット商品を生み出すなどの喜びが。それによって昇進昇格の名誉を得ることができそうです。埋もれていた才能にスポットライトが当たり、夢の実現に一歩近づけるかもしれません。交際中の人は、結婚へと大きく前進するでしょう。

凶作用

秘密が暴露されたり、訴訟問題が生じたりして立場が危うくなるかもしれません。親しい人との別れを経験する人もいるでしょう。目や心臓の病気にもかかりやすくなりますから注意が必要です。

二黒がある方位の吉作用・凶作用

二黒土星が各方位に運行したときの吉作用と凶作用は次の通りです。

二黒が北にあるとき

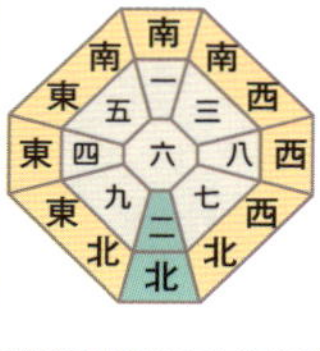

★吉作用

家庭がこれまで以上に円満になり、子どもを望む人には妊娠の喜びが得られそうです。未婚の人は旧友に再会し、それが縁で結婚の運びとなることもあります。仕事では良い部下に恵まれ、副収入を考えている人には有効な手段が見つかりそう。不動産を求めている人は、良い物件に出合える暗示があります。

凶作用

計画しているものが順調に運ばず、頓挫《とんざ》することも。部下や子どもなど目下に迷惑をかけられることが増えるかもしれません。経済的に窮乏する場合もあるでしょう。持病も再発しやすいかも。

二黒が南西にあるとき

★吉作用

誠実で勤勉になり、仕事や家庭生活に好影響をもたらすでしょう。仕事では真面目さが引き立てを得ることにつながり、商売を行っている人は誠実さが認められて繁盛するでしょう。求職中の人は無事、安定した職に就くことができそうです。家庭生活は安泰。旧友がさまざまなチャンスを呼び込んでくれることも。

凶作用

仕事への意欲が湧きにくく、職を失うことになるかもしれません。家計は出費が多く、安定しないでしょう。母親や妻との間でのトラブルも増えそうです。消化器系の病気に悩まされる傾向も。

二黒が東にあるとき

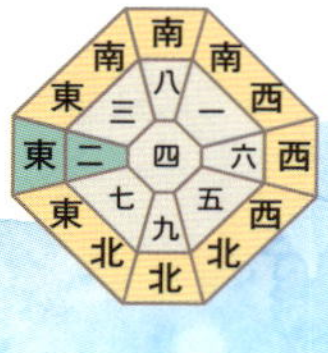

★吉作用

仕事への意欲が湧き上がるため、これまで以上の活躍が見込まれます。良いビジネスパートナーを得て、仕事を発展させることもできるでしょう。求職中の人は希望の職に就くことが可能です。家庭では、新しい家族が増える喜びも。また、旧友がきっかけとなって、望んでいたことが実現するかもしれません。

凶作用

過去の問題が明るみになり、計画していることが頓挫《とんざ》する恐れが。勇み足や失言などで仕事や縁談に支障をきたすことも。転職の失敗や突然の失業などで家計の安定が損なわれることもあります。

二黒が東南にあるとき

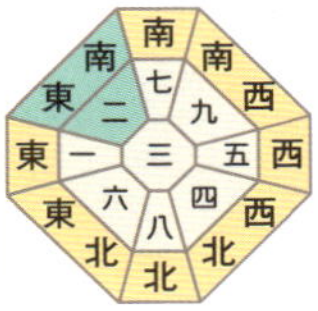

★吉作用

誠実な働きぶりが周囲に信用され、「仕事ができる人」の評判が高まって活躍のチャンスが高まります。商売を行っている場合は、多くの客を取り込むことができるでしょう。未婚の人は家庭を大事にしてくれる異性を紹介してもらえるかもしれません。交際中の人は周囲の応援を得て、ゴールインできるでしょう。

凶作用

仕事や家庭で信用を失う出来事があるかもしれません。交渉事は難航し、進んでいた縁談が破談になることも。感染型の病気にかかりやすい、すでに患っている人は治療が長引く、などの現象も。

二黒が西北にあるとき

★吉作用

意欲が増し、何事にも活動的になれるでしょう。仕事では地道な努力が実を結び、引き立てを受けて昇進昇格の可能性大。経済面も好調で、生活水準が上がるでしょう。未婚の人は、仕事関係者やボランティア活動などを通じて良縁に結びつく出会いが。資格取得のために励んでいる人は、良い結果が得られそうです。

凶作用

仕事面では、目上の反感を買って仕事がやりづらくなるようです。ギャンブルや投資を行っている人は、損失の可能性が高いでしょう。乗り物の事故やケガなどにも注意が必要です。

二黒が西にあるとき

★吉作用

収入が増えて財布に余裕が生まれやすいでしょう。求職中の人は職を得られます。不動産の購入計画を考えている人は、良い物件が手に入り、ローンの場合も滞りなく返済ができるでしょう。恋の出会いを求めている人にはチャンスが目白押し。未婚の人は誠実な相手と出会い、結婚へと進むでしょう。

凶作用

生活が乱れ、それが病気を引き起こしたり、仕事への意欲を低下させたりして、職を失う場合も。浪費や借金を繰り返して困窮を招く可能性もあります。異性関係のトラブルも増えるでしょう。

二黒が北東にあるとき

凶作用

二黒土星が北東にあるときは、自動的に暗剣殺となるため、誰にとっても凶方位です。

凶作用としては、職や不動産を失う、相続問題で揉めて不当な配分を余儀なくされたり、親族との間に大きな溝を生んだりすることが考えられます。また、古い問題が再燃して頭を悩ますこともあるでしょう。持病の再発や悪化にも注意が必要です。

二黒が南にあるとき

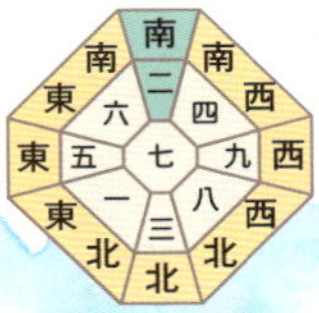

★吉作用

地道な努力が実って昇進昇格したり、コンクールなどで受賞したりするなど、名誉なことが起こりやすいでしょう。受験生は難関校に突破する可能性も。また、長い間寝かせておいた株で大儲けしたり、所有する不動産の値が上がったりすることも。未婚の人は容姿の美しい人との良縁が舞い込むでしょう。

凶作用

古い友人と仲違いしてしまいやすいときです。夫婦の場合は、過去の問題が浮上して離婚の危機に陥ることも。契約事では書類の不備などで、話が頓挫《とんざ》するか損失することもあります。

三碧がある方位の吉作用・凶作用

三碧木星が各方位に運行したときの
吉作用と凶作用は次の通りです。

三碧が北にあるとき

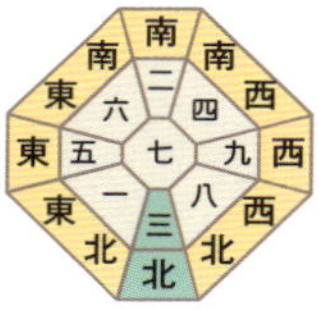

吉作用

気持ちが前向きになり、さらには思考力が増すことから、勉強や研究が進んだり、大きな成果を出したりできるでしょう。仕事では新規に計画していることが順調に運びます。部下や後輩との関係も今まで以上にスムーズに。また、新しい人と交流が生まれ、それがきっかけになってさまざまなチャンスが生まれます。

凶作用

準備や計画がずさんになり、そのことで失敗を見ることが増えるでしょう。勢いで交際を始めた異性とトラブルを起こすこともあります。健康面では不眠症や神経症になりやすいので注意。

三碧が南西にあるとき

吉作用

仕事への意欲が湧き上がり、これまで以上に勤勉になるでしょう。忙しさは避けられませんが、やりがいを感じるはずです。就職や転職活動を行っている人は希望の職種に。また、家庭の雰囲気がリフレッシュして明るく楽しいものになります。病気療養中の人は、新しい医師や治療法と出合い、快復するでしょう。

凶作用

働く意欲が低下したり、現在の職場に不満を抱えたりしやすいでしょう。転職は失敗となりがち。新規計画も不調です。また、無駄な出費が増えて家計を圧迫することも。肝臓や胃腸の病気に注意。

三碧が東にあるとき

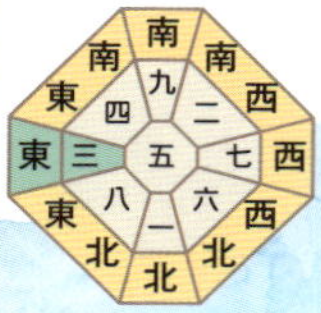

吉作用

心機一転の気分で何事も新鮮な気持ちで取り組めるでしょう。停滞していた物事は、勢いよく動き出します。仕事は、積極性とアピール力、さらに企画力が高まり、大きな活躍が見込めそう。組織から独立するチャンスにも恵まれるでしょう。恋の出会いを待つ人には、爽やかなタイプの異性と出会える可能性が。

凶作用

常に気分が落ち着かず、イライラしやすいでしょう。軽率な行動から大きな失敗を招く可能性も。ミスが発覚して問題になったり、妄言を吐いて周囲に迷惑をかけることも考えられます。

三碧が東南にあるとき

凶作用

三碧木星が東南にあるときは、自動的に暗剣殺となるため、誰にとっても凶方位です。

具体的には、身の丈以上のことを計画して失敗したり、嘘をついて信用を落としたりしやすいようです。また、些細なことで口論しやすく、人間関係に摩擦を生むことも。その他、詐欺に遭う、縁談が壊れる、喘息やウイルス性の病気にかかりやすいなどの難事が考えられます。

三碧が西北にあるとき

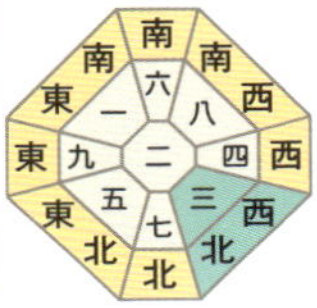

★吉作用

仕事ではやりがいのある大きなプロジェクトを任され、その期待に応えることができるでしょう。有力者からの支援を受けて、事業を起こす人もいそうです。また、スポーツをする人は、試合に勝利する、新記録を出すなどの喜びが。投資や投機では、大胆な策が功を奏して大きな利益を上げるかもしれません。

凶作用

大きなことに挑戦したくなりますが、おおむね失敗に終わるでしょう。ギャンブルにのめり込んで財を損失することも。オーバーワークによって健康を害する、交通事故に遭うなどもあります。

三碧が西にあるとき

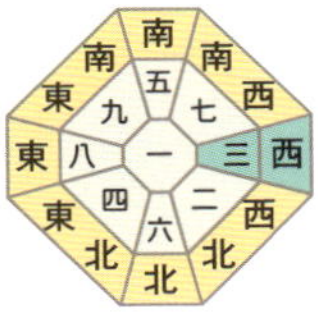

★吉作用

恋愛面での好作用がとくに期待できそうです。恋の出会いを求めている人は、音に関することがきっかけで知り合うチャンスが生まれるでしょう。話し上手になることから、これまで以上に人間関係が楽しくなることも。未婚の人は、友人の中から結婚相手が見つかりそう。求職中の人は、希望の職に就けるでしょう。

凶作用

物事を甘く見ての失敗が増えるでしょう。とくに金銭に関する楽観視は困窮を招く原因になるので気をつけて。また、失言や言葉の行き違いから仲違いに発展することも。事故やケガにも注意。

三碧が北東にあるとき

★吉作用

物事が良い方向へと転換していくでしょう。行き詰まった状況を改善する起死回生のチャンスも巡ってきます。機を逃さず、行動しましょう。また、これまで恋の出会いに恵まれなかった人には交際のチャンスが訪れ、不和だった夫婦や恋人に愛情が戻ることも。後継者不足の悩みを抱えていた人は、問題解消の兆し。

凶作用

改善策が後手に回る、裏目に出るなどして結果を出せないでしょう。また、何事にも迷いが生じて決断の時機を誤ることも。親族との揉め事も増えそうです。腰痛・関節痛や持病の悪化に注意。

三碧が南にあるとき

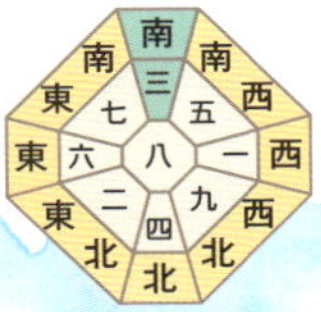

★吉作用

感性が高まり、頭が冴えることから、芸術や学問、あるいは仕事の分野で注目されるでしょう。新しく始めたことが評判を呼び、名誉につながることも。発明発見のチャンスもありそうです。恋の出会いを求めている人は一目惚れをされて情熱的な関係に。疎遠になっていた友人との仲が復活することもあります。

凶作用

ミスや不正など、公にしたくない事柄が発覚するでしょう。訴訟問題にも巻き込まれがちです。契約上のトラブル、人との離別なども考えられます。心臓病や火災などにも注意しましょう。

四緑がある方位の吉作用・凶作用

四緑木星が各方位に運行したときの吉作用と凶作用は次の通りです。

四緑が北にあるとき

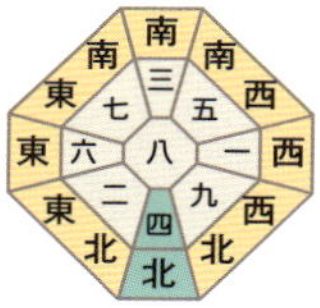

★吉作用

社交力が増して交際範囲が大きく広がり、人脈も充実するでしょう。未婚の人は、紹介かネットを通じて良縁が舞い込む予感。知り合った異性とは深い愛情で結ばれ、子宝にも恵まれそうです。仕事面ではこれまでの努力が実を結んで信用が高まり、新しいプロジェクトを任されるなど、運に勢いがあります。

凶作用

悪い噂を流され、それが運勢の足を引っ張ることになりそうです。個人情報が漏れる、あるいは漏らすなどしてトラブルになることも。秘密の恋に足を踏み入れ、悩みが生じる可能性もあります。

四緑が南西にあるとき

★吉作用

勤勉になって周囲から信用され、仕事運を引き上げるでしょう。商売を行っている人なら着実に顧客を増やすことが。既婚者は家庭円満。未婚の人は、母親や祖母、あるいは女性の先輩や上司など目上の女性を通じて、真面目で誠実な異性を紹介してもらえそうです。疎遠になっていた旧友と友情が復活することも。

凶作用

母親や姑、女性の上司など目上の女性との対立が起こりそうです。仕事では不誠実な態度が信用を失わせ、事業不振を招くことも。胃腸・呼吸器などのトラブルや、持病の再発も見られます。

四緑が東にあるとき

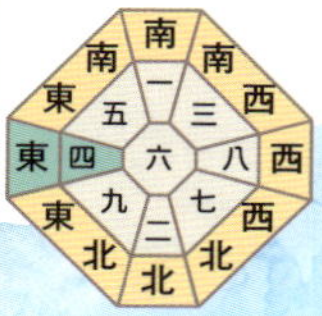

★吉作用

信用が高まり、さらには積極的な社交力が加わって、さまざまなチャンスを呼び寄せます。逃すことなく好機をつかめば夢の実現に近づけるでしょう。新規開拓など新しいことに挑戦するのも吉。未婚の人は若々しくはつらつとした異性を紹介されてゴールイン。交際中の人は順調な関係が続いて結婚へと導かれます。

凶作用

焦りや迷いが生じやすく、行動するほど裏目に出るでしょう。求めた助言が見当外れの場合も。失言や誤解など人間関係のトラブルも多発しそうです。過労から呼吸器や肝臓を痛めることも。

四緑が東南にあるとき

吉作用

これまでの努力が信用を生み、質の高い仕事が殺到するでしょう。交渉事は好条件で成立、商売も繁盛します。遠方への旅行や出張の機会も増え、人間関係の広がりも期待できるでしょう。交際中の人はいよいよ結婚のチャンス。出会いを待つ人には友人や知り合いから良縁が紹介され、結婚に至りそうです。

凶作用

優柔不断さや不誠実な言動から信用を失いやすく、それが影響して仕事や人間関係に影を落としそうです。遠方への旅行や出張では体調不良などのトラブルが続くことも。感染型の病気に用心して。

四緑が西北にあるとき

吉作用

これまでの実績が認められて自信がつき、仕事でのステップアップが可能になるでしょう。後援者が現れる、融資が得られるなど、仕事を展開するうえでの環境も整います。株や投資なども的確なアドバイスを得て成功する見込み。未婚の人には仕事関係者から良縁が舞い込むことも。健康も維持できるでしょう。

凶作用

応援してくれる人が現れず、孤軍奮闘の結果、計画が頓挫《とんざ》したり、物事が尻すぼみに終わったりしやすいようです。ライバルに負ける暗示も。乗り物による事故や感染型の病気にも要注意。

四緑が西にあるとき

吉作用

収入が増える、臨時収入があるなどして懐《ふところ》に余裕が生まれるでしょう。その結果、飲食や旅行など、娯楽を楽しむ機会が。未婚者には偶然による出会い、紹介による出会いなど、さまざまなパターンの恋のチャンスが続出。趣味を通じて友人ができる、友人の影響で趣味が広がるなど、人生の豊かさを実感できます。

凶作用

見栄を張るための散財や浪費が増えて、場合によっては借金を繰り返すことも。異性関係では浮気をしたりされたりなどのトラブルも考えられます。呼吸器や口腔に関する病気に注意しましょう。

四緑が北東にあるとき

吉作用

行き詰まった状況を、友人や親族の有形無形の援助によって打破することができるでしょう。方針転換から物事が好転する幸運も得られます。未婚の人には友人や親族から良縁が紹介される見込み。旧友との再会が交際に結びつくこともありそうです。また、財テクに励むようになり、貯蓄が徐々に増えていきます。

凶作用

信用を失って物事が行き詰まることが考えられます。誤解から親族間にトラブルが生じることも。誤った財テク法で貯蓄を目減りさせる可能性も大です。腰痛・関節痛、呼吸器の病気にも要注意。

四緑が南にあるとき

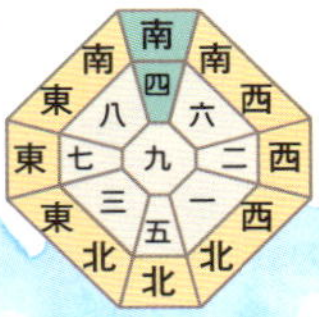

凶作用

四緑木星が南にあるときは、自動的に暗剣殺となるため、誰にとっても凶方位です。

具体的には、交渉事で不利な条件を呑まされる、話が物別れになるなどのほか、訴訟問題に巻き込まれることも。親しい人に裏切られたり、別れを経験したりすることもあるでしょう。健康面では頭部や心臓、目に関する病気にかかりやすいため、注意が必要です。

五黄がある方位の凶作用

五黄土星が運行する場合、どの方位でも凶作用が生じます。凶作用は次の通りです。

凶作用はじわじわと現れる

五黄土星が運行する方位は、どの方位であっても五黄殺となり、吉方位になることはありません。

その理由は、五黄土星が後天定位盤では九星の中心に位置することに由来します。

中心にある五黄土星は、九星の頭領のような存在で、パワーは最強です。しかし、最強であるがゆえに歯止めが利きません。そのため、五黄土星は何事にもやりすぎや行きすぎを生じさせ、結果的に破滅に向かわせる、ととらえられています。

さらに最強であることは、月にたとえると満月です。満月は欠けていくものですから、九星方位気学では不吉とされます。

このように、一筋縄ではいかない五黄土星であるため、運勢や方位については忌み嫌われます。

五黄殺方位を用いた場合の凶作用は、すぐには現れず、じわじわと表面化するのが特徴です。

五黄が北にあるとき

凶作用

北方位の象意である部下・目下・苦悩・溺れる・人間関係・交際・思考・学問・セックスなどに関して凶作用が現れやすくなるでしょう。

具体的には、心を許した人に裏切られる、部下や目下などの関係が悪化する、異性やアルコールに溺れる、失恋、不妊、受験の失敗、盗難、経済的な困窮などが暗示されます。また、健康面では婦人科系の病気、精神的な病、腎臓、さらに呼吸器系の疾患などが考えられます。

五黄が南西にあるとき

凶作用

南西方位の象意である母親・妻・家庭・真面目・勤勉・仕事・収入・古い問題などに関して凶作用が現れやすくなるでしょう。

具体的には、母親や妻の健康に問題が生じる、家庭内に心配事が増える、怠惰になる、仕事の不振、会社の倒産、失業、減収、破産などが考えられます。古い問題が再燃して頭を悩ませることもあるでしょう。健康面では、消化器系統の病気、持病の再発などが挙げられます。

五黄が東にあるとき

凶作用

東方位の象意である意欲・発展・急進的・新規事業・スピード・積極性・長男・青年などに関して凶作用が現れやすくなるでしょう。

具体的には、何事にも意欲が湧かない、綿密に計画を立てないままに物事を急進させて失敗する、大きな野望を抱いて挫折、長男の反抗や非行、詐欺に遭うなどの暗示があります。健康面では神経症や胃腸障害、肝臓に関する病気、手足のケガ、事故などに注意が必要です。

五黄が東南にあるとき

凶作用

東南方位の象意である縁談・信用・社交・交渉・商売・仕事・遠方・旅行などに関して凶作用が現れやすくなるでしょう。

具体的には、縁談が壊れる、人間関係で摩擦が生じやすくなる、築き上げた信用を落とす、事業や商売が立ち行かなくなる、失業、交渉事が決裂する、旅先でのトラブルなどが考えられます。健康面では伝染病や感染症にかかる、呼吸器や手足に関する病気やケガなどが心配されます。

五黄が西北にあるとき

凶作用

西北方位の象意である父・上司・後援者・投資・融資・賭け事・乗り物などに関して凶作用が現れやすくなるでしょう。

具体的には、父や上司、後援者などと対立する、大きな後ろ盾を失って計画が頓挫《とんざ》する、融資が受けられない、事業や投資に失敗、賭け事にのめり込んで財を失う、過労などが考えられます。健康面では骨折、心臓病、結核、手術を要する病気や乗り物による事故などに注意が必要です。

五黄が西にあるとき

凶作用

西方位の象意である金銭・消費・娯楽・恋愛・口などに関して凶作用が現れやすくなるでしょう。

具体的には、浪費する、散財しやすい、贅沢志向になって借金を繰り返すなど、金銭問題で深刻な事態を招くことが暗示されます。その他、交際中の人は自身の浮気や相手の浮気でトラブルが起こる、失恋、仕事に意欲が湧かず怠惰になる、失業など。健康面では、呼吸器系や口腔に関する病気にかかりやすくなります。

五黄が北東にあるとき

凶作用

北東方位の象意である終止・停滞・変化・身内・相続・不動産・蓄財・古い問題などに関して凶作用が現れやすくなるでしょう。

具体的には、物事が行き詰まる、身内間で揉め事が頻発する、相続でトラブル、事業の失敗や失業などで資産を失う、土地や住居を手放す、財テクで失敗、古い問題が再燃するなどが暗示されます。健康面では、背中・肩・腰・筋肉に関する病気や腫瘍、持病の再発などが考えられます。

五黄が南にあるとき

凶作用

南方位の象意である地位・名誉・露見・裁判・契約・火などに関して凶作用が現れやすくなるでしょう。

具体的には、秘密や隠し事が思わぬことから発覚して大問題になる、訴訟問題や刑事事件の発生、立場が不利になる、名誉が傷つく、親しい人との別れなどが考えられます。火災など火に関するトラブルもあるでしょう。健康面では心臓や目など、首から上の部分に関する病気にとくに注意が必要です。

六白がある方位の吉作用・凶作用

六白金星が各方位に運行したときの
吉作用と凶作用は次の通りです。

六白が北にあるとき

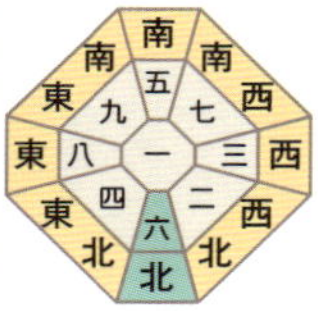

凶作用

六白金星が北にあるときは、自動的に暗剣殺となるため、誰にとっても凶方位です。

具体的には、責任のある仕事を任されたのに責任を果たせない、目上や部下との関係がうまくいかない、モラルに反した行動を取って職場に居づらくなる……などが考えられます。投資などでは判断を誤って財を失う、職場で秘密の恋に陥るなども。交通事故にも注意が必要です。

六白が南西にあるとき

吉作用

毎日が充実し、仕事への意欲もこれまで以上に高まるでしょう。就職活動中の人は、安定した会社に就職でき、収入も増えそうです。目上からの引き立てを受けて活躍する人も。家庭では夫婦仲良く円満に。株や投資などでは地道に利益を出すことが。健康面では体調が整い、とくに胃腸に関する悩みが解消します。

凶作用

堅実さが失われ、一獲《いっかく》千金を夢見て大失敗をしやすいようです。職を失い、生活の安定が崩れる暗示もあるでしょう。呼吸器や胃腸に関する病気にも注意。持病の再発も考えられます。

六白が東にあるとき

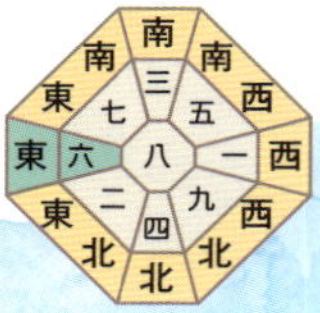

吉作用

意欲と責任感が増すでしょう。大きな仕事を任されて成功し、飛躍を遂げる人もいます。新しいプロジェクトで活躍することもできそうです。就職活動中の人は、待遇の良い会社に就職できる幸運も。恋の出会いを待つ人は、仕事関係者に注目を。とくに新しい取引先の中にチャンスあり。病弱だった人は健康体に。

凶作用

自信過剰になりやすく、それが足をすくわれる原因。積極性も裏目に出やすいでしょう。周囲の意見をよく聞いてから行動に移すことです。オーバーワークからさまざまな病気を引き寄せることも。

六白が東南にあるとき

吉作用

目上から引き立てられる、異業種の人と交流して人脈が増えるなどで、ステップアップのお膳立てができるでしょう。事業は拡大路線が功を奏します。未婚の人は、上司や先輩など目上から良縁を持ちかけられて結婚の運びに。旅行運もアップします。呼吸器に弱みがあった人は改善するでしょう。

凶作用

何事にも強気に出てしまい、それが人間関係にひびを入れそうです。株や投資などのおいしい話に乗って大失敗する暗示も。商談や縁談など交渉事は決裂しやすい暗示。旅先での事故に要注意。

六白が西北にあるとき

吉作用

気力体力ともに充実し、とくに仕事や社会活動などで大活躍しそうです。実績が認められて昇進昇格を果たし、有能なリーダーになる人もいます。収入がアップして生活水準が上がることも。株や投資での成功、スポーツで勝利を収めるなども期待できそう。未婚の人は、仕事のできる異性とゴールインの予感。

凶作用

気位が高くなったり、自信過剰な振る舞いをしたりすることで周囲と摩擦が。投資やギャンブルで大勝負をかけて失敗することも。過労が原因で、病気になる、事故に巻き込まれるなどもあります。

六白が西にあるとき

吉作用

仕事の収入が増える、投資に成功するなどで、金銭的な余裕が生まれるでしょう。車や宝飾など、高額品や高級品の買い物も楽しめそうです。また、恋の出会いを待つ人には、チャンスが多く、幸せな恋へと発展する見込み。相手の条件も良さそうです。就職活動中の人は、好きな分野の職に就けるでしょう。

凶作用

浪費が増えて家計を圧迫しそうです。ときには額の大きい借金をすることも。金遣いの荒さに歯止めが利きません。失恋、家庭内の不和も。呼吸器や口に関する病気に悩まされる暗示もあります。

六白が北東にあるとき

吉作用

仕事や投資などで行き詰まりを感じていた人は、大きく打開できるでしょう。後援者が現れて救いの手を差し伸べてくれることが要因のようです。独立起業のチャンスもあります。また、住居の購入を考えていた人には良い物件が見つかることも。未婚の人は仕事関係者から親族を紹介されて結婚に至るでしょう。

凶作用

親族間の争いに巻き込まれる、事業で失敗する、後継者に恵まれないなどの暗示が。欲を出して投資で失敗することもあるでしょう。腰痛や骨折、乗り物による事故なども考えられます。

六白が南にあるとき

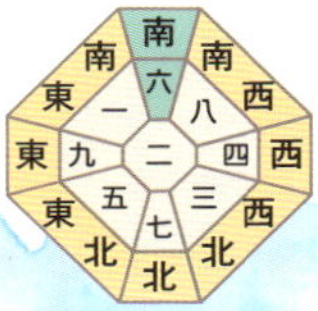

吉作用

才能が花開き、周囲から注目されるでしょう。コンクールに応募して入賞したり、スポーツで新記録を樹立したりすることもあります。そして、そのことが仕事に好影響をもたらし、昇進昇格にも。恋の出会いを待つ人には、大手企業に勤める容姿の整った異性と恋のチャンスが。一目惚れされるかもしれません。

凶作用

見込み違いから大きな失敗を犯しやすいようです。強引な言動が訴訟問題に発展することも。仕事では、今までのミスが発覚して降格の憂き目に遭いそう。脳や心臓、血圧に関する病気に注意。

七赤がある方位の 吉作用・凶作用

七赤金星が各方位に運行したときの
吉作用と凶作用は次の通りです。

七赤が北にあるとき

★吉作用

交友関係が活発になり、飲食の機会も増えて楽しい時間をたくさん持てるでしょう。恋を求めている人は、悩み事の相談から親密な関係に発展する予感。交際中の人は、授かり婚の可能性があります。金銭面では、臨時収入が頻繁にある、へそくりなどの秘密の貯金がうまくいくなど、いずれも好調運が暗示されます。

凶作用

異性に溺れて不摂生をしたり、浮気をしたりされたりなどのトラブルが。お酒に溺れる人もいます。また金銭運が下降し、経済的困窮に至ることも。泌尿器や婦人科系の病気にも注意しましょう。

七赤が南西にあるとき

★吉作用

働くことが楽しくなるでしょう。それが収入アップに結びつき、生活にゆとりが。飲食・サービス・金融・不動産に関する仕事に就いている人はとくに幸運度が高いはずです。家庭は明るくなり、和気あいあいとしたムードに。未婚の人には女性の友人が仲介役となって結婚相手を見つけてくれそうです。

凶作用

仕事への意欲が失われたり、怠け癖がついたりして、職を失うことも。散財も増えて家計のやりくりも思うようにいかないでしょう。不動産に関することで損失も。暴飲暴食による胃腸病に注意。

七赤が東にあるとき

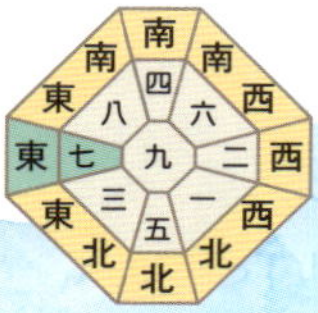

★吉作用

ファッションやスキンケアを始め、考え方もこれまで以上に若々しく変わり、魅力が増します。自己アピール力も磨かれて、恋の出会いを求める人にはチャンスが目白押し。交際中の人は、自分からプロポーズをして一気に結婚へと進みそうです。金運も上がり、趣味やレジャーを楽しむ機会も増えるでしょう。

凶作用

何事も見通しが甘いままに行動し、大失敗をしでかしそう。金銭や異性に関して羽目を外した行動を取り、信用を落とすこともあるでしょう。健康面では肝臓病や喘息に注意が必要です。

七赤が**東南**にあるとき

吉作用

恋愛や結婚に関して大きなチャンスが巡るでしょう。恋を求めている人には新しい出会いが、結婚願望のある人には良縁が舞い込みそう。仕事では、信用が増して活躍の場が広がるでしょう。交渉事はすべて順調で、商売は繁盛します。旅行や出張など遠出の機会が増え、それが幸運を呼び寄せるきっかけにも。

凶作用

恋愛や結婚に関して失望することが起こりやすいでしょう。とくに失言や言葉の誤解が異性運を落とすことに。仕事では信用を失い、収入減を招くことも。旅先での事故やケガ、肺炎などに注意。

七赤が**西北**にあるとき

凶作用

七赤金星が西北にあるときは、自動的に暗剣殺となるため、誰にとっても凶方位です。

具体的には、ギャンブルに溺れる、投機で失敗する、貸したお金が戻らないなど、金銭に関するトラブルが生じやすいようです。仕事では、失言をして目上から反感を買うことも。異性問題で父親と対立し、深い溝を作ることも考えられます。その他、過労から大病を患う、交通事故で大ケガをするなども。

七赤が**西**にあるとき

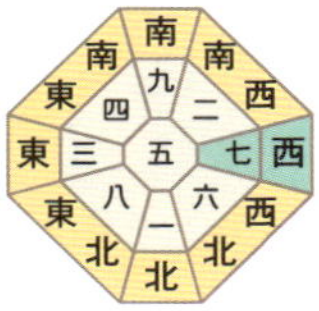

吉作用

収入が上がる、臨時収入があるなどして金運が大きくアップするでしょう。また、社交的になるため、恋を求めている人は、合コンやレジャー先で理想の異性と出会い、結婚に結びつく可能性大。趣味やファッションを楽しむ心の余裕も生まれるでしょう。商売や事業を行っている人は、売上げが伸びて融資もスムーズ。

凶作用

節度を忘れた生活になりやすいようです。その結果、贅沢志向になって浪費が増える、気が緩んでミスを連発する、悪い誘惑に乗って道を踏み外すなどが。手術を必要とするケガや病気も。

七赤が**北東**にあるとき

吉作用

金銭や異性に関することで運気が好転するでしょう。経済的に苦しかった人は金運が上がって財布に余裕が。もしかしたら相続によって思わぬ大金を手にする人もいそうです。また、恋愛から遠ざかっていた人にも朗報が。腐れ縁で悩んでいた人は、それが断ち切れて、新たな異性との出会いが期待できるでしょう。

凶作用

金遣いが荒くなって借金をする、保証人になって負債を抱える、家の修繕に多額の費用がかかるなど、金銭面での苦労が絶えません。家庭では、夫婦の異性問題や子どもの非行に悩むことも。

七赤が**南**にあるとき

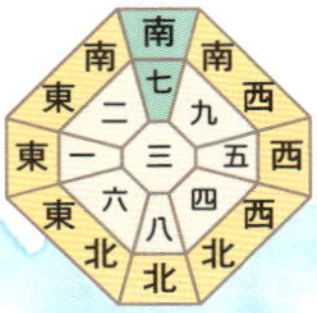

吉作用

美意識が高まってファッションやメイクのセンスが格段にアップし、華やかな印象に変えてくれるでしょう。そしてそれが恋や結婚の出会いにつながることに。仕事では、クリエイティブな才能が花開いたり、能力が認められたりして昇進昇格。先を見通す力が備わるため、株や投資で利益を上げることも可能でしょう。

凶作用

生活が派手になり、浪費も増えるでしょう。愛情関係にある人と些細なことで口論をして別れになることも。訴訟問題に巻き込まれる心配もあります。頭部や心臓、口に関する病気に注意。

八白がある方位の吉作用・凶作用

八白土星が各方位に運行したときの吉作用と凶作用は次の通りです。

八白が北にあるとき

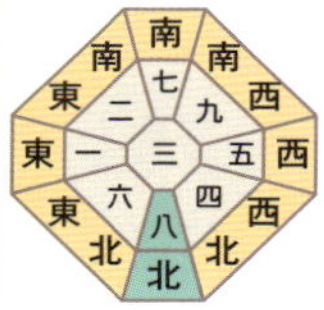

★吉作用

親族や旧友とこれまで疎遠になっていたなら、それらの人との交流が復活するでしょう。親戚や友人から恋愛相手や結婚相手を紹介されることもあります。本業以外の収入源を確保、秘密の貯金ができる、相続が有利に進むなども。跡継ぎを望んでいた人は、子宝に恵まれて悩みが解消することもあります。

凶作用

仕事の収入が減ったり、所有する不動産価値が落ちたりしやすいでしょう。失業によって住居を手放す人もいそうです。不倫など秘密の交際で家庭に波風が立つことも。泌尿器系の病気に注意。

八白が南西にあるとき

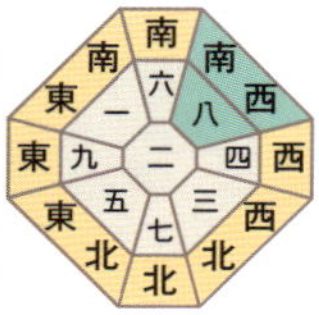

凶作用

八白土星が南西にあるときは、自動的に暗剣殺となるため、誰にとっても凶方位です。

具体的には、家庭や親族間で頻繁に揉め事が起こるようになるでしょう。土地や住居に関して予想外のトラブルが発生するかもしれません。仕事では意に沿わない異動などで労働意欲が低下することも。収入減の可能性も高いようです。健康面では、体調が崩れやすく病気がちに。重い病気を患うこともあります。

八白が東にあるとき

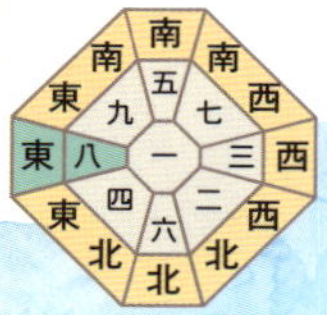

★吉作用

意欲がみなぎり、何事にも積極的に行動できるようになるでしょう。また、行き詰まった状況を思い切った方針転換によって大きく改善することもできそうです。新しいことに挑戦する人もいるでしょう。仕事では、新しい部署に配属されるなど、良い意味での変化がありそうです。下積み生活から脱することも。

凶作用

欲にかられて変化を求める気持ちが湧きやすいですが、それが失敗の原因に。とくに転職や引っ越しが運勢を落とすことになるようです。人間関係も悪化。肝臓病や持病の再発も考えられます。

八白が東南にあるとき

吉作用

人との交流が活発になり、それがさまざまな幸運を引き寄せるでしょう。たとえば、未婚の人は良縁を紹介してもらえる、就職活動で世話をしてもらえる、良い不動産物件を見つけてもらえるなどが考えられます。親族とのつき合いも今まで以上にスムーズになり、一緒に旅行を楽しむ機会も増えるでしょう。

凶作用

人間関係でつまずきやすく、場合によっては家に引きこもることもあります。交渉事は揉めやすく、縁談の場合は破談になることも。不動産に関するトラブルや、潜伏性の病気に注意。

八白が西北にあるとき

吉作用

目上の引き立てや後援者の力によって、物事が有利に運ぶでしょう。仕事では実績を認められて昇進昇格し、それに伴って収入もアップしそうです。基本的に金運に恵まれやすく、とくに株や投資での成功、所有する不動産の値上がりなどが期待できるようです。これまで病弱だった人は、健康体に変わるでしょう。

凶作用

上司や目上と対立しやすく、それが原因で苦境に陥ることになりそうです。事業や投資で失敗したり、ギャンブルにのめり込んだりして大きな借金を抱えることも。交通事故や骨折に注意。

八白が西にあるとき

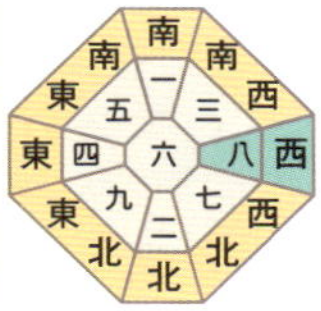

吉作用

人間関係がスムーズになり、仕事や恋愛などを有利にさせるでしょう。とくに交渉事が成功しやすく、商談も予想以上の成果が上げられそうです。恋を求めている人は、親族が集まる場所で良い出会いがありそう。そのためにも法事や結婚式など冠婚葬祭への出席は欠かさないことです。金運もアップし、貯蓄運も良好。

凶作用

金銭面で親族や旧友に迷惑をかけることになるかもしれません。無駄な出費も増えるでしょう。家庭は、お金や異性のことが原因で波風が立つ暗示。呼吸器、歯、関節に不調が見られそう。

八白が北東にあるとき

吉作用

運気が大きく好転するでしょう。今まで不運に嘆いていた人は浮上するチャンス。これまで順調だった人は、さらに運気がアップします。仕事では、抜擢されて新しい業務を担当することに。やりがいを感じ、期待に応えることができるでしょう。また、相続によって不動産や大金を手に入れる人もいます。

凶作用

仕事が行き詰まる、貯金が目減りする、親族から金銭的な迷惑をかけられる、住居を手放すなどが考えられます。貸したお金は戻らないと思ってください。腰や関節、脊髄に関する病気に注意。

八白が南にあるとき

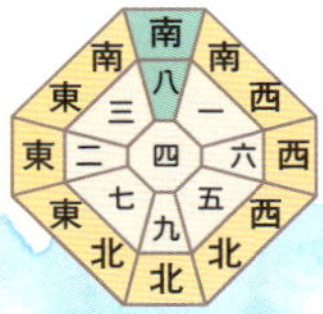

吉作用

頭が冴えて勉強や研究がはかどるでしょう。大きな成果を上げて地位を高める人もいそうです。また、感性が豊かになるため、クリエイティブな仕事に携わっている人や創作を行っている人は、新境地が開かれて素晴らしい作品が生み出せるでしょう。陽当たりの良い住居を手に入れるなど、不動産に関しても幸運が。

凶作用

住環境が悪化して家庭にも影を落としそうです。住まいの修繕に大金がかかり、経済的ピンチに陥ることも。身内との生死別もあり得るようです。訴訟問題や火災、循環器系の病気に注意。

九紫がある方位の吉作用・凶作用

九紫火星が各方位に運行したときの吉作用と凶作用は次の通りです。

九紫が北にあるとき

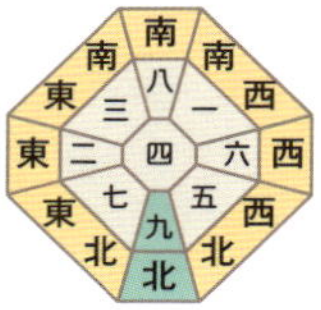

吉作用

クリエイティブな能力と物事の理解力が高まり、創作や勉強に成果を上げることができるでしょう。才能や能力が認められて地位を高めることもあります。恋を求めている人は、容姿の整った異性から一目惚れされることも。ただし、九紫火星が北にあるときは、吉作用は一時的なものになりやすい傾向があります。

凶作用

秘密にしていたことが露見して問題になったり、感情的になって人間関係にひびを入れたりすることがあります。家族関係に悩みが生じることも。婦人科系や心臓に関する病気に注意してください。

九紫が南西にあるとき

吉作用

家族の誰かが結婚したり、名誉な出来事があったりするなど、家庭に喜び事が多く、明るいムードに包まれるでしょう。仕事に関しても先の見通しがつき、希望とやりがいをもって勤勉に働けます。自然と収入も上がるでしょう。住環境も良好で、日当たりの良い土地を得て広々とした家を建てる人もいそうです。

凶作用

今まで協力してくれていた人が、手のひらを返すような態度を取るかもしれません。家庭は争い事が増え、カリカリしたムードに。収入が減って住居を手放す人もいそうです。胃腸病に注意。

九紫が東にあるとき

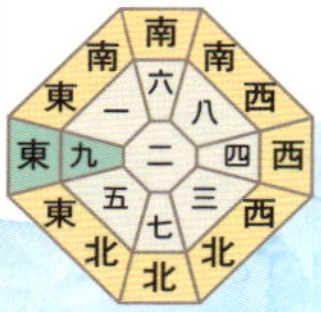

吉作用

運に勢いがついて、吉作用が素早くはっきりと現れるでしょう。とくに仕事面が好調です。提案した企画が採用されて会社の売上げに大きく貢献したり、新規開拓で大口の取引ができるようになったり。さらには埋もれていた才能が花開き、注目を浴びることもあります。情熱的な恋をする人もいるでしょう。

凶作用

身勝手な行動を取ったり、感情的な物言いが増えたりして周囲から孤立する暗示。忍耐力に欠けて、物事を途中で放り出す傾向も見られるようです。肝臓、心臓、目に関する病気や事故に注意。

九紫が東南にあるとき

吉作用

恋を求めている人は、容姿が整った才能あふれる人を友人知人から紹介され、互いに一目惚れしてゴールインの可能性が。玉の輿に乗る人もいるでしょう。商売を行っている人は繁盛し、海外との取引も順調に。社会的信用を得て、さまざまなことが発展していく予感です。旅行運も吉。楽しい旅が期待できます。

凶作用

感情的な言動を取って信用を落としたり、失敗したりしやすいでしょう。とくに交渉事や縁談などでは要注意。海外や旅行に関することでトラブルもありそうです。感染型の病気にも気をつけて。

九紫が西北にあるとき

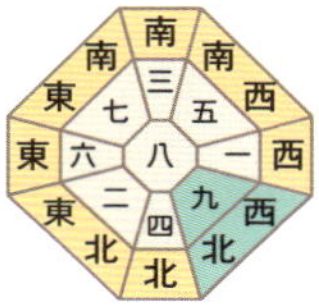

吉作用

上司や恩師など目上の人の力が能力を引き出してくれるでしょう。そのことによって研究や芸術の分野で脚光を浴びたり、難関校の試験を突破したりすることができそうです。また、株取引で利益を出す、銀行融資が順調に進むなどの恩恵も。未婚の人は才能豊かな異性を紹介され、スムーズに結婚へ導かれるでしょう。

凶作用

判断を誤って財を損失するでしょう。株や投資、ギャンブルにはのめり込まないことです。仕事ではミスが発覚して降格になることも。倒産や家族の離散も。血圧、脳、心臓の病気に十分注意を。

九紫が西にあるとき

凶作用

九紫火星が西にあるときは、自動的に暗剣殺となるため、誰にとっても凶方位です。

些細なことで感情的になり、致命的なひと言を吐いて人間関係を悪化させやすいでしょう。失恋や離婚など、親しい人との別れを招くこともありそうです。また、金遣いが荒くなってやりくりがつかなくなる、保証人になって損害を受けるなどの金銭トラブルも。頭部や心臓に関する病気で手術が必要になるかもしれません。

九紫が北東にあるとき

吉作用

先の見通しがついて、精神的にも物理的にも状況が大きく改善するでしょう。とくに、これまで家に引きこもっていた人は、外に出るきっかけをつかむチャンスです。また、後継者の不在に悩んでいた会社や家を継ぐような展開も。相続で資産を得たり、念願の住居を手に入れたりすることも可能でしょう。

凶作用

計画していたことを見直す必要に迫られ、結果的に中断の憂き目に遭いやすいでしょう。相続で不利な扱いを受けるなど、親族とのトラブルも多発しそうです。火災や精神に関する病気にも注意。

九紫が南にあるとき

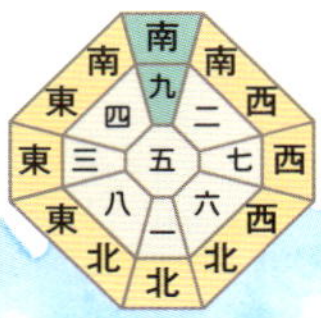

吉作用

埋もれていた才能や能力が見事に開花するでしょう。夢が実現して華々しく脚光を浴びる人もいます。仕事ではすぐれた企画力と判断力で頭角を現し、一気に昇進昇格を果たす人も。恋を求めている人には、情熱的な恋が。社会的地位の高い人が縁談の相手となることもあります。自分自身の外見が美しくなることも。

凶作用

知られたくないことが暴露されて窮地に追い込まれるかもしれません。親しい人との別れを経験することも。プライドを傷つけられる場面もあるでしょう。容姿に傷を負うことも考えられます。

凶方位に行ってしまったら

住んでいる所の氏神様に祈願を

凶方位と知らずに出かけてしまったら、受けた凶意を弱めるために、住んでいる土地の氏神様にお参りをします。厄除け祈願をしていただくのもおすすめです。

凶方位に引っ越した場合は、吉方位に移転し直すのが理想ですが、現実的には難しいものです。その場合は、氏神様にたびたび参拝し、凶意を弱めていただけるように祈願します。

さらに清めの塩を家の四隅に撒きます。集合住宅であれば、清めの塩を小皿に盛り、玄関の内側の左右に置いて厄が侵入するのを防ぎます。

出張や複数の人との旅行などで、どうしても凶方位に行くことになった場合は、氏神様にお守りをいただき、携帯するようにしましょう。

吉方位の気を受けて凶意を防ぐ

氏神様への祈願や清めの塩などで凶意を弱めるアクションを取ると同時に大切なことは、吉方位の気をたっぷり受けることです。散歩やショッピング、旅行など、自宅から1キロメートル以上離れたところに出かける場合は、努めて吉方位を選ぶようにしましょう。吉方位の気を受けることで、凶意よりも吉意を高めることができます。

そして、忘れてはならないのが、ボランティアなど人に尽くす行為を自然とできる人になることです。誰しも自分や自分の家族だけの幸せを願いがちですが、それはエゴにも通じること。自分だけでなく見知らぬ人の幸せも願い、そしてそのための行動を取ることができれば、大難は小難に、小難は無難に変わっていくものです。

第四章

開運方位の実践

八方位測定盤の使い方

正確に方位を測ってから移動する

九星方位気学は、**運気が上がるのも下がるのも動く方位次第**、ととらえます。つまり、吉方位に移動すれば運気が上がり、凶方位に移動すれば運気は下がるということです。

そこで、これまでに求めた吉方位に、実際に出かけてみましょう。

ただし、「南はあちらの方向だろう」「西北はこちらのはず」などと、漠然と移動するのは良くありません。

なぜ、良くないかというと、たとえば吉方位と思っていても、もしかしたら凶方位にかかっているかもしれないからです。

48～65ページでも解説したように、凶方位に移動することは、自らすすんで災難を招き寄せることにつながります。それを防ぐためにも、**正確に方位を割り出すことが大切**なのです。

◆◆八方位測定盤の黒い線のほうを方位盤に用いる

正確に方位を割り出すには、**巻末の八方位測定盤（以下、測定盤）**を使います。

測定盤には黒い線と赤い線の両方が引かれていますが、**方位盤として用いるのは黒い線**のほうです（**赤い線は家相方位盤**として使います）。黒い線は、**東・西・南・北の四正を30度**、それ以外の**東南・南西・西北・北東を60度**に分割しています。これが移動方位術として用いる場合の**八方位の分割度数**なのです。

◆◆本書の方位盤と測定盤は天地が逆

本書で方位の説明をする際には、古来の方位盤の置き方である、南を上にして表示しています。一方、測定盤は

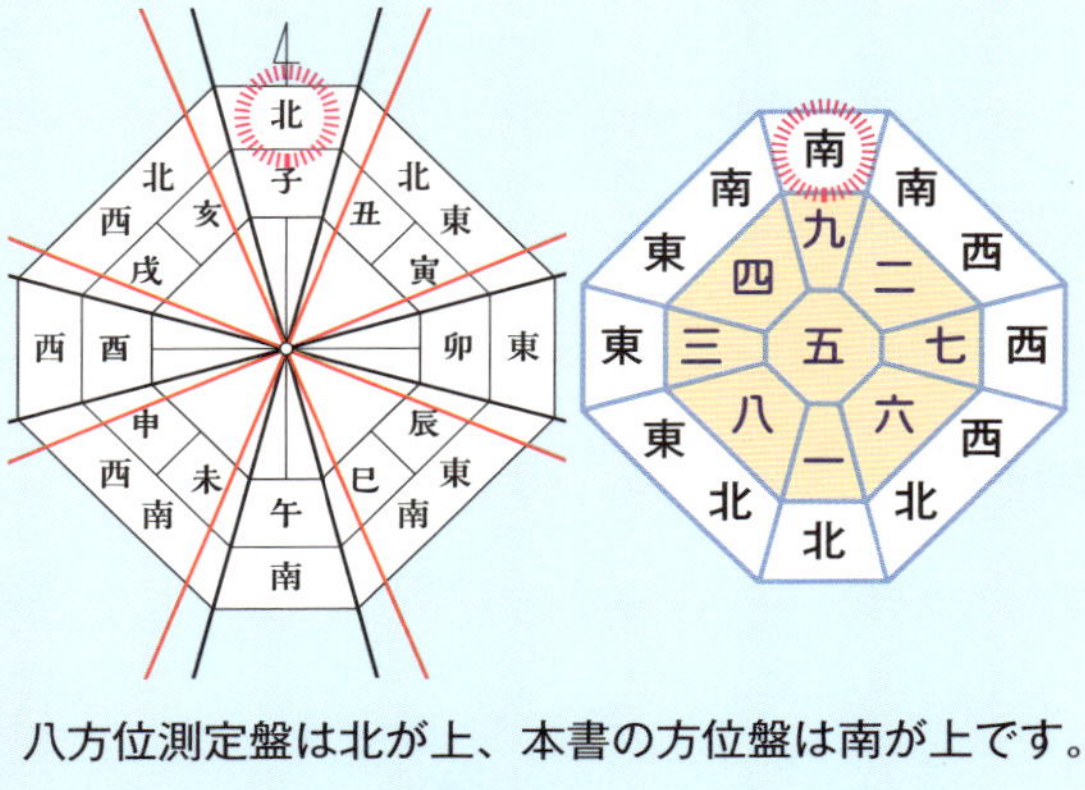

八方位測定盤は北が上、本書の方位盤は南が上です。天地逆ですから、間違えないようにしましょう。

巻末付録の八方位測定盤

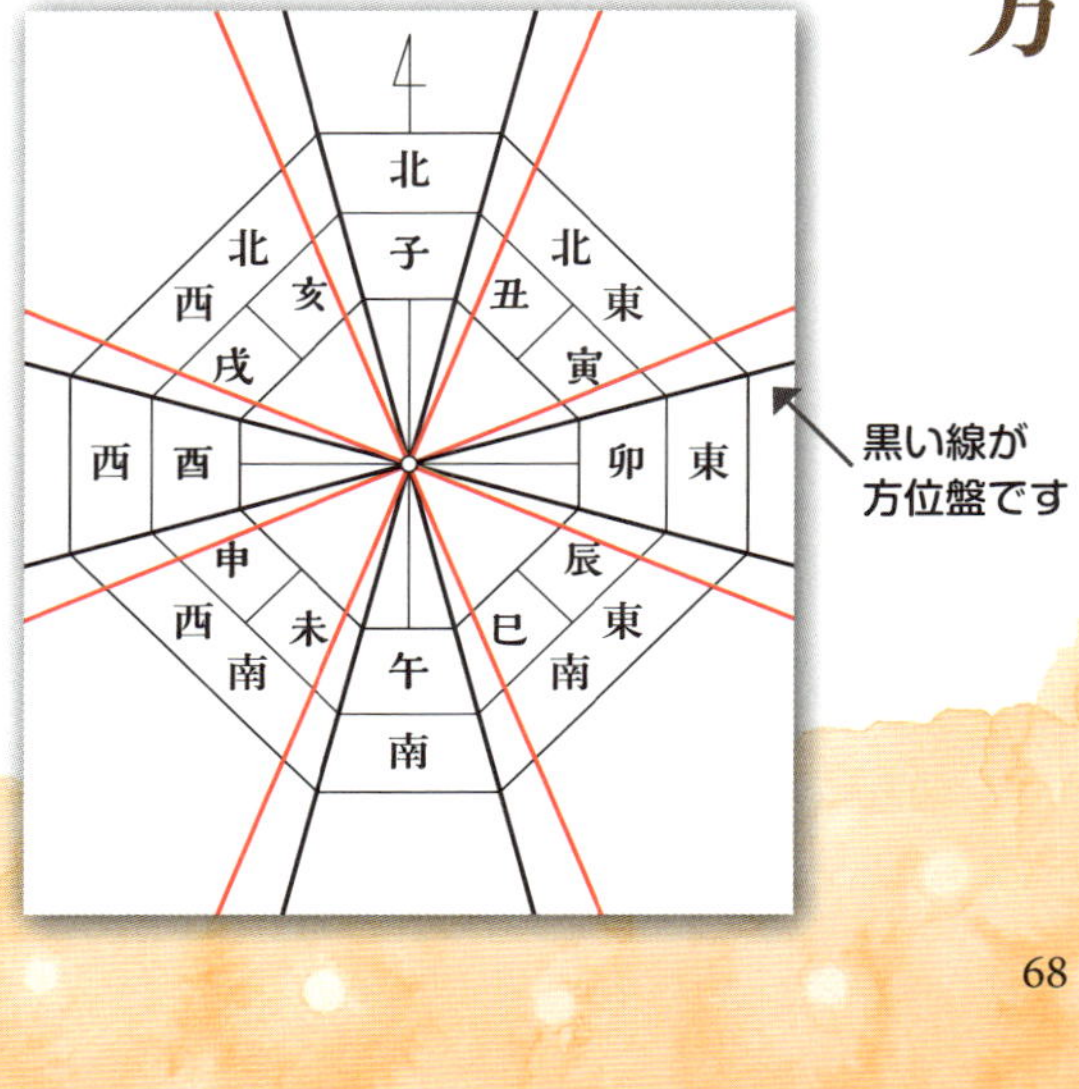

実際の地図に合わせて北を上にして表示しています。そのため、たとえば南が吉方位の場合、地図上でも「南を上」とうっかり勘違いすることがあります。本書の方位盤と測定盤の天地が逆だということを、間違えないようにしてください。

◆◆測定盤を使って方位を割り出す

では、実際に方位を割り出してみましょう。用意するものは**測定盤のほかに地図、定規、筆記具**です。

①測定盤を地図の上に置きます。このとき、**測定盤の中心は地図上の自宅**にします（吉方位への移動は自宅が起点になるからです）。

②**地図の北と測定盤の北**を合わせます。この状態で測定盤の**八方位の分割線**を定規に合わせて地図に書き込みます。

③測定盤を地図から外し、自宅と八分割して引いた線をつなぎ、地図上に八方位を書き入れます。これで**自宅から見た八方位の分割図**が完成です。

◆◆移動するときは、分割線の際《きわ》を避ける

自宅を中心に書いた地図上の八方位がわかったら、さっそく**吉方位**に出かけましょう。ただし、このときに注意したいのが、方位の**境界線にあたる地域を、移動先に選ばない**ことです。なぜなら、境界線は気が混ざり合っているとされ、たとえそこが吉方位だとしても、凶意を受ける可能性があるからです。それを避けるためにも、**境界線上の地域は目的地から外す**ようにしましょう。

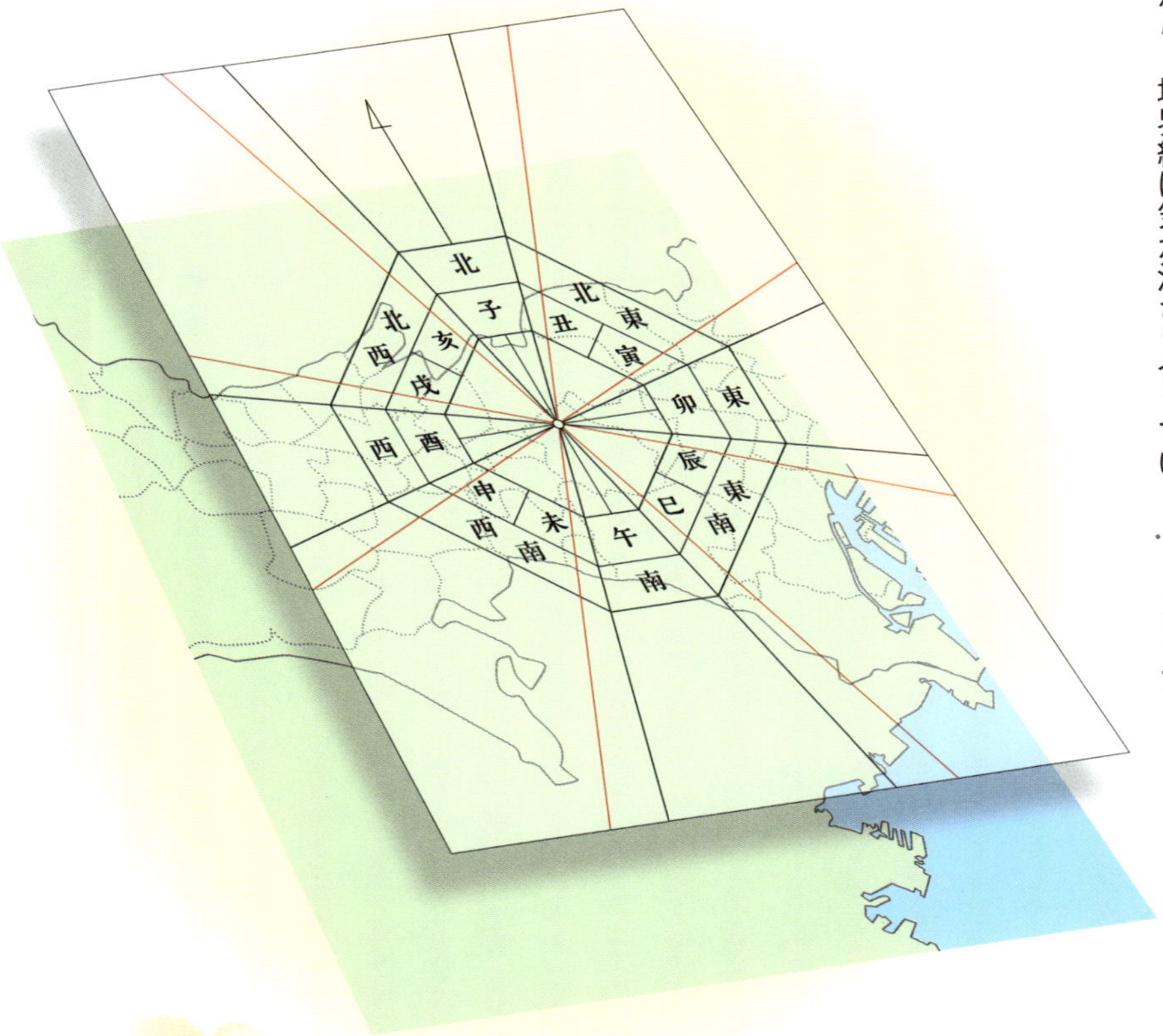

吉方位で良い気を受けるために

年・月・日の吉方位がそろう日に出かけるのがベスト

最大の吉パワーを受けるには、年・月・日（理想は時間も）の吉方位がそろう日に、その吉方位に出かけることです。たとえばその年の吉方位が南なら、月も日も南が吉方位のときに、その方位に出かける、というわけです。年・月・日の吉方位がそろう日の簡単な見つけ方は、年盤に中宮する九星が月盤と日盤の中宮にあるかを確認するだけです。年の最初にそれを行って行動計画を立てると良いでしょう。

◆自宅を起点にできるだけ遠くに行く

受け取る吉パワーを大きいものにするには、自宅を起点にできるだけ遠くに出かけることです。最低でも1キロメートル以上は離れたところに出かけましょう。吉方位に出かけたら、その空間にできるだけ長くいるのがポイン

2016年、年・月・日の盤がそろう日

2016年、年盤に中宮するのは二黒土星で、二黒土星が中宮する月は2月と11月です。両月のうち二黒土星が中宮する日は7日ありますから、そのなかから自分の吉方位に出かけましょう。なお、歳破と月破・日破の方位は異なるので注意してください。

2016(丙申)年の
年盤

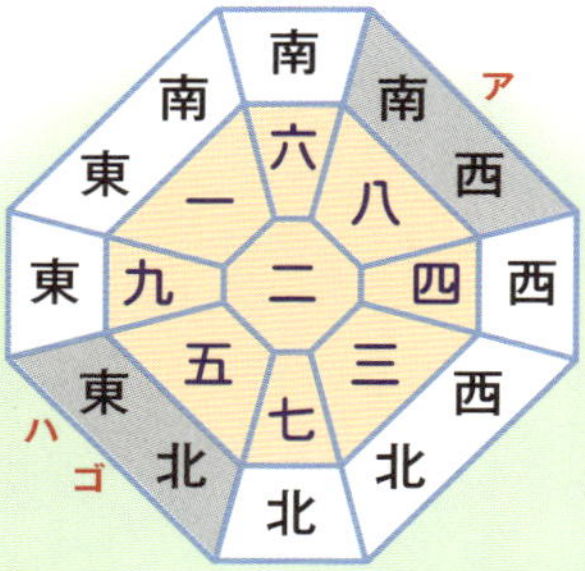

2016年11月(亥月)の
月盤

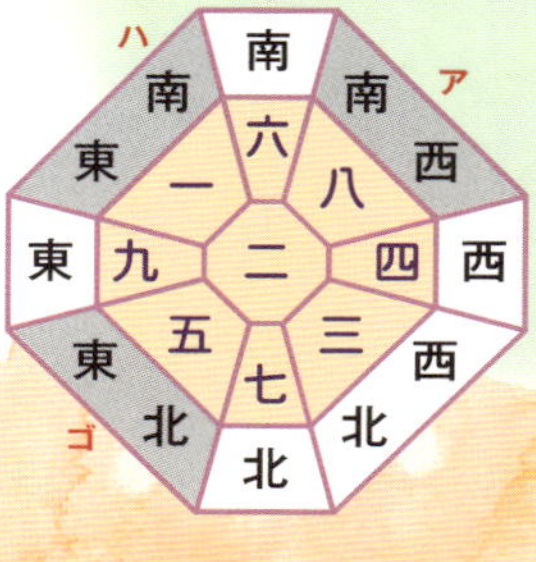

2016年２月(寅月)の
月盤

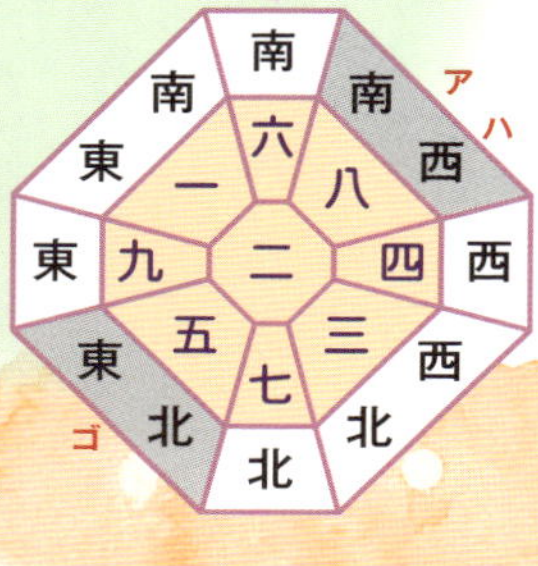

2016年2月7日(未日)の
日盤

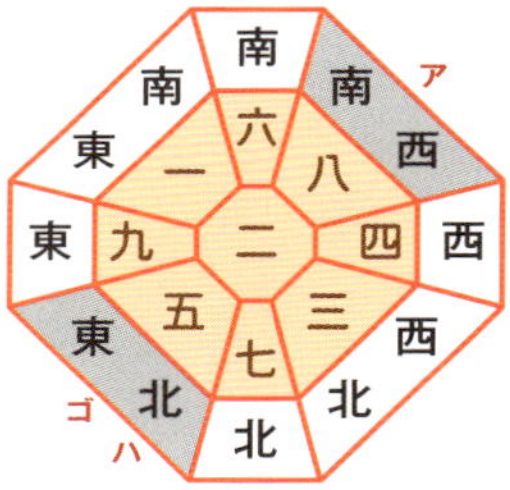

2016年2月16日(辰日)の
日盤

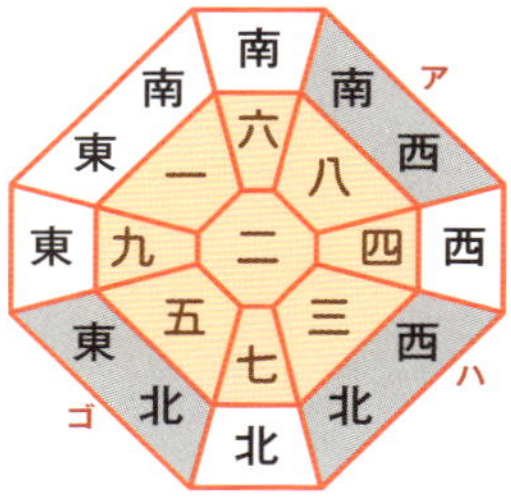

2016年2月25日(丑日)の
日盤

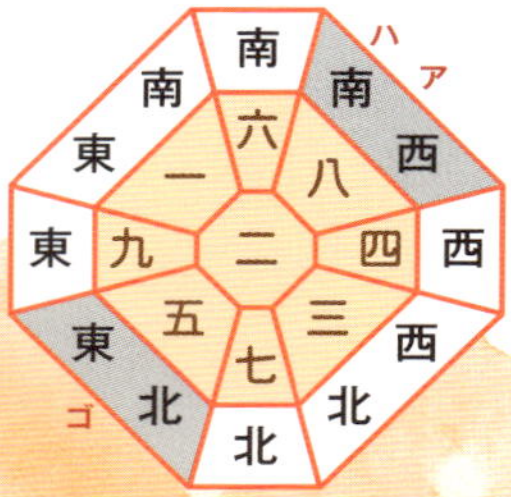

トです。そのためにもゆっくり過ごすようにしてください。

◆◆出かけた先では自然に触れる

吉パワーは宇宙からの贈り物です。宇宙とは「自然」の意味ですから、自然がもつエネルギーを心身にたっぷり受けることが大切です。そのためにも、吉方位に出かけたら、屋外にいる時間を多くもち、太陽をたっぷり浴び、樹木や草花の香りをかぎ、大地の息吹を感じましょう。**五感で自然に触れることが大事**なのです。

また、**吉方位の象意と親しむ**のもおすすめです。自然を表す代表的な方位の象意は次の通りです。

- **東** 樹木
- **東南** 草花や風
- **南** 太陽
- **南西** 田園や大地など
- **西** 沢や湿地帯など
- **西北** 岩や石
- **北** 海や川など水辺
- **北東** 高台や山

◆◆年・月・日の吉方位がそろわないときは、この方法で

最大の吉パワーを受けるには、**年・月・日の吉方位がそろう日**に出かけるのがベストと書きましたが、そのような条件に合った日は、実際には一年のうちでもわずかです。2016年でいえば、年・月・日の盤が共通して吉方位がそろうのは、右の図のように7日だけ。盤に関係なく年・月・日の吉方位がそろう日を探すこともできますが、少し手間がかかるでしょう（探し方はP74〜76を参照）。

引っ越しや新婚旅行などのような人生の大きなイベントともいえる移動の場合は、年・月・日の吉方位がそろう日を用いるのが理想です。

でも、散歩などのように出かける距離が比較的短く、目的をもたない移動であれば、年・月・日の吉方位がそろわなくても、月盤、あるいは日盤だけから吉方位を取って出かけてもかまいません。

大切なのは、**小さい吉パワーでもこまめに受け続けること**。そうすることで吉パワーが積み重なり、**開運体質**となっていくのです。

2016年11月9日（未日）の
日盤

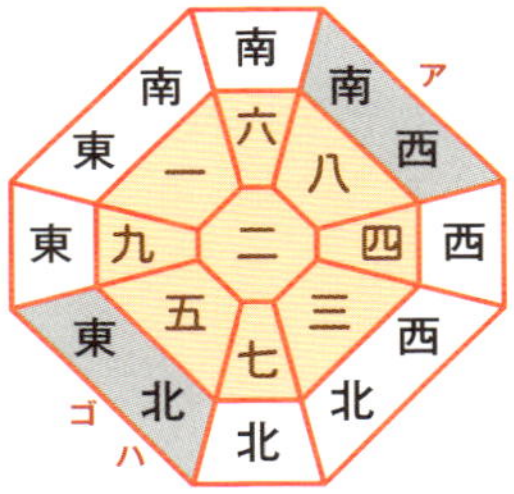

2016年11月18日（辰日）の
日盤

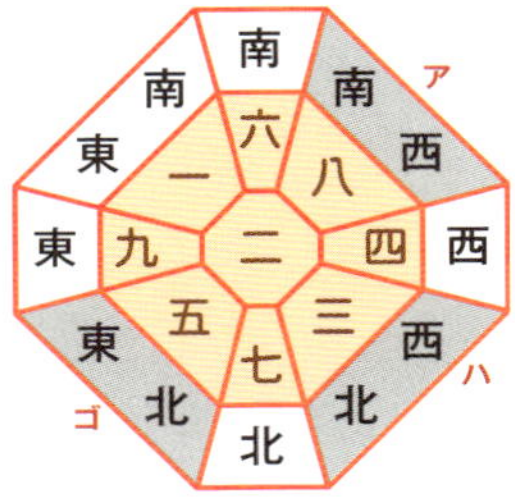

2016年11月27日（丑日）の
日盤

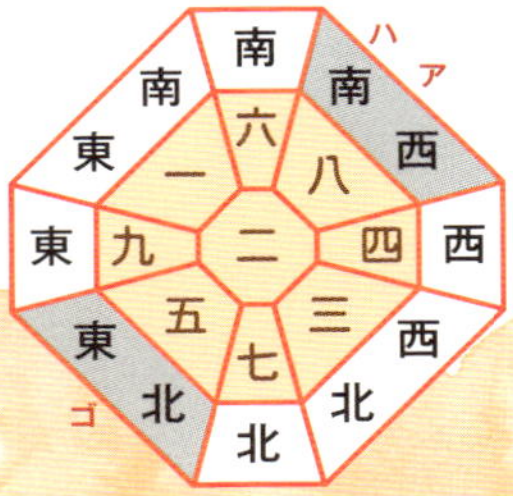

2016年12月6日（戌日）の
日盤

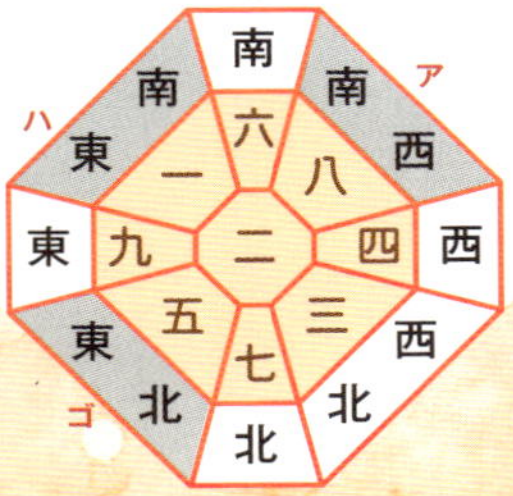

イベントの日取りを決める

イベントの要件に合わせて日取りを決める

イベントの日取りを決めるには、大きく分けてふたつの方法があります。

●デートやお見合い、積立定期のスタート日、就職のための面接日などは、イベントの**目的と方位の象意が合致**し、さらに**その方位が吉方位になる月や日**を選びます。

●引っ越し・お店の開店など移転や開店・開業の日、新婚旅行の出発日など、あらかじめ**移動する方位が決まっている場合**は、**その方位が吉となる日**を選びます。

イベントの重要度によって日取りを決める

年・月・日の吉作用の続く期間は次の通りです。

●**年の吉作用＝60年**
●**月の吉作用＝60ヵ月（5年間）**
●**日の吉作用＝60日（約2ヵ月）**

吉方位によって日取りを求める場合、吉作用を最大限に生かすには、**年・月・日の吉方位がそろう日にアクションを起こす**のが理想です。

ただし、年・月・日の吉方位がそろうことは滅多にありませんから、買い物などの日常的なイベントに用いるのは現実的ではありませんし、その必要もないでしょう。

年・月・日の吉方位がそろう日にアクションを起こすのは、人生を左右する重大なイベントのときだけ、と考えて良いのです。

●**年・月・日の吉方位がそろう日を用いる**／引っ越し、お店の開店、会社の創立、不動産の購入、一ヵ月以上の長期の旅行や留学など。

●**月・日の吉方位がそろう日を用いる**／お見合い、結婚式、短期の旅行、商談、積立定期の開始など。

●**日の吉方位だけで十分**／デート、ショッピングなど日常的に行うこと。

本命星だけで吉方位を求めて活用する

　不動産の購入など人生を左右する重大なイベントでは、年・月・日の吉方位がそろう日に行うのが望ましいことは前述しました。しかし、吉方位を本命星と月命星から求める方法の場合、条件が狭められてしまいますから、思うように吉方位が取れないことがしばしばあります。

　そのような場合は、本命星だけから相性の良い九星を求め、その星が運行する方位を吉方位にするのです。

　月命星を加えない方法ですから吉の効力は若干落ちますが、しかし、何年も目当ての方位が吉になるのを待つようなことになれば、それは現実的ではありません。そのためにも、本命星と月命星からの吉方位が取れないときは、本命星だけで求める方法を用いるようにしましょう。

目的別、運気アップの方位

目的	基本の方位
出会い	その人の吉方位
お見合い	東南
デート	西
買い物（ファッション）	南または西
買い物（通信機器）	東または東南
買い物（不動産）	南西または北東
墓の購入	西北・西・北
就職・転職	西北
商談・取り引き	東南または西北
積立定期を始める	北東
金運アップ	西
健康運を高める	西北または東
良い医者に巡り会える	その人の吉方位
学力向上	南

引っ越しの日取りの求め方

引っ越す方位は年の吉方位から選ぶ

引っ越しは、長期間その方位の気を受け続けるアクションですから、引っ越す方位は**年の吉方位**から選びます。引っ越したい年の吉方位が北・南・西などと複数ある場合は、そのなかから選ぶようにします。

家族で引っ越す場合は、**家長の吉方位で選ぶ**と良いでしょう。

引っ越しの日取りを求める

引っ越す方位（年の吉方位）と同じ方位が月・日とも吉になる日に行います。

下記の例題で説明しましょう。

例　題

引っ越す人の本命星▼**一白水星**
引っ越しを考えている年▼**2016年**
2016年一白水星の吉方位▼**北・南・西**
引っ越す方位▼**南**

①2016年の方位盤の中宮を、付録9ページの**年盤表**で調べましょう。2016年は二黒土星が中宮します。

②引っ越す月を決めます。付録13ページの月盤表「二黒の年」の月盤から、**引っ越す方位の南が吉方位になる月**を探します。まず、年盤に中宮するのは二黒土星ですから、二黒土星が中宮する月盤を抽出します。**2月**と**11月**です。さらに、引っ越す人の一白水星と相性の良い九星、六白金星・七赤金星・三碧木星・四緑木星の**いずれかが南を運行**し、**凶殺がつかない月盤**を探します。**5月**と**10月**が該当します。引っ越す月の候補は2月、5月、10月、11月で、このうち10月に決めました。

③引っ越す日を決めます。付録23ページ日盤表、2016年10月（節入りの10月8日~11月6日）の欄から**南が吉方位になる日**を探します。南が吉方位かを簡単に調べるには、②で挙がった**月盤の中宮する日**をピックアップすることです。中宮する星は、二黒土星・三碧木星・八白土星です。

④2016年の10月で二・三・八（中宮の意味）と書かれた日は**9日**あります。これらの日の日盤を作成し（付録P21参照）、引っ越す方位と同じ**南に日破がない日**を選びます。南が日破となるのは子の日です（P76参照）。

引っ越しの日取りの求め方
（本命星：一白水星　2016年に引っ越し）

①2016年の年盤

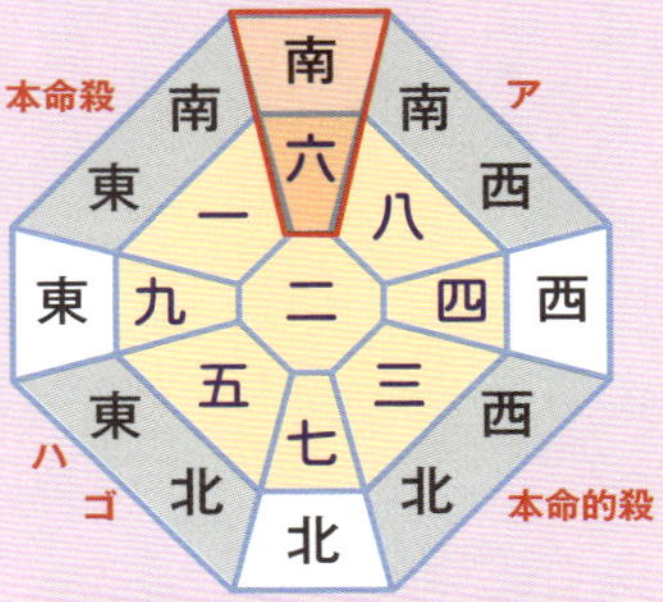

年の吉方位は、**北・南・西**
そのうちの**南**に
引っ越すと仮定

②南が吉方位になる月

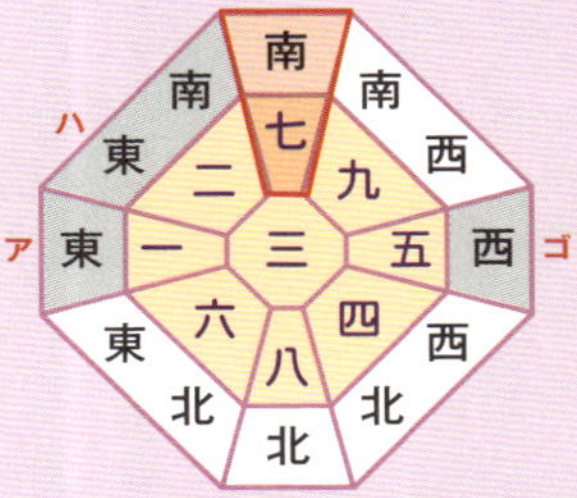

10月（戌月）

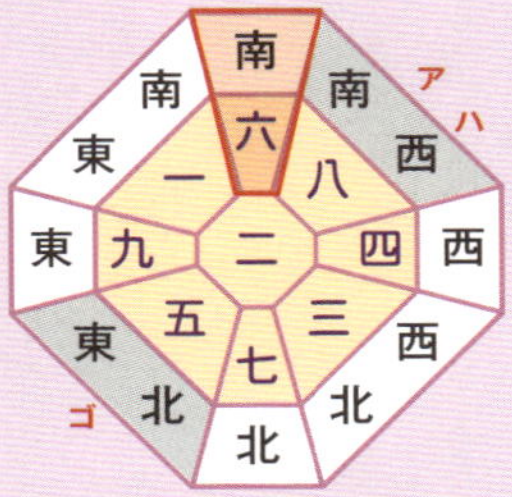

2月（寅月）

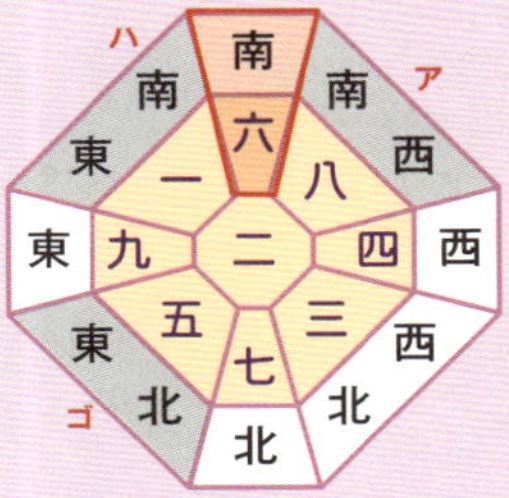

11月（亥月）

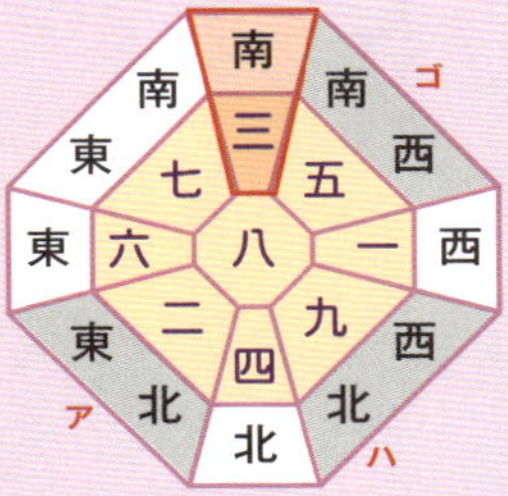

5月（巳月）

引っ越し希望の**10月**から**二・三・八**が中宮する日をピックアップ

③二黒土星・三碧木星・八白土星が中宮する日

月	節入り日時	月の干支	月の九星	1日	2日	3日	4日	5日	6日	7日	8日	9日	10日	11日	12日	13日	14日	15日	16日
2月	4日 18:46	庚寅	二黒	五癸丑	六甲寅	七乙卯	八丙辰	九丁巳	一戊午	二己未	三庚申	四辛酉	五壬戌	六癸亥	七甲子	八乙丑	九丙寅	一丁卯	二戊辰
9月	7日 13:51	丁酉	四緑	八丙戌	七丁亥	六戊子	五己丑	四庚寅	三辛卯	二壬辰	一癸巳	九甲午	八乙未	七丙申	六丁酉	五戊戌	四己亥	三庚子	二辛丑
10月	8日 05:33	戊戌	三碧	五丙辰	四丁巳	三戊午	二己未	一庚申	九辛酉	八壬戌	七癸亥	六甲子	五乙丑	四丙寅	三丁卯	二戊辰	一己巳	九庚午	八辛未
11月	7日 08:47	己亥	二黒	一丁亥	九戊子	八己丑	七庚寅	六辛卯	五壬辰	四癸巳	三甲午	二乙未	一丙申	九丁酉	八戊戌	七己亥	六庚子	五辛丑	四壬寅
12月	7日 01:41	庚子	一白	七丁巳	六戊午	五己未	四庚申	三辛酉	二壬戌	一癸亥	一甲子	二乙丑	三丙寅	四丁卯	五戊辰	六己巳	七庚午	八辛未	九壬申
1月	5日 12:55	辛丑	九紫	七戊子	八己丑	九庚寅	一辛卯	二壬辰	三癸巳	四甲午	五乙未	六丙申	七丁酉	八戊戌	九己亥	一庚子	二辛丑	三壬寅	四癸卯

月	17日	18日	19日	20日	21日	22日	23日	24日	25日	26日	27日	28日	29日	30日	31日
2月	三己巳	四庚午	五辛未	六壬申	七癸酉	八甲戌	九乙亥	一丙子	二丁丑	三戊寅	四己卯	五庚辰	六辛巳		
9月	一壬寅	九癸卯	八甲辰	七乙巳	六丙午	五丁未	四戊申	三己酉	二庚戌	一辛亥	九壬子	八癸丑	七甲寅	六乙卯	
10月	七壬申	六癸酉	五甲戌	四乙亥	三丙子	二丁丑	一戊寅	九己卯	八庚辰	七辛巳	六壬午	五癸未	四甲申	三乙酉	二丙戌
11月	三癸卯	二甲辰	一乙巳	九丙午	八丁未	七戊申	六己酉	五庚戌	四辛亥	三壬子	二癸丑	一甲寅	九乙卯	八丙辰	
12月	一癸酉	二甲戌	三乙亥	四丙子	五丁丑	六戊寅	七己卯	八庚辰	九辛巳	一壬午	二癸未	三甲申	四乙酉	五丙戌	六丁亥
1月	五甲辰	六乙巳	七丙午	八丁未	九戊申	一己酉	二庚戌	三辛亥	四壬子	五癸丑	六甲寅	七乙卯	八丙辰	九丁巳	一戊午

二黒土星が中宮する日＝**13日、22日、31日**
三碧木星が中宮する日＝**12日、21日、30日**
八白土星が中宮する日＝**16日、25日、11月3日**（九星方位気学では11月6日までが10月）

④2016年10月の二黒土星、三碧木星、八白土星が中宮する方位盤から南が日破かどうかを調べる

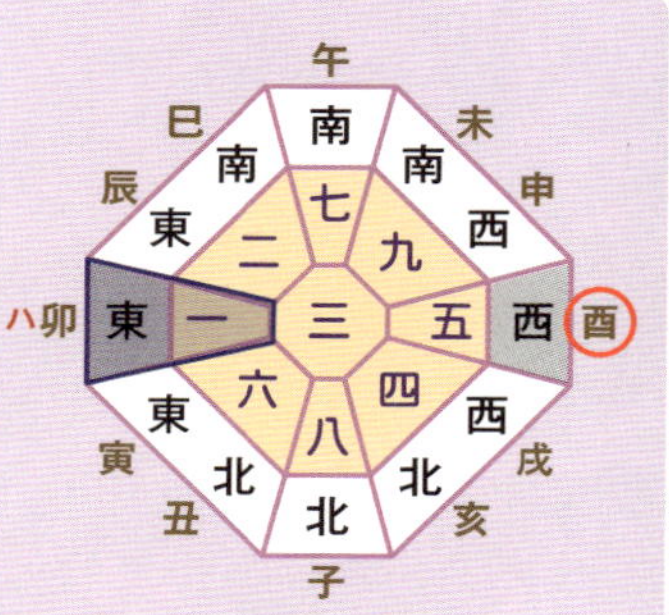

10月30日（酉）

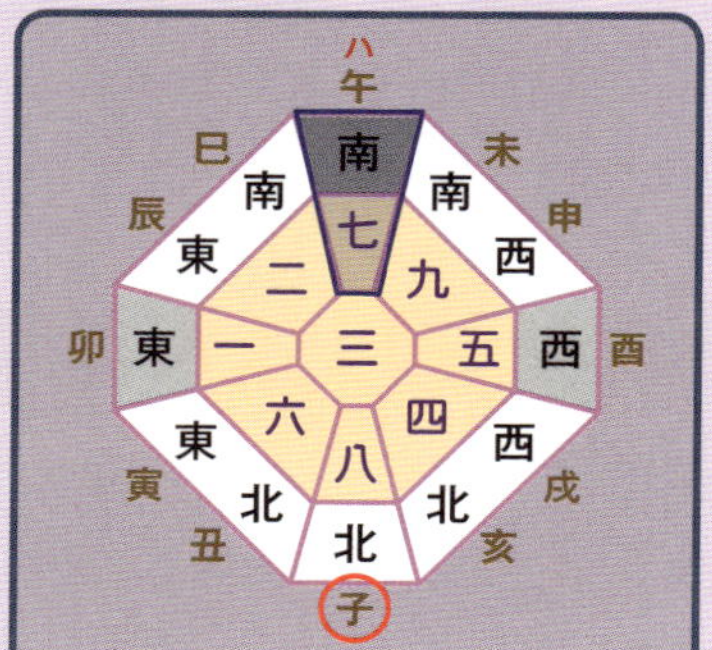

10月21日（子）

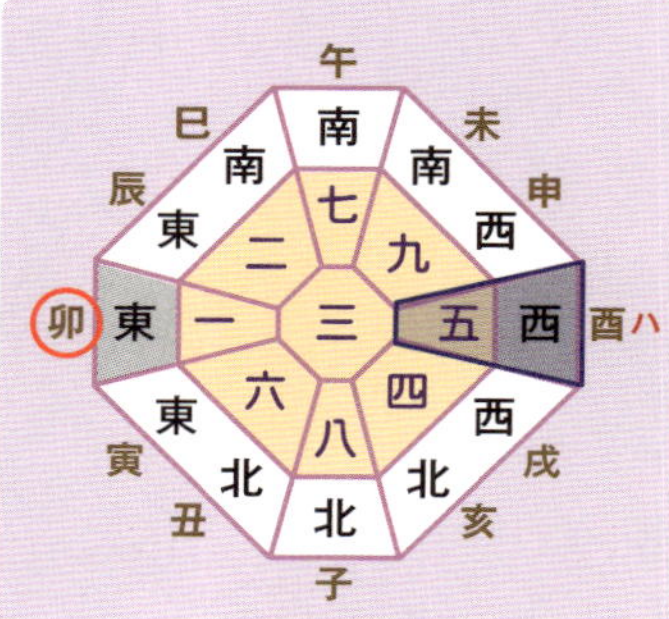

10月12日（卯）

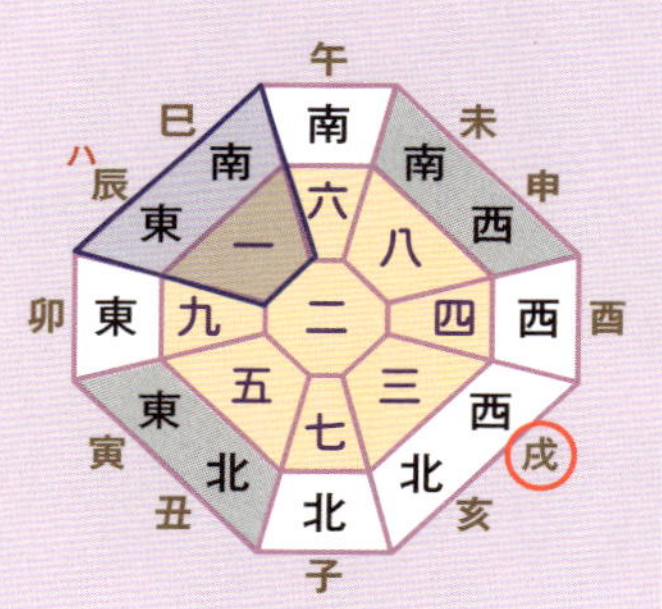

10月31日（戌）

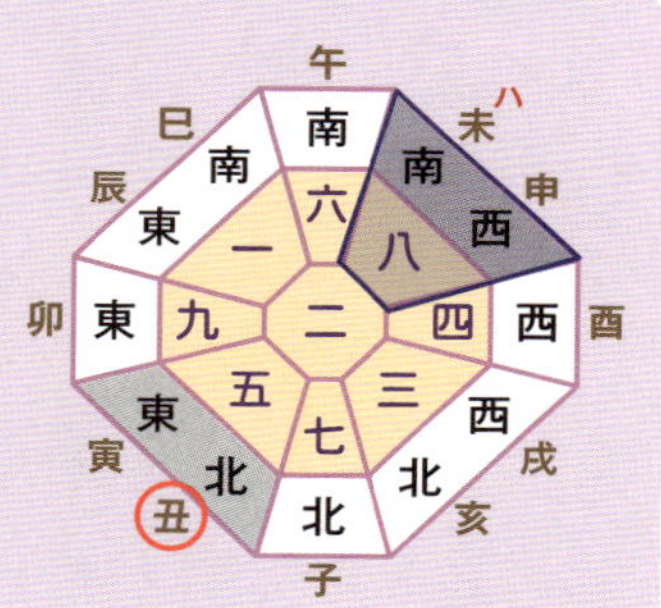

10月22日（丑）

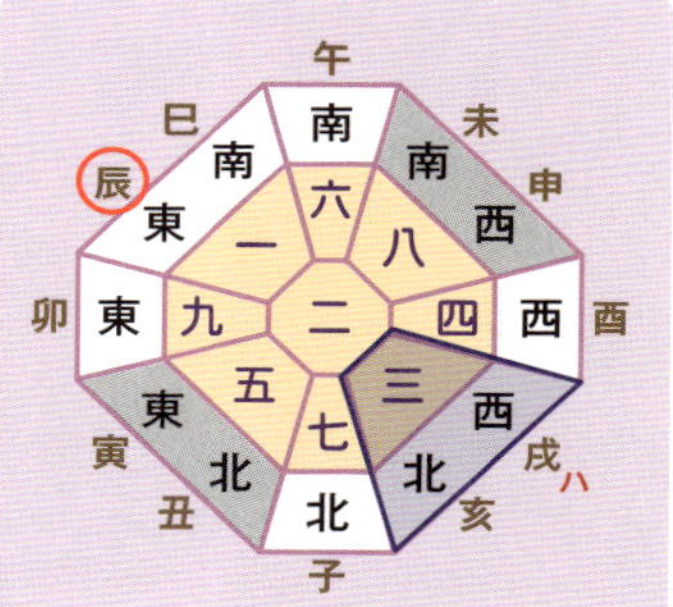

10月13日（辰）

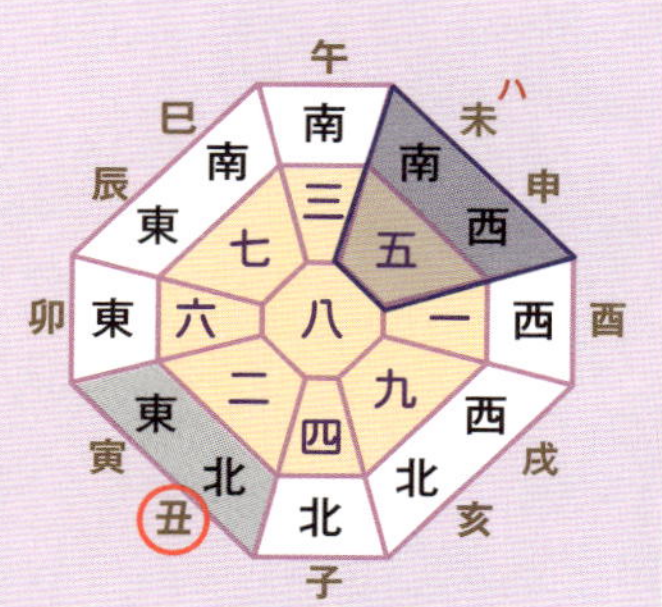

11月3日（丑）

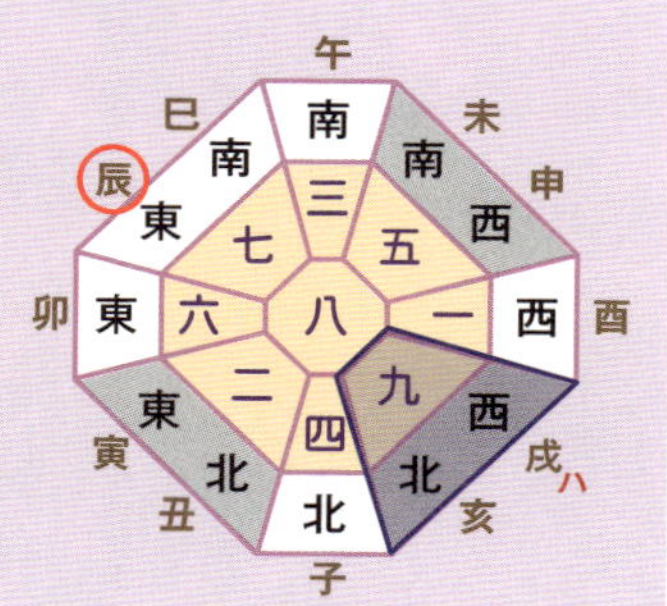

10月25日（辰）

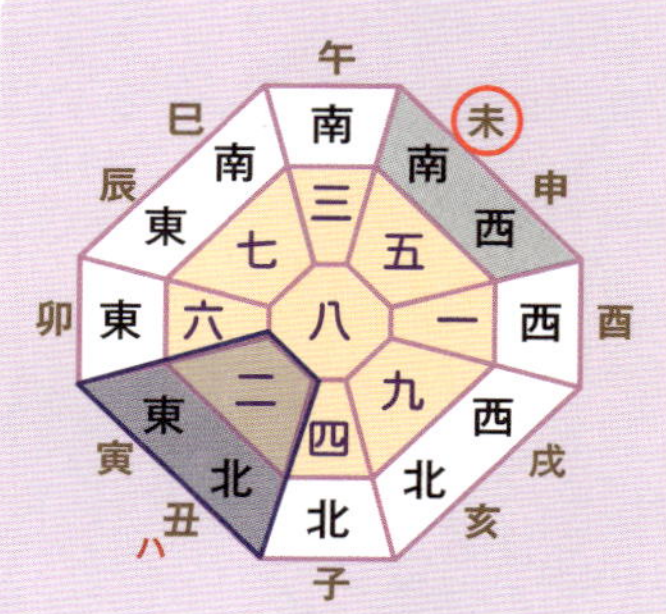

10月16日（未）

南が日破になるのは子の日です。10月21日は子の日で、対向の午に日破が付随します。南が凶方位になりますから、この日は使えません。引っ越しは**21日以外**から選びます。

挙式・入籍・新婚旅行・新居選び

挙式・入籍の日取り

挙式や入籍は、月と日の方位盤を見て、**ふたりの本命星**に暗剣殺・歳破・月破・日破が付随しない日を選びます。

新居選びの方位

新居は、互いの年の吉方位をもとに、現在それぞれが住んでいる場所から見た**共通する吉方位エリアの物件**を選びます。共通するエリアがない場合は、世帯主となる人の吉方位を優先し、その吉方位にエリアがかかるよう、パートナーは五黄殺・暗剣殺・歳破・本命殺・本命的殺以外の方位を探します。

例題

世帯主の本命星▼三碧木星
パートナーの本命星▼七赤金星
挙式・入籍する年▼2016年
三碧木星の吉方位▼西、東
七赤金星の吉方位▼東南

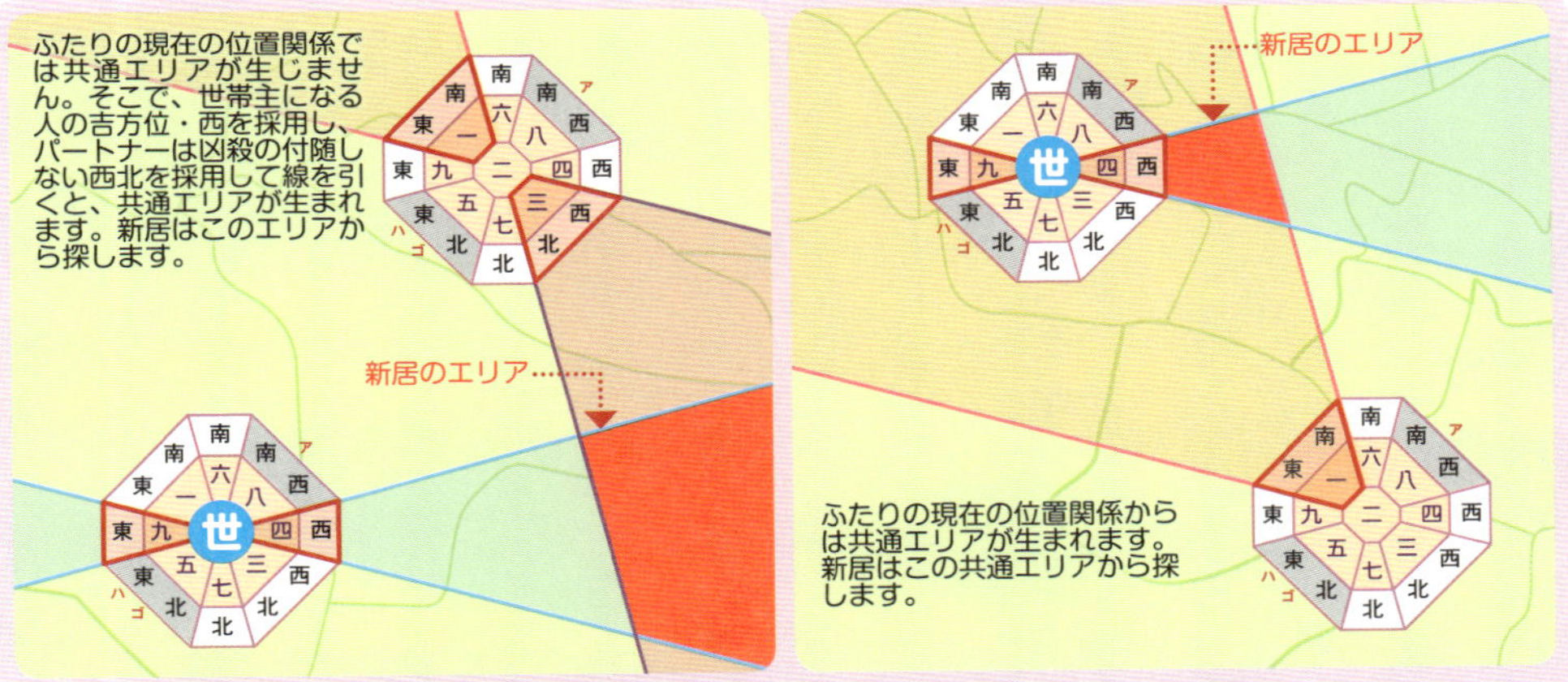

ふたりの現在の位置関係では共通エリアが生じません。そこで、世帯主になる人の吉方位・西を採用し、パートナーは凶殺の付随しない西北を採用して線を引くと、共通エリアが生まれます。新居はこのエリアから探します。
新居のエリア
新居のエリア
ふたりの現在の位置関係からは共通エリアが生まれます。新居はこの共通エリアから探します。

世帯主になる人（三碧木星）は、現在住んでいる場所から見て西と東が吉方位
パートナー（七赤金星）は、現在住んでいる場所から見て東南が吉方位

新居への引っ越し日

ふたりに共通する年の吉方位があり、その方位に引っ越す場合、あるいは共通する吉方位がなく、世帯主の吉方位を優先して新居を探した場合のいずれも、引っ越す方位が**年・月・日で吉になる日**に行います（P74〜76参照）。

新婚旅行先の方位と日取り

旅行先は45日以上住んでいる場所を起点に吉方位から探します。新居に引っ越したばかりの場合は、それまでの住居を起点に、新居選びと同じ方法でふたりに共通する吉方位から探します。出発日は、旅行先の方位が凶殺とならない月日から選びます。

旅行先も出発日も、本命殺・本命的殺は重視しなくて良いでしょう。

日本の4都市から見た八方位

札幌、東京、大阪、福岡から見た八方位です。自分が住む地域からの八方位を知る場合は、巻末の八方位測定盤を使って割り出しましょう。

札幌から見た八方位

主な地名

- 北 … 稚内　利尻・礼文島　石狩　留萌
- 北東 … 旭川　紋別　興部
- 東 … 夕張　阿寒　根室
- 東南 … 千歳　襟裳岬　浦河町
- 南 … 盛岡　仙台　茨城　東京　横浜　千葉　伊豆
- 南西 … 能登　岡山　鳥取　高知　長崎　沖縄
- 西 … 岩内　ニセコ
- 西北 … 小樽　余市　積丹

東京から見た八方位

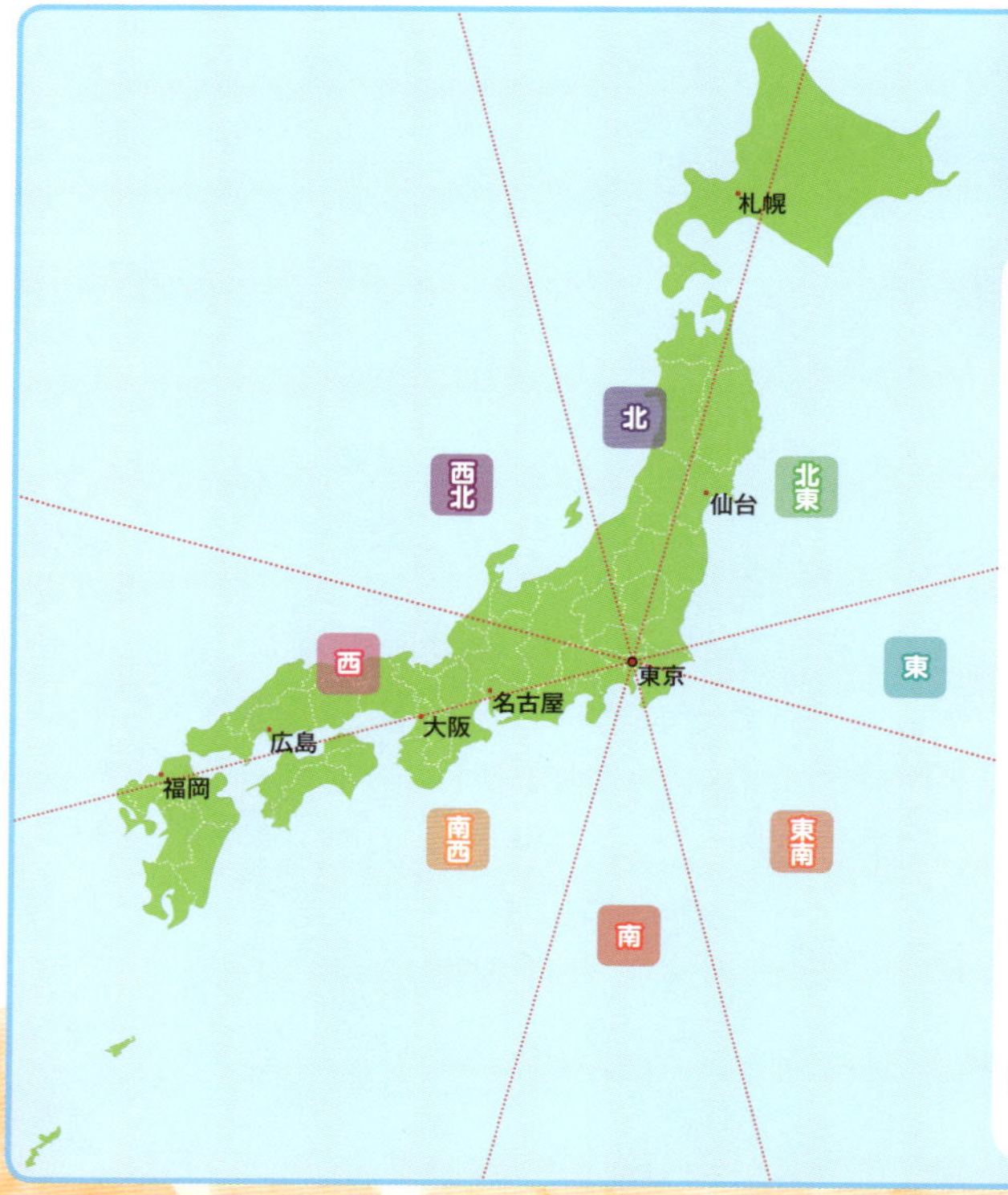

主な地名

- 北 … 石狩　札幌　函館　青森　米沢　会津若松
- 北東 … 釧路　遠野　仙台　石巻　水戸　潮来
- 東 … 市川　銚子　成田　船橋
- 東南 … 安房鴨川　勝浦　市原　木更津　九十九里
- 南 … 館山　三宅島　八丈島　横浜　横須賀　三浦
- 南西 … 伊豆　静岡　松坂　徳島　高知　宮崎　鹿児島　屋久島　沖縄
- 西 … 甲府　名古屋　福井　京都　大阪　神戸　倉敷　広島　福岡
- 西北 … 大宮　高崎　佐渡　富山　石川　輪島　長野　軽井沢

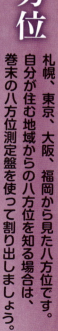

大阪から見た八方位

主な地名

北…舞鶴　京丹後
北東…北海道　東北全域　岐阜　富山　滋賀
東…豊橋　静岡　小田原　横浜　東京
東南…熊野　那智勝浦
南…堺　白浜　串本　紀の川
南西…洲本　鳴門　高知　土佐　四万十　日南　宮崎　鹿児島　指宿
西…神戸　倉敷　広島　下関　福岡
西北…宝塚　丹波　鳥取

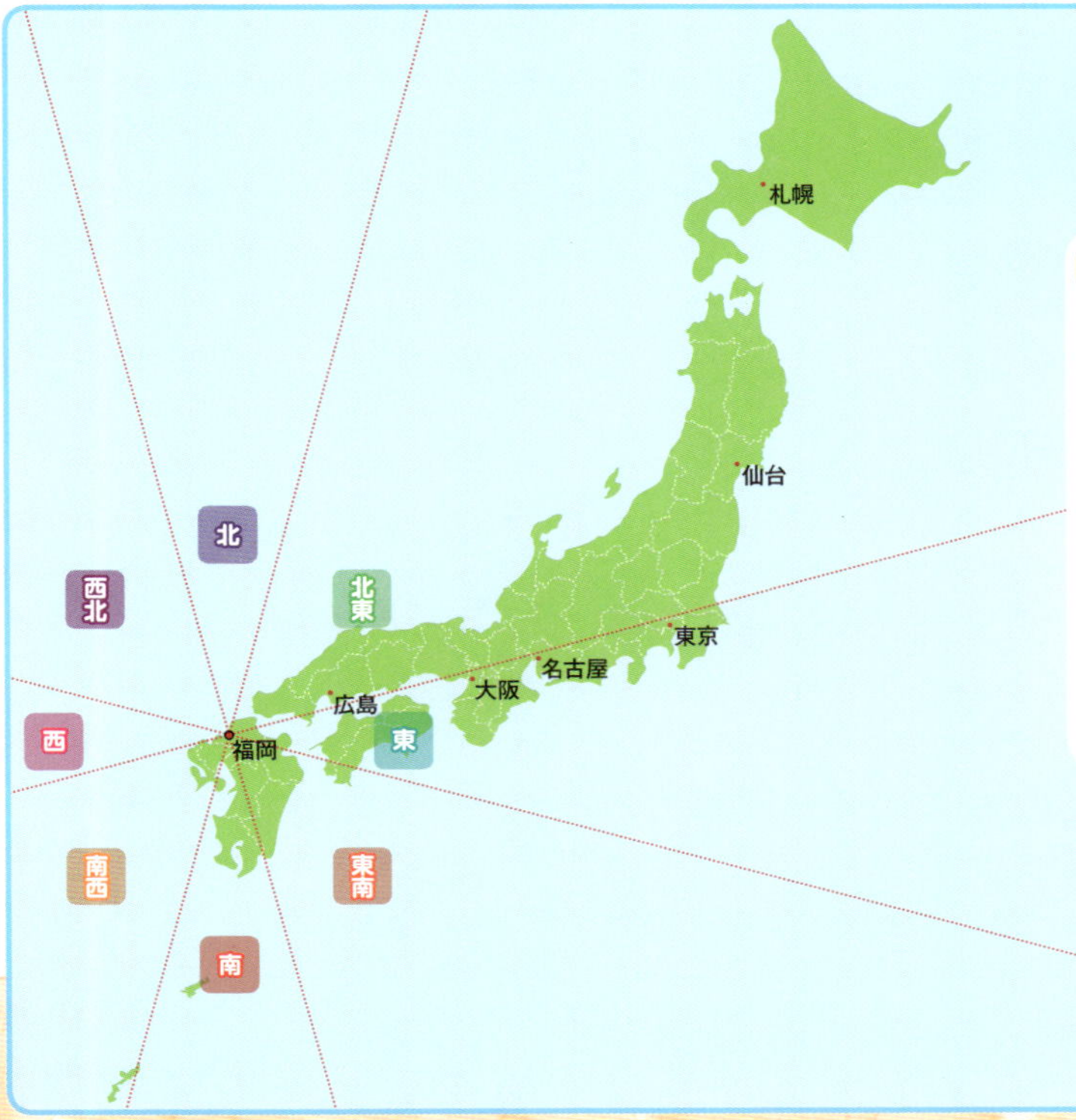

福岡から見た八方位

主な地名

北…福岡近郊
北東…北九州　山口　鳥取　京都　北陸　東北全域　北海道
東…大阪　名古屋　静岡　横浜　東京　千葉
東南…宮崎　阿蘇　大分　日向
南…熊本　鹿児島　鹿屋　指宿
南西…佐世保　長崎　天草
西…唐津　平戸
西北…壱岐

東京から見た世界の八方位

世界の八方位は、地球が丸いために少し複雑な計算によって割り出します。それによって算出したものが、図にある通り「東京から見た八方位」です。

主な国、地名

- 北 …カナダ(セントジョーンズ)　グリーンランド
- 北東 …アメリカ合衆国　カナダ　メキシコ　ベネズエラ　コロンビア　ペルー
- 東 …ハワイ諸島
- 東南 …フィジー　タヒチ　ニュージーランド　アルゼンチン南部
- 南 …グアム　サイパン　パプアニューギニア　オーストラリア(一部を除く)
- 南西 …台湾　ベトナム　フィリピン　マレーシア　シンガポール　インドネシア
- 西 …中国(四川省)　インド(一部を除く)　ネパール　タンザニア　南アフリカ共和国
- 西北 …ロシア(モスクワ)　オランダ　フランス　イタリア　スペイン　ドイツ　フィンランド　デンマーク　ポーランド　ルーマニア　ウクライナ　トルコ　モンゴル　エジプト

家族旅行の吉方位を求める

家族全員に共通するラッキーな場所は？

ひとり旅の吉方位なら、自分の本命星と月命星から割り出せば良いのですが、家族旅行のように複数で出かける場合は、どうしたら良いでしょう。

まず、一週間以内の短期の旅行であれば、月盤と日盤から吉方位を求め、一週間以上の場合は年盤と月盤から求めることを念頭に置いておきます。そして、次のように段階を踏んで家族に共通する吉方位があるかどうかを検証します。

①家族全員の本命星と月命星から吉方位を割り出し、共通する方位があれば、その方位を採用します。

②①で共通する方位がない場合は、本命星だけで吉方位を割り出し、共通する方位があればその方位を採用します。

③②の本命星だけで見ても共通する方位がない場合は、家長の吉方位を優先すると良いでしょう。家族全員で見て凶方位を避けたい場合は、五黄殺・暗剣殺・月破・日破が付随していない方位を採用します（複数で出かける場合は、本命殺・本命的殺は重視しなくて良いでしょう）。

家族に限らず、友だち複数で行く場合も、このようにして方位を求めます。なお、幼児がいる場合は、小児殺の方位にも注意を払いましょう。

家族4人で2016年10月に短期旅行する場合の方位選定例

		家族の本命星と相性の良い九星							
		一白水星	二黒土星	三碧木星	四緑木星	六白金星	七赤金星	八白土星	九紫火星
家族の本命星	四緑木星	○		○					○
	六白金星	○	○				○	○	
	八白土星		○			○	○		○
	九紫火星		○	○	○			○	
	九星が運行する方位と凶殺	東 暗剣殺	東南 月破	中宮	西北 なし	北東 なし	南 なし	北 なし	南西 なし

2016年10月
月盤

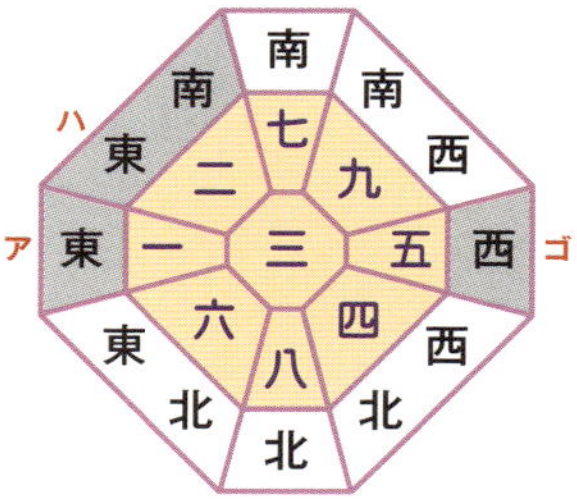

家長が四緑木星の場合なら、九紫火星が運行する南西を目的地にすると良いでしょう。家族全員で見て凶方位を避けたい場合は、西北・北東・南・北・南西から選びます。出発日は10月の月盤と同様、三碧木星が中宮する日で、日破が付随しない日が良いでしょう。

第五章

運勢の判断法

運勢は同《どう》会《かい》法《ほう》で求める

年・月・日・時間の運勢がわかる同会法

方位の吉凶判断が九星方位気学の大きな柱だとしたら、運勢判断はもうひとつの大きな柱です。

ここでは運勢の占い方を解説しましょう。

運勢を占う場合には、その時間的な幅として年・月・日・時間の4つがあります。どの幅でも、運勢を占う場合に共通する判断法が「同会法《どうかいほう》」です。

同会法とは、たとえば年の運勢を見るときは、占いたい年の方位盤（年盤）と方位盤の基本形の後天定位盤とを、イメージとしては「重ねて」見て、年盤を運行する自分の本命星が、後天定位盤ではどの方位になるかを見る方法をいいます。

たとえば本命星が二黒土星の人が、ある年の年盤では西北方位に運行しているとします（❶を参照）。では、この人の運勢をどう見るかというと、後天定位盤の西北を見ると六白金星が位置します（❷を参照）。これを六白同会あるいは西北に同会といいます（後天定位盤では、六白金星はもともと西北に位置します）。

年・月・日・時間の同会法で用いる方位盤

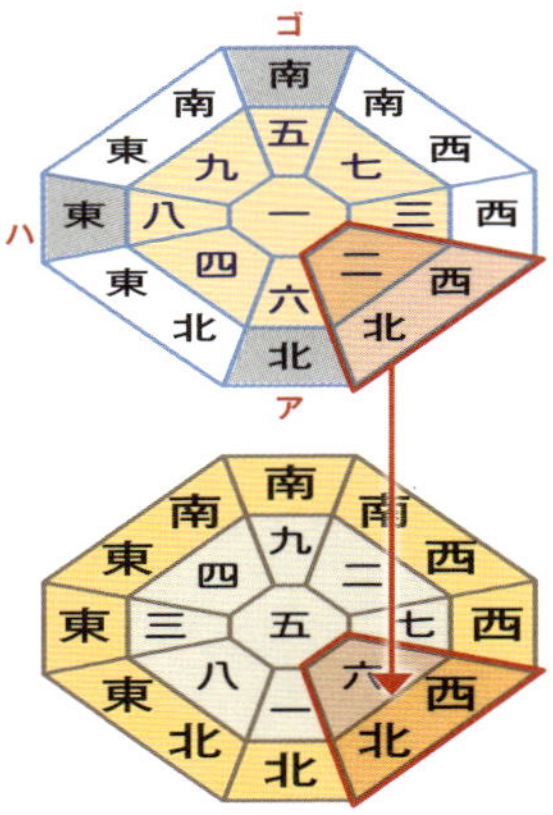

❶本命星が二黒土星 2017年盤

❷後天定位盤

- ●年の運勢を知るには＝年盤と後天定位盤
- ●月の運勢を知るには＝月盤と年盤
- ●日の運勢を知るには＝日盤と月盤
- ●時刻の運勢を知るには＝刻盤と日盤

そして運勢判断は、同会した方位の象意と、その方位に位置する九星の象意（九星・方位とも象意はP26～34参照）によって読み取ります。

前述の二黒土星の人の場合なら、六白金星（西北方位）に同会していますから、六白金星と西北の象意から運勢を読み取るということです。

この考え方は、用いる方位盤は異なりますが、月の運勢、日の運勢、時間の運勢も同じです。具体的な同会法の求め方は86～89ページをご覧ください。

◆凶殺の暗剣殺、歳破（月破・日破・刻破）が付随すると、トラブルの暗示

さらに運勢を読み取る場合には、同会した方位に凶殺の暗剣殺と歳破（月破・日破・刻破）がないかを確認します。これらの凶殺が同会した方位に付随するときは、運勢はやや波乱が生じやすいのです。

また、五黄土星と同会する場合は、凶殺の五黄殺と同じような現象が加わります。波乱の具体的な意味合いは、41～43ページをご覧ください。

同会法はこのように考えて

九星方位盤は9つの宮で構成されていますから、まずはこの9つが**「個性的な人が住む家」**と思ってください。

たとえば年の運勢を見る場合には、自分を意味する本命星が、**9つの家のひとつに一年間ホームステイする**とイメージします。ホームステイをすれば、そこに住む人の生き方や考え方に影響されるものです。

つまり、**運勢はホームステイをする家（方位や九星）の象意から割り出す**ということです。

＊＊＊

具体的に考えてみましょう。向上心旺盛で仕事が大好きな人の住む家にホームステイしたとします。すると、自分はその影響を受けて向上心が旺盛になり、働くことが大好きになります。その結果として、昇進昇格を果たす運勢になる、というイメージです。

年の運勢を占う場合

占いたい年の方位盤と後天定位盤から求める

年の運勢を求める場合に用いる方位盤は、**占いたい年の年盤**と**後天定位盤**です。同会法のイメージは次の通りです。

①年盤を上に、後天定位盤を下にして重ねます。

②自分の本命星が、年盤のどの方位にあるかを探します。

③②の方位が後天定位盤ではどの方位になり、どの九星があるかを調べます。

④③の方位とその方位にある九星の象意が、その年の運勢です。

⑤年盤に凶殺が付随していないかも確認しましょう。

例：本命星が五黄土星の人 2016年の運勢の見方

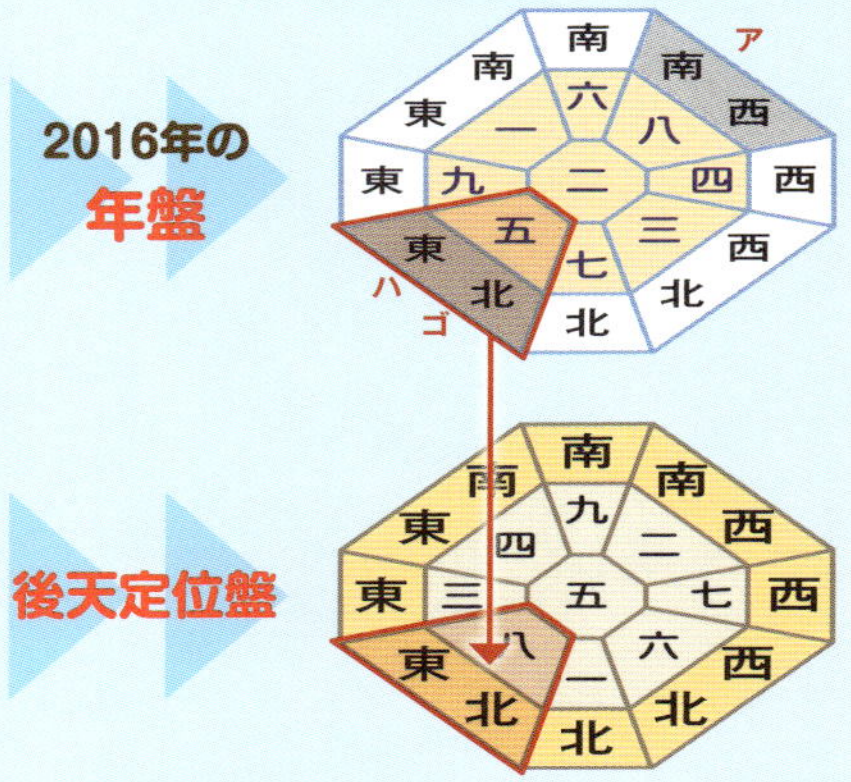

- 五黄土星は2016年の年盤では**北東方位を運行**しています。
- 後天定位盤の**北東方位には八白土星**があります。
- 年盤の**北東方位には凶殺の歳破が付随します**。
- 運勢は、**八白土星と北東方位の象意**（北東方位と八白土星の象意は共通）に、**歳破の要素**を加えて読み取ります。

運勢の判断例

八白土星と北東方位の象意は、変化、停滞、蓄財、親族、相続などを表します。これらの事柄について、凶殺の歳破の「まとまりにくい」現象が起こりやすい年となるでしょう。結果的にそれが何らかの変化を促すことにもなりそうです。また、八白土星と北東方位は人体部位では背中、腰などを意味しますから、身体の凝りや関節痛などに注意が必要な年といえます。

月の運勢を占う場合

占いたい月と年の方位盤から求める

月の運勢を求める場合に用いる方位盤は、占いたい月の月盤と年盤です。同会法のイメージは次の通りです。

①月盤を上に、年盤を下にして重ねます。

②自分の本命星が、月盤のどの方位にあるかを探します。

③②の方位が年盤ではどの方位になり、どの九星があるかを調べます。

④③の方位とその方位にある九星の象意が、その月の運勢です。

⑤月盤に凶殺が付随していないかも確認しましょう。

例：本命星が三碧木星の人　2016年5月の運勢の見方

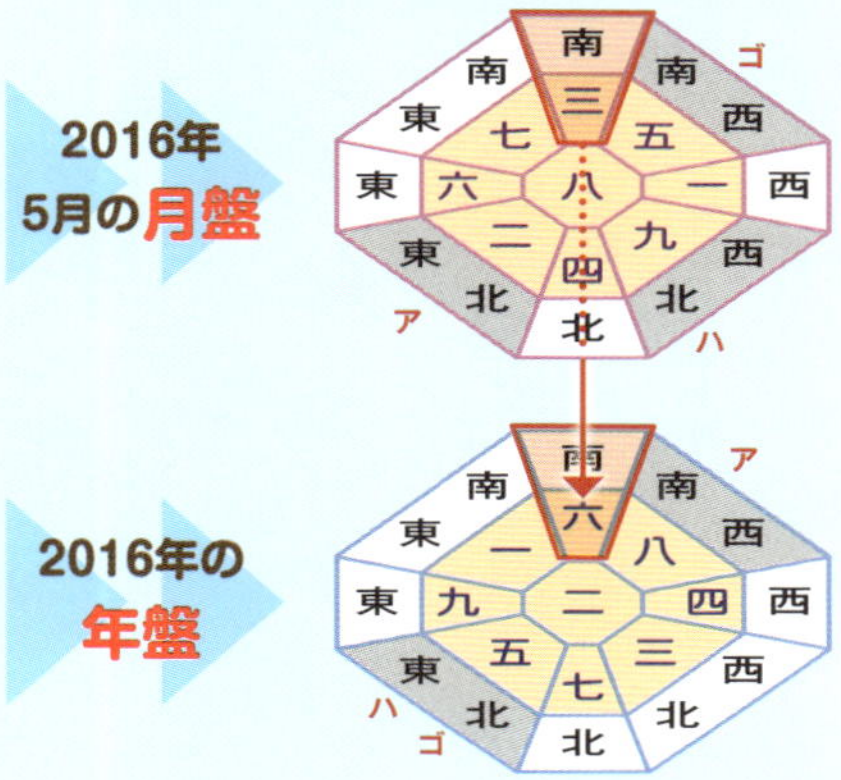

- 三碧木星は2016年5月の月盤では**南方位を運行**しています。
- 2016年の年盤の**南方位には六白金星**があります。
- 月盤の**南方位には凶殺が付随しません**。
- 運勢は、**六白金星と南方位の象意**から読み取ります。

運勢の判断例

六白金星の象意は、健全、統率、目上、引き立てなどで、人体部位では頭部や血圧などを表します。南の象意は、情熱、陽気、昇進昇格などで、人体部位では頭部や心臓などを表します。これらの象意から総合すると、三碧木星の人の2016年5月の運勢は「目上からの引き立てによって昇進昇格などを果たす、明るい運気の月」となります。このケースでは月盤に凶殺が付随していませんが、凶殺が付随している場合は、頭部の病気や血圧などに注意が必要です。

日の運勢を占う場合

占いたい日と月の方位盤から求める

日の運勢を求める場合に用いる方位盤は、占いたい日の日盤と月盤です。同会法のイメージは次の通りです。日盤の作り方は、付録21～22ページを参照してください。

①日盤を上に、月盤を下にして重ねます。

②自分の本命星が、日盤のどの方位にあるかを探します。

③②の方位が月盤ではどの方位になり、どの九星があるかを調べます。

④③の方位とその方位にある九星の象意が、その日の運勢です。

⑤日盤に凶殺が付随していないかも確認しましょう。

例：本命星が七赤金星の人　2016年4月23日の運勢の見方

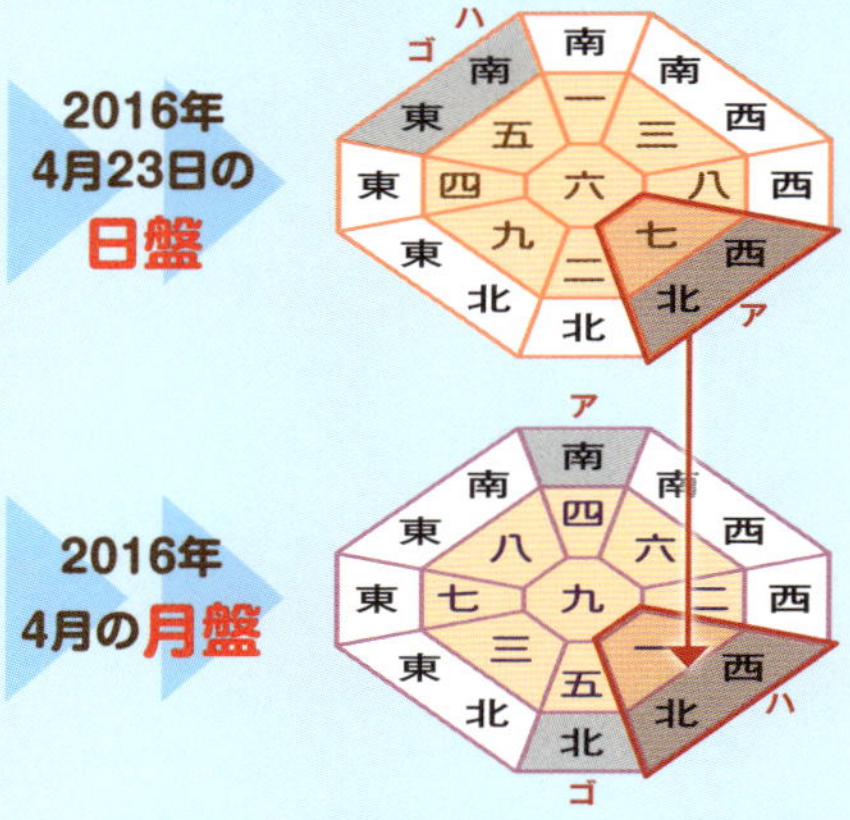

- 七赤金星は2016年4月23日の日盤では**西北方位**を運行しています。
- 2016年4月の月盤の**西北方位には一白水星**があります。
- 日盤の**西北方位には暗剣殺が付随します**。
- 運勢は、**一白水星と西北方位の象意**から読み、**暗剣殺の要素**も加えます。

運勢の判断例

一白水星の象意は秘密、苦悩などで、人体部位では腎臓や子宮などを表します。西北の象意は、目上、戦い、権力、乗り物などで、人体部位では頭部や血圧などを表します。さらに他動的なことが原因でトラブルになりやすい暗剣殺が付随します。これらから総合すると、七赤金星の人の2016年4月23日の運勢は「目上など力のある人と争いやすく、それによって苦しむことになるかもしれません。交通事故、腎臓や婦人科系の病気にも注意」となります。

時刻の運勢を占う場合

占いたい時刻と日の方位盤から求める

時刻の運勢を求める場合に用いる方位盤は、**占いたい時刻の刻盤**と**日盤**です。同会法のイメージは次の通りです。刻盤の作り方は、付録30～31ページを参照してください。

①刻盤を上に、日盤を下にして重ねます。

②自分の本命星が、刻盤のどの方位にあるかを探します。

③②の方位が日盤ではどの方位になり、どの九星があるかを調べます。

④③の方位とその方位にある九星の象意が、その時刻の運勢です。

⑤刻盤に凶殺が付随していないかも確認しましょう。

例：本命星が一白水星の人　2016年10月30日　午前10時の運勢の見方

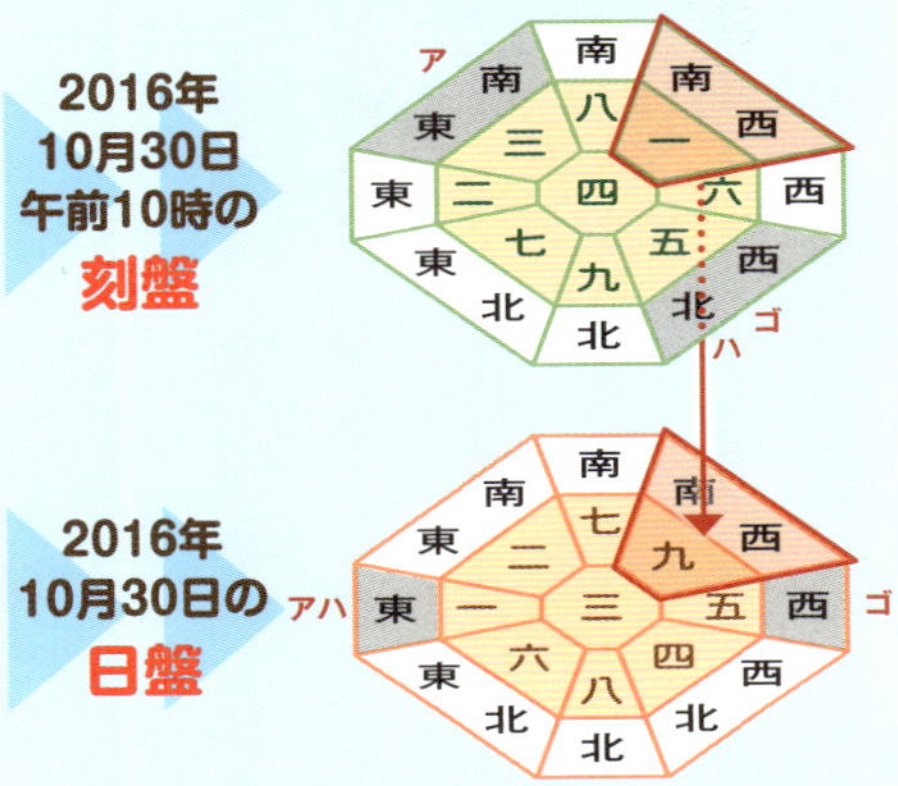

- 一白水星は2016年10月30日午前10時の刻盤では**南西方位**を運行しています。
- 2016年10月30日の日盤の**南西方位には九紫火星**があります。
- 刻盤の**南西方位には凶殺が付随しません。**
- 運勢は、**九紫火星と南西方位の象意**から読み取ります。

運勢の判断例

九紫火星の象意は、輝く、頭脳明晰、名声名誉、華麗などを表します。南西方位は努力、勤勉、家庭などを意味します。もしもこの時間帯に試験や就職などの面接があれば、合格の可能性が高いでしょう。お見合いをする場合は、豊かな才能と美しい容姿をもち、しかも家庭的な人との出会いが期待できそうです。ショッピングでは、家庭に関する物でセンスの良い品が購入できるでしょう。

本命星が北に運行（一白同会《いっぱくどうかい》）したときの運勢

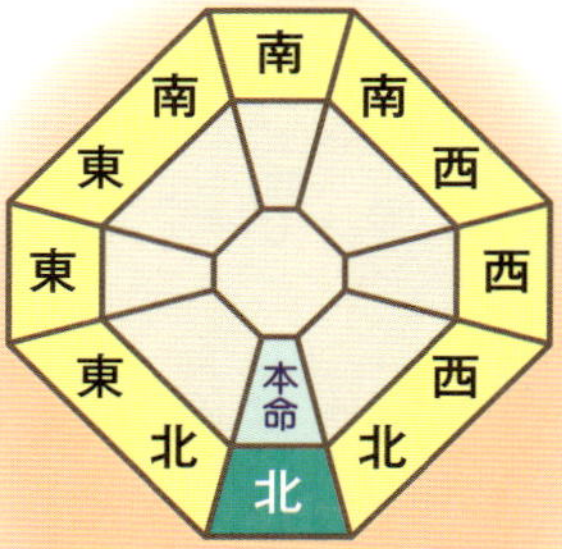

本命星が北に運行した年や、年・月・日の盤で一白水星に同会したときの運勢です。

全体運

精神的・肉体的にパワー不足で、体調を崩しやすかったり、意欲が湧きにくかったりするときです。意欲はあっても思うように結果が出にくいなど、足踏み状態が続くかもしれません。

一方で、新しいライフサイクルが始まるスタート地点に立つときです。これからどんな方向で進めばよいか、じっくり計画を立てましょう。ただし、その計画を実行に移すのはもう少し先に。焦りは禁物です。

愛情運

恋を求めている人は、職場やサークルなど、身近な場所からチャンスが生まれそうです。とくに悩み事を相談したりされたりするなかで、自然と親密な関係になった相手に注目を。夜の時間帯やお酒の席での集まりにも大きな可能性が潜みます。

交際中の人は、絆が強まり、結婚へと進みそう。夫婦は深い愛が育まれるでしょう。子宝に恵まれていない夫婦は、朗報が聞けるかもしれません。

仕事運

体力や判断力が低下気味のときなので、華々しい活躍は見込めないようです。自分自身も、無理をしてでも活躍したいとは思わないでしょう。

そんな今は、縁の下の力持ち的な役割が求められ、後輩の面倒をみることも多くなりそうです。その結果、ミスの尻ぬぐいをすることも増えそうですが、愚痴や不満は禁物。体力に欠ける今は、後輩たちが力になってくれることもあるので、快く面倒をみましょう。

金運

好調とはいえないようです。収入の伸びは思っていたほどではなく、臨時収入の期待もかけられないでしょう。むしろ、家族のための急な出費や、体調不良での通院や治療費がかかることも。集中力が落ちているので、財布やカードの紛失、さらにスリや盗難の心配もありますから注意しましょう。

健康運

今までの疲れが出て体力が落ちているようです。ちょっとの無理が病気を引き寄せることになるので、気をつけましょう。また、冷えやすいため、風邪はもちろん、泌尿器や婦人科系、腎臓に関する病気にはとくに注意。

本命星が南西に運行(二《じ》黒《こく》同《どう》会《かい》)したときの運勢

本命星が南西に運行した年や、年・月・日の盤で二黒土星に同会したときの運勢です。

全体運

種蒔き運です。種蒔きとは準備の意味。希望に向かってさまざまな種を蒔いてください。たとえば結婚願望のある人なら身近な人に交際相手の紹介をお願いしたり、結婚相談所に入会したりするのです。住居の購入を希望するのなら、その資金を貯めるのが今。ここでしっかり種を蒔いておけば、後々、大きな花を咲かせることができます。夢の実現のための努力と準備を着々と行ってください。

愛情運

恋を求めている人は、家庭的な雰囲気をアピールすると好結果が得られそうです。華やかな雰囲気を見せるより、真面目で堅実なところが異性の心に届くとき。合コンなどでは周囲によく心配りすることでモテるでしょう。

交際中の人は、結婚につながりやすいときなので、結婚資金のことなど具体的に話し合って。夫婦は円満。相手の母親によく尽くすと、さらに夫婦仲がアップします。

仕事運

勤勉に働けるときです。細かい仕事や面倒な仕事など、人が嫌がる作業を任されることが増えそうですが、ミスなく誠実にこなしていけるでしょう。それが評価を高め、今後、活躍するための種蒔きとなります。

職場の人間関係も、細かい配慮をしていくことで順調に。

就活中や転職活動中の人は、収入はそれほど高いとはいえませんが、堅実な経営方針の会社に入れるでしょう。

金運

収入の伸びは期待できませんが、その分、節約精神が旺盛になるので、無駄な出費もなくなり、無事、やりくりがつきます。また、節約して浮いたお金をこまめに貯金したくなりますから、少しずつ残高が増えていきそう。家を買うなど、貯金の目標を立てると貯蓄へのパワーがさらに増します。

健康運

話したいことを我慢してしまうときなので、ストレスが溜まりやすいようです。そしてそれが胃腸のトラブルとして現れてくるので気をつけましょう。食べすぎて太る、運動不足で便秘になるなども。持病の再発にも注意。

本命星が東に運行（三碧《さんぺき》同会《どうかい》）したときの運勢

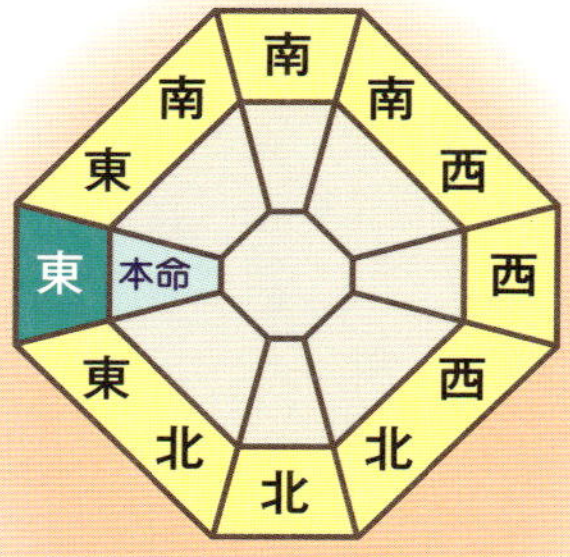

本命星が東に運行した年や、年・月・日の盤で三碧木星に同会したときの運勢です。

全体運

これまでに蒔いた種が一気に芽吹く飛躍運。意欲、積極性、行動力が湧き上がるときで、新しいことに挑戦したり、計画していたことを実行に移したりするチャンスです。しばらく家に引きこもっていた人も、いよいよ外に飛び出す勇気が湧いてくるでしょう。

ただし、結果を求めて何事にも焦りやすいようです。行動することに意味があるときなので、結果を出すことにとらわれないようにしましょう。

愛情運

恋を求めている人は、積極的に外に出ていくことで出会いのチャンスがつかめます。直感力も冴えているので、ピンときた異性には勇気を出してアプローチをしましょう。今は攻めが功を奏すのです。

交際中の人は、ゴールに向かって心をひとつにできるでしょう。夫婦はマンネリ気分のままでいると浮気をしやすいときなので、リフレッシュする工夫を考えてください。

仕事運

配置換えや部署異動などの変化がありそうです。でも、その変化は好奇心を刺激し、意欲を奮い立たせるもの。これまで以上に前向きに仕事ができるでしょう。企画力やアピール力にもすぐれるときなので、活躍が期待できます。注意したいのは、気持ちがはやって勇み足になりやすいこと。十分に確認して取りかかってください。

求職中の人は、意欲を買われて合格。新しい環境に飛び込めるでしょう。

金運

仕事では活躍できますが、すぐに収入増に結びつくわけではないので、浪費は禁物です。ところが、今後のためにと学校に通ったり、新しい通信機器を購入したりと、出費が増えやすい傾向が。自己投資を惜しむ必要はありませんが、慎重に考えて使うこと。もちろん、貯金も地道に行うようにして。

健康運

心身が活性化するときなので、基本的には健康ですが、オーバーワークから過労に。さまざまな病気を引き寄せる原因になるので注意しましょう。また、せっかちに動き回るため、事故やケガにも気をつけたいときです。

本命星が東南に運行(四《し》緑《ろく》同《どう》会《かい》)したときの運勢

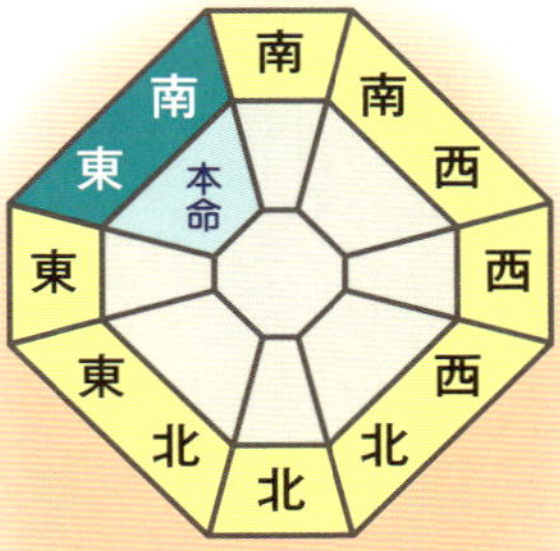

本命星が東南に運行した年や、年・月・日の盤で四緑木星に同会したときの運勢です。

全体運

これまでの努力が実って大きな花を咲かせる発展運。社会的信用もつくときなので、いろいろなことが自然に花開くように、スムーズに運びます。とくに人間関係が好調で、多くの人と知り合えます。その人たちからチャンスを授けてもらえるでしょう。そのためにもコミュニケーションを大切にし、できるだけ多くの人と交流をもつようにしてください。旅行運も好調ですから旅の機会も増えるでしょう。

愛情運

未婚の人は結婚のチャンス。現時点で相手がいない人も、結婚願望があることを周囲にアピールすることで良縁を紹介してもらえそうです。紹介運に恵まれるときなので、合コンより友人などに紹介をお願いするほうが得策。交際中の人はゴールインも視野に。祝福される結婚ができます。夫婦は、外交的になりすぎてパートナーから文句が出るかもしれません。家族への心配りを忘れないで。

仕事運

努力が実を結んで大きな成果が出せるでしょう。信用も高まっていますから、次々とチャンスをもらい、期待に応えることができます。昇進昇格する人もいるでしょう。職場の人間関係も、チームワークを大事にすることで円滑に。商売を行っている人は大繁盛です。

求職中の人は、紹介によって希望の職に就くことができそう。自力で探す場合は、貿易、通信、交通、旅行、仲介に関する職種が有利でしょう。

金運

仕事で活躍する分、収入は増えるでしょう。ただし、人づき合いが盛んになることから交際費がかさみやすいようです。また、人に見られて恥ずかしくない服を着たい、ブランド品を持ちたいと見栄を張り、結果的に出費増に。手持ちの物をセンス良く組み合わせる工夫で、大幅出費を防ぎましょう。

健康運

人と接する機会が増えるため、気遣いで神経が休まりません。なかなか寝つけないなど不眠になりやすいので、気をつけましょう。また、ウイルス性の病気や、感染型の病気にかかりやすい傾向も。注意してください。

本命星が中央に運行（五黄同会《ごおうどうかい》）したときの運勢

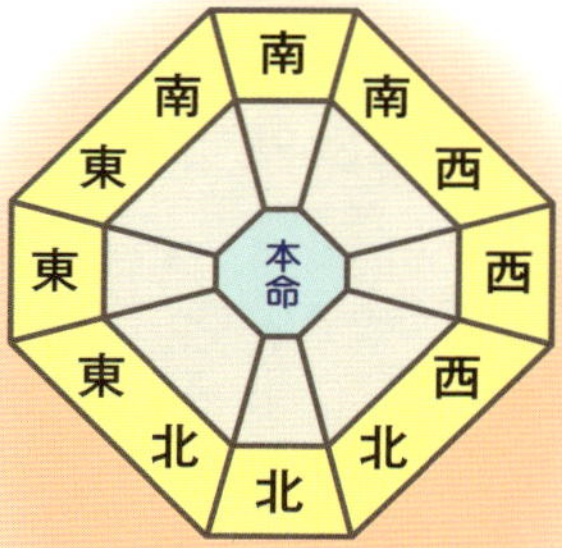

本命星が中央に運行した年、年・月・日の盤で五黄土星に同会したときの運勢です。

全体運

強運ですが、注意が必要な波乱運。これまで好調運が続いていたため、調子に乗って失敗しやすいのです。勢いだけで大胆な行動を取ったり、強引な態度で人に接したりしないよう、十分に気をつけましょう。また、新しいことや規模の大きなことには、手を出さないほうが無難。意欲が空回りして裏目に出やすいからです。まずは現状維持を心がけてください。その気持ちが保てれば、強運を発揮できます。

愛情運

恋を求めている人は、幼なじみと偶然の再会で恋が始まる、別れた恋人と復活愛が叶うなど運命を感じる出会いがありそうです。長年の片思いが成就することもあるでしょう。ただし、喜ばしい結果ばかりとはいえません。二股をかけられたり、借金を抱えていたりと、トラブル含みの相手である可能性が高いからです。進展させる場合は慎重に。カップルは、独占欲が出やすいので注意しましょう。

仕事運

好調運を経て実力も自信もついていますから、抜擢のチャンスがたくさんあります。ただし、その自信が強気の姿勢となって周囲との摩擦を生じさせる場面も。それが原因で転職を考える、という流れになりがちですが、ここでの転職はむしろ待遇を下げる結果に。現状に不満をもつのではなく、謙虚な姿勢でいることで状況は変わります。まずは我が身を振り返ることから始めましょう。

金運

大幅な収入アップが望めるでしょう。とはいえ、家族や知り合いのための出費がかさんだり、必要なときに予定していたお金が用意できなかったりと、波乱が予想されます。とくに借金を頼まれると、同情心が湧き出て断れないときですが、貸したら返らないと思ったほうがいいでしょう。

健康運

毎日が忙しいために健康のことが後回しで、体調を崩すことも多いでしょう。とくに暴飲暴食の影響で、消化器系に問題が出やすいようです。過労による注意不足から事故に巻き込まれる心配も。持病のある人は再発に注意。

本命星が西北に運行(六白《ろっぱく》同会《どうかい》)したときの運勢

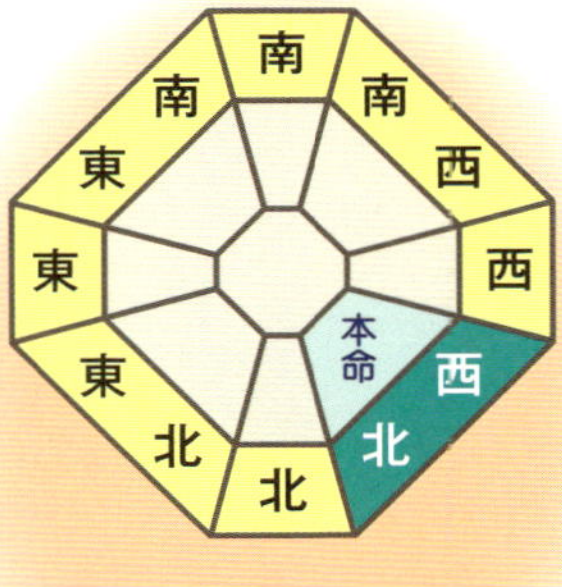

本命星が西北に運行した年や、年・月・日の盤で六白金星に同会したときの運勢です。

全体運

実りの季節のイメージで、充実した毎日を送ることができます。しかし、これから冬に向かうように、運勢は徐々に勢いを落としていきます。ところがそれに気づかず、気位の高い態度を取って孤立しやすいのです。とくに自分の考えを押しつける、人の話に耳を貸さない、などの言動には気をつけましょう。ただし、試験やスポーツ、資格取得など「勝つ」ことには強みを発揮する運勢です。

愛情運

恋に関心がないわけではないのですが、仕事が忙しすぎて恋を求める気持ちが希薄になりやすいとき。それでも仕事ができる上司や先輩に胸がときめく場面も。恋が生まれるとしたら、職場関係が濃厚でしょう。

カップルは、相手を理想の人に仕立て上げたくて、口うるさく注文をつけるようです。相手のプライドを傷つけやすいときなので、十分注意を。こまめなコミュニケーションも忘れずに。

仕事運

これまでの努力が有力な人に認めてもらえるときです。引き立てを受けて責任の重い仕事を任されるかもしれません。プレッシャーがいつも以上にかかるときですが、向上心と負けず嫌いの気持ちで頑張り抜き、その期待に応えられるでしょう。ただし、目下には横柄な態度を取って対立することも。それが仕事運の足を引っ張ることになるので、後輩や部下への思いやりを忘れず、協調して進めましょう。

金運

仕事で活躍できるときなので、収入も増えるでしょう。その分気が大きくなって、高額の買い物をしやすくなります。また、忙しいからといつもより外食が増えたり、タクシーを利用したり。散財で財布を軽くする傾向が見られるときです。株やギャンブルにはまって大損をする人もいるでしょう。

健康運

仕事が忙しく、心身は常に過労気味。疲れが溜まっているはずなのに、健康を過信して大病につながることも。とくに呼吸器や心臓、血圧に注意してください。スポーツでのケガや交通事故などにも気をつけたいときです。

本命星が西に運行（七《しち》赤《せき》同《どう》会《かい》）したときの運勢

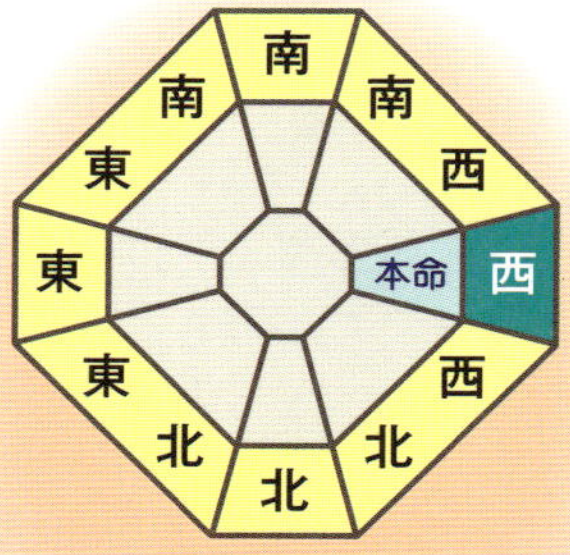

本命星が西に運行した年や、年・月・日の盤で七赤金星に同会したときの運勢です。

全体運

これまでの忙しさから解放されて、心からリラックスできるときです。遊びに恋に趣味に……と、プライベートを楽しむことができるでしょう。結婚披露宴や同窓会・クラス会、趣味やサークルの発表会など、飲食が伴う楽しい場に縁があり、人間関係も大きく広がりそうです。今まで一生懸命頑張ってきたご褒美だと思って、大いに楽しみましょう。ただし、気が緩みやすい点には注意してください。

愛情運

恋を求めている人は、出会いのチャンスが目白押し。笑顔が絶えず、会話も上手になっていますから、自然と異性を惹きつけることができます。合コンや旅行など、積極的に外に出て異性と出会う機会をもちましょう。それだけで恋が生まれる可能性大です。交際中の人は、気持ちが盛り上がって結婚へとスムーズに導かれるでしょう。夫婦は、外食の機会を増やすと、話が弾んでときめきがよみがえります。

仕事運

趣味や遊びに気持ちが向いてしまい、仕事への意欲は低下気味。同じ仕事量なのに、いつもよりハードに感じられることもあるでしょう。怠け心が湧いて気持ちも緩みやすいので、遅刻が増えたり、ケアレスミスも多発したりしそうです。また、会社の秘密をうっかり漏らすなど、口が災いの元になるときなので、言動には十分注意を。勤務態度が問われないよう、気を引き締めて取り組みましょう。

金運

臨時収入に恵まれるなど、金運そのものはそう悪くありません。ただし、遊びやショッピングで散財してしまい、収支はマイナスに。楽観的になりやすく、お金の管理もできにくいときですが、残高がゼロになってから慌てないよう、しっかりと管理しましょう。もちろん節約も大切です。

健康運

飲食の機会が増えるため、食べすぎや飲みすぎで体調を崩しがち。娯楽三昧で疲れが溜まり、免疫力が低下して呼吸器に問題が生じる傾向も見られます。虫歯、口内炎など口に関するトラブルにも注意しましょう。

本命星が北東に運行（八《はっ》白《ぱく》同《どう》会《かい》）したときの運勢

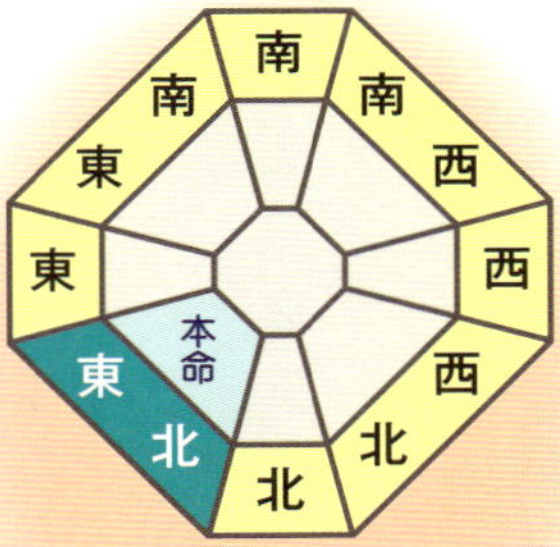

本命星が北東に運行した年や、年・月・日の盤で八白土星に同会したときの運勢です。

全体運

順調に進んでいたことが動きを止め、行き詰まりを感じるようになるでしょう。どうもがいても状況は変わらないようです。ただしこの現象は、今までのやり方が通用しない、という天からのメッセージと受け止めて。視点を変えて他の方法を試してみたり、方針そのものを変更してみたりすることです。そうすれば道は開けるでしょう。行き詰まったからと、安易に投げ出してはいけません。

愛情運

これまでの状況から大きく変わりそうです。しばらく恋から遠ざかっていた人は、親戚や幼なじみなど身近な親しい人から縁談を持ちかけられるかもしれません。良縁の可能性が高いですから、決断しましょう。

交際中の人は、自分や相手が心変わりをすることも。関係を見直すチャンスととらえましょう。夫婦は、互いの親族のことで揉めやすいようです。冷静になることで安泰に過ごせます。

仕事運

職場の環境が変わったり、部署の異動があったりするかもしれません。自分が望む変化ではないので、やる気を失うこともあるでしょう。その結果、転職を考えたりもしますが、ステップアップにはつながりにくいので、現状で努力する方向を目指したほうが賢明といえます。

職場の人とは、意地を張って関係がギクシャクしやすいようです。素直な気持ちで対応しましょう。

金運

収入は伸び悩みますが、その分、節約を心がけ、貯蓄に励むというパターンになりそうです。幸い貯蓄運に恵まれるときなので、少額からでも積立定期をスタートさせましょう。なお、家の修繕や更新など、住まいに関することでまとまった出費がありそうです。その分を心積もりしておきましょう。

健康運

体質そのものが変わり、今まで丈夫だったところに問題が現れることがあります。体調が変化しやすい傾向も。環境が変わるなどしてストレスも抱えやすいため、健康管理は万全に。腰痛・関節痛、骨折にも注意しましょう。

本命星が南に運行（九《きゅう》紫《し》同《どう》会《かい》）したときの運勢

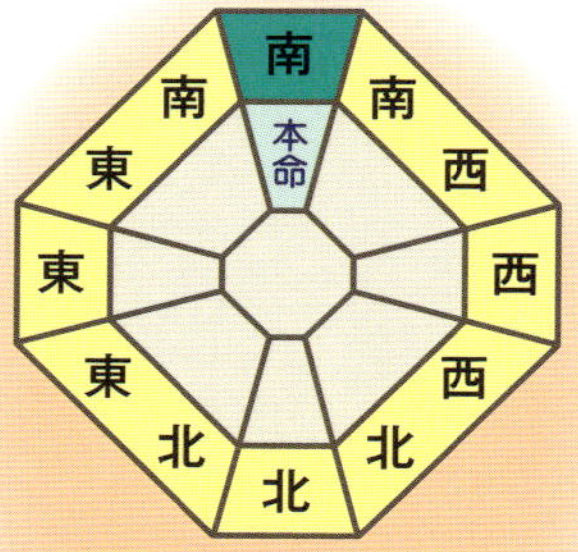

本命星が南に運行した年や、年・月・日の盤で九紫火星に同会したときの運勢です。

全体運

今まで行ってきたことの結果がはっきりと表れるときです。誠実に努力を続けてきた人は、大きな成果が出せて高く評価されるでしょう。名誉を手にする人もいます。反対に、努力を怠ってきた人や、モラルに反した生き方をしてきた人には、厳しい結果が待ち受けるでしょう。

対人面では、新しい出会いがある一方で、親しい人と別れを経験するなど、人間関係が一変するかもしれません。

愛情運

華やかなオーラに自然と包まれるときです。恋人がいない人も、そのオーラが異性を惹きつけ、ときには一目惚れされて恋が生まれるでしょう。

交際中の人は、自分自身があいまいな関係を嫌い、結婚するか別れるか、自ら決着をつけることになりそう。

夫婦は、些細なことでけんかをしやすく、場合によっては離婚となることも。自分の感情に振り回されやすいときですから、冷静さを忘れないで。

仕事運

頭が冴えて的確な判断ができるため、テキパキ仕事が片づきます。企画力や提案力にもすぐれますから、活躍のチャンスは広がるでしょう。埋もれていた才能を見出されて、新しい仕事を任される人も。プライドをくすぐられる出来事が多いときです。

金運

反面、過去のミスが発覚して窮地に追い込まれる人もいるでしょう。良くも悪くも注目を浴びるときですから、奢らず、謙虚に過ごすことが大切です。

一度欲しいと思ったら我慢ができず、金額など関係なしに衝動買いをしてしまうでしょう。理性より感情が勝るときなので、気持ちに歯止めがききません。しかも美しい物や華やかな物ばかりを選びがちで、値段も高額です。表面的には優雅に見えても、懐具合は苦しいはず。倹約が必要です。

健康運

感情的になりやすいため、頭に血が上って血圧を上げたり、心臓に負担をかけたりしやすいときです。眼精疲労による頭痛も起こりがち。急な発熱にも注意しましょう。その他、心因性の病気にもかかりやすいようです。

第六章

家相で幸運を呼び込む

家相の成り立ちと用いられ方

古代中国から伝わった「風水」がルーツ

移動方位術の九星方位気学が「動」の占いだとしたら、住まいや間取りの吉凶を判断する家相は「静」の占いといわれます。

家相は、どのような土地に、どのような間取りの家に住めば幸せになれるかを研究したもので、古代中国で生まれた風水がルーツとされます。

風水は、人と環境の関係を考える環境学から生まれました。中国では生きている人間が住む場所を陽《よう》宅《たく》と呼び、住まいの吉凶を判断したり、居心地の良い住まいを選んだりすることを「陽宅風水」といいます。ちなみに死者が眠る場所（墓所）は陰《いん》宅《たく》と呼ばれ、墓所の吉凶や選定を行うことを「陰宅風水」といいます。いずれも、子孫や財物、健康に恵まれて家系が栄えることを目的にしたものです。

中国から風水が伝わったのは、九星方位気学のルーツである「奇門遁甲」が伝わったのと同じ602年。朝鮮半島を経由し、百済《くだら》の僧によって天文学などとともに伝えられました。風水が日本に伝わると、貴族たちはいっせいに住居や墓所に家運隆盛を願って用いたといいます。

そして風水のうちの陽宅風水の代表といえるのが、かつて京都の北に位置した平安京です。陽宅風水は、単に個人の住宅だけでなく、都市計画にも用いられたのです。

陽宅風水の都市計画での基本は、「四《し》神《しん》相《そう》応《おう》」の考え方です。

「四神相応」とは、朝日の昇る東に清らかな川があれば爽やかに目覚めることができ、西に大通りがあれば街が賑わい、北に大きな山があれば寒風が防げ、南に平地があれば日当たりが良い、とする考え方です。この陽宅風水の四

神相応に基づいて作られた平安京は京都の起源となり、現在も古都・京都として栄えています。

このようにして平安貴族たちに用いられた陽宅風水は、日本の気候風土に合わせた独自の「家相」に発展し、おもに**住宅の吉凶を判断する占いへと変化**しました。江戸時代には庶民にも読める家相本が多く出版され、広く用いられたといいます。

先人の知恵が生かされた凶方位の意味

家相が考える**吉相の家**とは、日当たり、風通し、水はけがよく、防災面でも安心な家を指します。家相というと、迷信のように思われる人もいると思いますが、実は現代にも通じる、**合理的な考え方に基づくもの**なのです。

たとえば家相には、忌み嫌われる方位があり、**鬼門**《きもん》・**裏鬼門**《うらきもん》などと呼ばれ、ます。**鬼門は北東**のこと、**裏鬼門は南西**のことをいいます。これらの方位が忌み嫌われるのは、北東は陽当たりが悪く、それが原因で湿気を帯び、じめじめしやすいから。南西は陽はよく当たりますが、陽射しがもつ殺菌力が弱いために、食べ物が腐りやすい特徴があります。

いずれの方位も、こまめな換気や陽射しの調整を心がけないと、住む人の健康に害を与えやすいことから**「凶方位」**とされたのです。注意を促すために「鬼門・裏鬼門」などの言葉で表現したのは、先人の知恵ともいえるでしょう。

さらに家相（風水）は、18ページでも説明した方位のルーツである易の**八卦の象意**が**八方位の意味**に盛り込まれています。八卦の象意とは、一白水星～九紫火星のうちの五黄土星を除いた象意と共通しています。

このように、さまざまな要素から成り立つ家相は、単に吉凶判断が目的ではなく、**リフォームや部屋の模様替えなどによって開運**することが一番の目的です。そのためにも家相を大いに活用してください。

家の張りと欠けを求める

吉凶判断に重要な建物の出っ張りと引っ込みを探す

家相で吉凶判断をする場合の大きなポイントのひとつになるのが「張り」と「欠け」です。建物を平面図で見たときに、出っ張っている部分が張りで、引っ込んでいる部分が欠けです。

張りは吉相とされ、欠けは凶相とされます。張りは日当たりを良くし、欠けは日当たりを悪くすることから、このような判断法になったと考えられます。

張りと欠けは、建物の平面図から次のようにして判断します。なお、戸建て住宅の場合は1階部分だけが張り欠けの対象で、2階以降は対象になりません。

【張り】

建物の縦横の一辺の長さに対して、三分の一以内の出っ張りをいいます。

【欠け】

建物の縦横の一辺の長さに対して、三分の一以内の引っ込みをいいます。

これ以外の場合は「張りすぎ」または「欠けすぎ」となり、いずれも凶相とみなします。

張りの例

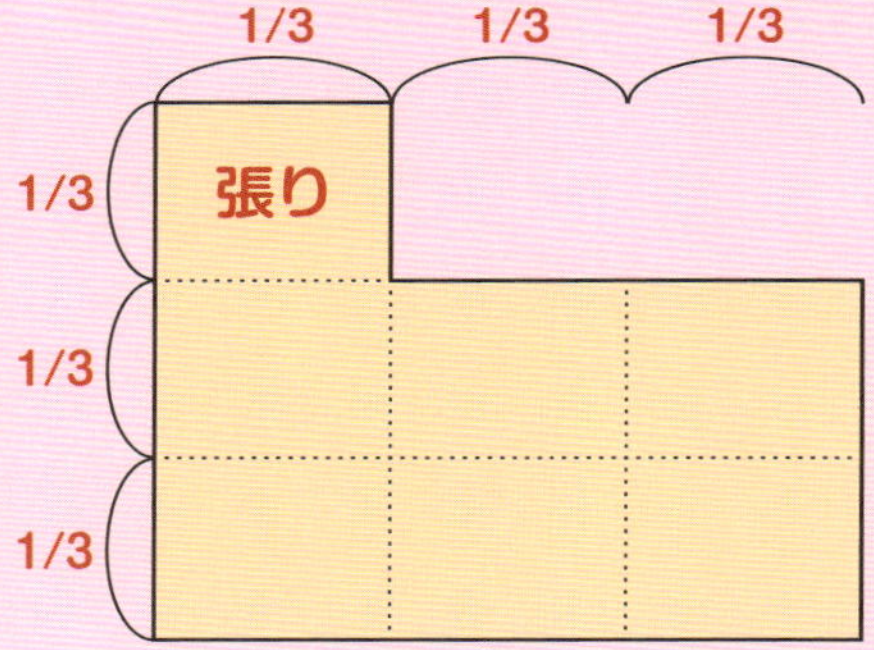

欠けの例

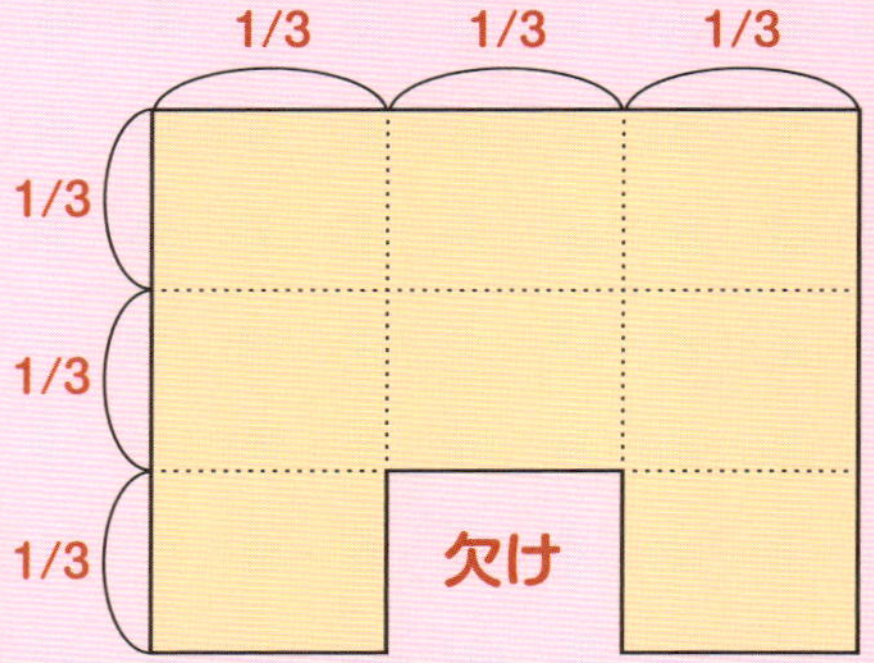

張りと欠けの例

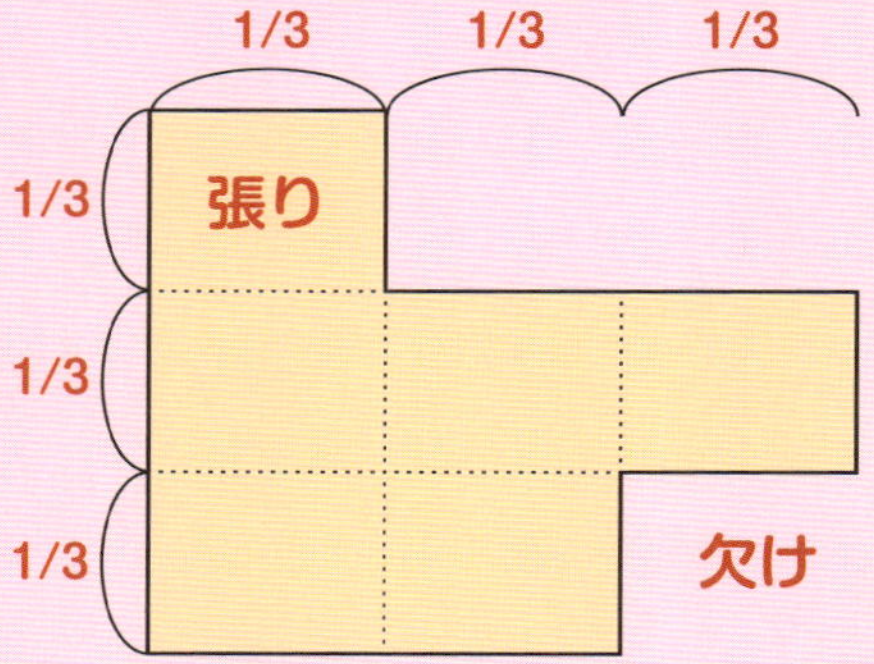

家の中心を求める方法

八方位を決めるために家の中心を求める

家相を判断するためには、家の八方位を求める必要があります。八方位を求めるには家相方位盤を使用しますが、それには家の中心を決めておかなくてはなりません。

家の中心は次のように求めます。

※複雑な形状の家の中心を求める場合は専門家に相談しましょう。

A　四角い家の中心の求め方

建物の形状が方形であれば四隅から対角線を引き、その交差した部分が家の中心になります。

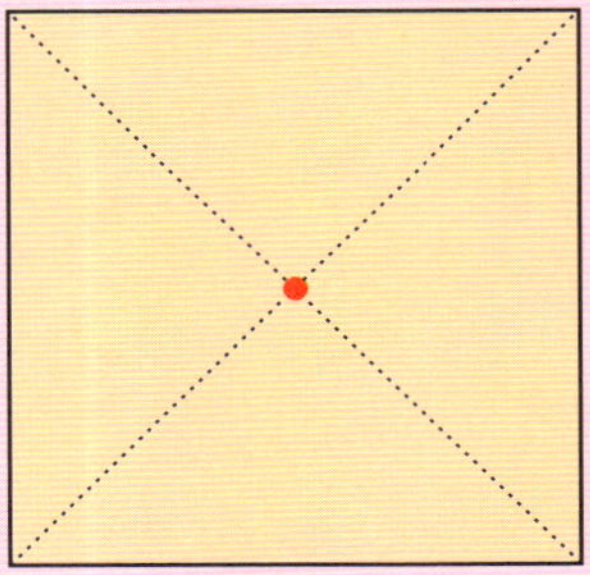

B　張り、欠けのある家の中心の求め方

建物に張りや欠けがある場合は、図のようにして、中心を求めます。

①左上の張りに補線を引いて、ふたつの長方形を作ります。対角線が交わるそれぞれの中心を、線で結びます。

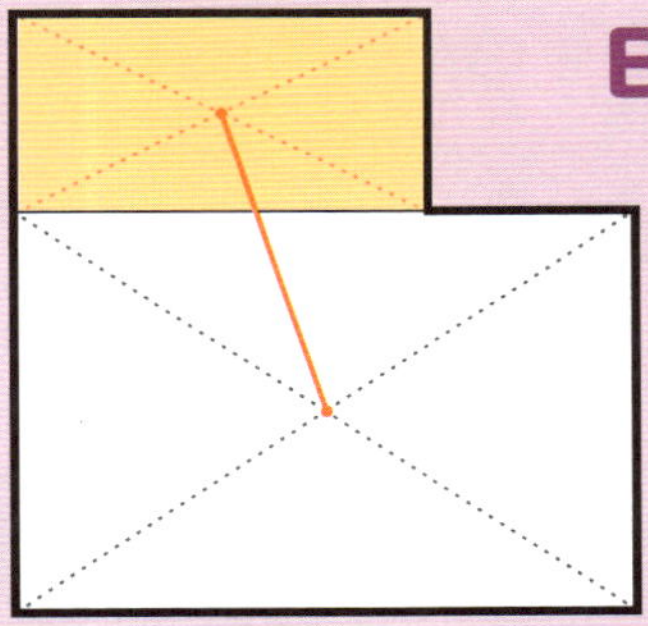

②次に、右側の張りに補線を引いて、ふたつの長方形を作ります。①と同じように、対角線が交わるそれぞれの中心を線で結びます。

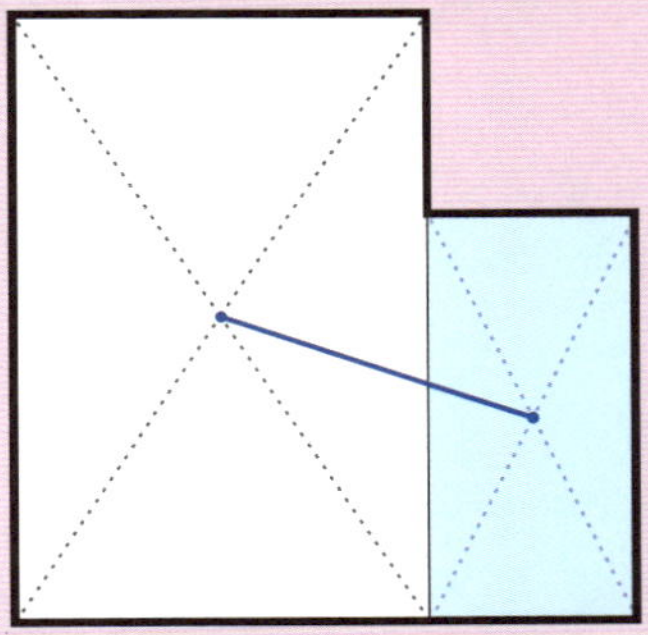

③①と②で出た２本の線が交わるところが、家の中心になります。

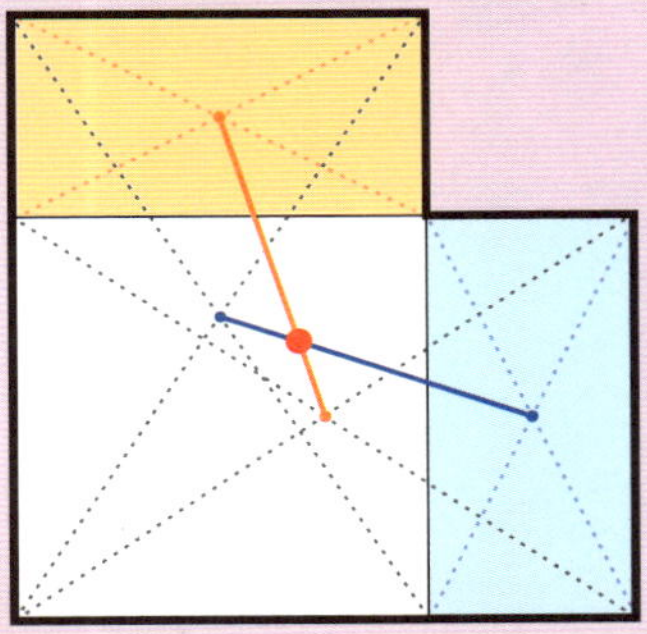

家相方位盤の使い方

巻末の家相方位盤を使って図面に八方位を書き入れる

家の中心を求めることができたら、巻末の八方位測定盤を使って実際に家の図面を八方位に分割します。

八方位測定盤は、赤い線が家相方位盤を表します。家相方位盤は九星方位盤気学で用いる方位盤と異なり、八方位が45度ずつの均等に区分されていることが特徴です。

では、八方位に分割しましょう。

用意するもの

八方位測定盤（巻末付録）

八方位測定盤の赤い線が家相方位盤を表します

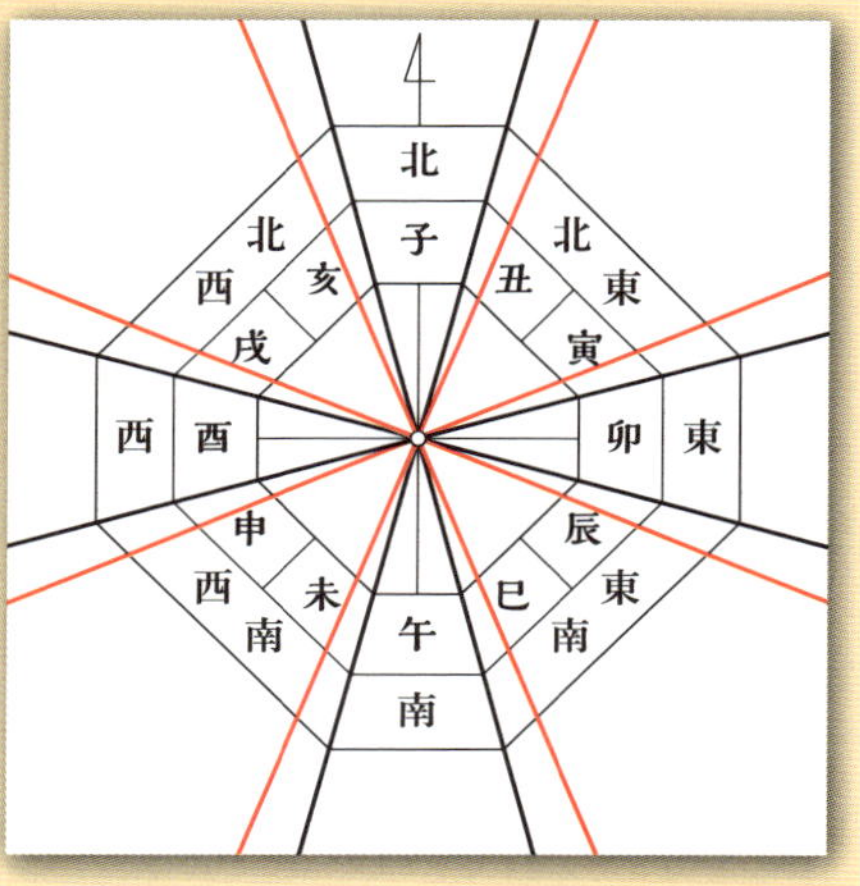

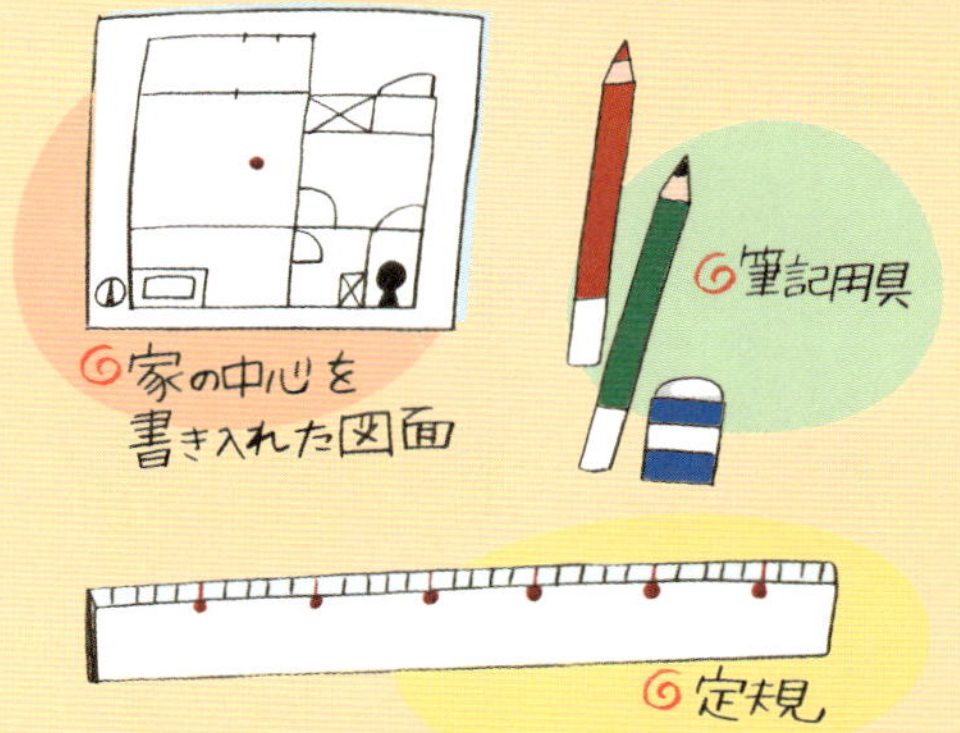

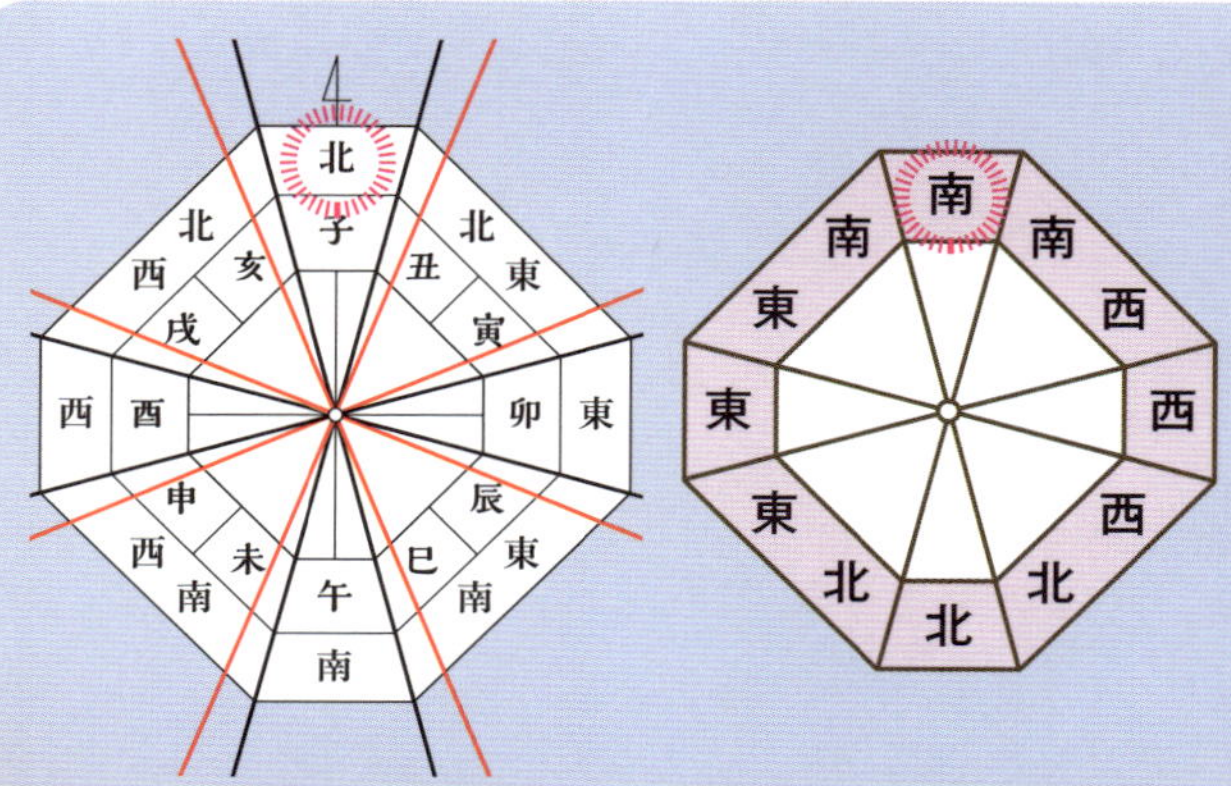

※本書巻末の家相方位盤（左）と、通常、使われている家相盤（右）は、南北が逆です。判断の際に方位を間違えないようにしましょう。

家相方位盤の使い方

❶図面には、南北がわかる方位が書かれています。その方位を家の中心点まで並行移動し、図面に書き込みます。

❸家相盤の八方位の赤い線に従って図面上に八方位の位置に印をつけます。

❷巻末の家相方位盤の北を、図面上の北に合わせ、さらに家相方位盤の中心と家の中心を合わせます。

❹家の中心と八方位の印をつなぎます。これで図面上に家相の八方位が記入できました。

家相八方位の象意《しょうい》と張り欠けの作用

南西と北東は張り欠けがないのが吉相

家相の八方位は、九星方位気学の八方位、または五黄土星以外の九星と**共通する意味（象意《しょうい》）**をもちます（九星の詳しい象意はP26～34参照）。

- **北**＝一白水星
- **南西**＝二黒土星
- **東**＝三碧木星
- **東南**＝四緑木星
- **西北**＝六白金星
- **西**＝七赤金星
- **北東**＝八白土星
- **南**＝九紫火星

家相では**張り**と**欠け**を重要視しますが、それは、張りの場合であればその方位のもつ意味を取り込みやすくする、欠けであればその方位の意味を損ねやすい、ととらえるからです。

そのため、張りと欠けの吉凶も、**張りが吉**、**欠けが凶**とされます。

ただし、吉の張りでも、**張りすぎて**いれば、行きすぎを生じさせるとして**凶相**にとらえられ、また、**南西**と**北東**だけは、**張り欠けがないものが吉相**となります。

方位ごとの象意と張り欠けの意味は次の通りです。

東の象意と張り欠け

象意▶発展・希望・新規・健康・積極性・長男・肝臓・神経・声帯

張りがある▶家族は誰もが意欲にあふれ、新しいことにも積極的に取り組むタイプでしょう。事業などを行っている場合は発展が見込めそうです。健康な跡継ぎに恵まれ、家系が繁栄していくことも表します。

欠けがある▶やる気が出ず、何事にも消極的な家庭になりやすいようです。跡継ぎの健康にはとくに注意して。

東南の象意と張り欠け

象意▶信用、社交、情報、成長、繁盛、縁談、長女、感染、風邪、呼吸器

張りがある▶人間関係が順調で近所づき合いもスムーズに行えます。良い情報が入り、紹介によって縁談が持ち込まれることも。長女がいれば良縁に恵まれるでしょう。事業や商売を行っている場合は繁盛します。

欠けがある▶人間関係でつまずきやすく、築き上げた信用を失うことも。長女がいる場合は婚期を逃す傾向が。

南の象意と張り欠け

象意▶才能開花、名誉、頭脳明晰、人気、裁判、契約、火、次女、心臓、目

張りがある▶芸術や学問の分野で才能が花開き、高い地位に就くことができそうです。仕事の成功によって財を築くことも。家族は知的で、美的センスにもすぐれます。

欠けがある▶頭の回転が鈍り、判断力に欠けやすいようです。家族の不和からトラブルも。火災や契約のミス、投機の失敗なども考えられます。

南西の象意と張り欠け

象意▶家庭、労働、謙虚、忍耐、節約、庶民的、母親、祖母、主婦、胃腸

張りがある▶忍耐強く勤勉ですが、過労につながって健康を害することも。また、妻や祖母の主張が強すぎて、家長の存在が薄くなることもあります。

欠けがある▶活気がなく、怠惰。妻や祖母は不定愁訴に悩まされがちです。

張り欠けがない▶家庭円満で、家族は働き者でしょう。妻は内助の功を発揮して、夫を成功に導きます。

西の象意と張り欠け

象意▶娯楽、悦び、金銭、飲食、恋愛、社交、若い女性、口、呼吸器

張りがある▶お金や物に不自由せず、食事も充実しているでしょう。家庭は常に明るく、笑い声が絶えません。若い女性がいる場合は愛嬌があり、異性に愛されるキャラクターとなります。

欠けがある▶贅沢や遊びが過ぎるようです。浪費が借金につながり、困窮することも。異性とのトラブルや、口、呼吸器に関する病気に注意。

西北の象意と張り欠け

象意▶権威、リーダー、投機、大金、健康、援助、家長、夫、乗り物、心臓

張りがある▶家長が大黒柱としての役割をしっかり果たすでしょう。仕事では目上の引き立てによって昇進昇格し、収入も高いはずです。投機で成功することも。家族はおおむね健康。

欠けがある▶家長が頼りなく、家の規律も乱れがちです。投機で失敗をして借金を抱えることもあるでしょう。家族の健康にも問題がありそうです。

北の象意と張り欠け

象意▶秘密、思考、夫婦和合、目下、子ども、中年男性、冷え、下腹部

張りがある▶夫婦は仲むつまじく、子宝にも恵まれるでしょう。仕事では良い部下を得て順調に。思考力が高まることから子どもたちは勉強が進み、成績も伸びるでしょう。

欠けがある▶冷えが原因の病気にかかりやすく、女性の場合は婦人科系のトラブルに注意が必要です。夫婦は秘密を持ちやすく、不倫の心配も。

北東の象意と張り欠け

象意▶変化、停滞、再生、相続、蓄財、不動産、親族、若い男性、腰、関節

張りがある▶身の丈以上の欲を持ちやすく、それが原因で財を失うことが。また、偏屈になる傾向もあります。

欠けがある▶忍耐力に欠け、職を転々として経済的に困窮しがち。腰痛・関節痛に悩みやすいようです。

張り欠けがない▶後継者や相続人に恵まれ、家系や家業が繁栄。蓄財は順調に進み、不動産にも恵まれます。

玄関の吉凶

玄関は住む人の性格を表す

家相では、その家にどのような人が住んでいるか、玄関を見ればわかるといいます（集合住宅の場合は、エントランスの造りで判断します）。

たとえば、建物に比べて玄関がやけに大きい場合は、その家の住人は社交的ですが、やや見栄を張りやすい傾向に。建物に比べて玄関が小さい場合、その家の住人は慎重ですが、閉鎖的な性格になる、などととらえます。

玄関の周辺に雑然と物が置いてあれば（集合住宅の場合は個々の玄関）、その家の住人は裏表のない性格ですが、物事には無頓着でしょう。

実際に我が家の玄関を見てみましょう。自分や家族の性格が玄関に表れているかもしれません。

社会とつながる場所が玄関

玄関は、外の世界（社会）につながる場所です。そのため、玄関が張り出している家に住む人は、活動的であることが多く、人づき合いを好み、意欲的に人生を切り開きます。仕事運を上げる玄関ともいえるでしょう。欠けの玄関は、住む人を慎重にさせ、やや保守的な生き方に。しかし、住む人を内省的にさせるため、研究者や学者が住む家には吉相とされます。

東の玄関
子どもは独立心旺盛に

東は朝日が昇る方位ですから、東の玄関は家運発展を意味します。住む人は意欲にあふれ、活動的でしょう。子どもは独立心が旺盛で、親に依存することはありません。家からの独立が早いために親は少々寂しい思いをするかもしれませんが、やがては親孝行をしてくれるでしょう。事業立ち上げの計画を予定している人にも吉相です。

東南の玄関
事業や商いが成功する

東南は、午前中の爽やかで穏やかな時間帯を意味する方位です。東南に玄関のある家は、ホームパーティーを頻繁に開くなど、人がよく出入りするのが特徴でしょう。人との関係が良好で、近所づき合いにも問題はありません。商売や事業（とくに貿易、通信、旅行関係）を営んでいる人は、チャンスを引き寄せやすく、繁盛するでしょう。

南の玄関
娘は玉の輿、息子は就活成功

南は、太陽が頭上に位置する正午を表す方位です。陽の光がたっぷり差し込む玄関方位は、何事も早い時期に頭角を現し、地位や名誉が得られることを意味します。芸術や芸能に携わる人にも良いでしょう。また、「南に玄関のある家の娘は玉の輿に乗る」などの言い伝えもあります。息子の場合は大手企業に勤めやすいでしょう。

南西の玄関
女性のリードで事業が上向く

南西は、太陽が傾き始める午後を表す方位です。古来、太陽は男性を意味することから、南西方位の玄関の家は、男性がおとなしく、女性が権力を振るうとされます。仕事運も弱く、事業を行う場合は女性のリードが必要でしょう。凶意を軽減するには、南西は熱気がこもりやすいですから、風通しを良くして熱を放出することです。

西の玄関
社交的で金銭面にも恵まれる

西は、仕事を終えてリラックスする夕刻や、果実が実る秋の季節を表します。そのため、西に玄関のある家の住人は、おおらかで人当たりがよく、社交的。金銭的にも恵まれるでしょう。ただし浪費をしやすい、異性関係で揉めやすいなどの現象も。凶意を軽減するには、玄関を整然としておくこと。とくに靴の出しっぱなしはＮＧです。

西北の玄関
内助の功で支えると繁栄

西北は、一家の主人がくつろぐ就寝前の時間帯を表します。そのため、西北に玄関のある家では、内助の功によって夫の仕事運が上がることになるでしょう。家長や夫はやや強引ですが、リーダーシップを発揮して家族をしっかり守ります。女性が家長の場合は、家庭運より仕事運のほうに吉作用がもたらされることになるようです。

北の玄関
閉鎖的にならないように

北は深夜を意味し、陰の気がもっとも強まる方位です。そのため、北に玄関のある家の住人は秘密を持ちやすく、性格は閉鎖的になりやすいようです。また、異性とのトラブルや経済的な困窮なども意味し、健康面にも問題が出やすいとされます。凶意を軽減するには、玄関灯が必須。また、玄関の内側は暖色系の色でまとめましょう。

北東の玄関
仕事や住居が安定しない

北東は、午前1時～5時までの時間帯を表します。夜が更け、やがて明ける時間帯は変化を意味し、人生に波乱が伴いやすい玄関方位とされます。とくに仕事や住居が安定しにくいでしょう。ただし、夜明けを意味することから希望が宿る玄関方位でもあるのです。希望を引き出すには、常に玄関を整理整頓し、清浄に保つことです。

キッチンの吉凶

火と水を扱う要注意の場所

昔から家相では、北東の鬼門、南西の裏鬼門が忌み嫌われてきました。北東は陽当たりが悪いことから湿気を帯びやすく、南西の殺菌力の弱い陽射しは物を腐らせるとされたからです。

キッチンは、もともと水を扱いますから湿気と縁があり、さらに食材を扱うため、物を腐らせない配慮が必要です。そこで昔は、湿気がこもりやすい北東や、物が腐りやすい南西にキッチンを配置しないようにしたものです。

もしもこれらの方位にキッチンが配置されている場合は、換気を良くして湿気を溜め込まないこと。そして食材を腐らせないように、管理を万全にすることが大切です。

家の中心近くには配置しない

家相では、火と水を扱う場所も、配置に注意、とされてきました。火も水も生命の源ですが、一方で、火の気も水の気も、強すぎれば陰陽のバランスを崩すとされたからです。とくに八方位の気が集中する家の中心は「気の勢いが強い」と考えられて、キッチンのように火と水を扱う場所には配置しないとしました。これは家の中心にキッチンがあると、家全体に湿気がこもり、ちょっとした火の不始末も大事に至るから、の考えによるものです。

東のキッチン
子孫に恵まれ家運も繁栄

朝日が昇る東にキッチンがあれば、台所仕事は爽やかに行えるでしょう。朝日は殺菌力が強いため、東はキッチンに適する方位なのです。さらに東は「希望」「長男」を表す方位ですから、子孫に恵まれ、家運も隆盛するでしょう。もちろん、換気を促し、生ゴミの臭い対策も万全に。これができれば東のキッチンは大吉相です。

東南のキッチン
娘に良縁を呼び込む

東南は、暑さ寒さが極端でなく穏やかなため、長時間の作業も快適に行うことができます。さらに東南は「風」を意味するため、良い気を取り入れやすいことが特徴です。しかも東南は、「成長」「繁盛」を表す方位ですから子どもは良く育ち、家系は繁栄、仕事運も順調でしょう。未婚の女性に良縁を呼び込む方位でもあります。

南のキッチン

才能や名誉が阻まれる

南は陽当たり十分ですが、ただし、陽当たりが良いのは物が腐りやすく、調理中の臭いや生ゴミの臭いも立ちやすいものです。また、南は五行では火を表し、シンクは水を表すことから、対立する関係となります。火は才能や名誉を意味しますから、それらが阻まれるとして、昔から南のキッチンは凶相と考えられています。

南西のキッチン

女性の健康に問題が

南西は「主婦」を表し、「女《おんな》鬼《き》門《もん》」とも呼ばれます。また、南西は腐敗を生じて健康面に問題が出やすい凶方位ともいわれます。昔はキッチン＝女性の場所とされてきましたから、南西のキッチンは主婦を始めとする家の女性の健康を損ねると考えられてきました。しかし、換気と陽射しの調整で凶意を減じることが可能です。

西のキッチン

ケガにつながりやすい

西日が差し込む西は、南西に次いで物が腐りやすい方位で、さらに強い西日は物を見づらくさせ、事故やケガにつながりがち。キッチンにはふさわしくないでしょう。また、西は「若い女性」を意味することから、家に若い女性がいる場合は、わがままになりやすいともいわれます。ブラインドなどで遮光を施すと凶意が薄れます。

西北のキッチン

家長の運気を下げる

昔から、西北は収穫物を保管する蔵にたとえられる方位ですから、食材を保管するキッチンにはふさわしいでしょう。ただし、西北は家長を表す方位で、ここに女性を意味するキッチンが配置されると女性の力が強まり、家長の運気を下げるといわれます。凶意を減じるには、意識して家長を立てることを心がけましょう。

北のキッチン

足腰を冷やさない工夫を

食材が腐りにくいことから、北にキッチンを配置することは多いものです。ただし、水を扱うキッチンは陰の気が強く、とくに真北は陰の極みですから、北に配置するなら真北より少しずらすこと。現実面でも北の冷気で足腰を冷やさないよう、冬場はマットを敷いたり温風ヒーターを置いたりするなどして冷え対策を講じましょう。

北東のキッチン

主婦の情緒不安定に注意

北東は陽当たりが悪く、湿気がこもりやすい方位です。昔は、この方位で長時間立ち仕事を行うのは健康に問題を生じさせ、キッチンには不適とされました。さらに北東のキッチンは、主婦の情緒が安定しない、家族が病気がち、などの凶作用も意味します。凶意を減じるには常に清潔に保ち、換気を促して湿気をこもらせないこと。

トイレの吉凶

陰の気が充満しやすい場所

かつて、汲《く》み取り式だったトイレは「ご不浄」と呼ばれました。水洗式の現代では、ご不浄のイメージこそなくなりましたが、それでも汚物を排泄する場所であることには変わりません。家相では、汚れやすい場所や臭気が発生しやすい場所を「陰の気が充満しやすい」とし、住む人の健康に害を及ぼすと考えられてきました。

陰の気を充満させないためには、トイレをこまめに掃除し、換気を促すことが大切です。便座を使用しないときには便器のふたを閉めて、臭気を外に漏らさないこと。そして、芳香剤より、元から臭いを絶つ「消臭剤」を用いることも忘れないようにしましょう。

こまめな掃除が福を呼ぶ

陰の気が充満しやすいトイレは、吉とされる方位がありません。どの方位でも凶になり、とくに陰の気が極まる北、もともと湿気の多い北東、物を腐らせる南西は避けたいものです。

とはいえ、スペースが限られた住まいでは、それらの方位にトイレが配置されることは少なくありません。そうした場合こそ、「掃除をすることで福を招く」で、トイレ掃除を怠らないことです。

東のトイレ

「長男」に害をもたらす

東は殺菌力の強い朝日が昇る方位ですから、吉方位のないトイレであっても吉相といえます。ただし、東はトイレよりも、子ども部屋やキッチンなどに用いるのが理想です。東にトイレを配置した場合、清潔さを欠くと、東を意味する「長男」「希望」に害をもたらすとされます。その意味からも、掃除や換気は十分に行いましょう。

東南のトイレ

「長女」に害をもたらす

東南は「風」を表す方位で、トイレがもつ陰の気を放出しやすいことから、吉につながります。ただし、陽射しの穏やかな東南は、リビングや子ども部屋などに用いるのが妥当でしょう。東南にトイレを配置した場合、掃除を怠ると、東南が意味する「長女」「縁談」「呼吸器」を害しやすいとされるので気をつけましょう。

南のトイレ
「心臓」「目」を害しやすい

南は陽の気が極まる方位で、トイレは陰の気を表すことから、南のトイレは「陽（火）と陰（水）がぶつかり合う」ことを示します。火と水では火が消される関係ですから、健康面では火が表す「心臓」「目」に害が及びやすいと考えます。現実面でも南は室温が上昇しやすいので、臭気がこもる方位。遮光や遮熱で臭気を防ぐことです。

南西のトイレ
「胃腸」に注意が必要

南西は「母親」「祖母」「主婦」などを表します。この位置のトイレが不浄であると、南西を意味する女性の健康面で害が表れやすく、とくに「胃腸」に注意が必要とされます。なお、もともと南西には、雑菌が繁殖しやすい、臭気が立ちやすいなどの特徴があります。ほかの方位以上に清浄さを心がけることが大切でしょう。

西のトイレ
遊びすぎで健康を害する

西は「金銭」「口」などを表します。西のトイレの掃除を怠ると、金銭トラブルが生じる、家族間で口論が絶えないなどといわれます。さらに西は娯楽を意味しますから、「遊びすぎ」で健康を害することもあるでしょう。なお、西日が強く差し込む方位なので、臭気が広がりやすい欠点が。それを防ぐためにも換気を十分に行いましょう。

西北のトイレ
家長の健康に問題が

西北は「家長」を表す方位です。西北のトイレを清浄に保てないと、家長の運気が下がるとされ、家長の健康面にも問題が出やすいといわれます。とくに西北は心臓や血圧などの循環器系を表す方位。冬場の西北は寒気が入り込みやすいですから、脳溢血《のういっけつ》などが心配です。暖房器具などで暖かくして健康トラブルを防ぎましょう。

北のトイレ
夫婦間の溝、不倫に注意

北は「夫婦和合」「秘密」を表す方位です。北のトイレが清潔でないと夫婦間に溝が生じる、不倫をしやすいなどのマイナス作用が現れがちとされます。健康面では、北は腎臓や泌尿器、生殖器などを表しますから、それらの病気にも注意が必要でしょう。北は陰の気が極まることから、トイレグッズには暖色系を用いるのが吉です。

北東のトイレ
相続問題、蓄財の悩みに注意

北東は、「相続」「蓄財」などを表します。北東のトイレに清浄さを欠くと、相続で揉《も》める、後継者に恵まれない、あるいは蓄財ができにくいなどの弊害が現れやすいようです。北東は寒気と湿気に悩まされる方位ですから、照明は明るめにして陽の気を取り入れることが大事。冬場は暖房器具を設置すると、陰の気が弱まります。

浴室の吉凶

浴槽に古い湯は溜めないこと

家相では、浴室のことをトイレと同じように陰の気が充満する場所（不浄の場所）ととらえています。

理由はふたつ。ひとつは浴室が身体の汚れを落とす場所であること。もうひとつは、水は流れを止めたとたん、腐敗が始まると考えるため、水を張った浴槽のある浴室は、不浄の場所とみなされるのです。

不浄の凶意を軽減するには、使用後の浴槽の湯を、その日のうちに排出すること。節約のために残り湯で入浴することは、家相ではタブーです。洗濯に残り湯を使う場合も、翌日には使い切るようにしましょう。防災面から浴槽に水を溜めておく場合は、残り湯ではなく新しい水にします。

北東と南西、南は避けて配置

浴室の方位は、不浄を嫌う北東と南西、さらに火の気を意味する南に配置しないのが理想です。すでにこれらの方位に配置されている場合は、浴槽から洗い場まで念入りに掃除をし、から拭きで仕上げます。さらに換気を促し、湿気を取っておくことも大切です。浴槽のパイプや排水溝のぬめりも忘れずに取っておきましょう。

東の浴室
柑橘系の香りがおすすめ

東は、新陳代謝を意味します。身体の汚れを落として心身をリフレッシュさせることが目的の浴室とは好相性でしょう。しかも東は殺菌作用のある朝日が差し込みますから、掃除さえこまめに行えば、清浄さを保つことができます。そのためにも窓は大きめに。また、東は柑橘類を表すため、シャンプー類は柑橘系の香りがおすすめです。

東南の浴室
ストライプ柄のグッズを

東南は、午前7時〜11時までの時間を表します。陽射しがもつ殺菌効果は上々で、さらに「風」を表す方位のため、大きな窓があれば風の流通によって乾燥も早いでしょう。掃除をこまめに行えば衛生的な浴室が実現できる吉方位です。なお、東南は細長いモチーフを象意としますから、バスグッズにはストライプ柄を選ぶと良いでしょう。

南の浴室

木製品や観葉植物を飾って

陽当たりの良い南は、乾燥を早めてくれることから吉相と思われがちですが、実は凶相のひとつ。なぜなら南は火の気を、浴室は火の気と対立する水の気を表すため、家庭に争い事が生じやすい組み合わせとされるからです。凶意を減じるには、火と水の両方に相性の良い五行・木行を意味する木製品や植物を置くのが効果的。

南西の浴室

清潔を心がけ、湿気は厳禁

南西は雑菌が繁殖しやすい方位ですから、どの方位よりも清浄さを保つことが求められます。とくに湿気は厳禁。から拭きは忘れずに行いましょう。また、南西は「節約」を象意とするため、南西の浴室では残り湯を翌日にも使いやすくなりますが、もちろん、これはタブー。節約のためなら、洗濯に使うのが賢い方法といえます。

西の浴室

娘の異性関係が乱れやすい

西は「遊び」を意味する方位のため、西に浴室があると、つい掃除を怠けたくなるようです。ところが西の浴室が清潔でないと、遊び中心の生活になり、浪費も増えやすいとされます。また、西は若い女性を意味し、家に若い女性がいる場合は異性関係が乱れやすくなるともいいます。これらの凶意を防ぐには、こまめな掃除が必須です。

西北の浴室

家長の運勢に悪影響が

西北は「家長」を表す方位です。家長の健康を損ねないためにも、浴室は念入りに掃除を。また、2階建て住宅で1階の西北に浴室があり、その真上が家長の部屋の場合は、浴室からの蒸気でさらに家長の運勢に悪影響をもたらすとされます。このような間取りでは、浴室の蒸気が外に排出されるよう、十分な換気を心がけましょう。

北の浴室

暖色系で陽の気を取り込む

北は健康をつかさどる方位で、人体では「腎臓」「泌尿器」などを表します。これらの部位は冷えをもっとも嫌いますから、北の浴室ではとくに寒さ対策が求められます。湿気もこもらないよう換気を促し、から拭きもこまめに。バスグッズは暖色系でまとめて陽の気を取り入れてください。こうすることでむしろ健康運はアップします。

北東の浴室

冷気を防いでカビ対策も

北東は「腰」「関節」を表す方位です。これらの部位は冷気を嫌いますが、北東の浴室は陽当たりが悪く、冷気が入りやすい方位。腰痛や関節痛を招きやすい浴室ともいえます。それを防ぐには、冬場は浴室全体を暖めてから入ること。また、湿気の多い北東の浴室はカビが発生しやすい特徴も。換気とから拭きでカビ対策を施しましょう。

応用編

職場の座席方位の意味

職場の八方位で見る活躍の傾向

家相の八方位の意味は、職場にも応用できます。

自分が働く職場のフロアを八方位に分割し、自分の座席がどの方位にあるかを確認しましょう。工場やお店で働く場合は、主に自分がいる方位を中心に見ます。

東の座席
企画力と行動力にすぐれる

人が思いつかないような斬新なアイデアを提案して周囲の注目を浴びることができるでしょう。行動力も旺盛ですから、有言実行で果敢に実行します。クリエイティブなことにかかわる仕事や営業に携わる人にはラッキーな方位といえるでしょう。ただし、注意したいのはよく確認しないで行動してしまうこと。落ち着いて判断するようにしましょう。

東南の座席
情報収集力と交渉力で活躍

人に対して苦手意識をもつことなく、誰とでも意思の疎通を図ることができますから、交渉を主とする仕事の人にはうってつけの座席。人とのコミュニケーションからたくさんの情報を集めることもできるため、仕事を有利に進められそうです。ただし、東南は人の意見を尊重しすぎて決断できないのが弱み。自分の考えをしっかりもつことも大切です。

南の座席
集中力と判断力で早い昇進も

八方位のなかでもっとも頭が冴え、優先順位をつけてテキパキ仕事を片づけることができるでしょう。まさに「有能な人」を生む方位で、早い時期に昇進昇格することもできそうです。欠点は、根気に欠け、諦めが早いこと。もう少し粘れば成果が出せるのに、少し物事が滞ると、その仕事が嫌になってしまいやすいのです。忍耐力をつければ、活躍は間違いありません。

南西の座席
縁の下の力持ち的な頼れる人

目立たない仕事をコツコツと真面目に行える方位です。南西は「生活」や「勤勉」を表しますから、仕事の内容にはこだわらず、「生活のため」と割り切って仕事ができるでしょう。決して手抜きをせず、ミスなく正確に仕上げることも特徴です。そして、いつしか「あなたなら安心して任せられる」と高い評価を受けることになるはず。転職願望もあまり湧き上がりませんから、それも信頼される要因に。

西の座席
仕事でも遊び心を忘れない

人々が喜んだり楽しんだりすることを目的とする仕事であれば、遊び心を発揮して顧客に満足してもらえる仕事ができるでしょう。サービス業やアミューズメント関連の仕事で大活躍できる方位です。反対に、遊び心が発揮できない仕事内容や、規則が厳しい職場環境ではこの方位の良さが半減するかもしれません。その場合は、職場の人とアフター5を楽しむなど、何か楽しみを見つけることが大事。

西北の座席
上司も認める優秀な仕事ぶり

西北は実績を積んだ優秀な仕事人を表しますから、ここに座席がある人は、しっかりと実力をつけることができるでしょう。しかも西北は「引き立て」を意味するため、実力が買われて、早くから周囲を統率する立場に就くことも。出世街道まっしぐらの方位といえそうです。ただし、欠点は自信過剰にさせること。実力があるからと自信満々な態度でいると、人間関係に摩擦を生じます。気をつけましょう。

北の座席
じっくり取り組む仕事に成果

北は、方位盤では真下に位置します。これは「日の当たらない場所」を意味し、実力があっても認めてもらいにくい傾向を表します。ただし、そうなりやすいのは、北に位置していると自分の考えを表現しにくくなるから。もっと自分をアピールして、笑顔を絶やさないことも大事でしょう。なお、北の座席は「落ち着き」も意味します。じっくり取り組むことが必要な仕事では、大きな成果が期待できます。

北東の座席
打ち込める分野で力を発揮

北東は「移り気」を意味する方位です。そのため、北東の座席は集中力に欠けがちで、根気よく仕事に取り組むことができにくいようです。転職願望を常に抱いているかもしれません。ただし、本当に好きなことには寝食を忘れて打ち込むことができる方位。与えられた仕事のなかに「こういう面は好き」と思えるものを探すと良いでしょう。なお、北東の座席は意地を張りやすくさせるので、素直さを心がけるようにしてください。

運気アップのラッキーフラワー

運気が低迷中のときや自信をなくしたとき、神経がぴりぴりしているときには、九星別のラッキーフラワーを自分の部屋に飾りましょう。

本命星	運気をアップしたいとき	自信をつけたいとき	おおらかな気持ちになりたいとき
一白水星	●白い花（かすみ草、ゆりなど） ●水辺に咲く花（半夏生、睡蓮など） ●秋に咲く花（コスモス、萩など）	●冬に咲く花 （福寿草、スイセン、シクラメンなど） ●水耕栽培の花（ヒヤシンスなど） ●水中に咲く花（梅花藻など）	●春に咲く花（桜、チューリップなど） ●葉が長い形の花 （グラジオラス、菖蒲など） ●青い花 （アメリカンブルー、ネモフィラなど）
二黒土星	●赤い花 （ハイビスカス、バラなど） ●夏に咲く花（ふよう、朝顔など） ●ゴージャスな花（ラン、芍薬など）	●黄色やオレンジ色の花 （ひまわり、マリーゴールドなど） ●庶民的な花 （キク、カーネーションなど）	●白い花（かすみ草、ゆりなど） ●水辺に咲く花（半夏生、睡蓮など） ●秋に咲く花（コスモス、萩など）
三碧木星	●冬に咲く花 （福寿草、スイセン、シクラメンなど） ●水耕栽培の花（ヒヤシンスなど） ●水中に咲く花（梅花藻など）	●春に咲く花（桜、チューリップなど） ●葉が長い形の花 （菖蒲、グラジオラスなど） ●青い花 （アメリカンブルー、ネモフィラなど）	●赤い花 （ハイビスカス、バラなど） ●夏に咲く花（ふよう、朝顔など） ●ゴージャスな花（ラン、芍薬など）
四緑木星	●冬に咲く花 （福寿草、スイセン、シクラメンなど） ●水耕栽培の花（ヒヤシンスなど） ●水中に咲く花（梅花藻など）	●春に咲く花（桜、チューリップなど） ●葉が長い形の花 （菖蒲、グラジオラスなど） ●青い花 （アメリカンブルー、ネモフィラなど）	●赤い花 （ハイビスカス、バラなど） ●夏に咲く花（夏椿、朝顔など） ●ゴージャスな花（ラン、芍薬など）
五黄土星	●赤い花 （ハイビスカス、バラなど） ●夏に咲く花（ふよう、朝顔など） ●ゴージャスな花（ラン、芍薬など）	●黄色やオレンジ色の花 （ひまわり、マリーゴールドなど） ●庶民的な花 （キク、カーネーションなど）	●白い花（かすみ草、ゆりなど） ●水辺に咲く花（半夏生、睡蓮など） ●秋に咲く花（コスモス、萩など）
六白金星	●黄色やオレンジ色の花 （ひまわり、マリーゴールドなど） ●庶民的な花 （キク、カーネーションなど）	●白い花（かすみ草、ゆりなど） ●水辺に咲く花（半夏生、睡蓮など） ●秋に咲く花（コスモス、萩など）	●冬に咲く花 （福寿草、スイセン、シクラメンなど） ●水耕栽培の花（ヒヤシンスなど） ●水中に咲く花（梅花藻など）
七赤金星	●黄色やオレンジ色の花 （ひまわり、マリーゴールドなど） ●庶民的な花 （キク、カーネーションなど）	●白い花（かすみ草、ゆりなど） ●水辺に咲く花（半夏生、睡蓮など） ●秋に咲く花（コスモス、萩など）	●冬に咲く花 （福寿草、スイセン、シクラメンなど） ●水耕栽培の花（ヒヤシンスなど） ●水中に咲く花（梅花藻など）
八白土星	●赤い花（ハイビスカス、バラなど） ●夏に咲く花（夏椿、朝顔など） ●ゴージャスな花（ラン、芍薬など）	●黄色やオレンジ色の花 （ひまわり、マリーゴールドなど） ●庶民的な花 （キク、カーネーションなど）	●白い花（かすみ草、ゆりなど） ●水辺に咲く花（半夏生、睡蓮など） ●秋に咲く花（コスモス、萩など）
九紫火星	●春に咲く花（桜、チューリップなど） ●葉が長い形の花 （菖蒲、グラジオラスなど） ●青い花 （アメリカンブルー、ネモフィラなど）	●赤い花 （ハイビスカス、バラなど） ●夏に咲く花（ふよう、朝顔など） ●ゴージャスな花（ラン、芍薬など）	●黄色やオレンジ色の花 （ひまわり、マリーゴールドなど） ●庶民的な花 （キク、カーネーションなど）

第七章

悩み別開運方位Q&A

Q 恋の出会いを叶えてくれるのはどの方位ですか？

A 八方位すべてに可能性がありますよ。

八方位の中にはとくに、恋や結婚を意味する方位がありますが、出会いについては、八方位すべてに可能性があると考えてください。

ただし、良い出会いにするためには、凶殺が付随せず、吉方位であることが条件です。吉方位での出会いであれば、その方位の象意の良い面が現れて、恋はもちろん結婚につながることも可能ですよ。

では、吉の八方位別に、どのようなタイプの人との出会いがあるかを調べてみましょう。調べ方は八方位だけでなく、九星（五黄土星は除く）が運行している方位でも見てください。

北、または一白水星が運行する方位での出会い
物静かで落ち着きのある人

自分のことを積極的に話すタイプではありませんが、心は優しく、結婚後は子煩悩になりそうです。仕事内容は、勉強や研究、あるいは水に関連しているかもしれません。身体はあまり頑強ではなく、疲れやすい体質。無理をさせるのは禁物です。金銭感覚は堅実でしょう。

南西、または二黒土星が運行する方位での出会い
細やかな心遣いができる人

穏やかで優しく、働き者でもあるようです。服装のセンスはそれほど良いとはいえませんが、料理の腕前はなかなかのもの。とくに、チャーハンや肉じゃがなど、気取らない家庭料理が得意でしょう。身体は丈夫ですが、ストレスを溜めやすい傾向が。財布の紐は固く締めるタイプです。

東、または三碧木星が運行する方位での出会い

実年齢より若々しい人

ポジティブ志向で活動的。チャレンジ精神が旺盛で、自分の意見をはっきり伝えるタイプです。ただし、話す内容が実体より大きく膨らむ傾向があるのは否めないでしょう。声は大きく、身体はすこぶる健康。新しいものに惹かれやすいことから、浪費をしがちかもしれません。

東南、または四緑木星が運行する方位での出会い

親切でマナーの行き届いた人

情報通で交渉術にも長け、語学が堪能かもしれません。何をやらせてもミスが少ないため、周囲からの信頼は厚いでしょう。ただし、協調を第一に考えるあまり、主体性に欠けることも。健康面では風邪を引きやすいのが特徴です。お金の使い方はやや大雑把で、見栄を張る傾向もあります。

西北、または六白金星が運行する方位での出会い

責任感と向上心の強い人

無愛想で融通の利かないところはありますが、自分のことより公を優先する公共の精神にすぐれます。いわゆる「お堅い印象」を与えやすい人ですが、頼れるという点ではナンバーワン。身体は頑強ですが、過信から無理を重ねる傾向もあります。株や投資への関心が大きいようです。

西、または七赤金星が運行する方位での出会い

サービス精神ある会話上手な人

服装のセンスが良く、多趣味で話題も豊富。とくにウィットに富んだ話術が魅力で、一緒にいて楽しい人です。仕事は、レジャーや飲食関連の可能性が。遊び心を仕事に生かすタイプです。健康面は生活習慣病に注意が必要です。お金の使い方は、あまり堅実とはいえないでしょう。

北東、または八白土星が運行する方位での出会い

自分の世界を大切にする人

常識にとらわれないタイプで、生き方も服装も個性的。没頭できる趣味をもっていて、その世界では有名人かもしれません。仕事は自営や自由業の可能性が高いでしょう。健康面は肩こり、腰痛に悩まされる傾向が。親族との縁が強く、相続で大金や不動産を手にする人もいます。

南、または九紫火星が運行する方位での出会い

高い感性をもつ才能豊かな人

喜怒哀楽がはっきりしていて愛情表現もストレート、恋をするとドラマチックに盛り上がります。感情の起伏が激しいため、衝突しやすいですが、それも情熱的な恋を演出するエッセンスに。ただし、健康面では精神的なストレスを溜めがちです。お金は派手に使うタイプでしょう。

Q 恋愛運をアップさせるには？

A 「恋愛」を意味する西方位の気を受けましょう。

恋愛を意味する方位は、ずばり**西**。吉方位が西になるときに、西に出かけ、恋愛運アップの気をたっぷり受けてください。恋の出会いを求めている人なら、出会いのチャンスに恵まれるでしょう。交際中の人であれば楽しいデートができそうです。また、**西方位に出かけることで恋愛運アップの気が宿りますから**、その外出から帰った後も、引き続き恋愛に関して良い作用が得られるでしょう。そのためにも、まずは、**レジャーや旅行などには吉方位の西を選ぶ**ようにするといいですよ。

また、**本命星**が年盤や月盤で**西を運行（同会）**するときは、自動的に**恋愛運がアップ**します。西の象意には恋愛のほかに「飲食」「会話」がありますから、飲食や会話を楽しむことも、恋愛運を高める秘訣になります。

表の見方

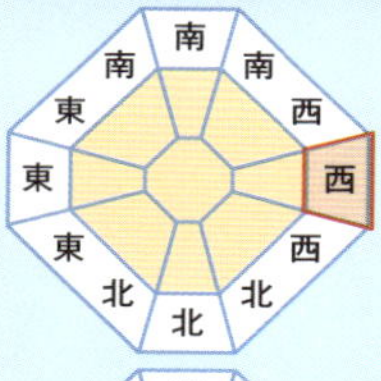

◀「西」と書かれている月は、西が吉方位

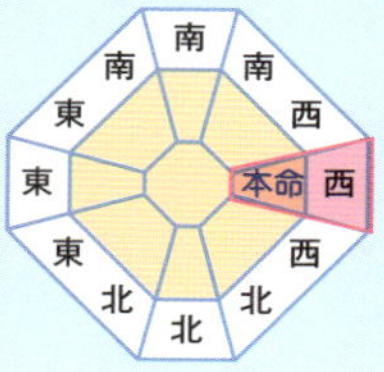

◀■部分は、本命星が西に同会する年・月

本命星が一白水星

'26	'25	'24	'23	'22	'21	'20	'19	'18	'17	'16	
■	西	西	■	西	西	■	西	西	■	西	2月
											3月
											4月
西	■	西	西	■	西	西	■	西	西	■	5月
西		西	西		西	西		西	西		6月
											7月
西	西	■	西	西	■	西	西	■	西	西	8月
西	西		西	西		西	西		西	西	9月
											10月
	西	西	■	西	西	■	西	西	■	西	11月
■	西	西		西	西		西	西		西	12月
											1月

本命星が二黒土星

'26	'25	'24	'23	'22	'21	'20	'19	'18	'17	'16	
		西			西			西			2月
											3月
西	■		西	■		西	■		西	■	4月
西			西			西			西		5月
											6月
	西	■		西	■		西	■		西	7月
	西			西			西			西	8月
											9月
■		西	■		西	■		西	■		10月
		西			西			西			11月
											12月
西	■		西	■		西	■		西	■	1月

本命星が三碧木星

'26	'25	'24	'23	'22	'21	'20	'19	'18	'17	'16	
西	西		西	西		西	西		西	西	2月
	■			■			■			■	3月
											4月
	西	西		西	西		西	西		西	5月
		■			■			■			6月
											7月
西		西	西		西	西		西	西		8月
■			■			■			■		9月
											10月
西	西		西	西		西	西		西	西	11月
	■			■			■			■	12月
											1月

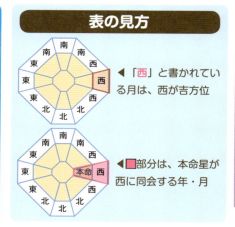

本命星が五黄土星

'26	'25	'24	'23	'22	'21	'20	'19	'18	'17	'16	
		西			西			西			2月
											3月
西	西		西	西		西	西		西	西	4月
西			西			西			西		5月
西			西			西			西		6月
	西	西		西	西		西	西		西	7月
	西			西			西			西	8月
	西			西			西			西	9月
西		西	西		西	西		西	西		10月
		西			西			西			11月
		西			西			西			12月
西	西			西		西	西		西	西	1月

本命星が四緑木星

'26	'25	'24	'23	'22	'21	'20	'19	'18	'17	'16	
西			西			西			西		2月
											3月
											4月
	西			西			西			西	5月
		西			西			西			6月
											7月
		西			西			西			8月
西			西			西			西		9月
											10月
西			西			西			西		11月
	西			西			西			西	12月
											1月

本命星が七赤金星

'26	'25	'24	'23	'22	'21	'20	'19	'18	'17	'16	
西			西			西			西		2月
											3月
西			西			西			西		4月
	西			西			西			西	5月
西			西			西			西		6月
	西			西			西			西	7月
		西			西			西			8月
	西			西			西			西	9月
		西			西			西			10月
西			西			西			西		11月
		西			西			西			12月
西			西			西			西		1月

本命星が六白金星

'26	'25	'24	'23	'22	'21	'20	'19	'18	'17	'16	
		西			西			西			2月
											3月
西	西		西	西		西	西		西	西	4月
西			西			西			西		5月
											6月
	西	西		西	西		西	西		西	7月
	西			西			西			西	8月
											9月
西		西	西		西	西		西	西		10月
		西			西			西			11月
											12月
西	西		西	西		西	西		西	西	1月

本命星が九紫火星

'26	'25	'24	'23	'22	'21	'20	'19	'18	'17	'16	
											2月
											3月
西	西		西	西		西	西		西	西	4月
											5月
		西			西			西			6月
	西	西		西	西		西	西		西	7月
											8月
西			西			西			西		9月
西		西	西		西	西		西	西		10月
											11月
	西			西			西			西	12月
西	西		西	西		西	西		西	西	1月

本命星が八白土星

'26	'25	'24	'23	'22	'21	'20	'19	'18	'17	'16	
		西			西			西			2月
											3月
	西			西			西			西	4月
西			西			西			西		5月
西			西			西			西		6月
		西			西			西			7月
	西			西			西			西	8月
	西			西			西			西	9月
西			西			西			西		10月
		西			西			西			11月
		西			西			西			12月
	西			西			西			西	1月

 ※年や月の区切りは節切りによるものです。日盤表（付録P23〜参照）で節入り日を確認しましょう。

Q 結婚運をアップさせるには？

A 「結婚」を意味する東南方位の気を受けましょう。

結婚を意味する方位は**東南**です。しかし、東南以外にも、**南と西は結婚式**を意味し、**北は妊娠や復縁**を意味します。このように結婚に関連する方位は複数ありますが、結婚そのものを表すのは東南です。結婚運をアップさせるには、この方位を優先するのがベストでしょう。とくに**東南は紹介による縁結びを得意**とします。友人に異性を紹介してもらったり、お見合いをしたりするときには、吉方位の東南で行うと良いでしょう。東南への旅行で結婚の気を宿すのもいいですね。

　なお、**本命星**が年盤や月盤で**東南を運行（同会）**するときは、自動的に**結婚運がアップ**します。東南の象意には「社交」もありますから、積極的に人と交流してください。それが結婚への出会いに結びつくこともあるのです。

表の見方

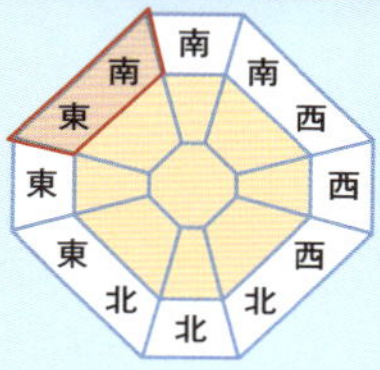

◀「東南」と書かれている月は、東南が吉方位

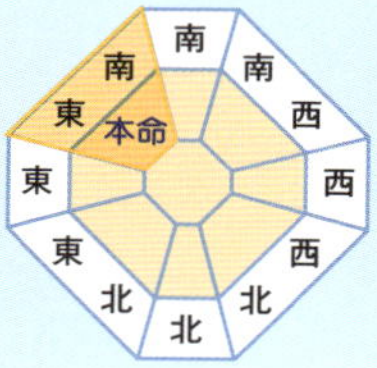

◀□部分は、本命星が東南に同会する年・月

本命星が一白水星

'26	'25	'24	'23	'22	'21	'20	'19	'18	'17	'16	
東南		東南	東南		東南	東南		東南	東南		2月
東南			東南			東南			東南		3月
											4月
東南	東南		東南	東南		東南	東南		東南	東南	5月
	東南			東南			東南			東南	6月
											7月
	東南	東南		東南	東南		東南	東南		東南	8月
		東南			東南			東南			9月
											10月
											11月
東南			東南			東南			東南		12月
											1月

本命星が三碧木星

'26	'25	'24	'23	'22	'21	'20	'19	'18	'17	'16	
		東南			東南			東南			2月
	東南			東南			東南			東南	3月
											4月
東南			東南			東南			東南		5月
		東南			東南			東南			6月
											7月
	東南			東南			東南			東南	8月
東南			東南			東南			東南		9月
											10月
											11月
	東南			東南			東南			東南	12月
											1月

本命星が二黒土星

'26	'25	'24	'23	'22	'21	'20	'19	'18	'17	'16	
東南			東南			東南			東南		2月
東南			東南			東南			東南		3月
	東南			東南			東南			東南	4月
	東南			東南			東南			東南	5月
	東南			東南			東南			東南	6月
		東南			東南			東南			7月
		東南			東南			東南			8月
		東南			東南			東南			9月
											10月
											11月
東南			東南			東南			東南		12月
	東南			東南			東南			東南	1月

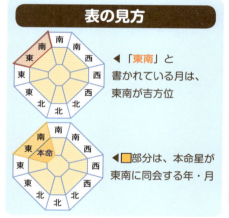

本命星が五黄土星

'26	'25	'24	'23	'22	'21	'20	'19	'18	'17	'16	
東南			東南			東南			東南		2月
東南	東南		東南	東南		東南	東南		東南	東南	3月
	東南	東南		東南	東南		東南	東南		東南	4月
	東南			東南			東南			東南	5月
	東南	東南		東南	東南		東南	東南		東南	6月
東南		東南	東南		東南	東南		東南	東南		7月
		東南			東南			東南			8月
東南		東南	東南		東南	東南		東南	東南		9月
											10月
											11月
東南	東南		東南	東南		東南	東南		東南	東南	12月
	東南	東南		東南	東南		東南	東南		東南	1月

本命星が四緑木星

'26	'25	'24	'23	'22	'21	'20	'19	'18	'17	'16	
	東南			東南			東南			東南	2月
	東南			東南			東南			東南	3月
											4月
		東南			東南			東南			5月
		東南			東南			東南			6月
											7月
東南			東南			東南			東南		8月
東南			東南			東南			東南		9月
											10月
											11月
	東南			東南			東南			東南	12月
											1月

本命星が七赤金星

'26	'25	'24	'23	'22	'21	'20	'19	'18	'17	'16	
	東南			東南			東南			東南	2月
東南			東南			東南			東南		3月
	東南	東南		東南	東南		東南	東南		東南	4月
		東南			東南			東南			5月
	東南			東南			東南			東南	6月
東南		東南	東南		東南	東南		東南	東南		7月
東南			東南			東南			東南		8月
		東南			東南			東南			9月
											10月
											11月
東南			東南			東南			東南		12月
	東南	東南		東南	東南		東南	東南		東南	1月

本命星が六白金星

'26	'25	'24	'23	'22	'21	'20	'19	'18	'17	'16	
東南	東南		東南	東南		東南	東南		東南	東南	2月
											3月
	東南	東南		東南	東南		東南	東南		東南	4月
	東南	東南		東南	東南		東南	東南		東南	5月
											6月
東南		東南	東南		東南	東南		東南	東南		7月
東南		東南	東南		東南	東南		東南	東南		8月
											9月
											10月
											11月
											12月
	東南	東南		東南	東南		東南	東南		東南	1月

本命星が九紫火星

'26	'25	'24	'23	'22	'21	'20	'19	'18	'17	'16	
		東南			東南			東南			2月
											3月
	東南	東南		東南	東南		東南	東南		東南	4月
東南			東南			東南			東南		5月
											6月
東南		東南	東南		東南	東南		東南	東南		7月
	東南			東南			東南			東南	8月
											9月
											10月
											11月
											12月
	東南	東南		東南	東南		東南	東南		東南	1月

本命星が八白土星

'26	'25	'24	'23	'22	'21	'20	'19	'18	'17	'16	
東南			東南			東南			東南		2月
	東南			東南			東南			東南	3月
		東南			東南			東南			4月
	東南			東南			東南			東南	5月
		東南			東南			東南			6月
東南			東南			東南			東南		7月
		東南			東南			東南			8月
東南			東南			東南			東南		9月
											10月
											11月
	東南			東南			東南			東南	12月
		東南			東南			東南			1月

 ※年や月の区切りは節切りによるものです。日盤表（付録P23～参照）で節入り日を確認しましょう。

本命星が一白水星のあなた×相手との相性

一白水星は、穏やかでどんな人にも合わせられるすぐれた柔軟性をもちます。用心深く、容易に気持ちを表現しないところもあるでしょう。

相手が 七赤金星

開放的な気持ちにさせてくれる

自分の気持ちを示さない一白水星のあなたも、話し上手な七赤金星といると、いつしか心はオープンに。その人といるときの自分を、あなたは一番好きかもしれません。また相手も、熱心に話を聞いてくれる聞き上手のあなたといるのが楽しいようです。

相手が 四緑木星

落ち着きと安らぎを感じるふたり

落ち着きのある一白水星のあなたと、穏やかで細やかな心遣いができる四緑木星の人。初対面から互いに安らぎを感じるでしょう。とくに四緑木星があなたに対して大きな安心感を抱きます。周囲の目を気にしやすい相手もふたりきりのときは甘えてくるはず。

相手が 一白水星

時間をかけて思いやりある関係に

趣味や価値観が似ていますから、息はぴったり。ただし、互いに気持ちを隠す傾向があるので、盛り上がりに欠け、関係を深めるのに時間がかかりそう。でも、相手を思いやる気持ちは伝わりますから、最終的には安定した関係を保てるでしょう。

相手が 八白土星

意地を張らず頑固比べはほどほどに

柔軟性のある一白水星のあなたですが、内面では自分の考えをしっかりもっています。八白土星も信念の強い人。どちらかが自分の考えを譲らないと意地の張り合いに。そのためにも、まずはあなたが一歩譲ってみて。相手の頑固さも多少は緩むでしょう。

相手が 五黄土星

強引さと頼りがいある態度は紙一重

自立心が強い一白水星のあなたは、考えを押しつけられることをもっとも嫌うでしょう。ところが五黄土星は、自分のやり方を押しつける傾向が。初めは相手の強引さを頼もしく感じるあなたも、徐々に重荷に。ときにはそのことを素直に伝えてみましょう。

相手が 二黒土星

沈んだ気持ちを救ってくれる献身愛

心から尽くしてくれる二黒土星の人。一白水星のあなたはそれをうれしく思いますが、ときには押しつけがましいと感じることも。でも、一白水星はちょっとしたことで気分が落ち込む傾向があるため、二黒土星の献身的な愛が救いになることは多いはず。

相手が 九紫火星

激しい感情に飲み込まれないように

冷静な一白水星のあなたにとって、情熱家の九紫火星との恋は、自分の殻を破れる刺激的なものになるでしょう。ところが、徐々に相手の感情の起伏の大きさが、あなたを苛立たせていくことに。向こうの感情の波に引き込まれないことが長続きの秘訣です。

相手が 六白金星

思いやりがある相手に支えられて

一見、冷たい印象を与える六白金星ですが、一白水星のあなたには思いやりが深く、気持ちを理解しようとするでしょう。この組み合わせは、一白水星が六白金星からパワーを与えてもらえる関係。つまり、あなたは相手に支えてもらえるというわけです。

相手が 三碧木星

正反対の行動でも理解し合える

じっくり考えてから行動に移す一白水星のあなたと、考えたら即行動の三碧木星の人。静と動の組み合わせですが、だからこそ互いに魅力を感じるのでしょう。三碧木星の行動力に刺激されて世界が広がり、相手もしっかりした考え方をもつあなたを尊敬します。

本命星が二黒土星のあなた×相手との相性

二黒土星は、温かな心の持ち主で、奉仕精神にすぐれるでしょう。やや消極的ですが、家庭的で、どんなこともコツコツと着実に行います。

相手が 七赤金星

**安心できる関係も
甘やかしすぎに要注意**

働き者の二黒土星と、サービス精神旺盛で遊び心にあふれた七赤金星。あなたは自分を楽しませてくれる相手が大好きで、向こうも穏やかで優しいあなたといると、リラックスできるよう。ただし、甘やかすと「怠け者」になりやすいので気をつけて。

相手が 四緑木星

**金銭感覚が違う相手
やりくり上手を見習って**

身の丈に合った生活を好む二黒土星と、人目を気にして見栄を張りたがる四緑木星。衝突するとしたら原因はお金の使い方にあるようです。ただし二黒土星は安物買いの銭失いになることが。あなたも相手も上手なお金の使い方を心がければ幸せな関係に。

相手が 一白水星

**もどかしさを感じても
愛情確認はほどほどに**

尽くし型の二黒土星と、自分の気持ちを表さない一白水星。献身的な愛を相手はどう思っているのか、それがつかめなくて、もどかしく感じるでしょう。でも、マメに愛情表現を求めるのは、息苦しくさせるもと。相手は自由人と認識すると良い関係に。

相手が 八白土星

**夫婦二人三脚で
大きな財を築ける**

家庭的な二黒土星と、身内への愛が強い八白土星。互いの家族を大事にできる関係ですから、周囲の応援を得て安定した関係を築けそう。また、あなたが節約をして浮いたお金を相手が貯金するという財運ある組み合わせです。将来は大きな蓄えを残せそう。

相手が 五黄土星

**相手の強引な言動は
身内への深い愛の証**

柔順な二黒土星と、ワンマンタイプの五黄土星。ときに強引な相手の言動に振り回されることもありますが、ふたりとも身内への愛が深いですから、恋人であれば家族ぐるみのおつき合いが。夫婦の場合は、向こうがあなたの家族を大切にしてくれるでしょう。

相手が 二黒土星

**あなたのリードが
仲を進展させるカギ**

世話好きの二黒土星同士。ともに経済観念もしっかりし、理解し合える関係です。ただし、どちらも受け身のタイプ。進展には時間がかかるでしょう。そのためにも、まずはあなたがリードして。積極的に気持ちをアピールすることで、急展開が望めそうです。

相手が 九紫火星

**パワーを受け取り
運勢がグンとアップ**

穏やかな二黒土星と、才気煥発な九紫火星。相手があなたをリードし、あなたはそれに従う良好な関係です。また、二黒土星は九紫火星からパワーをもらう関係ですから、あなたは相手といることで運勢がアップ。向こうはあなたといることで運勢が安定します。

相手が 六白金星

**明確な役割分担が
ゴールインへの近道**

尽くし型の二黒土星と、仕事一筋の六白金星。昔から「夫唱婦随」の組み合わせと呼ばれる星の関係です。交際中のふたりならゴールインが約束され、幸せな家庭が築けるでしょう。夫婦の場合は、妻と夫の役割を明確にすることで関係はますます安泰。

相手が 三碧木星

**足りない要素を
補い合えるふたり**

控えめな二黒土星と、自分の考えをはっきり主張する三碧木星。互いに自分にないものをもっているので、惹かれ合うでしょう。ただし、あなたはストレートな相手の物言いに傷つくことが。悪気はないので、「そういう言い方をする人」と認識することが大事。

本命星が三碧木星のあなた×相手との相性

三碧木星は、明るく積極的で好奇心も旺盛。実年齢より若く見える人が多いでしょう。好き嫌いがはっきりし、せっかちな面もあるようです。

相手が 七赤金星

モテるのでやきもき 言葉遣いに注意して

一本気な三碧木星と、おしゃれで話し上手な七赤金星。互いに惹かれやすい関係ですが、相手はモテるタイプ。生真面目なあなたは「許せない」と爆発することもありそうですが、キツい言葉を吐いてしまうと終わりになるので、話し方には注意して。

相手が 四緑木星

対照的なふたりでも 目指す方向は同じ

自分の主張を押し通したい三碧木星と、人の意見を尊重したい四緑木星。対照的なふたりですが、お互い外の世界に目を向けて自分を成長させていく点は共通します。足りない面を補い合えば、ともに木星同士ですから、関係は長続きするでしょう。

相手が 一白水星

早とちりなあなたを サポートしてくれる

アクティブな三碧木星と、思慮深い一白水星。少々そそっかしいあなたを、相手が温かく見守ってくれる良好な関係です。あなたはこの人といることで、安心して好きな世界に羽ばたけるでしょう。相手もあなたといることで、明るい気持ちになれるのです。

相手が 八白土星

けんかが長引く相手 先に謝ることで円満に

三碧木星も八白土星も好き嫌いがはっきりしているため、「好き」と感じたらストライクゾーンに入った証拠。ただし、どちらも我が強く、衝突したら長引きそうです。そんなときはあなたが折れて。身内愛が強い相手は、折れてくれたあなたを大切にします。

相手が 五黄土星

安心させることで 相手の束縛を回避

少々移り気な三碧木星と、独占欲が強い五黄土星。外の世界に興味津々なあなたの態度に不安を抱いて束縛しやすいのです。それを防ぐには五黄土星を安心させること。また、自己主張ばかりせず、向こうの言い分もよく聞けば、関係は良好になります。

相手が 二黒土星

互いの存在が刺激に 成長し合えるふたり

三碧木星のチャレンジ精神にブレーキをかけるのが、何事にも慎重な二黒土星の人。ただし、その慎重さは、あなたにはない学ぶべき面といえます。相手も、あなたの挑戦心に刺激を受けるでしょう。努力によって互いが成長できる組み合わせです。

相手が 九紫火星

相手の存在そのものが 成長につながる

頭が良く才能豊かな九紫火星は、三碧木星にとって憧れの存在。九紫火星は三碧木星の行動力やチャレンジ精神を尊敬しています。会話が弾み、互いの存在が自分の成長につながる組み合わせ。九紫火星はプライドが高いので、強引な主張は避けること。

相手が 六白金星

互いを認め合えば 尊敬し合える関係に

負けず嫌いの三碧木星と、相手に完全を求める六白金星。ふたりとも「自分が一番」と思っていますから、衝突も多いでしょう。でも、互いに相手の良い点を認め合うことができれば、リスペクトできる関係に。相手に指摘をするときは、言葉を慎重に選んで。

相手が 三碧木星

自己主張が強くても 相手の話に耳を傾けて

打てば響くノリのいい会話で一気に意気投合できるふたり。ただし、互いに自己主張が強く、相手の話に耳を貸さない面があるので、衝突しやすい組み合わせでもあるのです。ときには、相手の話をじっくり聞く姿勢を見せることが必要でしょう。

本命星が四緑木星のあなた×相手との相性

四緑木星は、周囲の評判を気にしすぎる面があるものの、優しく穏やかで、細かい心遣いができる星です。誰からも好感をもたれるでしょう。

相手が 一白水星

優柔不断なあなたをフォローしてくれる

穏やかで人当たりの良い一白水星と、協調性のある四緑木星。仲良くなるのに時間はかからないでしょう。四緑木星はやや優柔不断ですが、それを芯の強い一白水星がフォローしてくれます。あなたは相手を頼もしく感じるでしょう。とても良好な関係です。

相手が 四緑木星

決断力が必要な関係 結婚はあなたが決めて

同じ星のふたりは、すぐに意気投合するでしょう。ただし、ともに優柔不断で決断ができません。決めるべきときに先延ばしをして責任を押しつけ合うこともありそうです。結婚を考えているなら、あなたが決断を。そうでないと、永い春になる恐れがあります。

相手が 七赤金星

本音で会話することでグッと距離が縮まる

どちらも社交的ですから、すぐに仲良くなれるでしょう。ところが、四緑木星は格好をつけた建前の会話になりやすいため、七赤金星はそれが不満。そしてトゲのある言葉で四緑木星を皮肉ることも。四緑木星が本音の会話を心がければ距離は一気に縮みます。

相手が 二黒土星

要望に応えれば確かな愛を感じられる

社交的な四緑木星は、内向きの二黒土星のことを物足りなく思うかもしれません。なぜなら、あなたは相手と外の世界を楽しみたいのに、向こうはふたりだけの世界を望むから。でも、ときには要望に応えて。誠実な愛を注いでくれるはずです。

相手が 五黄土星

意思を口にすることで良好な関係が築ける

決断できない四緑木星を力強くリードするのが五黄土星。ただし、徐々に相手が支配的に感じられ、気持ちにずれが生じるかも。でも、もともとは、四緑木星自身が意思表示をしないことに原因が。自分の考えをきちんと伝える努力をしましょう。

相手が 八白土星

一度打ち解ければ唯一無二の存在に

社交ベタの八白土星と社交的な四緑木星は、異なる世界の住人で、接点をもちにくいでしょう。相手のスマートではない振る舞いを非難したくなることもありそうです。しかし、ひとたび仲良くなれば、八白土星のバイタリティを頼もしく思うはずです。

相手が 三碧木星

欠点を補い合いながら理解を深められる

家庭より外で活動することが好きなふたり。感覚的に理解し合えるでしょう。しかも、四緑木星のあなたがそそっかしい相手をフォローし、三碧木星が迷いの多いあなたに方向性を示す、という場面も多いはず。似た領域の中で欠点を補える好相性です。

相手が 六白金星

価値観が違っても相手の愛を疑わないで

協調することに価値を置く四緑木星と、協調には意味がないと考える六白金星。第三者がいるときに互いの違いを感じるでしょう。そして、ときに四緑木星は自分の価値観を否定されたように感じることも。でも、それは思い過ごし。相手の誠実さを信じて。

相手が 九紫火星

心から自慢できる相手穏やかな関係が築ける

明るさと知性を兼ね備え、美的センスもすぐれた九紫火星のことを、四緑木星は自慢に思うでしょう。相手も穏やかなあなたに安心できるようです。九紫火星は、四緑木星が自然と尽くしたくなる星。あなたさえ気持ちが変わらなければ関係は安泰でしょう。

本命星が五黄土星のあなた×相手との相性

五黄土星は、ときに強引な面が顔を出すこともありますが、一方で、困っている人を放っておけない情の厚さと面倒見の良さをもちます。

相手が 七赤金星

楽しいときを共有し喜びを分かち合える

五黄土星にとって七赤金星は一緒にいて楽しい存在。七赤金星にとって五黄土星は、大きな安心感を得られる存在です。仲の良いふたりですが、相手は案外プライドが高いので、仕事には絶対に口出ししないこと。それさえ守れば、幸せな関係が続くでしょう。

相手が 四緑木星

本音で話し合うことが仲良しカップルの秘訣

親分肌の五黄土星と、優柔不断な四緑木星。相手はあなたの決断に従いやすいですが、ただし、自分の考えを尊重しないあなたにやや不満が。あなたのほうも、つかみどころのない相手に苛立ちを覚えます。互いに本音で話し合うことが、関係を良好にする鍵に。

相手が 一白水星

長続きのポイントは適度で心地良い距離感

面倒見の良い五黄土星は、孤独の影がある一白水星のことがつい気になって、世話を焼きたくなるようです。でもそれは、自立心の強い一白水星にとっては「お節介」。五黄土星はそのことを感じて寂しくなるでしょう。適度な距離が関係維持の秘訣です。

相手が 八白土星

どちらも奥手な性格あなたから行動を

情に厚い五黄土星と身内愛が強い八白土星。価値観が似ていますから、恋に進展すれば良好な関係を築けるでしょう。ただし、どちらも恋愛に関しては奥手。どちらかが積極的にならないと関係は始まりません。まだ始まっていないのなら、あなたが積極的に。

相手が 五黄土星

共通の目標を作れば今以上に親密に

互いに主導権を握ろうとするため、進展が阻まれたり、衝突が増えたり。とはいえ、共通の目標が見つかれば、それに向かって協力し合い、絆も強まります。役割分担を明確にすることも衝突を防ぐコツ。けんかをしたときは、先に折れることも必要でしょう。

相手が 二黒土星

ふたりの相性は抜群あなたがリードを

情に厚い五黄土星は、内気な二黒土星のことを放っておけません。五黄土星が二黒土星をリードする関係になりやすいでしょう。とても仲の良いふたりですが、ただし、ふたりだけの世界に閉じこもって視野が狭くなることも。マンネリにも気をつけましょう。

相手が 九紫火星

エネルギッシュな人パワーをもらい躍進

感情の起伏が激しい九紫火星を、懐大きく包み込めるのが五黄土星のあなた。相手はあなたといることで安心を得ることができ、あなたも相手の明るさや知性を魅力的に感じるでしょう。運勢的には九紫火星からパワーをもらい、飛躍できる関係です。

相手が 六白金星

相手をサポートしながら二人三脚で歩める

現実性の強い五黄土星と、理想主義の六白金星。相手の夢をあなたが応援することになりそうです。他の星には独断専行しやすい五黄土星も、六白金星となら二人三脚で歩めるでしょう。ただし、相手はプライドが高いですから、親しき仲にも礼儀あり、で。

相手が 三碧木星

あなたが一歩引けばスムーズな関係に

無意識のうちに自分の思い通りに進めようとする五黄土星と、自己主張をはっきりする三碧木星。どちらも気が強く、相手の思い通りには動きません。けんかになるとしたらそれが原因でしょう。ときには相手に従ってみると、関係は驚くほどスムーズに。

本命星が六白金星のあなた×相手との相性

六白金星は、完全主義の負けず嫌いで、弱みを見せたがらないプライドの高さをもちます。一方で責任感が強く、向上心にもあふれる努力家。

相手が 七赤金星

プライドが高いふたり 相手の意見を尊重して

六白金星は融通が利かず、七赤金星は融通が利きすぎるなど微妙な違いはありますが、ともに金星ですから息は合うでしょう。ただし、ふたりともプライドが高いため、相手を尊重することが大事。とくに相手の良い点は、必ず褒めるようにしましょう。

相手が 四緑木星

誠実さを信じて 温かく見守れば円満に

六白金星は、口数は少ないですが、真実しか話しません。一方、四緑木星は、誰に対しても良い顔を見せるので、ときにあなたは信用できなくなるかも。でも、だからといって相手を責めれば、よそ見をしてしまうでしょう。信じることが大切です。

相手が 一白水星

信頼関係で結ばれた 落ち着いたカップル

本来、六白金星は面倒見が良いとはいえませんが、不思議と一白水星には面倒見が良くなるようです。そんな六白金星のあなたに対し、本心を見せたがらない一白水星も、素直に甘えるでしょう。強い信頼関係で結ばれる大人のカップルとなりそうです。

相手が 八白土星

互いに尊敬できる相手 最高のパートナーに

向上心旺盛な六白金星と、目標に向かって努力する八白土星。互いに尊敬し、魅力を感じるでしょう。共通の目標をもてば、助け合って達成できる最高のパートナーに。運勢的には六白金星が力を与えてもらえます。あなたは相手に感謝しましょう。

相手が 五黄土星

最初は煩わしくても 頼りになる存在に

お節介な面がある五黄土星のことを、六白金星はうっとうしいと思うかもしれません。でも、徐々に五黄土星の誠実さに心を打たれ、六白金星のあなたは相手を頼りにするでしょう。互いに気の強いふたりですから衝突はありますが、それでも仲の良さは格別。

相手が 二黒土星

ストイックなあなたを 癒す相手に感謝して

人にも自分にも厳しい六白金星に必要なのは、癒し。それを与えてくれるのが、温かな心をもつ二黒土星です。相手は受け身ですから、主導権はあなたが握っているように見えますが、運勢的にはあなたがパワーをもらっています。そのことに感謝をして。

相手が 九紫火星

ストレートな指摘を 受け止める心をもって

自信家で人から指摘を受けるのが大嫌いな六白金星。ところが九紫火星は相手の欠点がよく目につき、ずばりと指摘します。プライドの高い六白金星は傷つくことが多いでしょう。でも、相手に悪気はありません。素直に指摘を聞き入れる心の余裕をもって。

相手が 六白金星

似た者同士のカップル 出会ってすぐ意気投合

同じ価値観をもつふたりですから、出会った瞬間から理解し合えるでしょう。ただし、負けず嫌いのふたりはときにライバル視することが。また、仕事に一生懸命すぎてコミュニケーションがおろそかになることも。それさえ注意すれば、安定した関係に。

相手が 三碧木星

価値観がずれていても 相手に強要しないで

完全主義で内省的な六白金星と、無計画に行動する三碧木星。価値観や行動パターンが違いすぎてずれが生じやすいでしょう。とくにあなたが相手に対してあれこれ要求すると、自由を奪われたような気分になるので要注意。向こうの意思を尊重して。

本命星が七赤金星のあなた×相手との相性

七赤金星は、サービス精神旺盛な社交家。ウィットに富んだ会話で周囲を楽しませるでしょう。ただし、内面には高いプライドをもちます。

相手が 一白水星

楽しい時間を共有するお似合いのふたり

自分のことを話したがらない一白水星も、会話上手な七赤金星のあなたといると、ついついおしゃべりしたくなるから不思議。相手はあなたといるのがとても楽しいようです。あなたも知的な話を聞くのが楽しいのでは？　とても良好な関係です。

相手が 二黒土星

大きな愛を受け取って穏やかな関係を築ける

異性に不自由しない七赤金星ですが、誠実な相手となると数は少ないかも。ところが二黒土星は、数少ない誠実な人。その愛情はあなたを安心させ、癒しにもなるはず。相手はお金にシビアなので派手なデートは期待できませんが、それでも心は平安です。

相手が 三碧木星

慎重に言葉を選べば楽しみを分かち合える

楽しいことが大好きな七赤金星と、冒険心旺盛な三碧木星とは好カップル。ただし、三碧木星は言葉がキツいため、ときに七赤金星のカンにさわることが。七赤金星は案外プライドが高いのです。三碧木星が言葉を選んでくれれば、楽しい関係を維持できそう。

相手が 四緑木星

互いにモテるふたり相手を信じることが鍵

七赤金星は楽しい会話で異性を惹きつけ、四緑木星は爽やかな笑顔で異性に好印象を与えます。どちらもモテるため、しばしば浮気疑惑が。その場合、プライドの高い七赤金星が四緑木星を責めやすいのです。あまり責めると本当によそ見をされるので要注意。

相手が 五黄土星

ふたりの長所がさらに生かされる関係

趣味や遊びに忙しく、あまり現実感のない七赤金星を、大きな心で見守ってくれるのが五黄土星。他の星には強引な態度になりやすい相手も、あなたには度量の大きいところを見せて頼りがいを感じさせるでしょう。それぞれの長所が生きる好相性です。

相手が 六白金星

価値観も意見も合い互いを気遣えるふたり

他の星には無愛想な六白金星も、会話が楽しい七赤金星のあなたにはつい笑顔になるでしょう。同じ金星同士ですから価値観も合い、良好な関係を築けそう。互いにプライドは高いですが、相手を傷つけない配慮ができるのも、この組み合わせならでは。

相手が 七赤金星

甘い恋が期待できそう結婚後は家計管理が肝

どちらもサービス精神旺盛でロマンチストですから、甘い恋が期待できそう。ただし、現実感の薄いふたりなので、家庭生活を営む場合は、どちらかがシビアな役割を担う必要があります。とくに浪費しやすいところがあるので、家計管理は気を引き締めて。

相手が 八白土星

繊細なあなたが自然体でつき合える相手

遊び心いっぱいの七赤金星も、内面にはデリケートな心を潜ませています。そんなあなたを揺るぎない愛情で包んでくれるのが八白土星。この人となら安心して自然体を保てるでしょう。相手とあなたは経済的なゆとりを生む組み合わせでもあります。

相手が 九紫火星

燃え上がるような恋の裏に潜む火種に注意

話し好きな七赤金星は、失言の名手。九紫火星はプライドが高いですから、少しでもバカにされたような言葉を吐かれると、すぐに爆発します。情熱的な恋ができる要素をもつふたりですが、一触即発の危機をはらむ関係でもあるのです。言葉には注意して。

本命星が八白土星のあなた×相手との相性

八白土星には、口に出したら引かない頑固な面がありますが、人情に厚く、身近な人を大切にする優しさをもちます。財運も強いでしょう。

相手が 七赤金星

互いの不足部分を補い合える関係

どっしり構えた八白土星は、デリケートな七赤金星にとって頼りになる存在。八白土星は七赤金星から人生の楽しみ方を教えてもらえるでしょう。互いにないものを補い合える良好な関係です。相手はおしゃべりが大好きですから、話をよく聞いてあげて。

相手が 四緑木星

束縛しすぎないことが良い関係を作るコツ

所有欲の強い八白土星は、恋人を独占したい気持ちが人より強いでしょう。ところが四緑木星は八方美人。しっかりつかまえることのできないもどかしさを感じます。イライラが募る相手ですが、八白土星が独占欲を緩めることを課題にすれば、関係は改善。

相手が 一白水星

時間を共有することで互いの理解が深まる

身内愛の強い八白土星は、恋人であれば何でも話してほしいと思うタイプ。でも、一白水星は自分のことを語りたがりません。そんな一白水星を八白土星は「水くさい」と寂しく思うでしょう。焦らず時間をかけて交際していけば、関係は良くなります。

相手が 八白土星

自然に理解し合える似た者同士のふたり

多くを語らなくてもわかり合えるでしょう。ただし、どちらも我が強く、自分の考えを曲げることをしませんから、意地の張り合いが続くことも。愛情表現が不器用な点も、愛を深めるのにマイナスです。それでも同じ星同士、固い絆で結ばれるでしょう。

相手が 五黄土星

自分の考えに固執せず主導権を渡して

情に厚い土星同士ですから価値観は合うでしょう。ただし、五黄土星は主導権を握りたいタイプ。八白土星は自分の考えをしっかりもっているので、相手の思うままにはなりません。でも、ときには頼るようにすれば、良好な関係をキープできるでしょう。

相手が 二黒土星

刺激少なめのカップル安定した関係に

八白土星には頑固なところがありますが、素直で柔順な二黒土星といると、いい雰囲気でスムーズにつき合えます。互いに信頼し、安定した関係を築ける良好な組み合わせでしょう。ただし、刺激が少なく、マンネリに陥りやすい点には注意。

相手が 九紫火星

恋に奥手なあなたもこの人とは情熱的に

積極的で情熱的な九紫火星が、恋に奥手の八白土星から熱い心を引き出してくれます。しかも、他の星の前では我の強い八白土星も、九紫火星の前では素直になれそう。運勢的にも多くの恩恵を与えてもらえる関係です。相手を大事にしましょう。

相手が 六白金星

プライドが高いのでフォローはさりげなく

誇り高く完全主義の六白金星は、人に弱みを見せるのが大嫌い。ところが八白土星にだけは素直に弱みを見せられます。あなたはそんな六白金星を快くフォローできるでしょう。ただし、フォローするときは、相手のプライドを傷つけないようさりげなく。

相手が 三碧木星

衝突がやや多めの相性あなたが受け入れて

物事に動じない八白土星と、何事もテキパキ動きたい三碧木星とはテンポがかみ合わないよう。しかも、ふたりとも我が強く融通が利かないために衝突もしやすいでしょう。度量が大きいのは八白土星のほうですから、あなたが相手を包むようにすれば安泰。

本命星が九紫火星のあなた×相手との相性

九紫火星は、明るく華やかで頭の回転も速く、決断力も見事。愛情表現は豊かですが、ときに感情の起伏が激しくなることもあるでしょう。

相手が 一白水星

対照的でも受け入れ理解する努力が必要

情熱的な九紫火星とクールな一白水星。対照的な性質のふたりは激しく惹かれ合うでしょう。ただし、徐々に九紫火星は感情的に、一白水星は冷淡になり、火と水の相容れない関係に。相手を理解し、受け入れる気持ちを強くもつことが求められます。

相手が 四緑木星

足りない面を補い合う好相性のカップル

九紫火星のわがままを温厚な四緑木星がフォローし、四緑木星の優柔不断さを九紫火星の決断力がカバーする、理想的な関係です。ともに洗練された雰囲気をもつため、おしゃれなカップルになりそう。ふたりとも浪費家ですから、その点には注意して。

相手が 七赤金星

傷つきやすいふたり思いやりを忘れずに

九紫火星は美意識が高く、七赤金星はおしゃれ。華やかなカップルです。ただし、どちらも神経質で繊細、プライドも高いでしょう。相手のちょっとした言葉に傷つきますから、互いが言葉を選ぶ必要があります。ときには弱みを見せることも大事でしょう。

相手が 二黒土星

互いに力を与え合い成長し続ける関係

感情の起伏が大きい九紫火星も、温厚で控えめな二黒土星といると情緒が安定します。また、二黒土星は九紫火星から情熱と前向きに生きる勇気をもらえます。互いが成長し発展する関係といえるでしょう。二黒土星は受け身なので、あなたがリードを。

相手が 五黄土星

一緒にいるだけで孤独感が解消される

神経質なあまり、人を寄せつけない雰囲気をもつ九紫火星は、ときに孤独を感じさせます。そんなとき、強引なくらいに世話を焼いてくれる五黄土星の存在をうれしく思うはず。五黄土星は九紫火星の華やかさに憧れるでしょう。惹かれ合い、長続きする関係。

相手が 八白土星

気兼ねなくつき合えて長続きするパートナー

華やかな雰囲気をもつ九紫火星ですが、心はとてもデリケート。一方の八白土星はどっしりと落ち着き、強い心をもつ星。九紫火星は八白土星といることで安心でき、八白土星のほうも、九紫火星の高い能力を尊敬します。互いがプラスになる好相性です。

相手が 三碧木星

感情的になりすぎず冷静に言葉選びを

ピュアな心をもつ三碧木星と情熱的な九紫火星とは、一目惚れの相性でドラマチックな恋になるでしょう。関係も良好です。ただし、ふたりとも短気なことと、熱しやすく冷めやすいのが欠点。万が一けんかをしても、決定的な言葉は口走らないように。

相手が 六白金星

競争心が芽生えるほど尊敬し合える関係

九紫火星は常に上を目指す野心家。六白金星は人に頭を下げるのが嫌いな自信家。どちらもプライドが高く、ライバル視しやすい関係です。でも、高い能力をもつふたり。相手を尊重する気持ちを忘れなければ、良い意味で刺激し合えて成長の糧になるはず。

相手が 九紫火星

不躾になりがちな相手短絡的な行動は控えて

同じ星ですから理解し合える関係です。ただし、どちらもプライドが高く、あら探しの名手。同じ星だけに遠慮がありませんから、相手の欠点をずばずば指摘して傷つけ合うことも。一度溝ができると、すぐに別れを考えるのも九紫火星ですが、短慮は禁物です。

Q ふたりの関係を良くするには？

A 共通の吉方位に出かけましょう。

本命星同士の相性で今ひとつ好相性とはいえない関係や、性格的にどことなくずれを感じる関係など、恋人や夫婦の関係を改善したいケースは多いものです。そんなときは、相手を理解しようとする気持ちや思いやりをもつこと以外に、**関係改善の方位術**を次のように試みてみましょう。

吉方位を求めた方法を応用し、ふたりに**共通する吉方位に出かけて吉の気を受ける**のです。

具体的には、**自分の本命星**と**相手の本命星**に**共通**する、**相性の良い九星**が運行する方位がふたりの吉方位になりますから、この方位でデートをしたり、一緒に旅行をしたりします。この吉方位はふたりを結ぶ絆の方位の意味をもちますから、仲直りのためのデートや旅行に用いるのも良いでしょう。

例題

自分の本命星▼三碧木星
相手の本命星▼六白金星
共通する相性の良い九星▼一白水星

例題の場合、**一白水星がふたりに共通する相性の良い九星**ですから、**一白水星が運行する方位**に出かけます。

たとえば2016年9月であれば、一白水星は南西を運行しますから、**南西が吉方位**です。南西でデートをしたり、旅行をしたりして絆の気をたっぷり受けることで、ふたりの仲は良好なものとなるでしょう。

相生・比和表

月命星＼本命星	大吉（生気）	中吉（比和）	吉（退気）
一白水星	六白金星 七赤金星	なし	三碧木星 四緑木星
二黒土星	九紫火星	八白土星	六白金星 七赤金星
三碧木星	一白水星	四緑木星	九紫火星
四緑木星	一白水星	三碧木星	九紫火星
五黄土星	九紫火星	二黒土星 八白土星	六白金星 七赤金星
六白金星	二黒土星 八白土星	七赤金星	一白水星
七赤金星	二黒土星 八白土星	六白金星	一白水星
八白土星	九紫火星	二黒土星	六白金星 七赤金星
九紫火星	三碧木星 四緑木星	なし	二黒土星 八白土星

2016年9月の方位盤

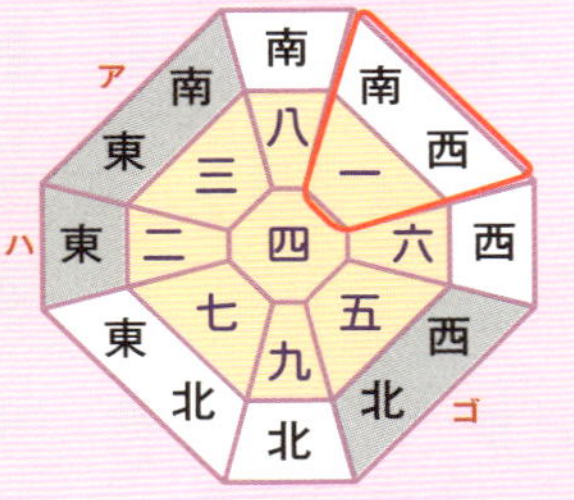

ふたりに相性の良い九星は一白水星ですから、南西が吉方位になります。

Q 子宝に恵まれる方位は？

A 「妊娠」を意味する北方位の気を受けましょう。

妊娠を意味する方位は北です。北が吉方位になるときに、夫婦で北に旅行に出かけるのが、子宝に恵まれる一番の方法といえるでしょう。

家相の観点では、家の中心から見て夫婦の寝室が北にあるのが良いのです。北に寝室を設けられない場合は、夫婦の部屋の中心から見て北方位に寝具を置くのがおすすめです。その場合、頭は北に向けます。北は安眠を促す方位でもあるので、よくいわれる「縁起が悪い」ことではありませんから安心してください。

なお、本命星が年盤や月盤で北を運行（同会）するときも、自動的に子宝運が高まります。北の象意には「眠り」「休息」がありますから、良質の睡眠を十分に取り、心身を休めることも、子宝運を高める秘訣になります。

表の見方

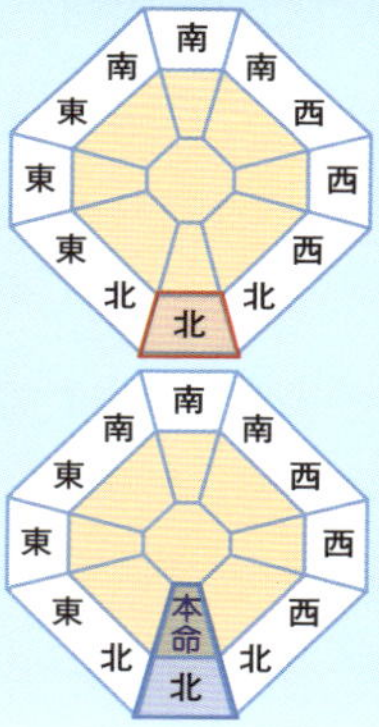

◀「北」と書かれている月は、北が吉方位

◀■部分は、本命星が北に同会する年・月

本命星が一白水星

'26	'25	'24	'23	'22	'21	'20	'19	'18	'17	'16	
北	北	■	北	北	■	北	北	■	北	北	2月
北			北			北			北		3月
											4月
■	北	北	■	北	北	■	北	北	■	北	5月
											6月
											7月
北	■	北	北	■	北	北	■	北	北	■	8月
		北			北			北			9月
											10月
北	北	■	北	北	■	北	北	■	北	北	11月
北			北			北			北		12月
											1月

本命星が三碧木星

'26	'25	'24	'23	'22	'21	'20	'19	'18	'17	'16	
		北			北			北			2月
■		北	■		北	■		北	■		3月
											4月
北			北			北			北		5月
	■			■			■			■	6月
											7月
	北			北			北			北	8月
	北	■		北	■		北	■		北	9月
											10月
		北			北			北			11月
■		北	■		北	■		北	■		12月
											1月

本命星が二黒土星

'26	'25	'24	'23	'22	'21	'20	'19	'18	'17	'16	
	北			北			北			北	2月
		北			北			北			3月
■		北	■		北	■		北	■		4月
		北			北			北			5月
											6月
北	■		北	■		北	■		北	■	7月
北			北			北			北		8月
	北			北			北			北	9月
	北	■		北	■		北	■		北	10月
	北			北			北			北	11月
		北			北			北			12月
■		北	■		北	■		北	■		1月

本命星が五黄土星

'26	'25	'24	'23	'22	'21	'20	'19	'18	'17	'16	
	北			北			北			北	2月
		北			北			北			3月
北		北	北		北	北		北	北		4月
		北			北			北			5月
											6月
北	北		北	北		北	北		北	北	7月
北			北			北			北		8月
	北			北			北			北	9月
	北	北		北	北		北	北		北	10月
	北			北			北			北	11月
		北			北			北			12月
北		北	北		北	北		北	北		1月

本命星が四緑木星

'26	'25	'24	'23	'22	'21	'20	'19	'18	'17	'16	
		北			北			北			2月
北		北	北		北	北		北	北		3月
											4月
北			北			北			北		5月
											6月
											7月
	北			北			北			北	8月
	北	北		北	北		北	北		北	9月
											10月
		北			北			北			11月
北		北	北		北	北		北	北		12月
											1月

本命星が七赤金星

'26	'25	'24	'23	'22	'21	'20	'19	'18	'17	'16	
		北			北			北			2月
											3月
北			北			北			北		4月
北			北			北			北		5月
											6月
	北			北			北			北	7月
	北			北			北			北	8月
											9月
		北			北			北			10月
		北			北			北			11月
											12月
北			北			北			北		1月

本命星が六白金星

'26	'25	'24	'23	'22	'21	'20	'19	'18	'17	'16	
		北			北			北			2月
											3月
北		北	北		北	北		北	北		4月
北			北			北			北		5月
											6月
北	北		北	北		北	北		北	北	7月
	北			北			北			北	8月
											9月
	北	北		北	北		北	北		北	10月
		北			北			北			11月
											12月
北		北	北		北	北		北	北		1月

本命星が九紫火星

'26	'25	'24	'23	'22	'21	'20	'19	'18	'17	'16	
北			北			北			北		2月
北			北			北			北		3月
北		北	北		北	北		北	北		4月
	北			北			北			北	5月
											6月
北	北		北	北		北	北		北	北	7月
		北			北			北			8月
		北			北			北			9月
	北	北		北	北		北	北		北	10月
北			北			北			北		11月
北			北			北			北		12月
北		北	北		北	北		北	北		1月

本命星が八白土星

'26	'25	'24	'23	'22	'21	'20	'19	'18	'17	'16	
	北			北			北			北	2月
											3月
北			北			北			北		4月
		北			北			北			5月
											6月
	北			北			北			北	7月
北			北			北			北		8月
											9月
		北			北			北			10月
	北			北			北			北	11月
											12月
北			北			北			北		1月

※年や月の区切りは節切りによるものです。日盤表（付録Ｐ23～参照）で節入り日を確認しましょう。

Q 子どもの成績を上げる方位は？

A 頭が冴える南方位の気を受けましょう。

子どもの成績を上げるには、南が吉方位になるときに南方位の気を受けると良いでしょう。南の象意には「頭脳明晰」「学問芸術」「名誉」などがあり、成績を上げたり試験合格を祈願したりするときに、もっとも効果的な方位とされるからです。

家相の観点では、子どもの勉強机は家の中心から見て南にあるのが理想ですが、南に子ども部屋を設けることができない場合は、部屋の南に勉強机を配置します。こうすることで頭が冴え、成績アップが望めるでしょう。なお、子どもの本命星が年盤や月盤で南を運行（同会）するときは、自動的に頭が冴えます。この期間に集中して勉学に向かわせると結果が出せるでしょう。ただし、南は忍耐力に欠ける方位でもあるため、根気よく勉強するように諭してください。

本命星が一白水星

'26	'25	'24	'23	'22	'21	'20	'19	'18	'17	'16	
南	南		南	南		南	南		南	南	2月
											3月
■		南	■		南	■		南	■		4月
	南	南		南	南		南	南		南	5月
											6月
南	■		南	■		南	■		南	■	7月
南		南	南		南	南		南	南		8月
											9月
	南	■		南	■		南	■		南	10月
南	南		南	南		南	南		南	南	11月
											12月
■		南	■		南	■		南	■		1月

表の見方

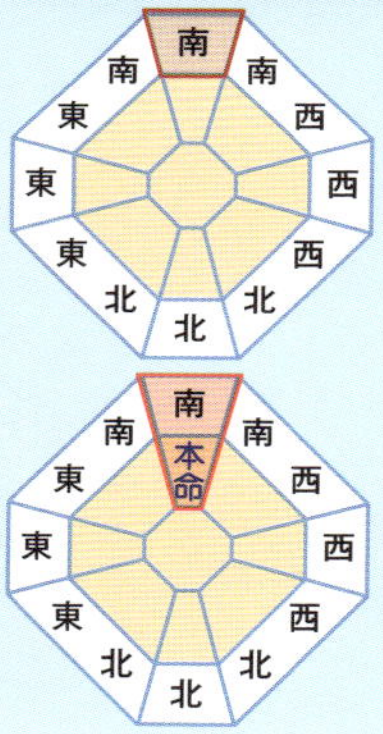

◀「南」と書かれている月は、南が吉方位

◀■部分は、本命星が南に同会する年・月

本命星が三碧木星

'26	'25	'24	'23	'22	'21	'20	'19	'18	'17	'16	
■		南	■		南	■		南	■		2月
											3月
南			南			南			南		4月
南	■		南	■		南	■		南	■	5月
											6月
	南			南			南			南	7月
	南	■		南	■		南	■		南	8月
											9月
		南			南			南			10月
■		南	■		南	■		南	■		11月
											12月
南			南			南			南		1月

本命星が二黒土星

'26	'25	'24	'23	'22	'21	'20	'19	'18	'17	'16	
	南	南		南	南		南	南		南	2月
■		南	■		南	■		南	■		3月
		南			南			南			4月
南		南	南		南	南		南	南		5月
南	■		南	■		南	■		南	■	6月
南			南			南			南		7月
南	南		南	南		南	南		南	南	8月
	南	■		南	■		南	■		南	9月
	南			南			南			南	10月
	南	南		南	南		南	南		南	11月
■			■			■			■		12月
		南			南			南			1月

本命星が五黄土星

'26	'25	'24	'23	'22	'21	'20	'19	'18	'17	'16	
	南	南		南	南		南	南		南	2月
南	■	南	南	■	南	南	■	南	南	■	3月
		南			南			南			4月
南		南	南		南	南		南	南		5月
南	南	■	南	南	■	南	南	■	南	南	6月
南			南			南			南		7月
南	南		南	南		南	南		南	南	8月
■	南	南	■	南	南	■	南	南	■	南	9月
	南			南			南			南	10月
	南	南		南	南		南	南		南	11月
	■			■			■			■	12月
		南			南			南			1月

本命星が四緑木星

'26	'25	'24	'23	'22	'21	'20	'19	'18	'17	'16	
		南			南			南			2月
											3月
南	■		南	■		南	■		南	■	4月
南			南			南			南		5月
											6月
	南	■		南	■		南	■		南	7月
	南			南			南			南	8月
											9月
■		南	■		南	■		南	■		10月
		南			南			南			11月
											12月
南	■		南	■		南	■		南	■	1月

本命星が七赤金星

'26	'25	'24	'23	'22	'21	'20	'19	'18	'17	'16	
											2月
南		南	南		南	南		南	南		3月
南		■	南		■	南		■	南		4月
											5月
南	南		南	南		南	南		南	南	6月
■	南		■	南		■	南		■	南	7月
											8月
	南	南		南	南		南	南		南	9月
	■	南		■	南		■	南		■	10月
											11月
											12月
南		■	南		■	南		■	南		1月

本命星が六白金星

'26	'25	'24	'23	'22	'21	'20	'19	'18	'17	'16	
	■			■			■			■	2月
南		南	南		南	南		南	南		3月
南		南	南		南	南		南	南		4月
		■			■			■			5月
南	南		南	南		南	南		南	南	6月
南	南		南	南		南	南		南	南	7月
■			■			■			■		8月
	南	南		南	南		南	南		南	9月
	南	南		南	南		南	南		南	10月
	■			■			■			■	11月
											12月
南		南	南		南	南		南	南		1月

本命星が九紫火星

'26	'25	'24	'23	'22	'21	'20	'19	'18	'17	'16	
南		■	南		■	南		■	南		2月
南			南			南			南		3月
											4月
■	南		■	南		■	南		■	南	5月
	南			南			南			南	6月
											7月
	■	南		■	南		■	南		■	8月
		南			南			南			9月
											10月
南		■	南		■	南		■	南		11月
											12月
											1月

本命星が八白土星

'26	'25	'24	'23	'22	'21	'20	'19	'18	'17	'16	
	南	南		南	南		南	南		南	2月
南		■	南		■	南		■	南		3月
											4月
南		南	南		南	南		南	南		5月
■	南		■	南		■	南		■	南	6月
											7月
南	南		南	南		南	南		南	南	8月
	■	南		■	南		■	南		■	9月
											10月
	南	南		南	南		南	南		南	11月
		■			■			■			12月
											1月

 ※年や月の区切りは節切りによるものです。日盤表（付録P23～参照）で節入り日を確認しましょう。

Q 子どもの個性の伸ばし方は？

A 月命星の性質を知ることから始まります。

「その人の能力は、子ども時代にすでに現れている」といわれることがあります。人は成長するにつれ、無意識のうちに社会のルールに従って生きることを学びますから、大人になると、本来備わっている能力が隠れてしまいやすいのです。

子どもが本来もっている**能力**や**個性**は、**月命星**から探ることができます。本命星は大人になってから現れやすい性質で、**月命星**は**子ども時代に現れやすい性質**だからです。そのためにも、子どもの**個性を伸ばす**には、**月命星の性質を知ることが大切**なのです。

月命星が 一白水星
落ち着きがある知性的な子ども

口数は多くなくても順応力があるので、どんな相手や環境でもなじむことができるようです。それが可能なのは、高い知力と人の心を読む力、さらに忍耐力があるから。芯の強さもあります。このようにしっかりした子どもですから、親が先回りをして何でもやってしまうのは、この子の高い能力を閉ざすことになります。自主性を尊重するようにしましょう。

月命星が 二黒土星
恥ずかしがり屋だけど努力家

いつの間にか人の後ろに隠れてしまうようなおとなしい子どもで、行動も人よりゆっくりしているほうですから、遅れを取って損をすることも少なくないようです。でも、この子はとても真面目で誠実、そして頑張り屋。どんなことも手を抜かず、コツコツと努力して最後までやり遂げます。人に尽くすことも嫌がりません。長所をしっかり認めて育んであげてください。

月命星が 三碧木星
好奇心旺盛で元気いっぱい！

とにかく活発で友だちも多く、大勢で騒ぐことが好きな、いわゆる子どもらしい子どもでしょう。親がちょっと目を離した隙に、勝手にどこかに行ったり、何かをしでかしたりすることも。自己主張も強く、自分の思い通りにならないと、泣いたり怒ったりして親を困らせることもありそうです。わがままな面は諭すことも必要ですが、好奇心は認めてあげて。

月命星が 四緑木星
友だちから頼りにされる人気者
外で遊ぶのが大好きな子どもで、家に帰れば友だちの話をよくするでしょう。自分が先頭に立って仲間をリードするタイプではありませんが、仲間うちで対立している子がいれば仲裁役を買って出るなどして、友だちから大きな信頼を得ているはずです。社交性、協調性、調整力にすぐれた子どもですから、コミュニケーションの力を存分に伸ばしてあげましょう。

月命星が 五黄土星
粘り強く頑張るリーダータイプ
何かをやろうと思ったら、どんなに難しいことでも泣き言をいわず頑張り通す子どもです。勝ち気で頑固な面はありますが、一方で思いやりと繊細な心をもち、友だちから頼りにされるリーダータイプです。何でも行きすぎの傾向があり、親はついブレーキをかけたくなりますが、リーダーとしての資質を伸ばすためにも、あまり頭を押さえつけないことです。

月命星が 六白金星
克己心をもつ勇敢な子ども
子どもながらに自分に完全を求め、勉強だけでなくスポーツも頑張る子どもでしょう。正義感も強く曲がったことが嫌いですから、誰かがいじめに遭っていたら、果敢にいじめっこをやっつけるかもしれません。小さい頃から私利私欲がなく、周囲のために力を尽くせます。「自分のことだけを考えなさい」と親はいいたくなることもありますが、ぐっとこらえましょう。

月命星が 七赤金星
おしゃべりが大好きなおませさん
就寝中以外は、おしゃべりをしているか物を食べているかのどちらかで、とにかく口を動かすのが好きな子どもでしょう。やや早熟で、大人の言葉や振る舞いを真似たりすることも。天性の愛嬌があり、他人からもよくかわいがられるでしょう。また、意外に芯が強く、密かに叶えたい夢をもっているようです。興味を示す習い事があれば、やらせてあげましょう。

月命星が 八白土星
独自の世界をもつ芯の強い子ども
自己主張ができる子どもです。たとえば親の用意した服が気に入らなければ、絶対に袖を通さなかったりします。反対に、気に入った服は何日も着続けるなど、少々風変わりな子どもでしょう。空き缶や瓶のふたなど、周囲が価値を置かない物を集め続けることも。しかし、これがこの子の個性。親の価値観や常識に従わせるのは、個性をつぶすことになるので気をつけましょう。

月命星が 九紫火星
学力も感性も表現力もピカイチ！
頭が良く、熱心に勉強をすればトップに立てる潜在能力をもっています。感情表現も豊かですから、絵や文章、音楽などを得意とする子もいるでしょう。月命星が九紫火星の子どもは、もっとも才能に恵まれる星といわれます。ただし、根気がなく、壁にぶつかるとすぐに諦めてしまう面が。何かの才能を感じたなら、とにかく褒めること。子ども自身にも自信がつくでしょう。

Q 不動産を購入する際に注意することは？

A 暗剣殺、歳破・月破の年月を避けることです。

まず、**物件は年と月の吉方位から選ぶ**ことが基本です。そして必ず押さえておきたいのが**購入時期**で、本命星に年・月とも**暗剣殺**、**歳破**・**月破**が付随しないときに購入します。家族がいて、全員の本命星に凶殺が付随しない時期を選ぶことが難しい場合は、少なくとも**世帯主の本命星に凶殺が付随しない時期**を選ぶようにします。

暗剣殺や**歳破**がその年の**本命星に付随する**場合は、一年間**購入を見送る**ことになりますし、タイミングによっては数年間、購入できない時期が続くこともあります（表参照）。そのような場合、たとえ理想の物件が見つかったとしても、その物件には縁がなかったと思ってください。購入の好機は必ずやってきます。くれぐれも焦らないようにしましょう。

本命星が一白水星

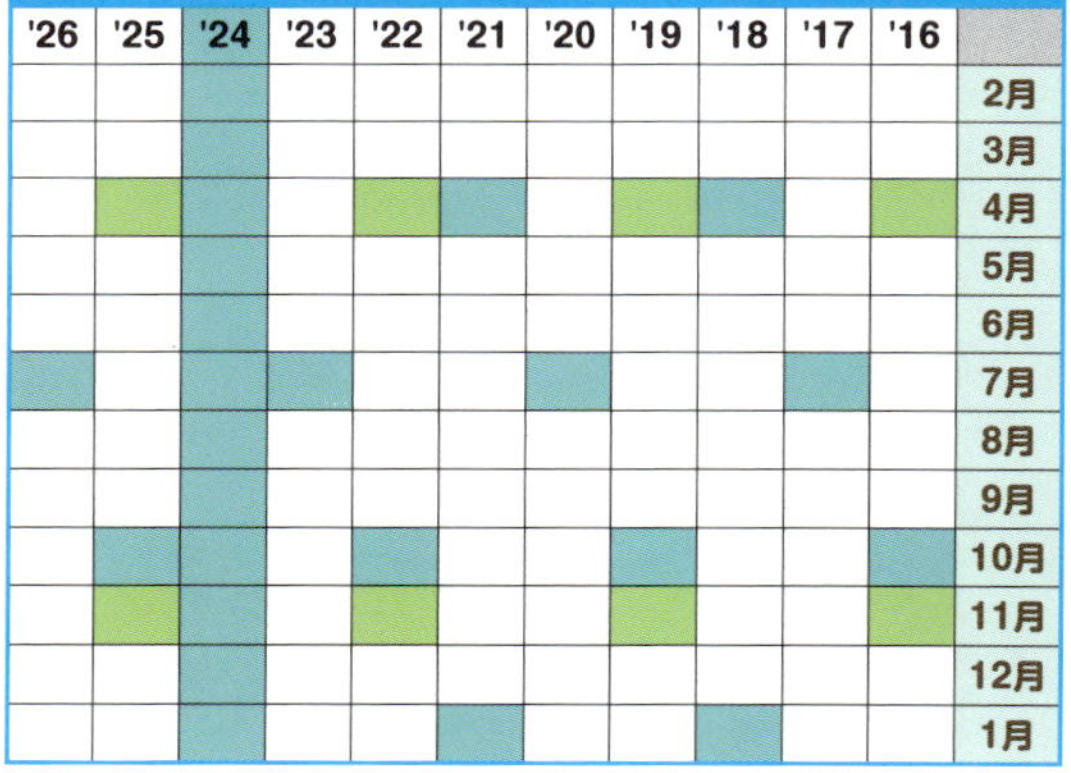

表の見方

■…本命星に暗剣殺が付随するとき

■…本命星に歳破または月破が付随するとき

●年や月によっては、暗剣殺と歳破の両方が付随する場合があります。そのような年や月は、暗剣殺を優先して表示しています。

●この表は、不動産購入だけでなく、引っ越しや長期の旅行などを計画するときにも活用してください。

本命星が三碧木星

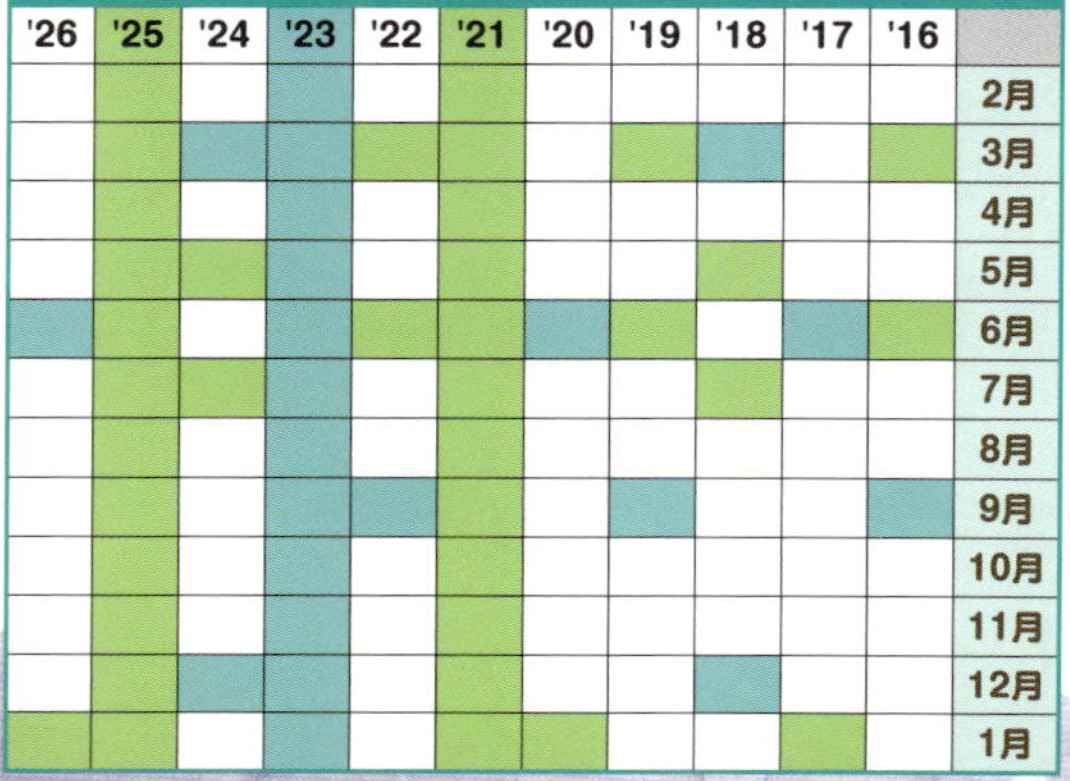

本命星が二黒土星

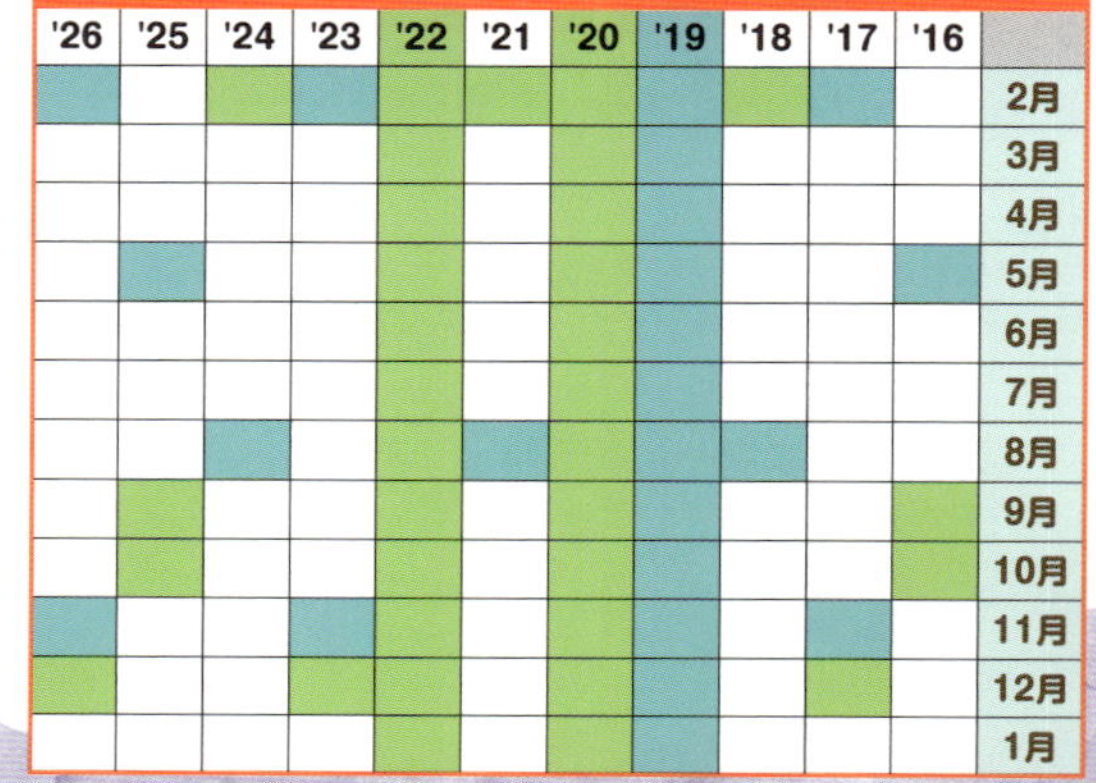

本命星が五黄土星

'26	'25	'24	'23	'22	'21	'20	'19	'18	'17	'16	
											2月
											3月
											4月
											5月
											6月
											7月
											8月
											9月
											10月
											11月
											12月
											1月

本命星が四緑木星

'26	'25	'24	'23	'22	'21	'20	'19	'18	'17	'16	
											2月
											3月
											4月
											5月
											6月
											7月
											8月
											9月
											10月
											11月
											12月
											1月

本命星が七赤金星

'26	'25	'24	'23	'22	'21	'20	'19	'18	'17	'16	
											2月
											3月
											4月
											5月
											6月
											7月
											8月
											9月
											10月
											11月
											12月
											1月

本命星が六白金星

'26	'25	'24	'23	'22	'21	'20	'19	'18	'17	'16	
											2月
											3月
											4月
											5月
											6月
											7月
											8月
											9月
											10月
											11月
											12月
											1月

本命星が九紫火星

'26	'25	'24	'23	'22	'21	'20	'19	'18	'17	'16	
											2月
											3月
											4月
											5月
											6月
											7月
											8月
											9月
											10月
											11月
											12月
											1月

本命星が八白土星

'26	'25	'24	'23	'22	'21	'20	'19	'18	'17	'16	
											2月
											3月
											4月
											5月
											6月
											7月
											8月
											9月
											10月
											11月
											12月
											1月

 ※年や月の区切りは節切りによるものです。日盤表（付録P23～参照）で節入り日を確認しましょう。

Q 不動産物件の良し悪しを判断するには？

A 物件のある方位に運行する九星の象意で判断します。

九星方位気学には、家や土地環境など不動産物件の特徴を判断する方法があります。複数の物件を比較するときの参考にするのも良いでしょう。

方法は、**自宅から物件がどの方位にあるか**を見て、その方位を運行する**九星の象意**から左の一覧のように判断します。**環境面は年盤、建物の特徴は月盤**から導き出します。

判断する際の方位を見るタイミングは、広告やネットなどで**物件の情報を知った年月**です。

物件のある方位に五黄殺、暗剣殺、歳破・月破などの凶殺が付随している場合は、検討から除外しましょう。

例　題

物件の情報を得た日
▼**2016年4月10日**
自宅から見た物件のある方位
▼**東**
年盤で東を運行する九星
▼**九紫火星**
月盤で東を運行する九星
▼**七赤金星**

土地環境は九紫火星の象意、家屋は七赤金星の象意から判断します。

2016年4月の月盤

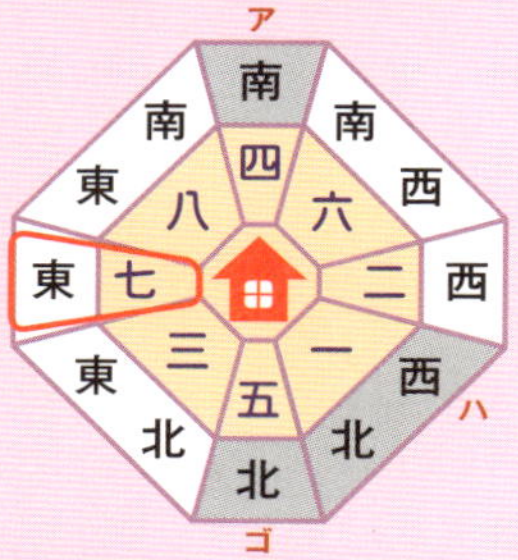

月盤で東を運行する九星は七赤金星です。家屋の特徴は七赤金星の象意で判断します。

2016年の年盤

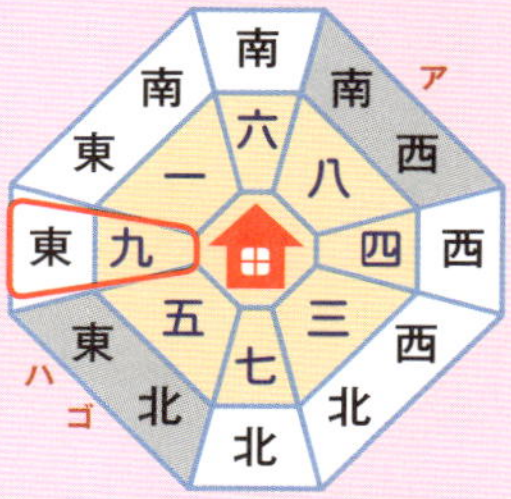

年盤で東を運行する九星は九紫火星です。土地環境は九紫火星の象意で判断します。

一白水星
が運行する方位の物件
価格はリーズナブルですが、陽当たりが悪いようです。

二黒土星
が運行する方位の物件
庶民的な雰囲気の環境でしょう。価格は手頃です。中古物件なら大吉。

三碧木星
が運行する方位の物件
賑やかな環境でしょう。街の発展も期待できます。新規物件なら大吉。

四緑木星
が運行する方位の物件
近所づき合いがスムーズにいきそうです。家屋は洗練された雰囲気。

五黄土星
が運行する方位の物件
五黄殺方位の物件のため、問題が発生しやすいでしょう。検討から除外を。

六白金星
が運行する方位の物件
高級住宅街でしょう。価格はやや高めですが、満足のいく家屋です。

七赤金星
が運行する方位の物件
飲食店や娯楽施設が多い環境でしょう。家屋には不満が出そうです。

八白土星
が運行する方位の物件
交通の便が良いようです。家屋のデザインは個性的でしょう。

九紫火星
が運行する方位の物件
陽当たりの良い文教地区でしょう。家屋は華やかな雰囲気です。

Q お墓を購入するのに良い方位は？

A 自宅から見て、北・西北・西が吉です。

公園墓地や寺院墓地、民間経営の霊園などで墓地を購入（正式には永代使用権の取得）する場合、墓相学で吉方位とされるのが、自宅から見て**北・西北・西**にある墓地です。

古代中国では、**墓の方位の吉凶は家運に影響する**と考え、むしろ住宅の移転方位より重視したといいます。

現代ではこのような考え方に則ることは少なくなりましたが、それでも方位を気にするのであれば、北・西北・西の墓地を選ぶのが良いでしょう。墓を購入する方位の凶殺は、それほど気にしなくて結構です。

◆◆墓の向きにも吉凶がある

墓の向きは、**北を背にして南を正面、西北を背にして東南を正面、西を背にして東を正面**にするのが吉とされます（宗派によって異なることがありますので、寺院などで確認しましょう）。これは、南・東南・東が庶民の位を表すとされるからです。墓地を購入する際に墓の向きを選ぶ余地があれば、それも考慮に入れると良いでしょう。

注意：墓の向きを調べる場合は、家相と同様、八方位が45度均等の**家相方位盤**を用います。

墓を購入する場合の吉方位

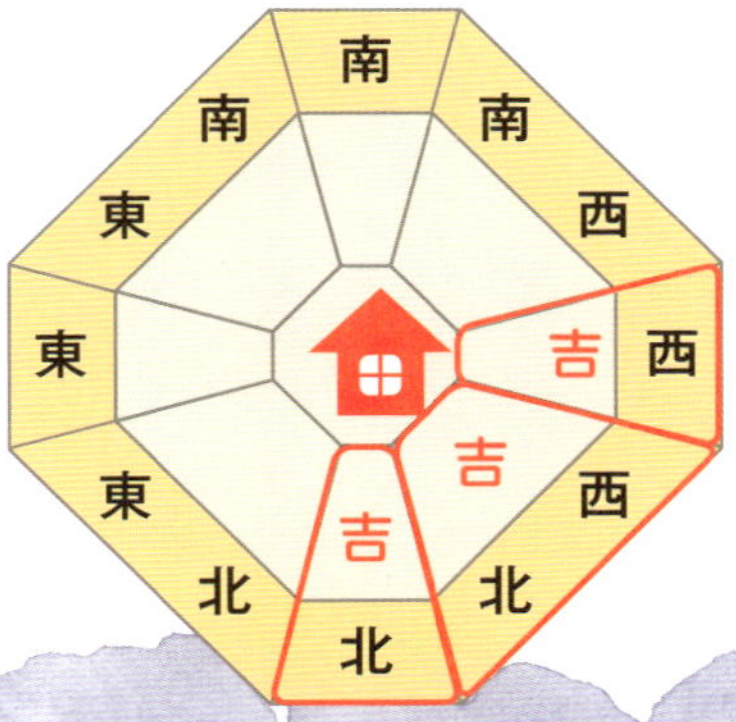

自宅から見て北・西北・西が墓を購入するときの吉方位です。

墓の向き

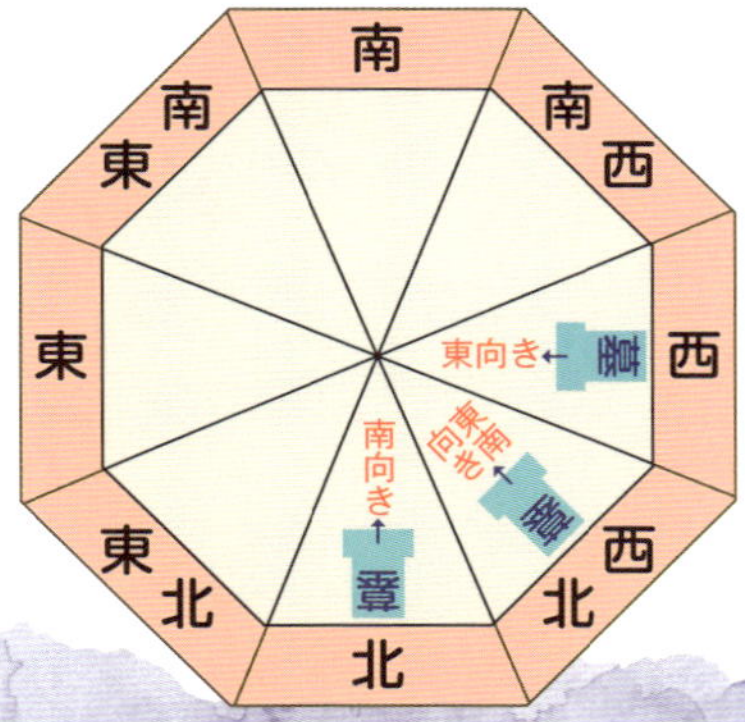

墓の向きを調べる場合は、家相方位盤を用います。北を背にして南を正面、西北を背にして東南を正面、西を背にして東を正面に向けるのが吉です。
※家に仏壇を配置する場合も「墓の向き」と同じ考え方です。

Q 姑と上手につき合うには？

姑が喜ぶツボ、怒るときのツボを把握しておきましょう。

A 東洋の考え方に「陰陽」があります。陰と陽は互いにないものを補完し合えるのでぶつかり合いは少ないのですが、陰と陰、陽と陽のように同質の組み合わせは反発しやすいものです。同性同士の嫁と姑の関係が難しいといわれるのはそのためでしょう。

しかし、相手の性質がわかれば良好な関係を築きやすくなります。とくに「喜ぶツボ」、「怒りのツボ」は、必ず押さえておきましょう。

本命星が 一白水星

喜ぶツボ 少々愚痴が多い一白水星の姑です。誰でも愚痴は聞きたくないものですが、この姑と距離を近づけるには、なるべく愚痴に耳を傾けてください。その際には反論したり、意見を述べたりしないこと。それより共感の姿勢を見せることが大切です。

怒りのツボ 一白水星の姑は用心深く、秘密主義の面も。もしも姑の秘密を知ってしまっても、口外は厳禁。二度と心を開いてくれないでしょう。

本命星が 二黒土星

喜ぶツボ 二黒土星の姑は、家族のために地味な仕事も黙々と担ってくれます。ところが家族はそれを当然のように思いがち。もちろん姑は見返りなど求めていませんが、それでも感謝の言葉をかけてもらえれば、きっと大喜びしてくれるはずです。

怒りのツボ 物を粗末にしたり、無駄遣いをしたりするのが大嫌いな姑です。そんなことをしたら、温厚な姑もさすがに怒りますから気をつけて。

本命星が 三碧木星

喜ぶツボ 三碧木星の姑には、ファッションも生き方も、実年齢を感じさせない若さがあります。そんな姑は、若さを称賛されるのが何よりうれしいようです。新しくできたレストランなどに誘うのも喜ばれるでしょう。

怒りのツボ 何事もテキパキ行動することが好きなタイプですから、姑に頼まれたことは最優先で片づけて。潔癖な面もあるので、掃除や洗濯などもこまめにしないと怒られます。

本命星が四緑木星

喜ぶツボ 友人が多く情報通の姑で、自分自身、それを自慢に思っているところがあるようです。まずはそのことを称えましょう。また、少々見栄っ張りなところもありますから、仲間のなかでも姑が一番センス良く、おしゃれであることも伝えてください。

怒りのツボ 人間関係を大切にする姑なので、友人や仲間の悪口をいわれたり、軽く扱われたりすることをもっとも嫌います。注意しましょう。

本命星が五黄土星

喜ぶツボ 五黄土星の姑は、口には出さなくても、家族が自分を頼ってくれることを望んでいるようです。そんな姑には「いつまでもあなたの力が必要」の気持ちを見せることが大事。素直に甘えることも大切です。遠慮をすると「水くさい」と思われます。

怒りのツボ 息子が結婚したからといって「代が代わった」とは思わない姑です。何を決めるにしても、姑の意見を尊重しないと怒られます。

本命星が六白金星

喜ぶツボ 気位の高い六白金星の姑は、容易に喜ぶことはないでしょう。ただし、この姑は社会に対する意識が高く、そのことを認められるとプライドがくすぐられるようです。その際も「お義母さん、私も勉強します」と尊敬の念を見せるのが鉄則です。

怒りのツボ いくら言葉は丁寧でも「お義母さん、これやっていただけます?」などと指示すると、「あなた何様?」と怒られるので注意して。

本命星が七赤金星

喜ぶツボ 七赤金星の姑はサービス精神が旺盛で、人に喜んでもらうのが大好き。ですから、姑を喜ばそうとするのではなく、姑の旺盛なサービス精神に応えることが一番。姑の冗談は、大いに笑って楽しみましょう。

怒りのツボ 七赤金星の姑は失言が多いことでも有名です。ただし、その失言を本気で指摘すると、意外にプライドが高い姑なので逆に怒られます。笑って聞き流す術を身につけて。

本命星が八白土星

喜ぶツボ 八白土星の姑は、墓参りなどの先祖供養を熱心に行うタイプ。それに快くつき合うことが、姑にとっての大きな喜びになります。経済観念がしっかりしている人なので、毎月、お小遣いは忘れずに渡してください。その見返りは、いずれありますよ。

怒りのツボ 身内愛の強い姑なので、親族のことを少しでも悪く話すのはタブーです。姑の息子、つまり夫の悪口も姑の前でこぼしてはいけません。

本命星が九紫火星

喜ぶツボ 九紫火星の姑は、一を聞いて十を知る、頭の切れるタイプ。美的センスも良いはずです。そんな姑はナルシストでもあるので、頭の良さやセンスの良さを称えてあげるのが一番です。ことあるごとに褒めてあげましょう。

怒りのツボ 気分屋で短気な九紫火星の姑は、些細なことで怒りが爆発。これは本来の性格なので気にしないこと。顔色を伺う必要はありません。

Q 仕事運を上げる方位は？

A 西北、東南、東、南です。

ひとくちに仕事運を上げる方位といっても、象意別に複数あります。

たとえば、実力を認めてもらって今よりレベルの高い仕事がしたいときは西北、これまでの努力を実らせたいときや商売繁盛を願うときは東南、転職や独立を成功させたいときは東、昇進昇格を叶えたり、才能を開花させたりしたいときは南、という具合です。

さて、あなたはどの目的で仕事運を上げたいですか？　まずは目的をはっきりさせましょう。そして、目的に合った方位が吉の年に、その方位に出かけて吉の気をたっぷり受けてください。年と月の吉方位がそろう月に旅行などをするのもいいですね。どの月が年の吉方位と同じになるかは、付録の月盤表を参照して探しましょう。

また、本命星が西北、東南、東、南に同会する年は、何らかの形で仕事運アップが期待できそうです。ただし、暗剣殺や歳破が付随する年だけは、調子に乗らず、慎重に行動しましょう。

表の見方　○…吉方位になる年　■…指定の方位に同会　ア…暗剣殺　ハ…歳破

西北が吉方位になる年（緑色の年は同会）

'26	'25	'24	'23	'22	'21	'20	'19	'18	'17	'16	本命星
				○				■			一白水星
■				○		○	○		■		二黒土星
	■ハ						○	○		■	三碧木星
		■ハ					○	○		○	四緑木星
○			■	○		○	○		○		五黄土星
○				■				○	○		六白金星
○				○	■ア	○		○	○		七赤金星
○				○		■	○		○		八白土星
						○	■			○	九紫火星

東南が吉方位になる年（緑色の年は同会）

'26	'25	'24	'23	'22	'21	'20	'19	'18	'17	'16	本命星
				○		○					一白水星
						○					二黒土星
○			ア	○					○		三碧木星
○	○								○	○	四緑木星
○		○				○			○		五黄土星
	○	○								○	六白金星
	○	○				○	ハ			○	七赤金星
○		○						ハ	○		八白土星
		○		○							九紫火星

東が吉方位になる年（緑色の年は同会）

'26	'25	'24	'23	'22	'21	'20	'19	'18	'17	'16	本命星
		ア		○	○			○			一白水星
○	○						○			○	二黒土星
	○				○					○	三碧木星
											四緑木星
○	○		○				○	○		○	五黄土星
○								○			六白金星
○			○				○				七赤金星
	○		○				○	○	ハ	○	八白土星
○			○	○	○						九紫火星

南が吉方位になる年（緑色の年は同会）

'26	'25	'24	'23	'22	'21	'20	'19	'18	'17	'16	本命星
	○	○					○			○	一白水星
	○	○	○	○		ハ				○	二黒土星
				○	○						三碧木星
				○	○			ア			四緑木星
	○	○	○	○						○	五黄土星
		○	○		○						六白金星
			○		○						七赤金星
	○			○						○	八白土星
							○				九紫火星

Q 財運を上げる方位は？

A 西、北東、南西、北です。

金運だけでなく、不動産運などを含めた運のことを財運といいます。財運アップの方位は目的ごとに複数あります。

たとえば、物を買うためのお金に余裕をもちたいときは西、貯蓄高を上げたいときは北東、不動産運をアップしたいときは北東、南西、へそくりを上手に貯めたいときは北、となります。

どの財運を上げたいかを決めたら、その方位が吉になるときにその方位に出かけ、吉の気を受けましょう。

また、食べ物でもその方位の気を上げることができます。

西…鶏肉、卵、辛い味、甘い味
北東…挽肉料理、練り製品
南西…米飯、煮豆、芋
北…海産物、牛乳、酒

財運別にこれらの食材や料理を普段より多めに食べると良いですよ。もちろん栄養バランスは考えましょう。

なお、本命星が西、北東、南西、北に同会する年は、方位の象意に合った財運アップが期待できそうです。ただし、暗剣殺や歳破が付随する年だけは、あまり欲をかかないこと。裏目に出ることもあるからです。

表の見方　○…吉方位になる年　■…指定の方位に同会　**ア**…暗剣殺　**ハ**…歳破

西が吉方位になる年（黄色の年は同会）

'26	'25	'24	'23	'22	'21	'20	'19	'18	'17	'16	本命星
○	○			○			■		○	○	一白水星
				○	○			■			二黒土星
■	○						○		■	○	三碧木星
○	■						○		○	■	四緑木星
		■		○	○			○			五黄土星
			■ハ	○	○			○			六白金星
				■	○		○				七赤金星
				○	■			○			八白土星
○					○	■ア		○	○		九紫火星

北東が吉方位になる年（黄色の年は同会）

'26	'25	'24	'23	'22	'21	'20	'19	'18	'17	'16	本命星
○		○						○	○		一白水星
		○	○		○		ア				二黒土星
○						○			○		三碧木星
					○			○			四緑木星
		○	○	○	○					ハ	五黄土星
			○	○		○					六白金星
		○		○		○					七赤金星
		○	○		○						八白土星
○				○				○	○		九紫火星

南西が吉方位になる年（黄色の年は同会）

'26	'25	'24	'23	'22	'21	'20	'19	'18	'17	'16	本命星
○								○	○		一白水星
○		○		ハ				○	○		二黒土星
		○	○		ハ	○					三碧木星
		○	○								四緑木星
○		○						○	○		五黄土星
○			○						○		六白金星
								○			七赤金星
○	ア	○						○	○	ア	八白土星
						○					九紫火星

北が吉方位になる年（黄色の年は同会）

'26	'25	'24	'23	'22	'21	'20	'19	'18	'17	'16	本命星
	○					○	○			○	一白水星
	○	○	○							○	二黒土星
			○	○							三碧木星
			○	○		○					四緑木星
	○	○	○		○					○	五黄土星
アハ		○		○	○				ア		六白金星
				○	○						七赤金星
	○				○					○	八白土星
		○			○	○	○				九紫火星

Q 自分の体質の傾向を知るには？

A 本命星と月命星の象意から判断します。

その人の体質は、本命星と月命星の象意（Ｐ26～34参照）から調べることができます。**本命星**は**7割**、**月命星**は**3割**。この割合でその人の体質が作られていると考えてください。

本命星または月命星が 三碧木星

体力があるので無理を重ねがち

新芽が勢いよく吹き出す春の季節を表す三碧木星は、新陳代謝が活発で、自然治癒力にすぐれます。三碧木星が常に元気で若々しくいられるのはそのためでしょう。ただし、その分無理を重ねやすく、それが肝臓に負担をかけるのです。また、気性の激しい星だけに興奮しやすく、神経を疲れさせることも。せっかちな性質からケガにも注意を。

注意したい症状や病気

神経症、ストレス性の病気、肝臓病、胃酸過多、胆のう炎、脚気、喘息、舌や声帯の病気、痙攣、リウマチなど

本命星または月命星が 四緑木星

呼吸器系、ウィルス感染に注意

成熟した樹木を表す四緑木星は、本来健康な星です。ただし、人に気を遣いすぎることから神経疲れを起こしがち。また、四緑木星は「細長い物」を象意とし、人体では腸や呼吸器を表します。これらの部位に弱みをもつことが多いでしょう。その他、風を表す星のため、ウィルスに感染しやすい傾向も。インフルエンザの季節にはとくに注意が必要です。

注意したい症状や病気

感染症、インフルエンザ、破傷風、神経症、大腸炎、呼吸器に関する病気、食道に関する病気、臭いを伴う症状

本命星または月命星が 一白水星

冷えを予防して十分な睡眠を

北や冬を表す一白水星は体が冷えやすく、それが健康を損なう大きな要因になります。とくに風邪を引きやすく、腎臓や膀胱、女性であれば婦人科系の病気に弱みが出やすいでしょう。健康管理を行うには、まずは冷えを防いで血行を促すこと。疲れが抜けにくい星でもありますから、無理は絶対に控え、質の良い睡眠を十分に取るように心がけてください。

注意したい症状や病気

冷え性、腎臓病、泌尿器系の病気、婦人科系の病気、糖尿病、下痢、睡眠障害、アルコール依存症、鬱病など

本命星または月命星が 五黄土星

暴飲暴食で消化器系が弱点に

強靱な体力の持ち主で再生力もありますから、十分に無理のきく身体です。ただし、つい暴飲暴食をしやすく、それが消化器系を痛めつける傾向にあります。とくに大腸は五黄土星を表す部位ですから、ほどほどの食事量を心がけましょう。また、五黄土星は九星の中心を表す星で、内臓全般に弱みをもつと考えられます。中年期以降はより注意が必要です。

注意したい症状や病気

大腸に関する病気、感染症、心臓疾患、脳溢血、浮腫、下痢、便秘、食中毒、中毒症、潰瘍、持病の再発など

本命星または月命星が 二黒土星

丈夫な胃腸を過信しないで

二黒土星は滋養豊富な大地を表します。そんな二黒土星は食欲旺盛で、栄養分をもれなく吸収できる丈夫な胃腸をもっています。ただし、食べすぎれば、いくら丈夫な胃腸でも負担はかかるもの。そのため、二黒土星は皮肉にも胃腸に弱みが出やすいのです。また、我慢強い性格からストレスを溜めやすい特徴もあります。上手に解消するように努めましょう。

注意したい症状や病気

胃腸病、盲腸、腹膜炎、皮膚病、疥癬、便秘、下痢、慢性疲労、手足のケガ、不眠症、健忘症、持病の再発

本命星または月命星が 九紫火星

激しい感情による血圧変動に注意

喜怒哀楽の激しい九紫火星は、血圧の上下動が大きく、それが心臓や脳に負担をかける特徴があります。まずは情緒の安定を心がけることが大事でしょう。また、九紫火星は首から上を象意とするため、頭部や顔面の病気にかかりやすい傾向も見られます。眼精疲労も他の星に比べて重くなりがちです。目を酷使しないように十分気をつけてください。

注意したい症状や病気

頭痛、眼病、顔面神経痛、扁桃腺、脳梗塞、心臓病、動脈硬化、高血圧・低血圧、精神疾患、火傷、熱中症など

本命星または月命星が 六白金星

免疫力が高い健康体。血圧に注意

もともと「健全」「健康」を意味する六白金星は、骨格がしっかりした丈夫な身体の持ち主です。内臓も強く、免疫力も高いでしょう。しかし、それが過信につながり、大事に至ることが少なくありません。まずは過信を改め、こまめに健康診断を受ける習慣をつけることが大切です。とくに心臓や血圧など循環器系統の病気には十分注意してください。

注意したい症状や病気

心臓疾患、動脈硬化、高血圧、皮膚病、扁桃腺、発疹や発熱を伴う病気、肺炎、気管支系の病気、骨折、過労

後天定位盤と人体部位

後天定位盤の九星の配置を人体に置き換えると図のようになります。本命星や月命星が該当する部位に弱みが出やすいですから、日頃からその部位をよくケアしましょう。健康運アップにつながります。

後天定位盤

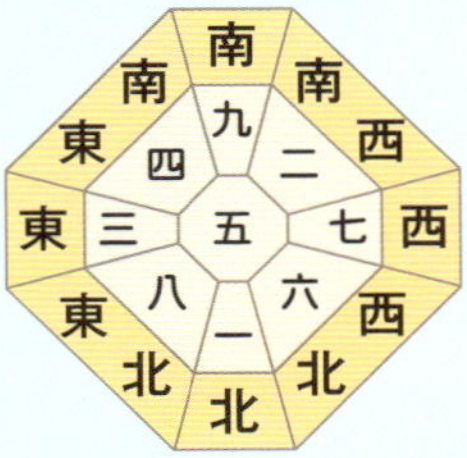

本命星または月命星が 七赤金星

体重増加と口腔系の病気に用心を

七赤金星は、好きなことや楽しいことを優先する星ですから、どの星よりもストレスが少なく、病気にもかかりにくいでしょう。ただし、美食家ですから体重が増えがちで、それがさまざまな病気を引き寄せることに。また、七赤金星は「口」を象意とするため、虫歯や口内炎に悩まされるかもしれません。呼吸器や生殖器にも弱みが出やすい傾向が。

注意したい症状や病気

歯痛、口内炎、口腔系の病気、気管支系の病気、膀胱結石、膀胱炎、性病、尿毒症、糖尿病、生理不順

本命星または月命星が 八白土星

ストレッチを習慣にして腰痛予防

骨格や筋肉に恵まれ、がっちりした体格の八白土星は、反面、関節に弱みを抱えやすいことが特徴。腰痛や関節痛は八白土星の専売特許といってもいいくらいです。また、筋肉が凝りやすく、肩こりに悩む傾向もあります。その他、消化器系も弱点で、便秘体質でもあるでしょう。八白土星の場合、ストレッチやウォーキングが健康管理に欠かせません。

注意したい症状や病気

関節痛、肩こり、腰痛、リウマチ、背骨に関する病気、筋肉に関する病気やケガ、肋膜炎、腎炎、蓄膿症など

Q 病院選びの方位は？

A 凶殺を避けて吉方位から選びます。

病院は、五黄殺・暗剣殺・歳破（月破・日破）・本命殺・本命的殺の**凶殺がかからない方位から選ぶ**のが原則で、**理想は吉方位から選ぶ**ことです。とくに慢性疾患や重い病気など、長期の治療を必要とする場合は年・月・日ともに吉方位にある病院で、初診または入院できるのが望ましいでしょう。

とはいえ、年・月・日で吉方位がそろうのは、一年のうちでも限られますから、年・月・日の吉方位がそろわない場合で、**長期の治療が必要**と考えられるときには、**年・月でそろう吉方位**から選びます。**短期の治療で済みそう**な場合は、**月・日がそろう吉方位**、または**日だけの吉方位**から選んでかまいません。かかりつけ医を選ぶ、人間ドックに入るなど、**病院選びに比較的時間の余裕がある場合**は、**年・月でそろう吉方位**から選ぶのが良いでしょう。

表の活用の仕方

【2016年7月の吉方位は？】

2016年7月の月盤　2016年の年盤

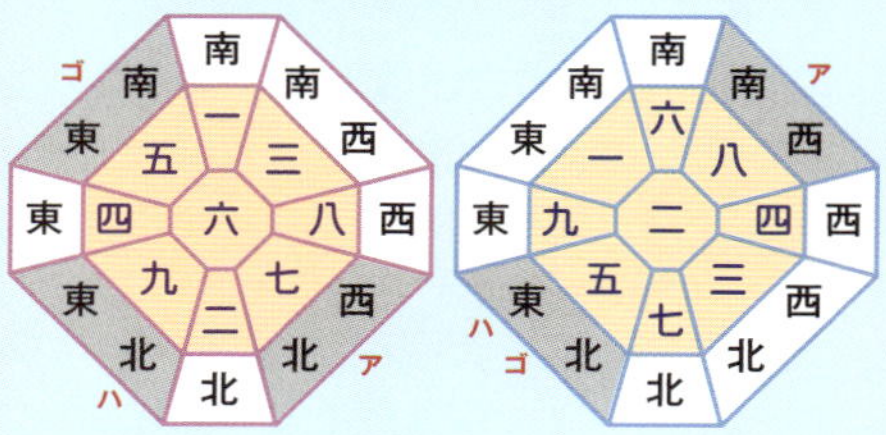

2016年は二黒中宮、7月の盤は付録13ページからピックアップします。本命星が三碧木星であれば、2016年の吉方位は下表の通り「西・東」。7月の月盤で西・東のうち、吉方位になる方位を探します。三碧木星の相性の良い九星は一白水星・九紫火星・四緑木星です（P13参照）。これらの星が凶殺にかかっていなければ吉方位です。月盤を見ると、四緑木星が東にあります。

本命星・三碧木星の人が2016年7月に病院を選ぶ場合➡東方位で探すのが良い

となります。

本命星別 2016～2026年の吉方位

2016年の吉方位

吉方位	本命星
北・南・西	一白水星
東・北・南	二黒土星
西・東	三碧木星
東南・西北	四緑木星
東・北・南	五黄土星
東南	六白金星
東南	七赤金星
東・北・南	八白土星
西北	九紫火星

2017年の吉方位

吉方位	本命星
南西・西・北東	一白水星
南西	二黒土星
北東・東南	三碧木星
西・東南	四緑木星
東南・西北・南西	五黄土星
西北・南西	六白金星
西北	七赤金星
東南・西北・南西	八白土星
西・北東	九紫火星

※吉方位は左から吉意の高い順に並べています。

※赤字は、吉方位が取れないため、五黄殺・暗剣殺・歳破・本命殺・本命的殺以外から取った方位です。凶殺にかかっていないので使用可能です。

2018年の吉方位

吉方位	本命星
南西・東・北東	一白水星
南西	二黒土星
西北	三碧木星
西北・北東	四緑木星
西・南西・東	五黄土星
西・東・西北	六白金星
南西・西北	七赤金星
西・南西・東	八白土星
北東・西	九紫火星

2019年の吉方位

吉方位	本命星
南・北	一白水星
西北・東	二黒土星
西・西北	三碧木星
西・西北	四緑木星
西北・東	五黄土星
北・南・西北	六白金星
東・西	七赤金星
西北・東	八白土星
南・北	九紫火星

2020年の吉方位

吉方位	本命星
東南・北	一白水星
西北・東南	二黒土星
北東・南西	三碧木星
北	四緑木星
西北・東南	五黄土星
北東	六白金星
西北・東南・北東	七赤金星
北・北東・南西	八白土星
北・南西・西北	九紫火星

2021年の吉方位

吉方位	本命星
東	一白水星
北東・西	二黒土星
南・東	三碧木星
南・北東	四緑木星
北東・西・北	五黄土星
西・北・南	六白金星
西・北・南	七赤金星
北東・北	八白土星
東・西・北	九紫火星

2022年の吉方位

吉方位	本命星
西北・西・東・東南	一白水星
南・西北・西	二黒土星
北・東南・南	三碧木星
北・南	四緑木星
南・北東・西北・西	五黄土星
北東・西・北	六白金星
北東・西北・北	七赤金星
南・西北・西	八白土星
東・東南・北東	九紫火星

2023年の吉方位

吉方位	本命星
北・東・南	一白水星
北・南・北東	二黒土星
南西・北	三碧木星
南西・北	四緑木星
北・南・東・北東	五黄土星
南・北東・南西	六白金星
南・東	七赤金星
東・北東	八白土星
東	九紫火星

2024年の吉方位

吉方位	本命星
北東・南	一白水星
南西・北・北東・南	二黒土星
南西	三碧木星
南西	四緑木星
南西・北・東南・北東・南	五黄土星
北・東南・南	六白金星
東南・北東	七赤金星
南西・東南・北東	八白土星
北・東南	九紫火星

2025年の吉方位

吉方位	本命星
南・北・西	一白水星
東・南・北	二黒土星
西・東	三碧木星
東南	四緑木星
東・南・北	五黄土星
東南	六白金星
東南	七赤金星
東・南・北	八白土星
北・東南・南	九紫火星

2026年の吉方位

吉方位	本命星
南西・西・北東	一白水星
東・南西	二黒土星
北東・東南	三碧木星
西・東南	四緑木星
東南・東・西北・南西	五黄土星
東・西北・南西	六白金星
東・西北	七赤金星
東南・西北・南西	八白土星
西・北東・東	九紫火星

Q 人生を見つめ直すのはいつ?

A 本命星が中央・北・北東を運行するときです。

九星では、誰でも9年のうちに3度は人生のターニングポイントを迎えると考えます。そして、この3つの時期が人生を見つめ直すタイミングとなります。3度のターニングポイントと、そのときの作用を挙げましょう。

1度目のターニングポイント

本命星が方位盤の北を運行するときで、心身ともに快調とはいえず、経済的な不安も抱えやすいでしょう。

2度目のターニングポイント

本命星が方位盤の中央を運行するときで、調子に乗って足をすくわれることがあります。

3度目のターニングポイント

本命星が方位盤の北東を運行するときで、否応なく環境が変化したり、自分自身から変化を求める気持ちが湧いたりするでしょう。

以上の3つの時期のうち、本命星が北と北東を運行するときの運勢は、あまり良好とはいえないでしょう。だからこそ、自然に人生を見つめ直すことになります。

一方、本命星が中央を運行するときの運勢は、一見好調ですが、何事にもやりすぎや行きすぎが生じやすく、自分から破滅を呼び込んで、結果的に人生を見つめ直すことになりやすいのです。もちろん、自分を制することができれば良好運が維持できるでしょう。それでもこのときに、自制することを学ぶはずです。

いずれにしても、9年の間に人生を見つめ直す時期が3回あるからこそ、人は真摯に自分と向き合い、内面を深め、その後の成長へとつなげることができるのです。

3つのターニングポイントを単に不調と嘆いたり、好調と調子に乗ったりせず、自分自身を見つめましょう。そして、この先の人生を考える時間と心得て過ごしてください。

本命星が北を運行する年

'26	'25	'24	'23	'22	'21	'20	'19	'18	'17	'16	本命星
				■							一白水星
					■						二黒土星
						■					三碧木星
							■				四緑木星
								■			五黄土星
■									■		六白金星
	■									■	七赤金星
		■									八白土星
			■								九紫火星

本命星が中央を運行する年

'26	'25	'24	'23	'22	'21	'20	'19	'18	'17	'16	本命星
■									■		一白水星
	■									■	二黒土星
		■									三碧木星
			■								四緑木星
				■							五黄土星
					■						六白金星
						■					七赤金星
							■				八白土星
								■			九紫火星

本命星が北東を運行する年

'26	'25	'24	'23	'22	'21	'20	'19	'18	'17	'16	本命星
						■					一白水星
							■				二黒土星
								■			三碧木星
■									■		四緑木星
	■									■	五黄土星
		■									六白金星
			■								七赤金星
				■							八白土星
					■						九紫火星

栗原すみ子からのメッセージ

低調運のときは、こうして乗り切りましょう。

運勢にはリズムがあって、何をやっても自然にうまくいくときがあれば、反対に、どんなにがんばってもうまくいかないときがあるものです。

では、うまくいかないときは、どのように過ごしたら良いのでしょう。

私は、３つの乗り切り方があると思っています。

1 小さな幸せを見つけること。運勢が悪いときというのは、すべてにおいて「ツイていない」と思いがちです。でも、たとえば仕事に就けているのなら、まずはラッキーなことですよね。大病を患っていないのであれば、それこそ最大級の幸せです。１００のうち、悪いことが99あったとしても、**必ずひとつは「良かった」と思えることがあるものです。それを見つけること**で、低調運を乗り切るパワーが生まれてくるはずです。

2 これまでに学んだことを行動に移して吉方位に出かけ、良い気を受けることです。九星方位気学は行動することで運を開く、生活の知恵のようなもの。運勢が悪いから元気が出ない、だから外にも行きたくない、というのだとしたら、運を開くチャンスをみすみす逃していることになります。

さらに私の場合、吉方位に出かける前には、厄を落とす意味で必ずトイレ掃除をしています。お化粧だって顔を洗ってからするでしょう。それと同じで、**吉方位のパワーを十分に受けるには、厄を落としてからのほうが効果は大きい**と思うのです。あなたもぜひ、試してみてくださいね。

3 笑顔を忘れないこと。つらいとき、苦しいときには、涙がこぼれることもあるでしょう。涙は心を浄化してくれるものですから、泣くのを悪いこととは思いません。でも、泣いた次の日には必ず笑顔を取り戻してください。笑顔は太陽と同じです。太陽には殺菌作用があるでしょう？　どんなに運勢が悪いときでも**笑顔さえ心がけていれば、笑顔の殺菌作用で厄を落とすことができる**と私は信じています。厄が落ちれば、運勢は自然と良くなるものですよ。

本命星の魅力を忘れないことがパワーの源に

そして最後に。運勢にリズムがあることは前にも書きましたが、実際には運勢が良い時期なのに、自分自身で運勢を落としている人をときどき見かけることがあります。その人たちが運勢を落とす理由は、自分自身（本命星）の魅力を何かのきっかけで失ってしまっていることにあるようです。

- ＊**一白水星**は順応性と判断力
- ＊**二黒土星**は真面目さと優しさ
- ＊**三碧木星**は明るさと積極性
- ＊**四緑木星**は社交性と協調性
- ＊**五黄土星**は同情心と包容力
- ＊**六白金星**は責任感と実行力
- ＊**七赤金星**はサービス精神と遊び心
- ＊**八白土星**は意志の強さと独自性
- ＊**九紫火星**は情熱と決断力

このように、それぞれの本命星には、その星にしかない魅力が備わっています。魅力とは、車にたとえればエンジンのようなものです。エンジンが壊れてしまったらどんな名車でも走ることができないように、自分の星の強みや魅力を忘れてしまったら、星のパワーを生かすことはできないでしょう。

自ら運勢を落とさないためにも、自分自身の魅力をよく知り、そして輝かせてください。それが、低調運を引き上げる「鍵」にもなるのです。

栗原《くりはら》すみ子《こ》

昭和５年、七赤金星、午年生まれ。５歳のときに父と死別、貧しさの中に育つ。結婚後も、子どもの死、離婚など、人生の苦悩を経験するが、持ち前のバイタリティで占いの世界へ。厳しい修行のあと、新宿の街頭で占い師として独立。そのエネルギッシュで思いやりあるアドバイスで、いつしか「新宿の母」と呼ばれるようになる。以来、50年以上、訪れた相談者はのべ300万人以上にのぼる。著書『新宿の母　九星占い』（説話社）他多数。

公式ホームページ　http://www.shinjyukunohaha.co.jp

本文イラスト●こしたかのりこ
本文デザイン●菅野涼子（株式会社説話社）
執筆協力●牧亜津子
編集協力●小島美奈子　万﨑優（株式会社説話社）
編集担当●山路和彦（ナツメ出版企画株式会社）
日盤データ●精解吉象 万年暦（東洋書院）

本書に関するお問い合わせは、書名・発行日・該当ページを明記の上、下記のいずれかの方法にてお送りください。電話でのお問い合わせはお受けしておりません。

・ナツメ社webサイトの問い合わせフォーム
　https://www.natsume.co.jp/contact
・FAX（03-3291-1305）
・郵送（下記、ナツメ出版企画株式会社宛て）

なお、回答までに日にちをいただく場合があります。正誤のお問い合わせ以外の書籍内容に関する解説・個別の相談は行っておりません。あらかじめご了承ください。

ナツメ社 Webサイト
https://www.natsume.co.jp
書籍の最新情報（正誤情報を含む）はナツメ社Webサイトをご覧ください。

「新宿《しんじゅく》の母《はは》」が教《おし》える
いちばんやさしい九星方位気学入門《きゅうせいほういきがくにゅうもん》

2024年9月20日　発行

著　者　栗原《くりはら》すみ子《こ》
発行者　田村正隆

発行所　株式会社ナツメ社
　東京都千代田区神田神保町1-52　ナツメ社ビル1F（〒101-0051）
　電話 03-3291-1257（代表）　FAX 03-3291-5761
　振替 00130-1-58661
制　作　ナツメ出版企画株式会社
　東京都千代田区神田神保町1-52　ナツメ社ビル3F（〒101-0051）
　電話 03-3295-3921（代表）
印刷所　株式会社リーブルテック

ISBN978-4-8163-6000-8

八方位測定盤

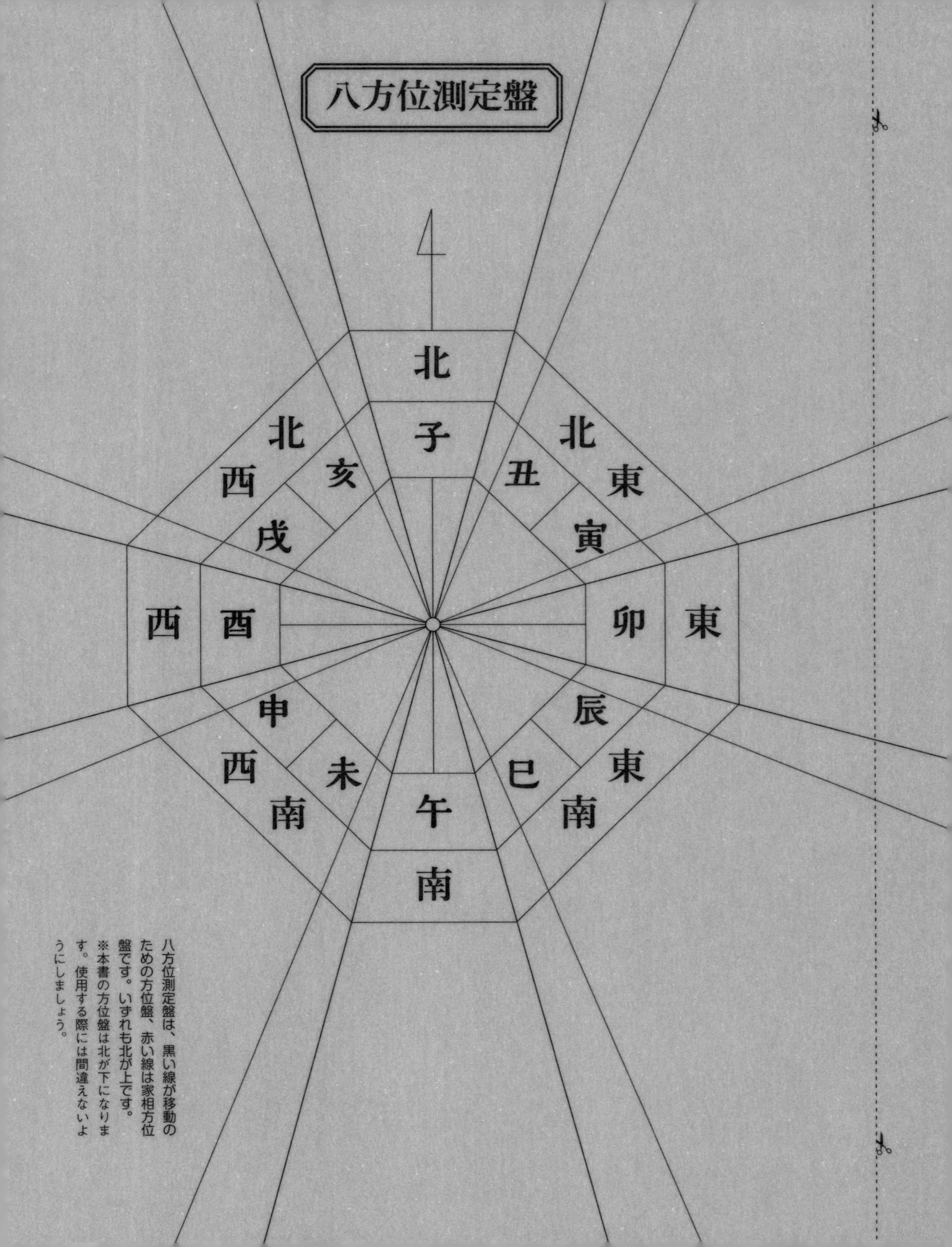

八方位測定盤は、黒い線が移動のための方位盤、赤い線は家相方位盤です。いずれも北が上です。
※本書の方位盤は北が下になります。使用する際には間違えないようにしましょう。

八方位測定盤

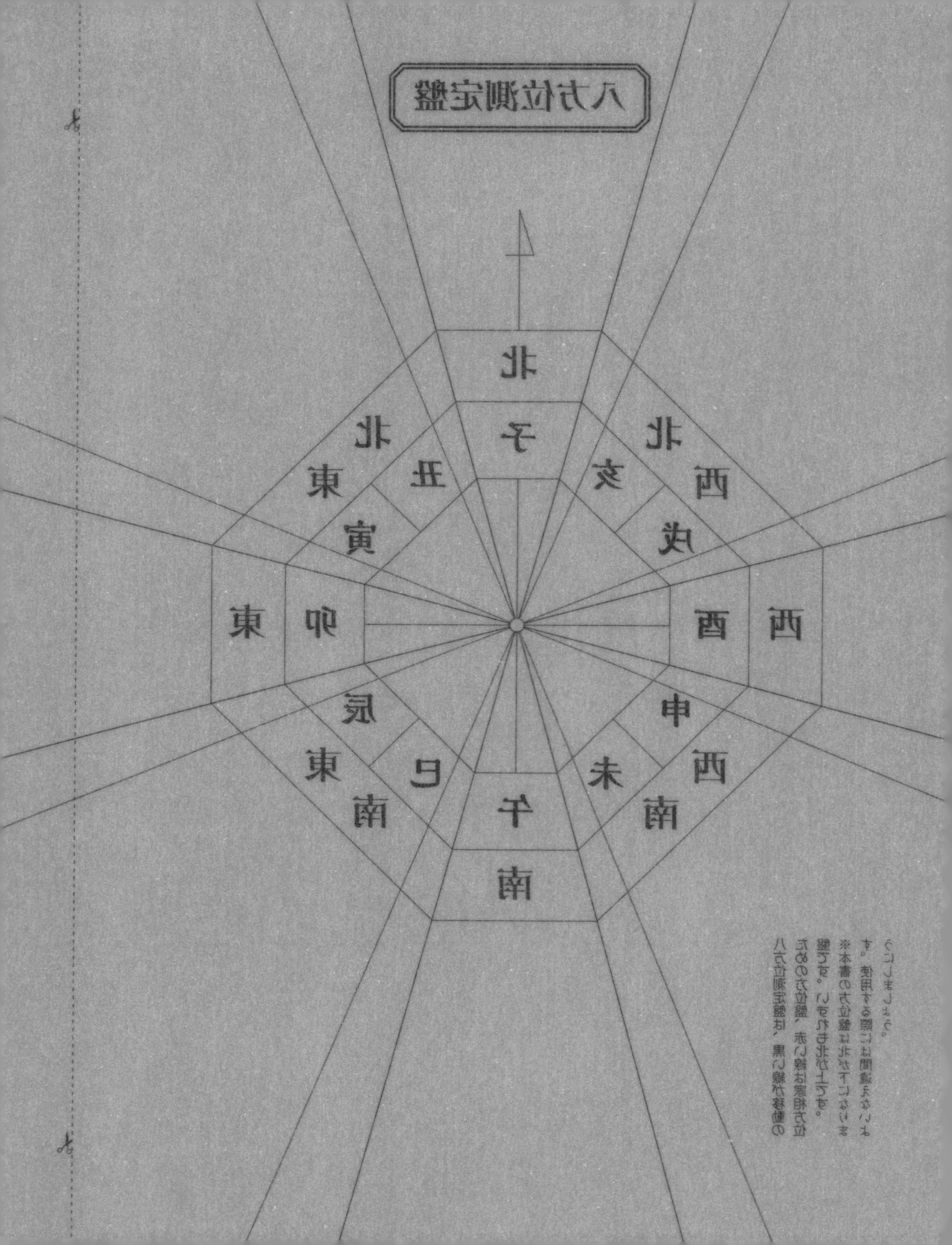

八方位測定盤は、黒い線が移動のための方位盤、赤い線は家相方位盤です。いずれも北が上になります。
※本書の方位盤は北が下になります。使用する際には間違えないようにしてください。

別冊付録

年盤・月盤
日盤・刻盤

年盤表・月盤表の見方

九星の運行と凶方位は、3ページからの年盤表と月盤表で知ることができます。まずはそれぞれの記号の意味や、方位盤の見方を確認していきましょう。

月盤

例：二黒の年　4月

暗剣殺《あんけんさつ》
→本誌42ページ
五黄殺の反対側の方位

小児殺《しょうにさつ》→本誌45ページ
幼い子どもに影響する凶方位。年の十二支と月の十二支で変わる

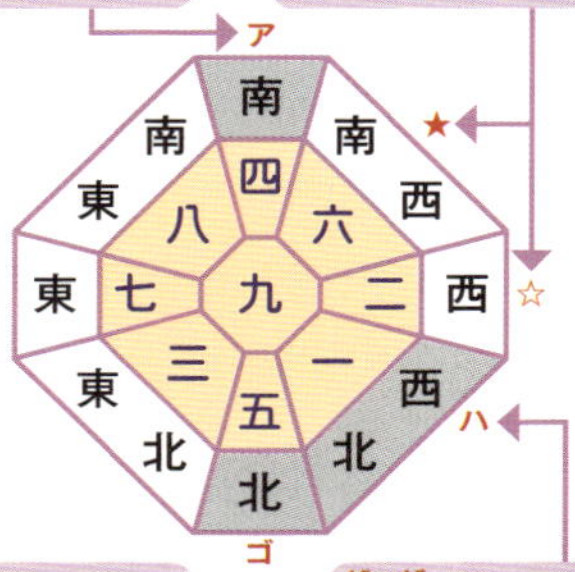

五黄殺《ごおうさつ》
→本誌41ページ
五黄が運行している方位

月破《げっぱ》
→本誌43ページ
その月の十二支の反対側の方位

…**だれにとっても凶方位**
（五黄殺、暗剣殺、月破）

年盤

例：2016（平成28）年　二黒の年

歳破《さいは》
→本誌43ページ
その年の十二支の反対側の方位

暗剣殺《あんけんさつ》
→本誌42ページ
五黄殺の反対側の方位

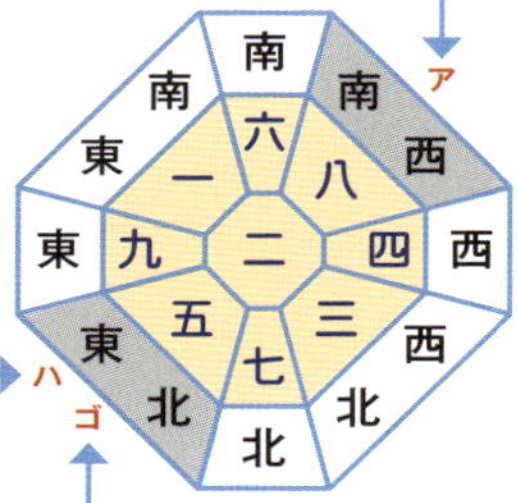

五黄殺《ごおうさつ》→本誌41ページ
五黄が運行している方位

…**だれにとっても凶方位**
（五黄殺、暗剣殺、歳破）

その星だけの凶方位も忘れずに

「本命殺《ほんめいさつ》」「本命的殺《ほんめいてきさつ》」といった凶方位は、方位を使う人の本命星によって異なるため、3ページ以降の年盤表と月盤表には書かれていません。方位を見るときは、先に本命星の凶方位を忘れずに確認しましょう。

本命殺《ほんめいさつ》→本誌44ページ
方位を使う人の本命星が運行している方位

本命的殺《ほんめいてきさつ》→本誌44ページ
本命殺の反対側の方位

年と月の区切りに注意

方位気学の一年は、2月の節入り日から始まります。たとえば、2017（平成29）年の一白水星丁酉《ひのととり》年は、2017年2月4日～2018年2月3日までです。節入り日は23ページ以降の日盤表で確認しましょう。

方位を使うのが
2017（平成29）年
1月のとき
2016（平成28）年の年盤

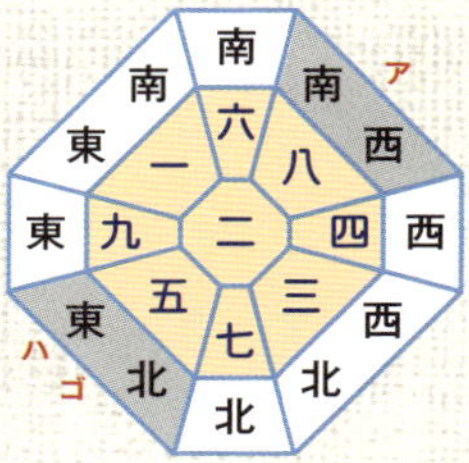

年盤は2016（平成28）年の二黒土星丙申《ひのえさる》年の盤を用い、月盤は二黒の月盤表の１月を使います。

年盤表

凶方位

ゴ 五黄殺

ア 暗剣殺

ハ 歳破

1949年／昭和24年　己丑
【六白の年】

2月4日立春

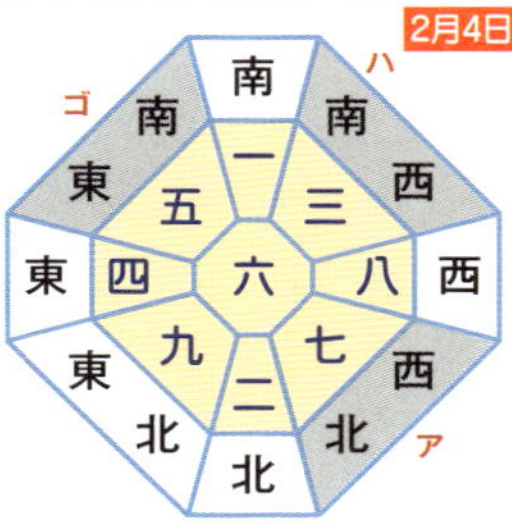

1945年／昭和20年　乙酉
【一白の年】

2月4日立春

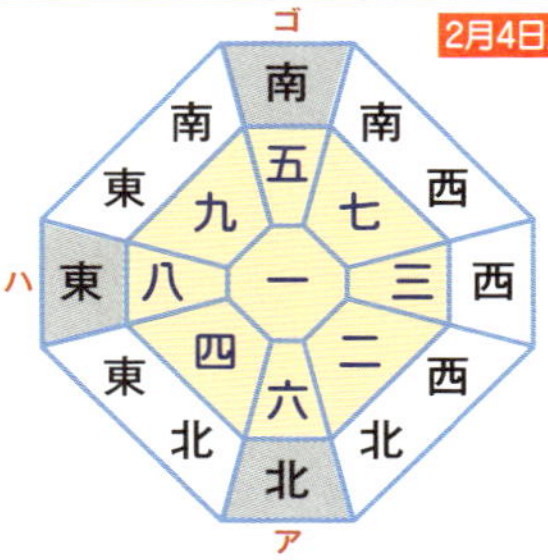

1941年／昭和16年　辛巳
【五黄の年】

2月4日立春

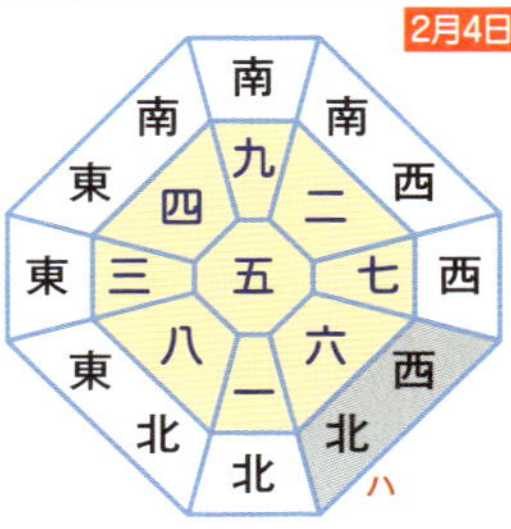

1950年／昭和25年　庚寅
【五黄の年】

2月4日立春

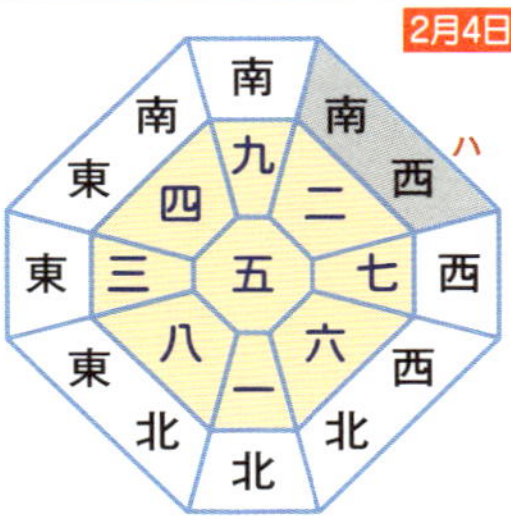

1946年／昭和21年　丙戌
【九紫の年】

2月4日立春

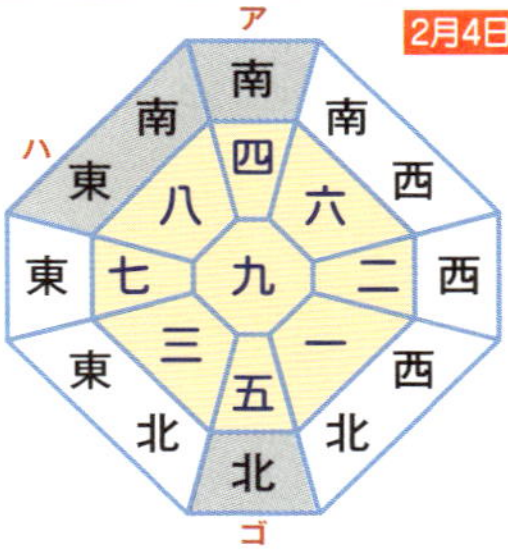

1942年／昭和17年　壬午
【四緑の年】

2月4日立春

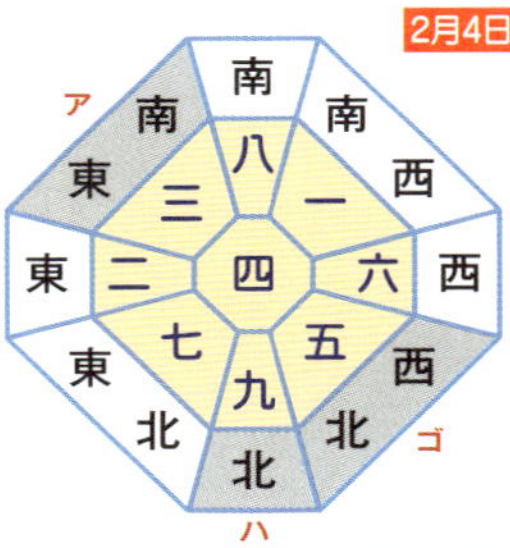

1951年／昭和26年　辛卯
【四緑の年】

2月5日立春

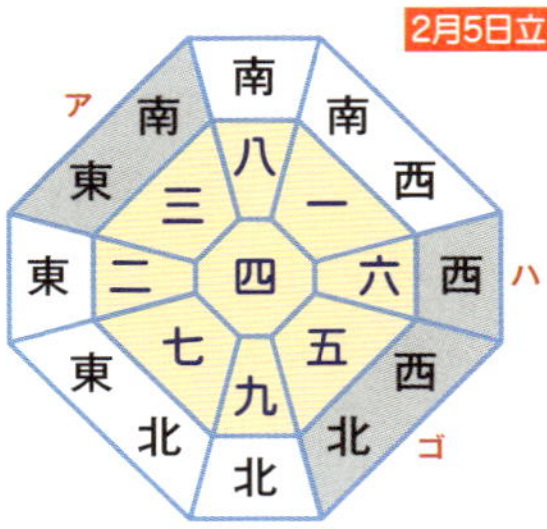

1947年／昭和22年　丁亥
【八白の年】

2月5日立春

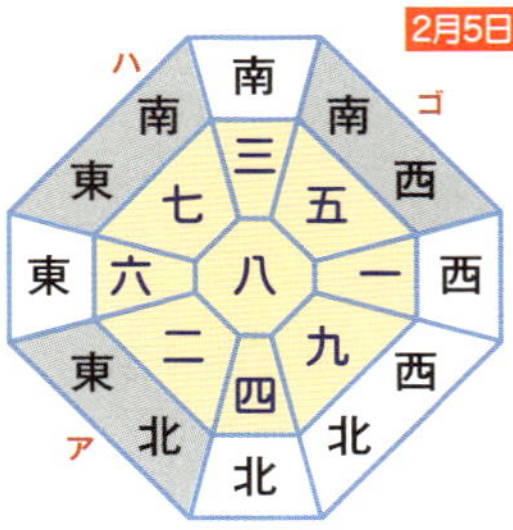

1943年／昭和18年　癸未
【三碧の年】

2月5日立春

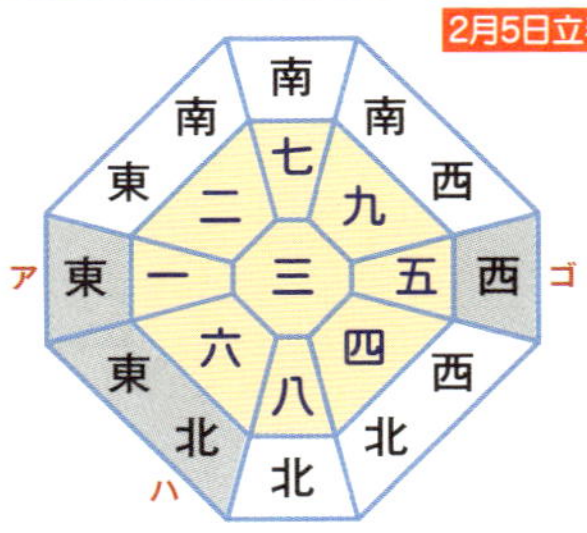

1952年／昭和27年　壬辰
【三碧の年】

2月5日立春

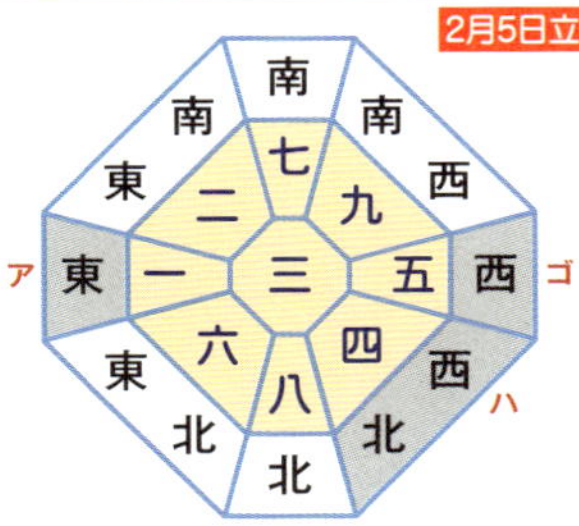

1948年／昭和23年　戊子
【七赤の年】

2月5日立春

1944年／昭和19年　甲申
【二黒の年】

2月5日立春

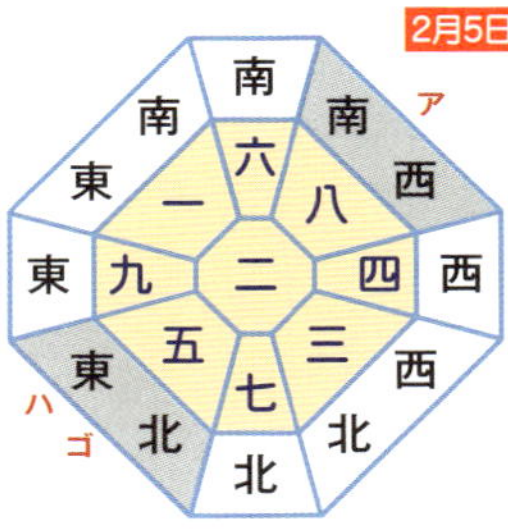

年盤表

凶方位（灰色の方位）
ゴ…五黄殺
ア…暗剣殺
ハ…歳破

1953年／昭和28年　癸巳
【二黒の年】

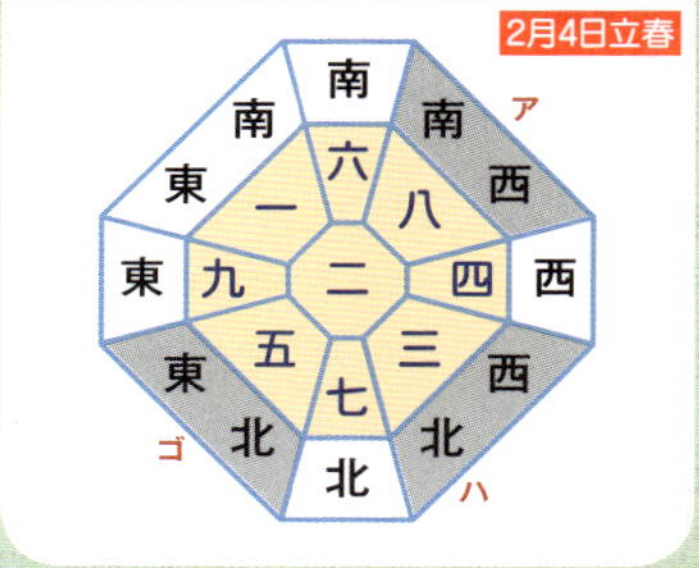

1954年／昭和29年　甲午
【一白の年】

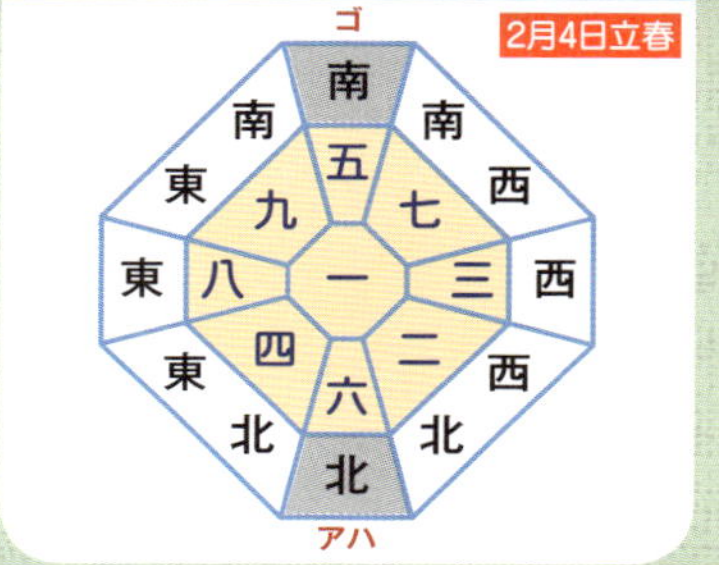

1955年／昭和30年　乙未
【九紫の年】

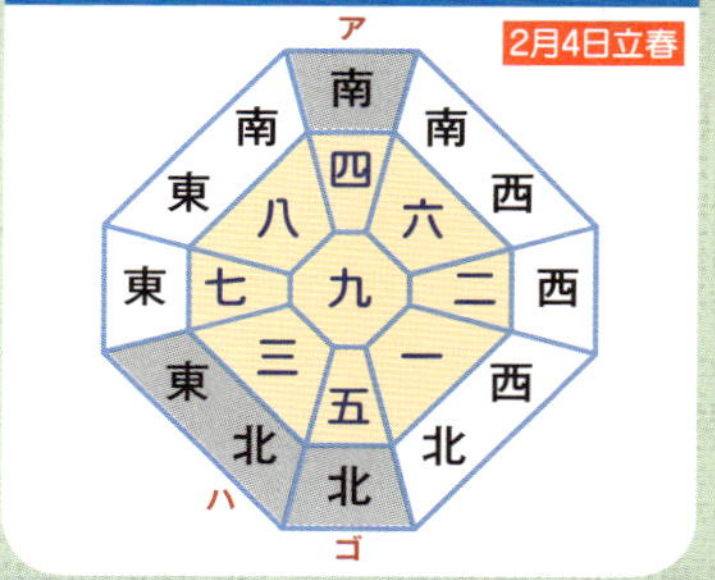

1956年／昭和31年　丙申
【八白の年】

1957年／昭和32年　丁酉
【七赤の年】

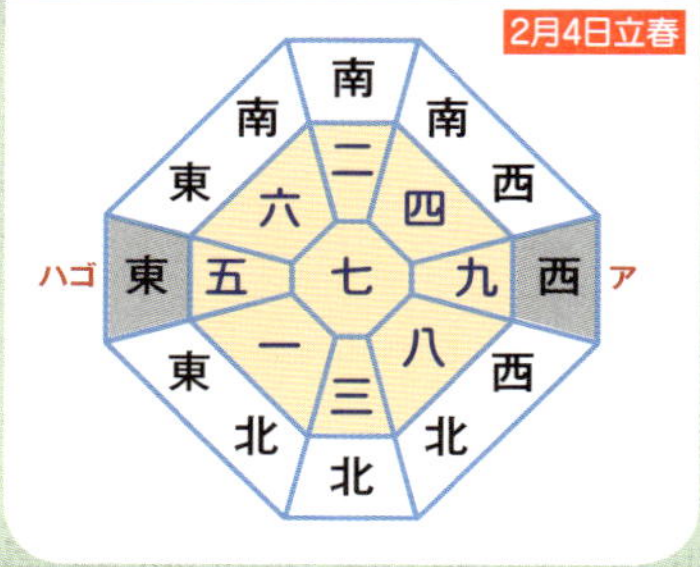

1958年／昭和33年　戊戌
【六白の年】

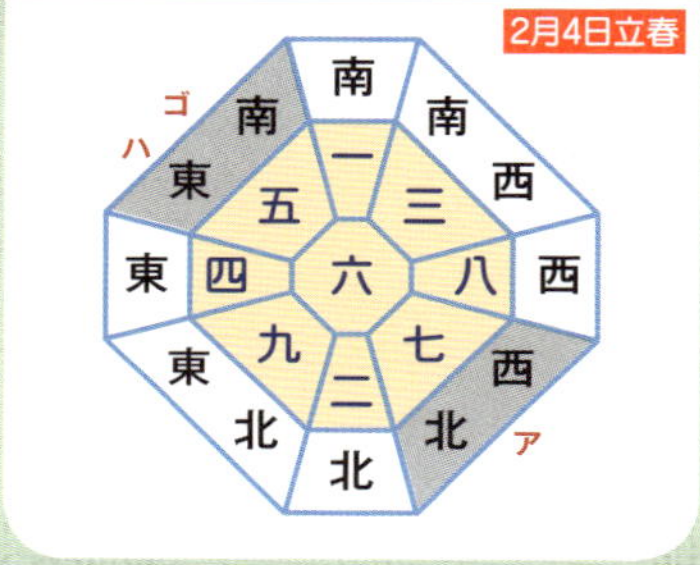

1959年／昭和34年　己亥
【五黄の年】

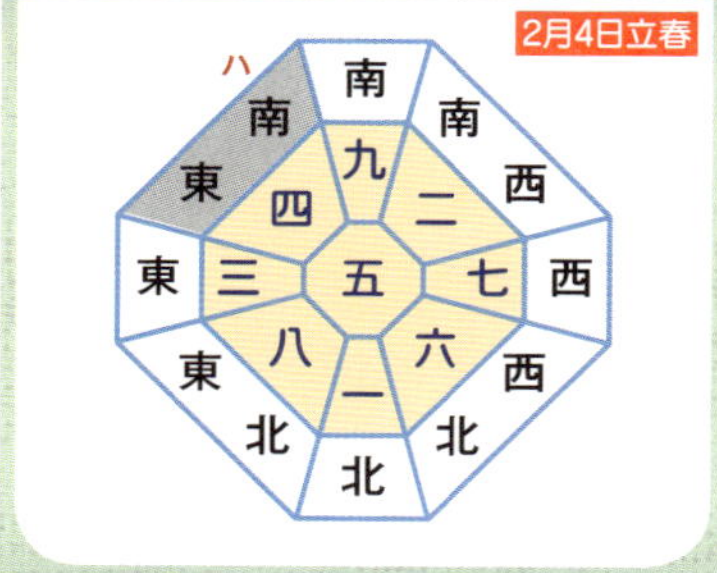

1960年／昭和35年　庚子
【四緑の年】

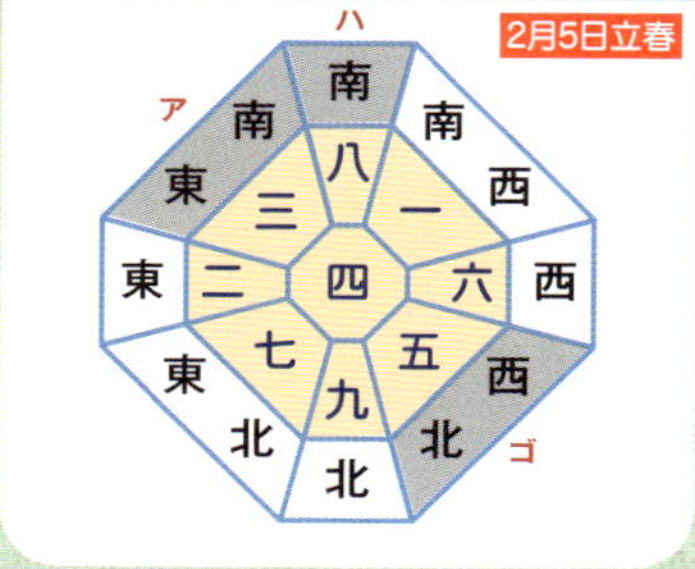

1961年／昭和36年　辛丑
【三碧の年】

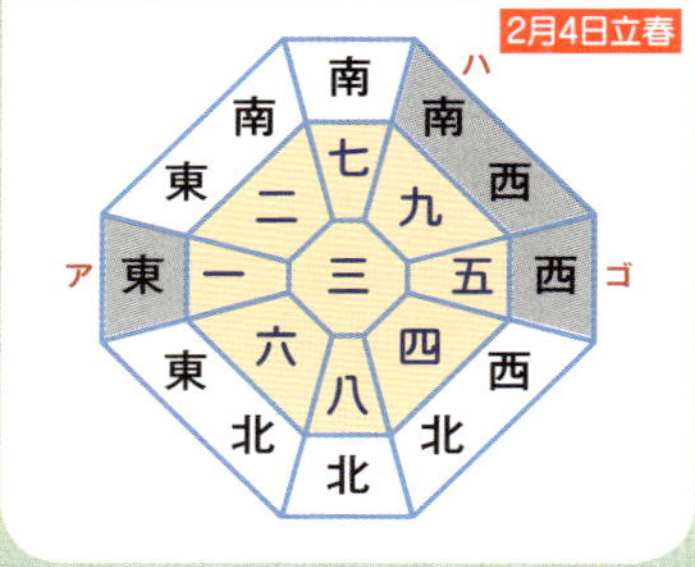

1962年／昭和37年　壬寅
【二黒の年】

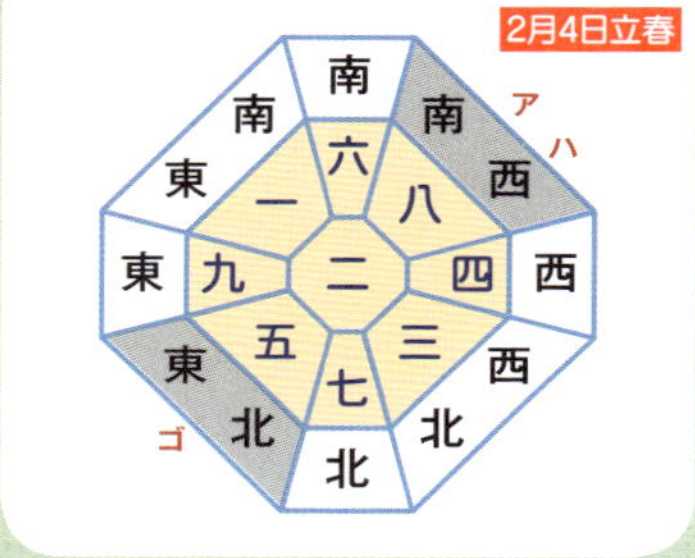

1963年／昭和38年　癸卯
【一白の年】

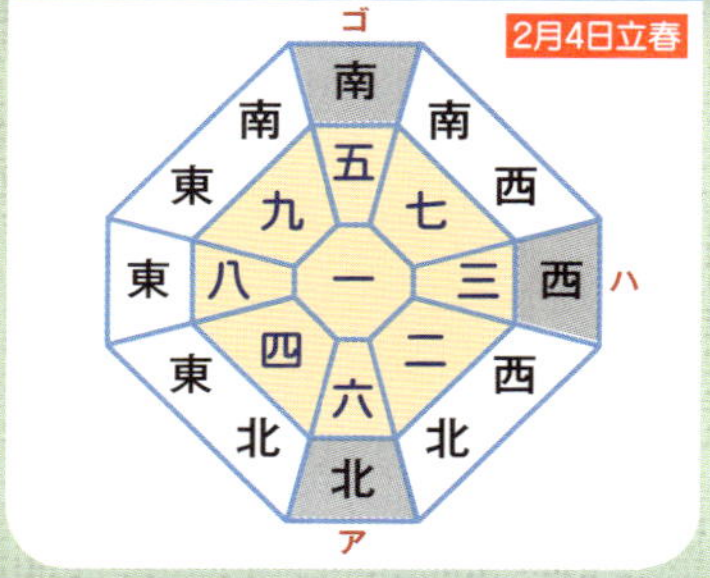

1964年／昭和39年　甲辰
【九紫の年】

年盤表

■…凶方位
ゴ…五黄殺
ア…暗剣殺
ハ…歳破

1973年／昭和48年　癸丑
【九紫の年】

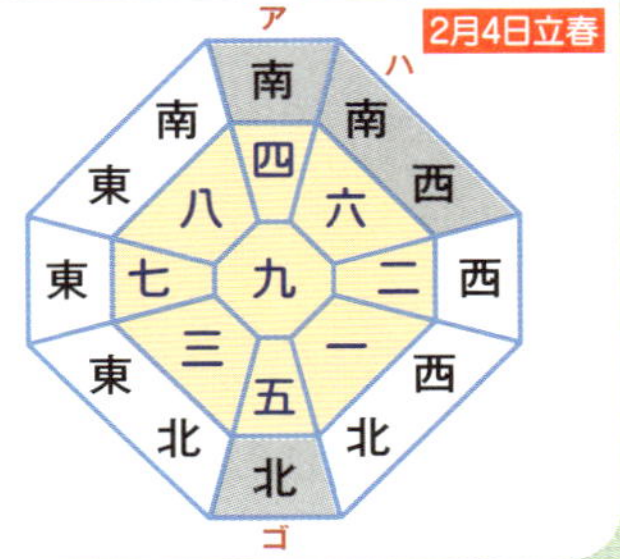

1969年／昭和44年　己酉
【四緑の年】

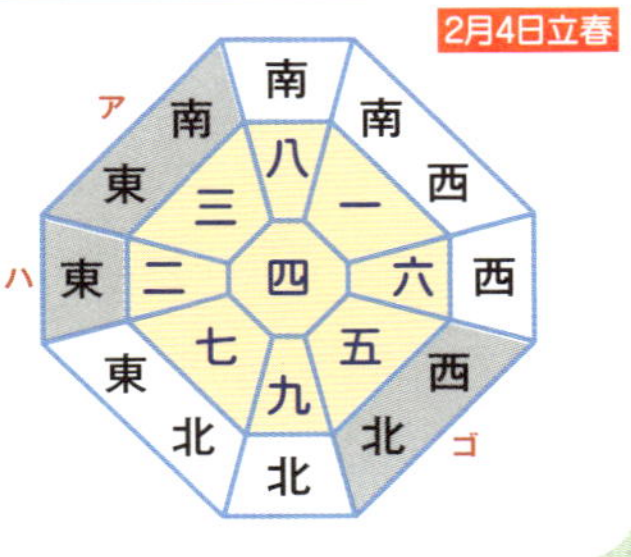

1965年／昭和40年　乙巳
【八白の年】

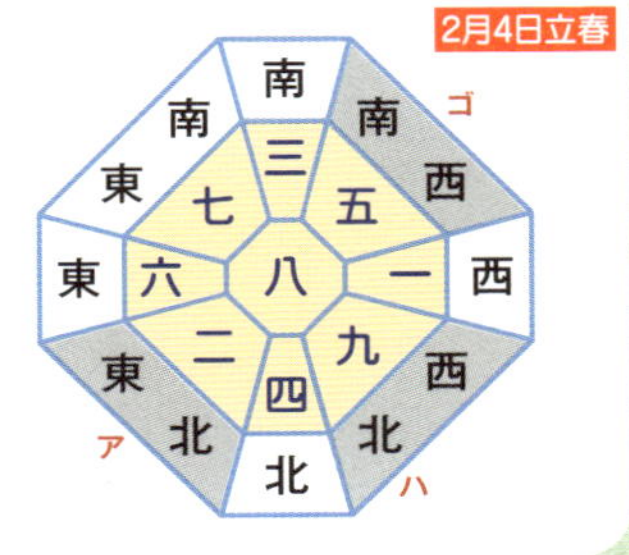

1974年／昭和49年　甲寅
【八白の年】

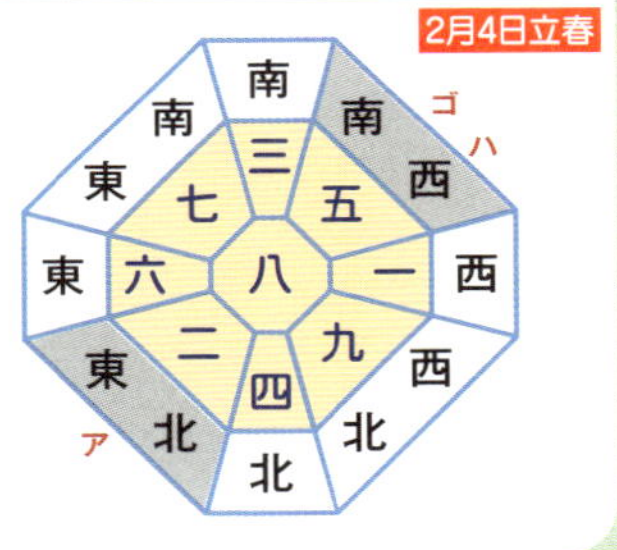

1970年／昭和45年　庚戌
【三碧の年】

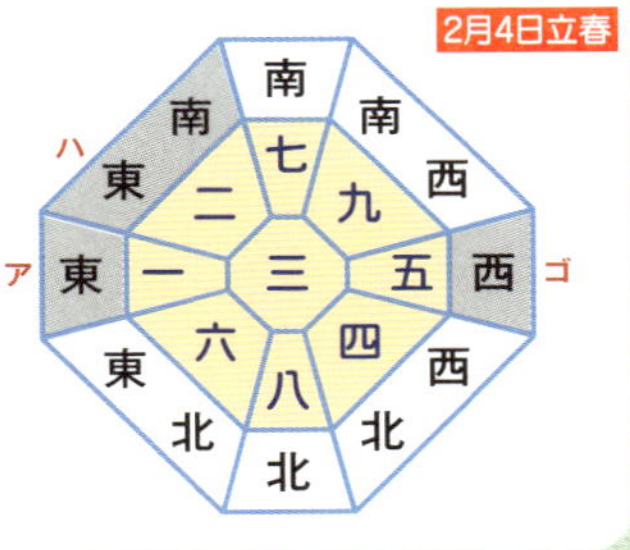

1966年／昭和41年　丙午
【七赤の年】

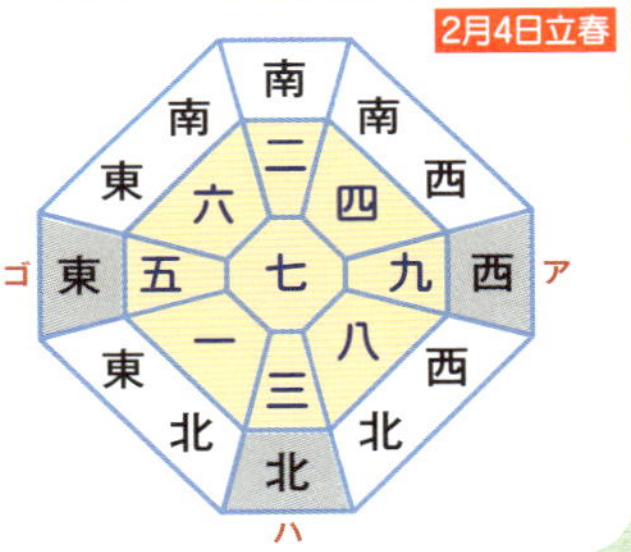

1975年／昭和50年　乙卯
【七赤の年】

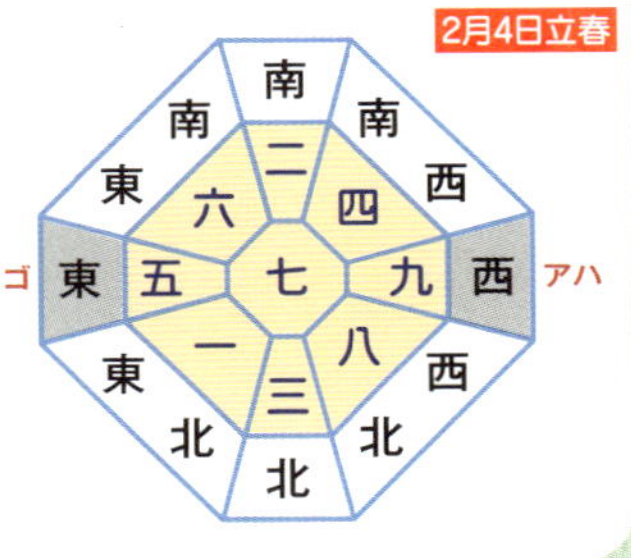

1971年／昭和46年　辛亥
【二黒の年】

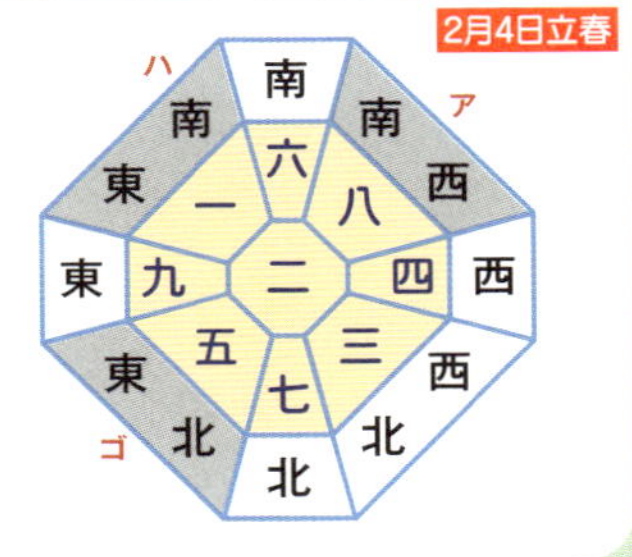

1967年／昭和42年　丁未
【六白の年】

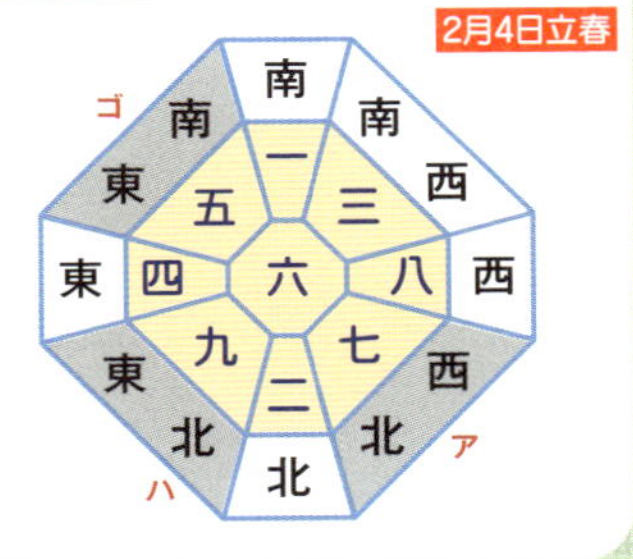

1976年／昭和51年　丙辰
【六白の年】

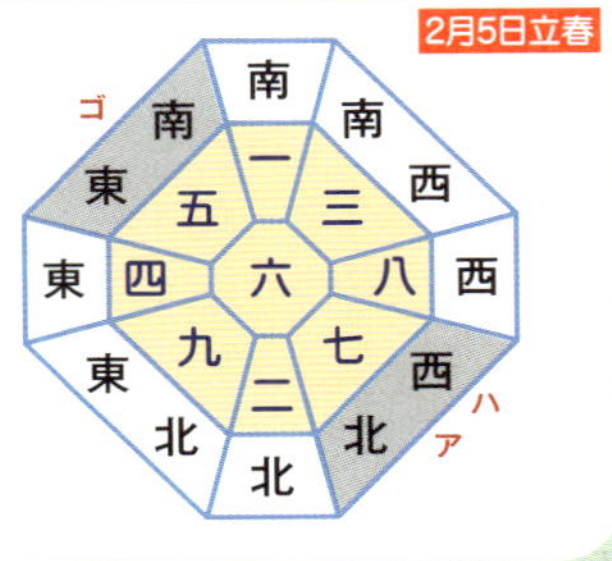

1972年／昭和47年　壬子
【一白の年】

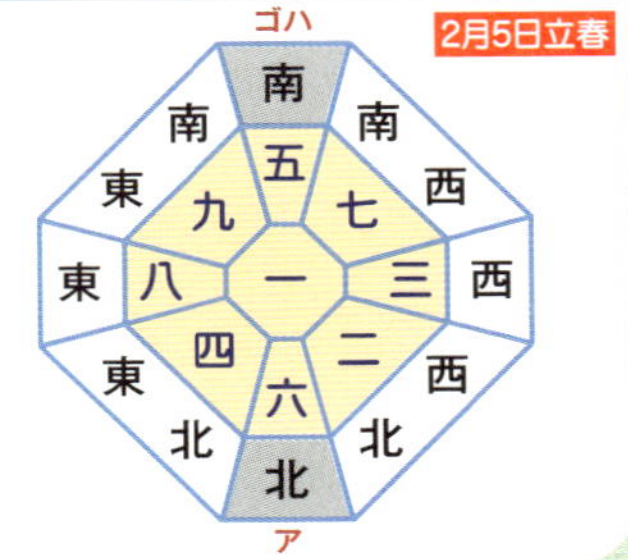

1968年／昭和43年　戊申
【五黄の年】

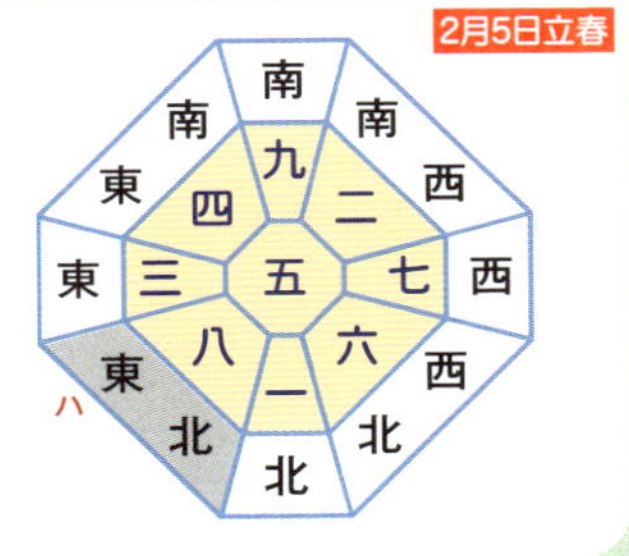

凶方位 ゴ 五黄殺 ア 暗剣殺 ハ 歳破

1985年／昭和60年　乙丑
【六白の年】

2月4日立春

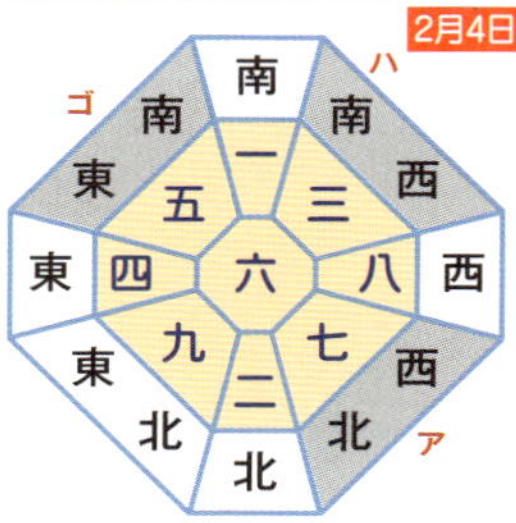

1981年／昭和56年　辛酉
【一白の年】

2月4日立春

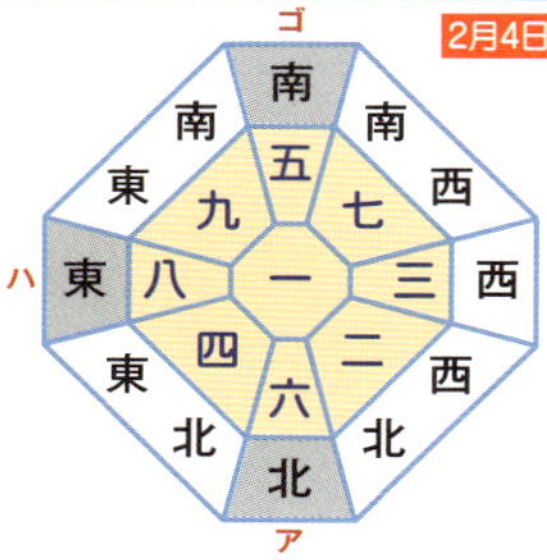

1977年／昭和52年　丁巳
【五黄の年】

2月4日立春

1986年／昭和61年　丙寅
【五黄の年】

2月4日立春

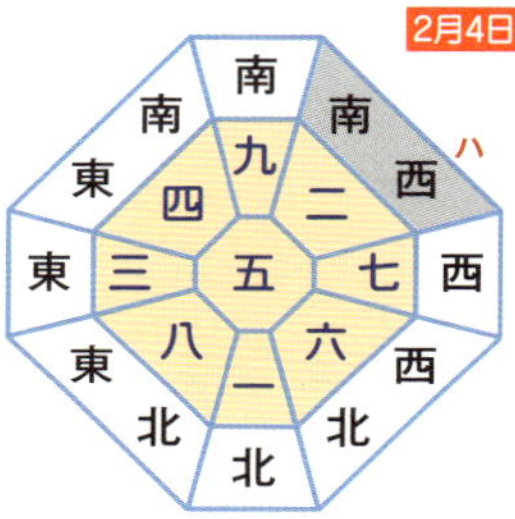

1982年／昭和57年　壬戌
【九紫の年】

2月4日立春

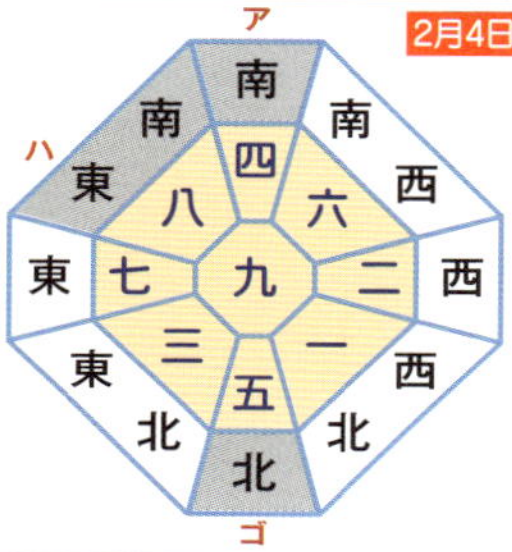

1978年／昭和53年　戊午
【四緑の年】

2月4日立春

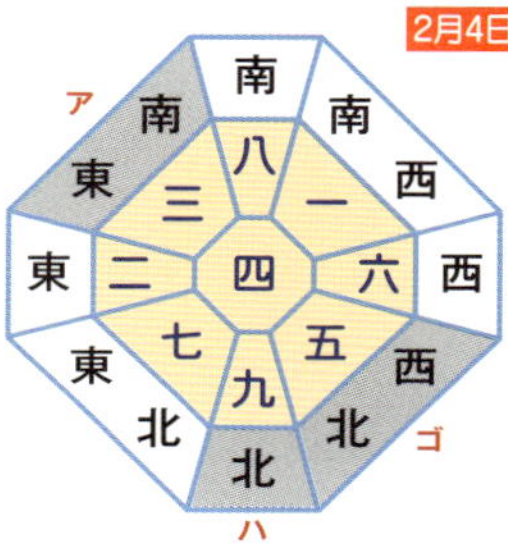

1987年／昭和62年　丁卯
【四緑の年】

2月4日立春

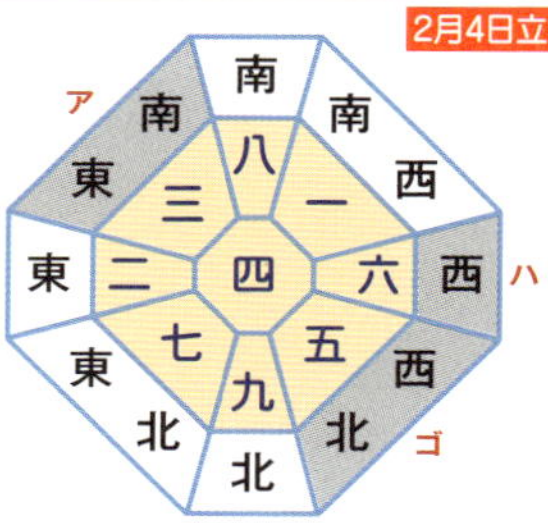

1983年／昭和58年　癸亥
【八白の年】

2月4日立春

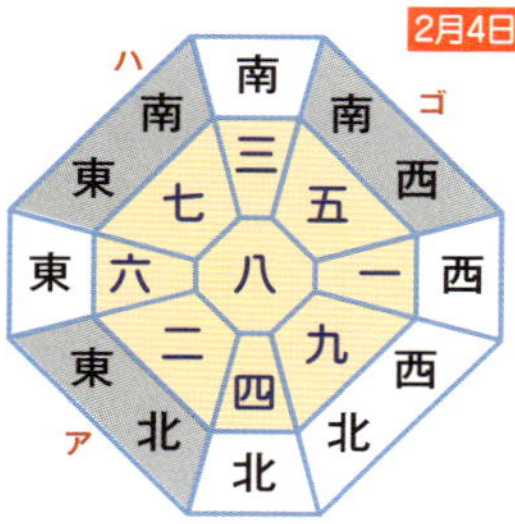

1979年／昭和54年　己未
【三碧の年】

2月4日立春

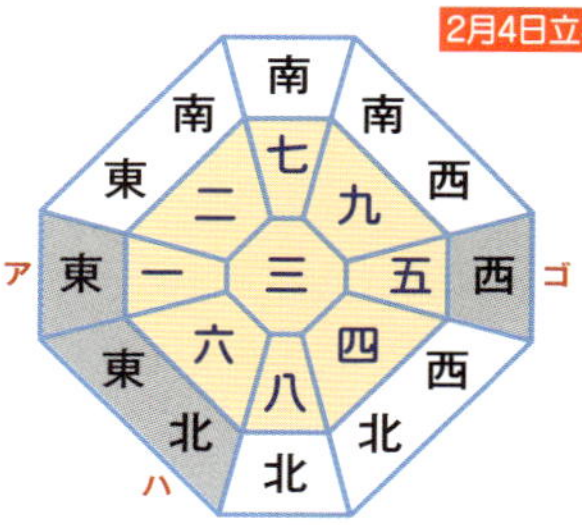

1988年／昭和63年　戊辰
【三碧の年】

2月4日立春

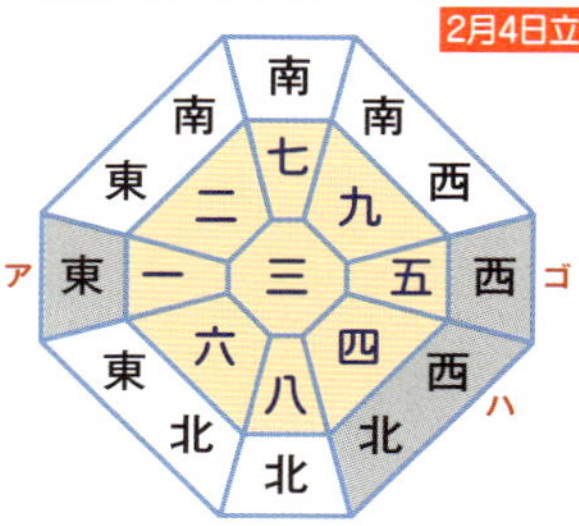

1984年／昭和59年　甲子
【七赤の年】

2月5日立春

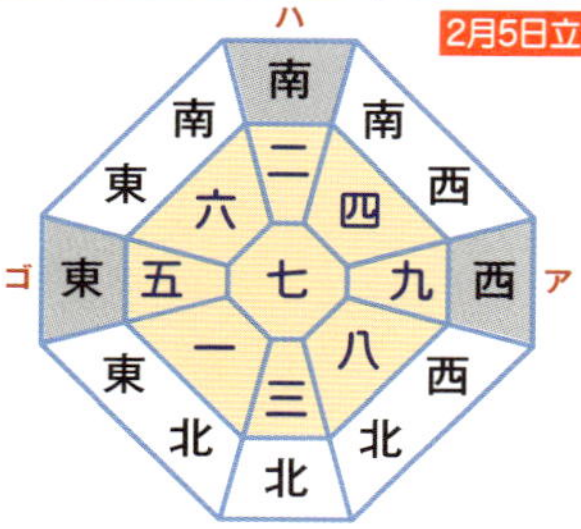

1980年／昭和55年　庚申
【二黒の年】

2月5日立春

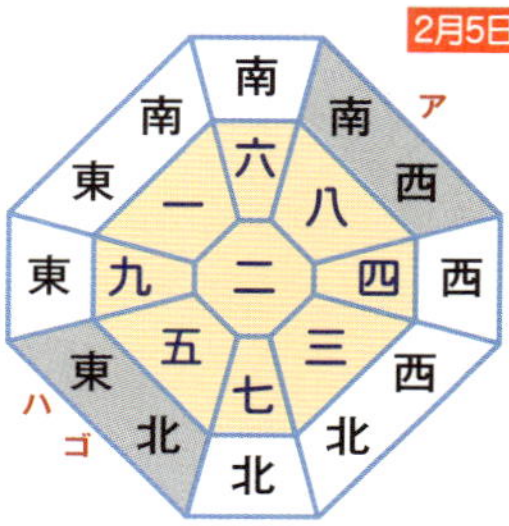

年盤表

- [灰色] ▸ 凶方位
- ゴ ▸ 五黄殺
- ア ▸ 暗剣殺
- ハ ▸ 歳破

1997年／平成9年　丁丑
【三碧の年】

2月4日立春

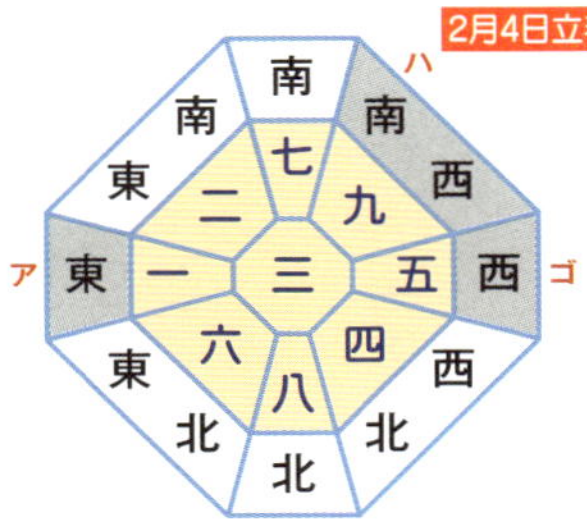

1993年／平成5年　癸酉
【七赤の年】

2月4日立春

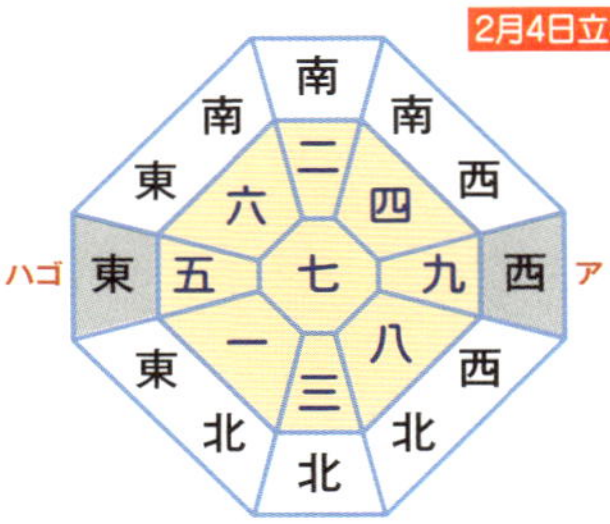

1989年／平成元年　己巳
【二黒の年】

2月4日立春

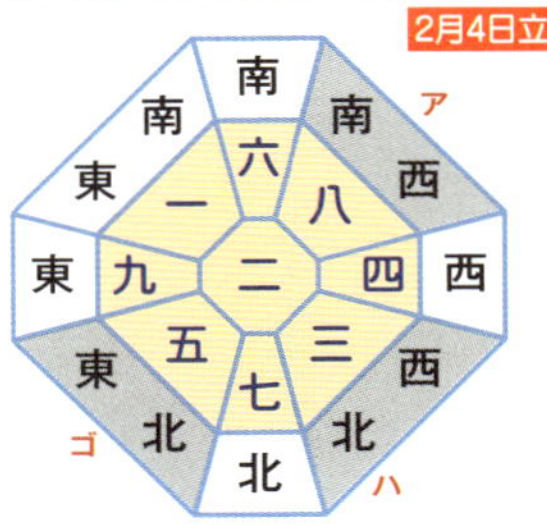

1998年／平成10年　戊寅
【二黒の年】

2月4日立春

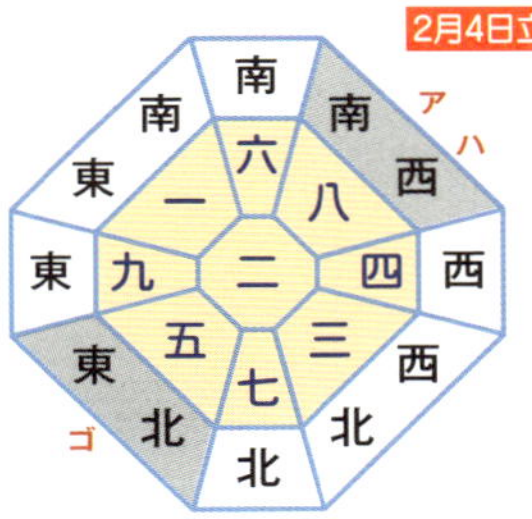

1994年／平成6年　甲戌
【六白の年】

2月4日立春

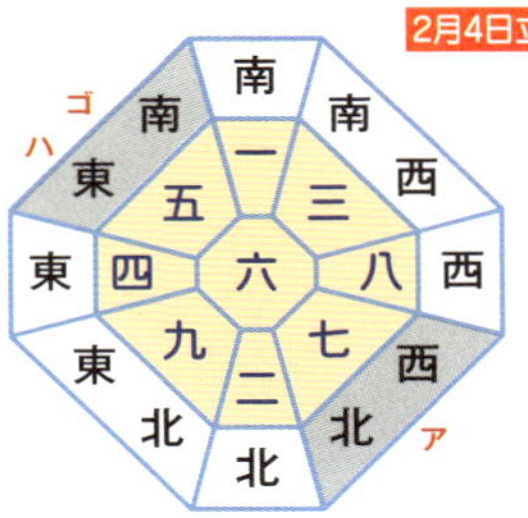

1990年／平成2年　庚午
【一白の年】

2月4日立春

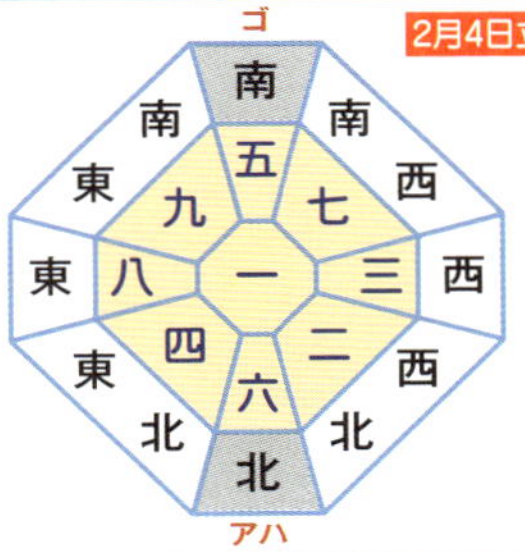

1999年／平成11年　己卯
【一白の年】

2月4日立春

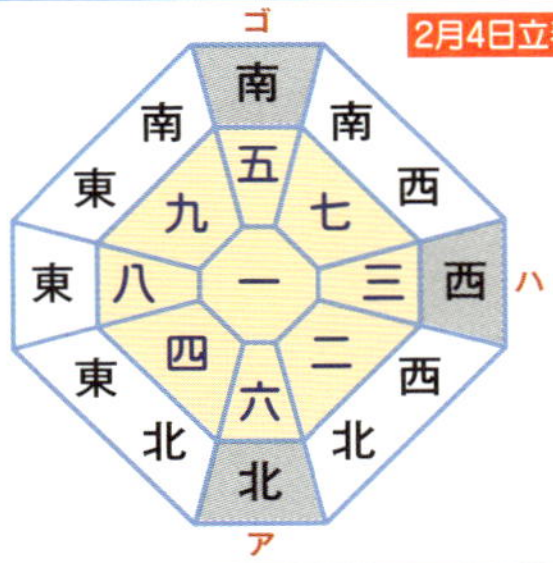

1995年／平成7年　乙亥
【五黄の年】

2月4日立春

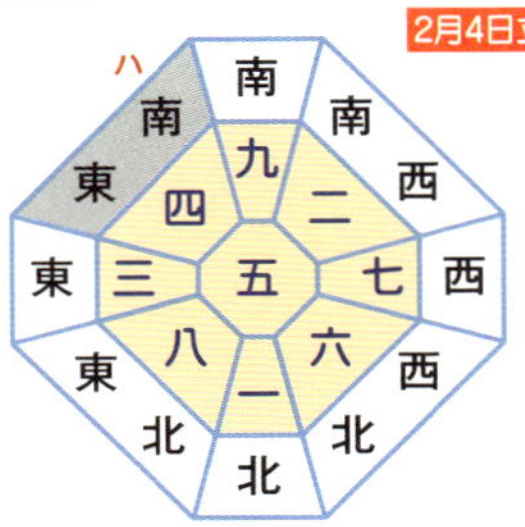

1991年／平成3年　辛未
【九紫の年】

2月4日立春

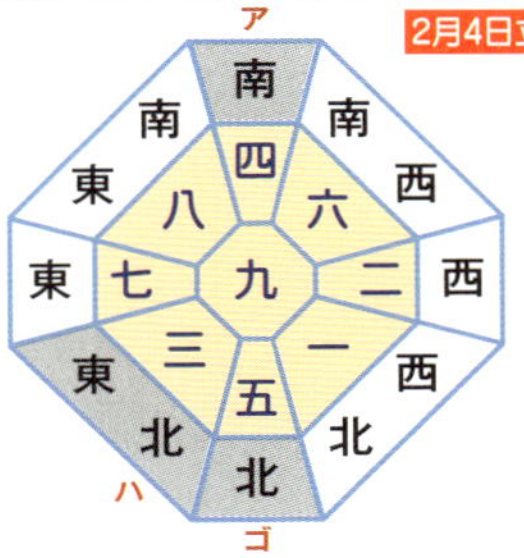

2000年／平成12年　庚辰
【九紫の年】

2月4日立春

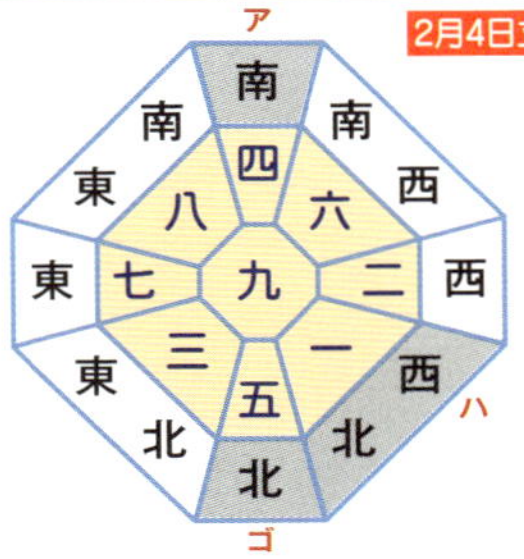

1996年／平成8年　丙子
【四緑の年】

2月4日立春

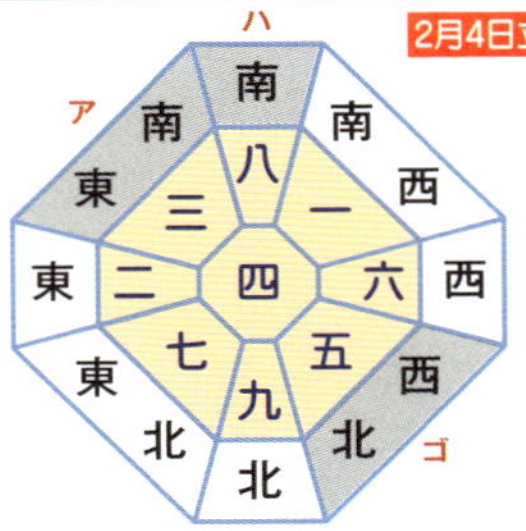

1992年／平成4年　壬申
【八白の年】

2月4日立春

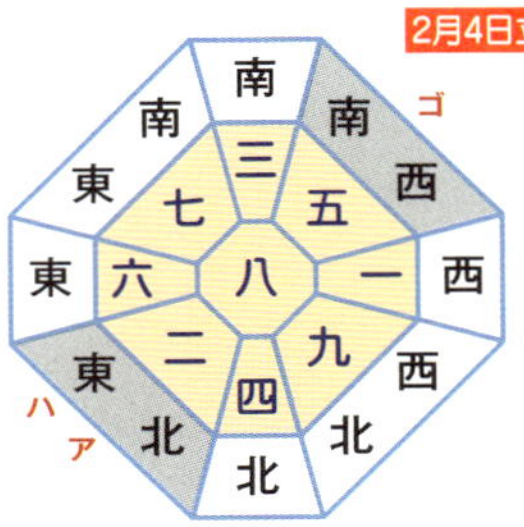

年盤表

凶方位（灰色）
ゴ ▸ 五黄殺
ア ▸ 暗剣殺
ハ ▸ 歳破

2009年／平成21年　己丑
【九紫の年】

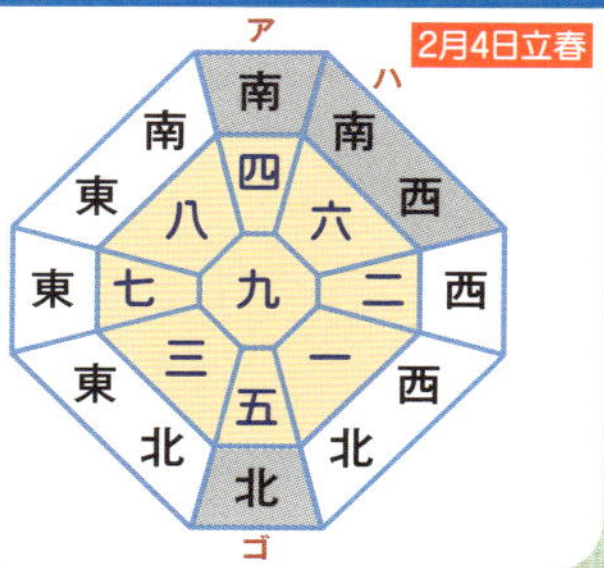

2005年／平成17年　乙酉
【四緑の年】

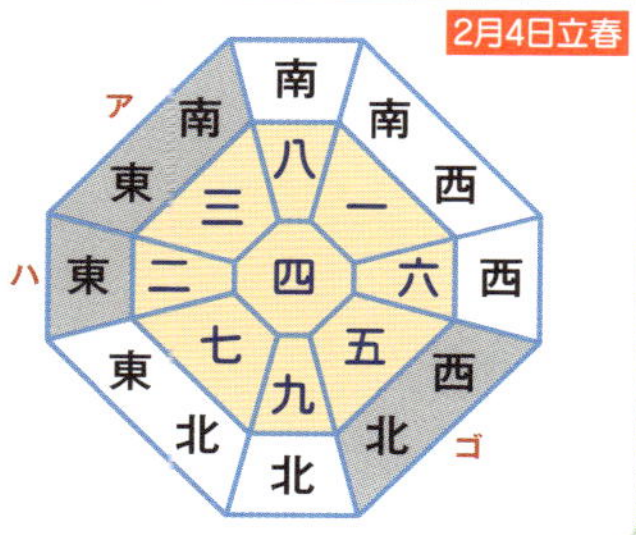

2001年／平成13年　辛巳
【八白の年】

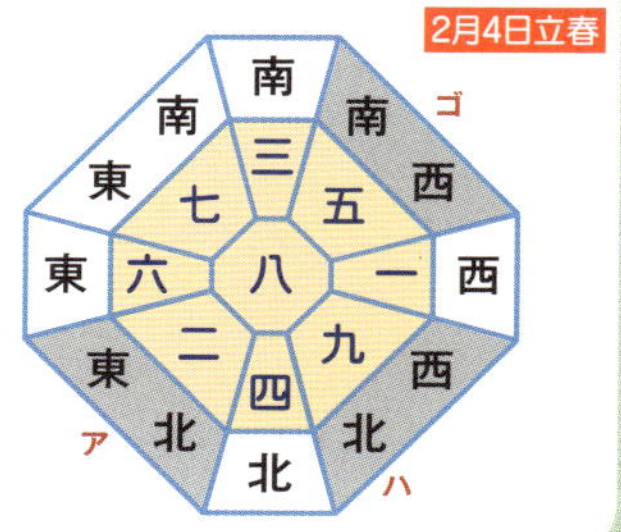

2010年／平成22年　庚寅
【八白の年】

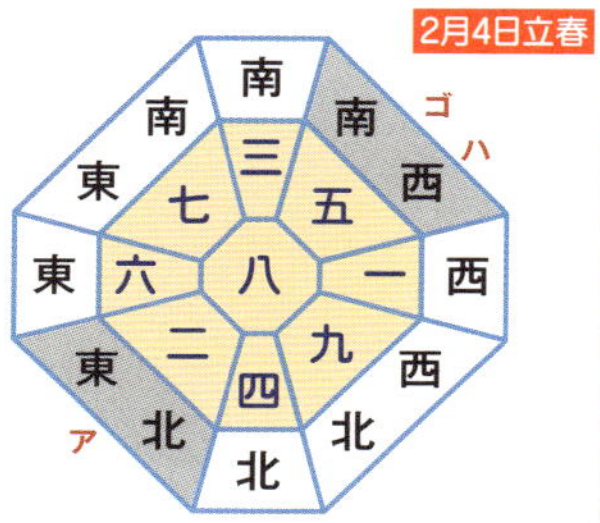

2006年／平成18年　丙戌
【三碧の年】

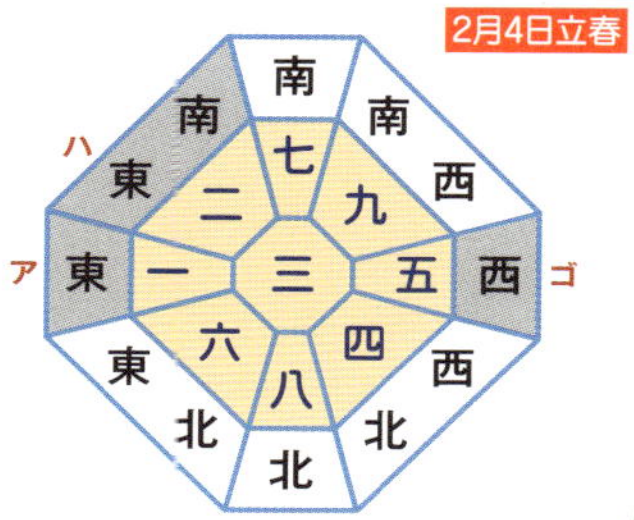

2002年／平成14年　壬午
【七赤の年】

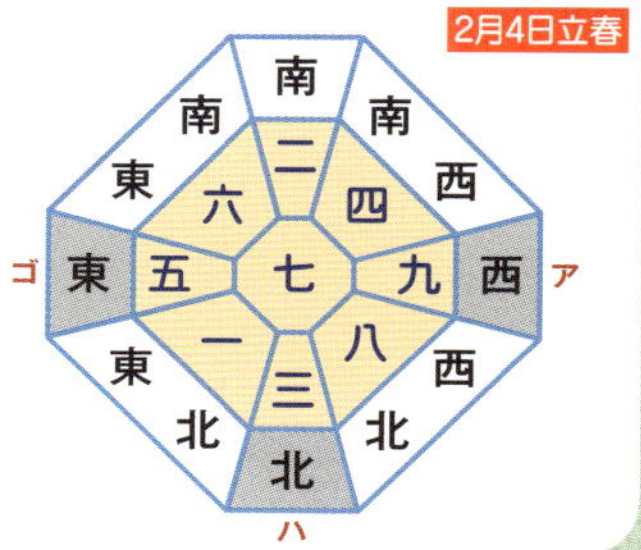

2011年／平成23年　辛卯
【七赤の年】

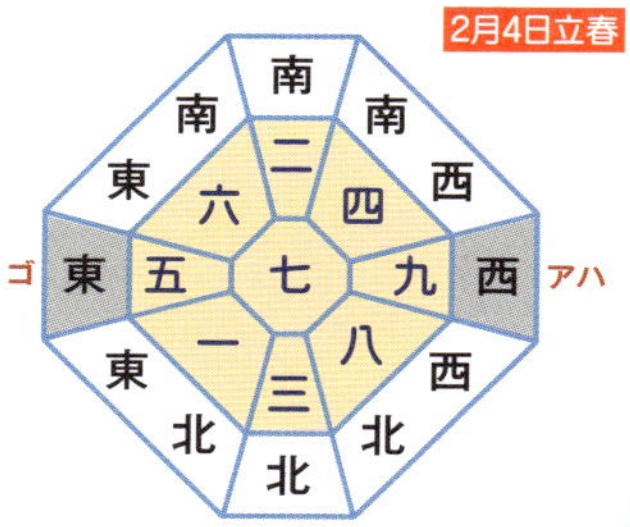

2007年／平成19年　丁亥
【二黒の年】

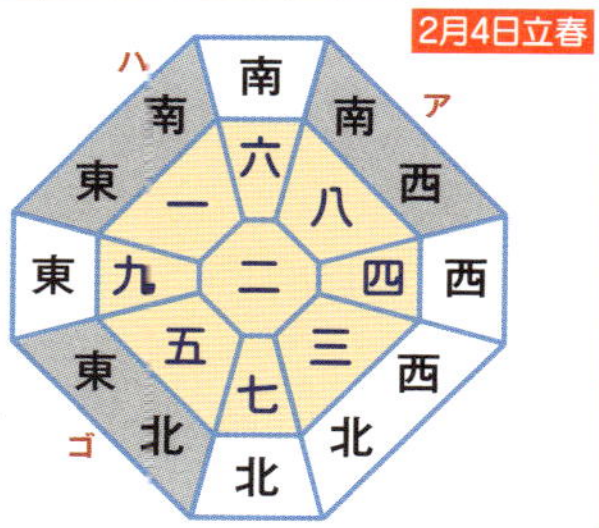

2003年／平成15年　癸未
【六白の年】

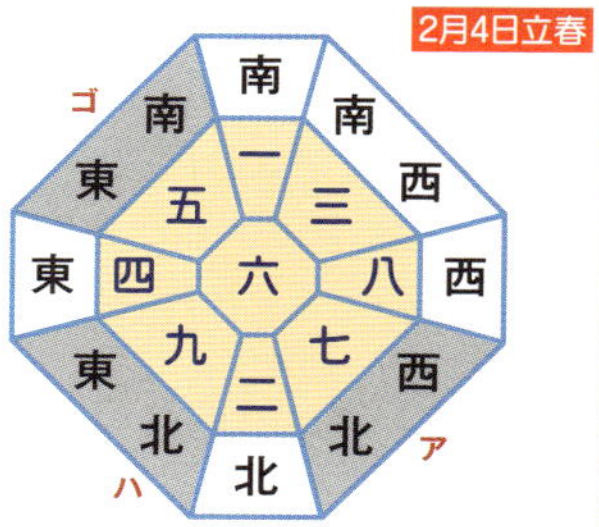

2012年／平成24年　壬辰
【六白の年】

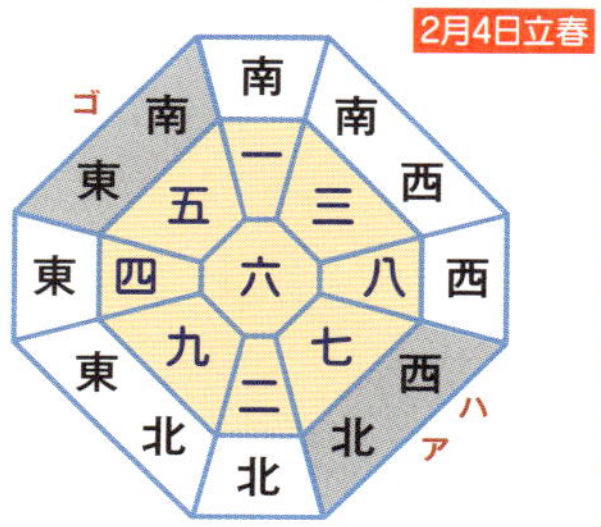

2008年／平成20年　戊子
【一白の年】

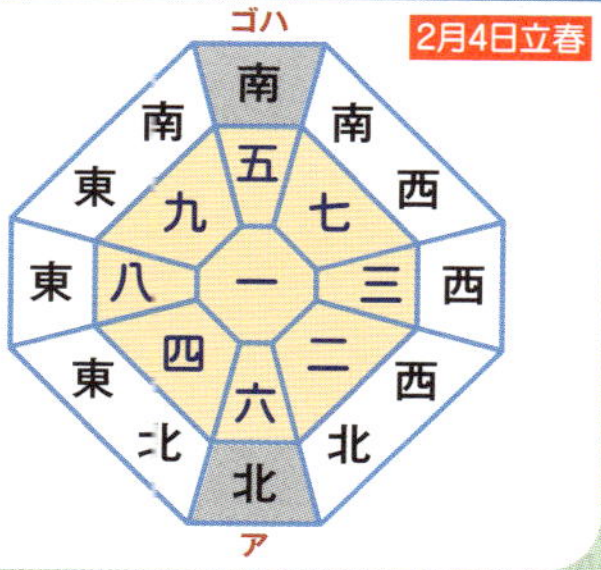

2004年／平成16年　甲申
【五黄の年】

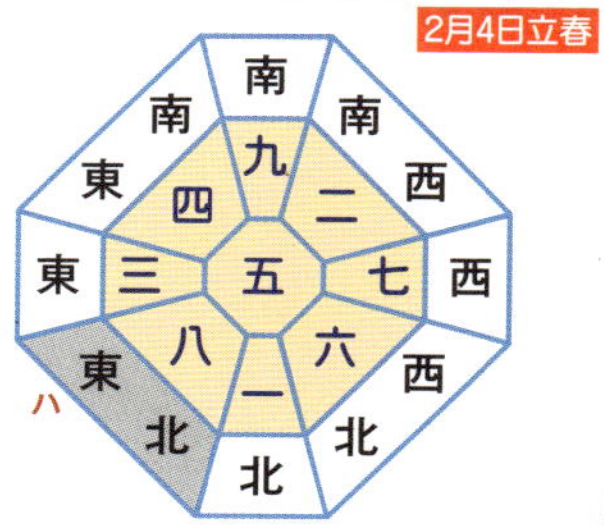

年盤表

凶方位（灰色）
ゴ…五黄殺
ア…暗剣殺
ハ…歳破

2021年／令和3年　辛丑【六白の年】
2月3日立春

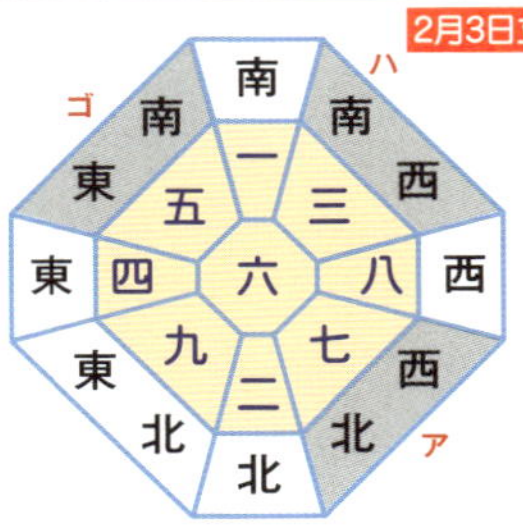

2017年／平成29年　丁酉【一白の年】
2月4日立春

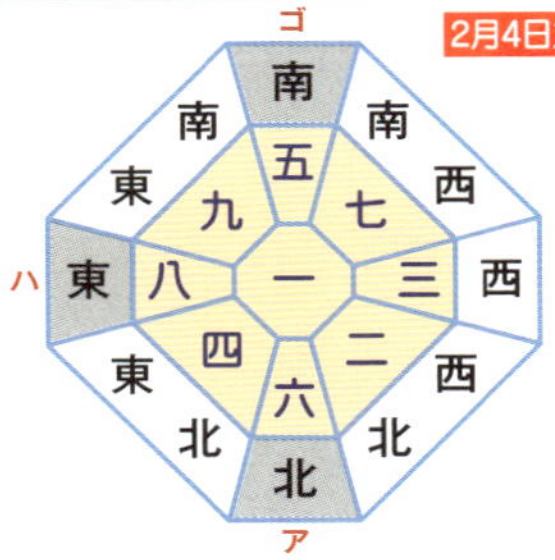

2013年／平成25年　癸巳【五黄の年】
2月4日立春

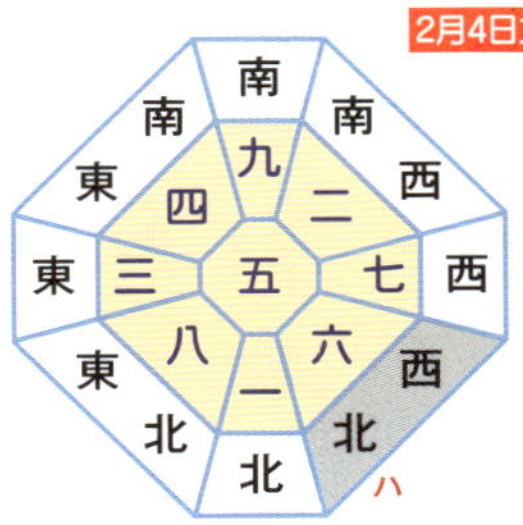

2022年／令和4年　壬寅【五黄の年】
2月4日立春

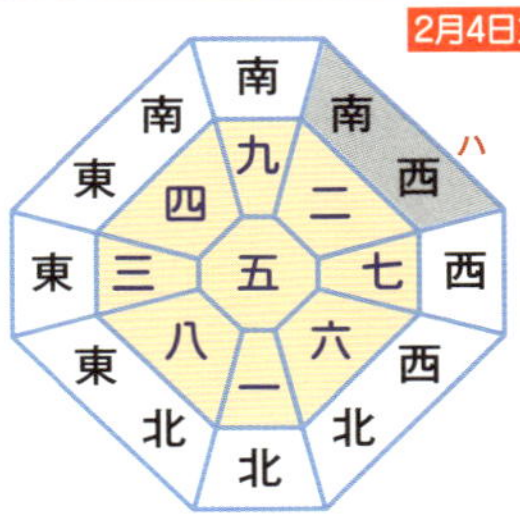

2018年／平成30年　戊戌【九紫の年】
2月4日立春

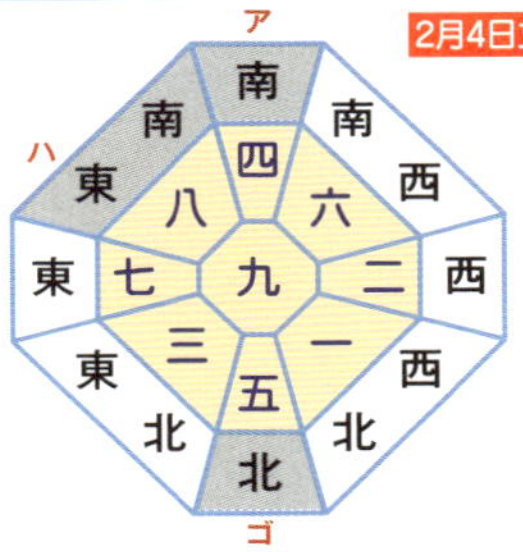

2014年／平成26年　甲午【四緑の年】
2月4日立春

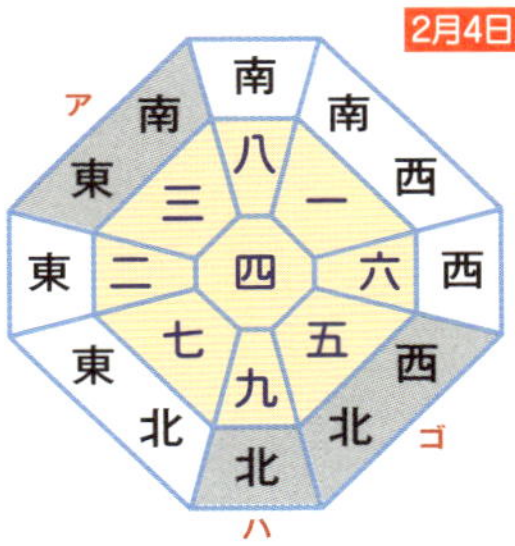

2023年／令和5年　癸卯【四緑の年】
2月4日立春

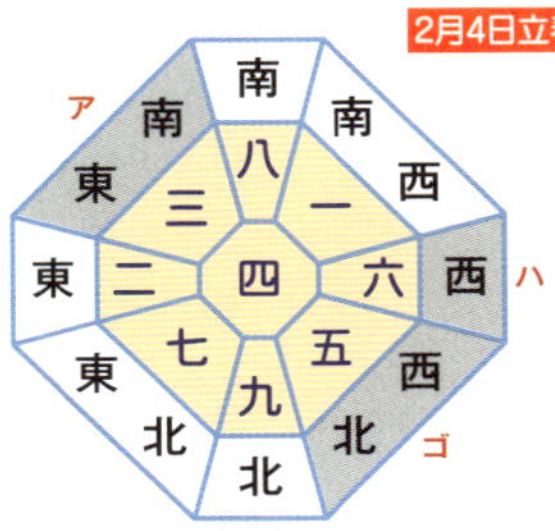

2019年／令和元年　己亥【八白の年】
2月4日立春

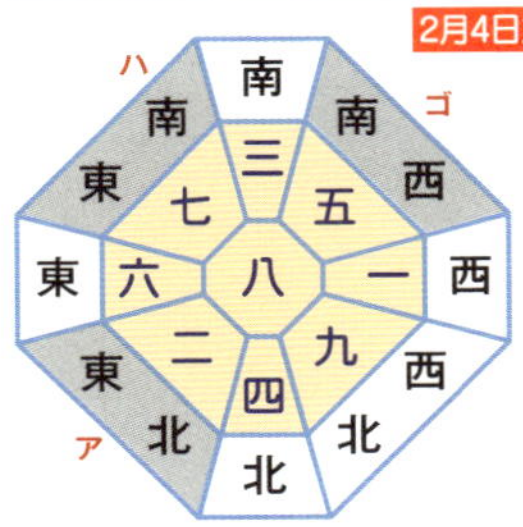

2015年／平成27年　乙未【三碧の年】
2月4日立春

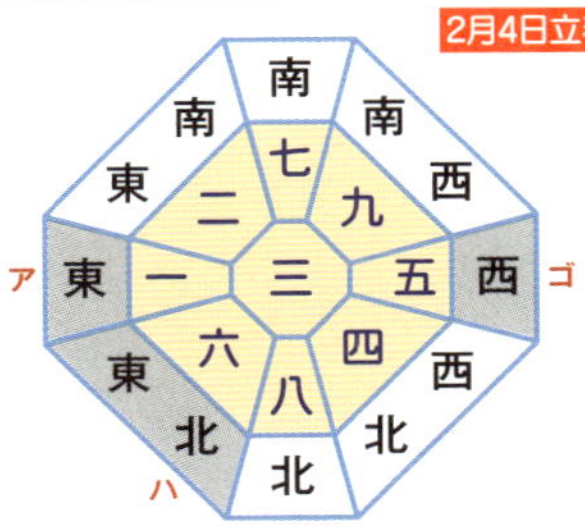

2024年／令和6年　甲辰【三碧の年】
2月4日立春

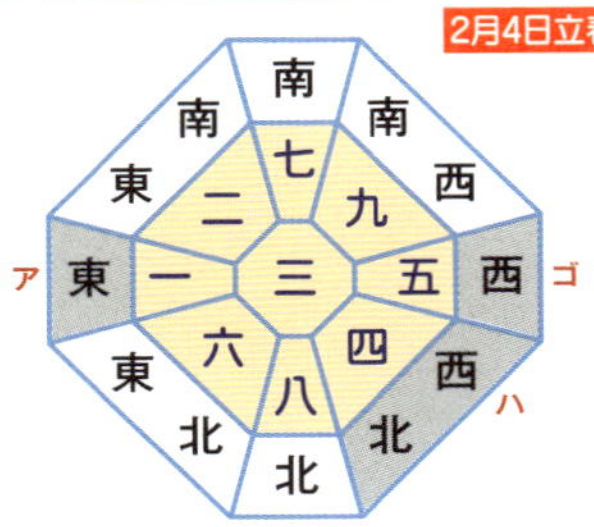

2020年／令和2年　庚子【七赤の年】
2月4日立春

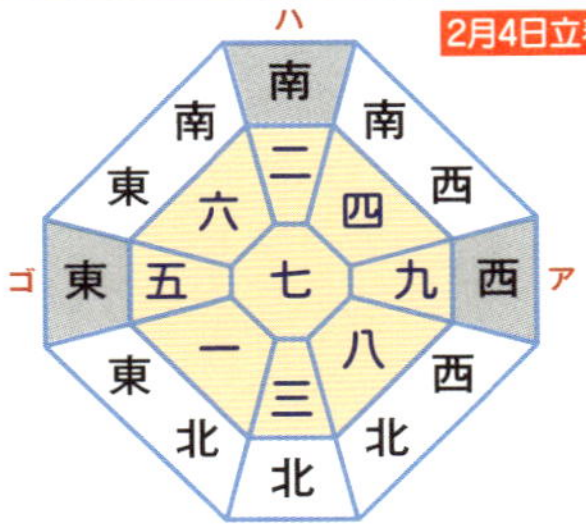

2016年／平成28年　丙申【二黒の年】
2月4日立春

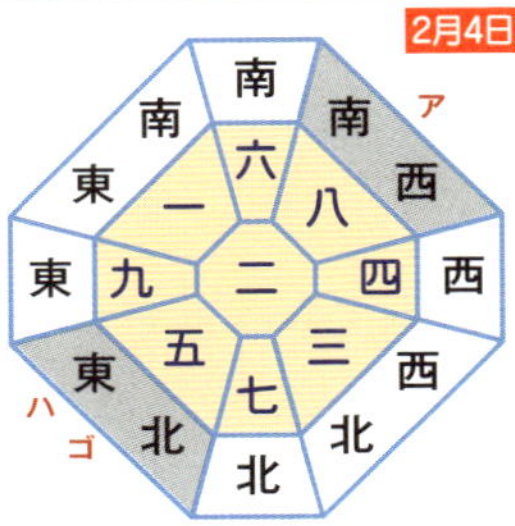

凶方位
ゴ…五黄殺
ア…暗剣殺
ハ…歳破

2025年／令和7年　乙巳
【二黒の年】

2月3日立春

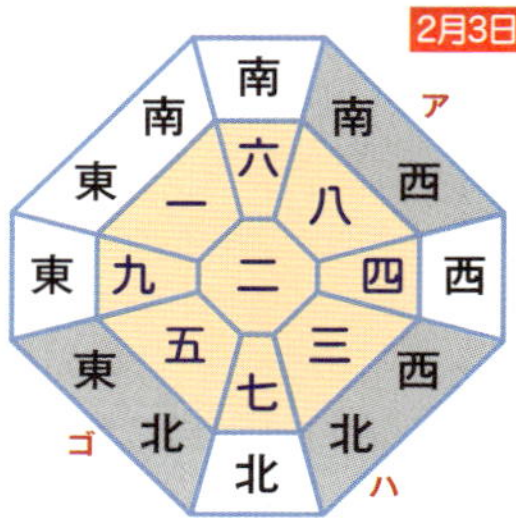

2026年／令和8年　丙午
【一白の年】

2月4日立春

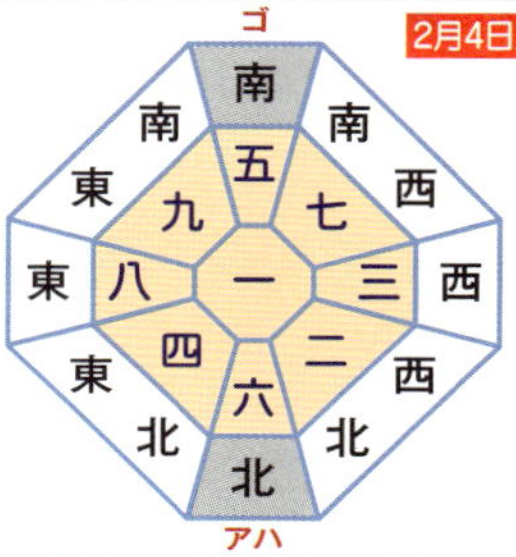

2027年／令和9年　丁未
【九紫の年】

2月4日立春

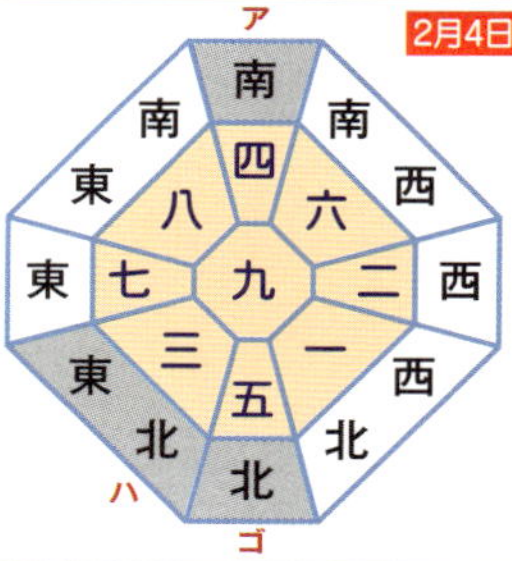

2028年／令和10年　戊申
【八白の年】

2月4日立春

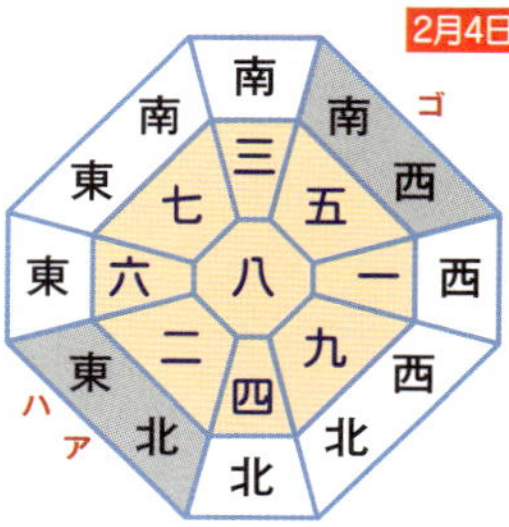

2029年／令和11年　己酉
【七赤の年】

2月3日立春

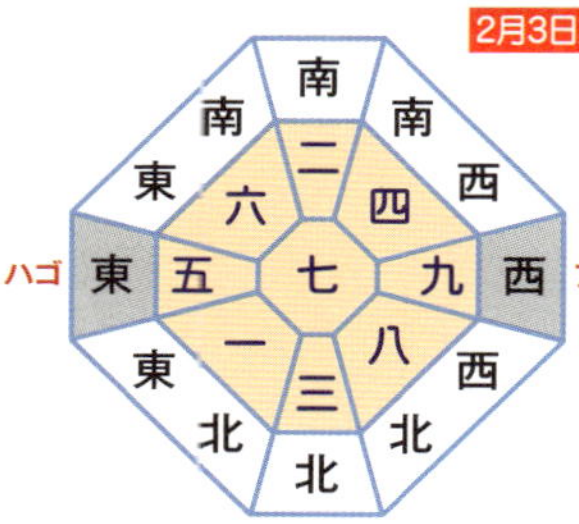

2030年／令和12年　庚戌
【六白の年】

2月4日立春

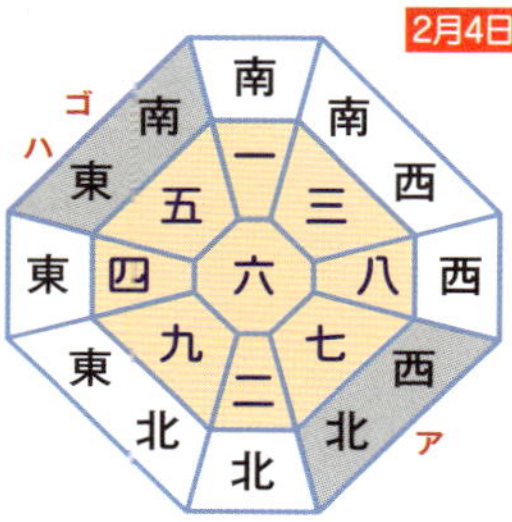

2031年／令和13年　辛亥
【五黄の年】

2月4日立春

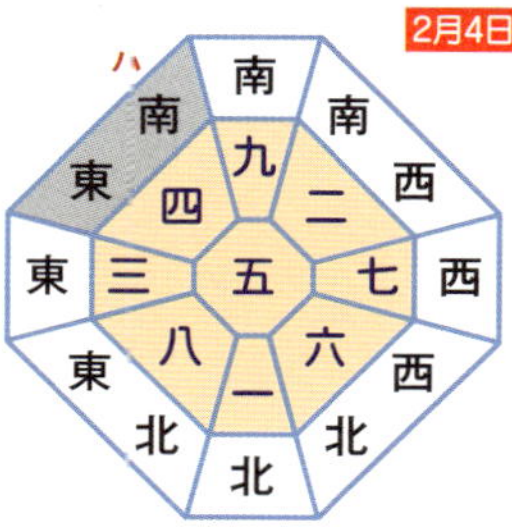

2032年／令和14年　壬子
【四緑の年】

2月4日立春

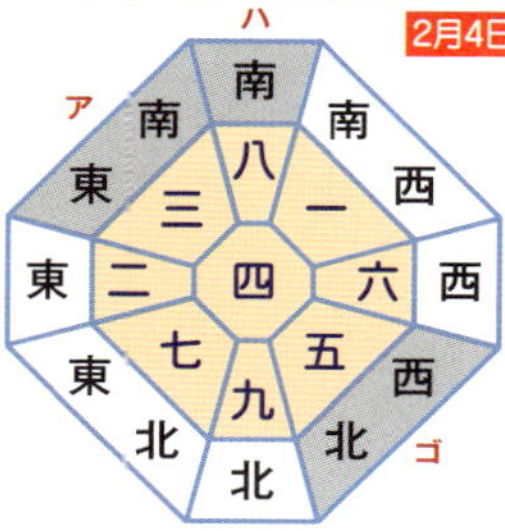

2033年／令和15年　癸丑
【三碧の年】

2月3日立春

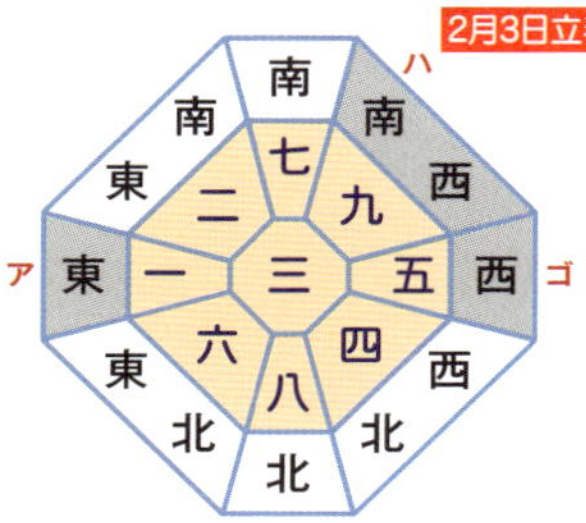

2034年／令和16年　甲寅
【二黒の年】

2月4日立春

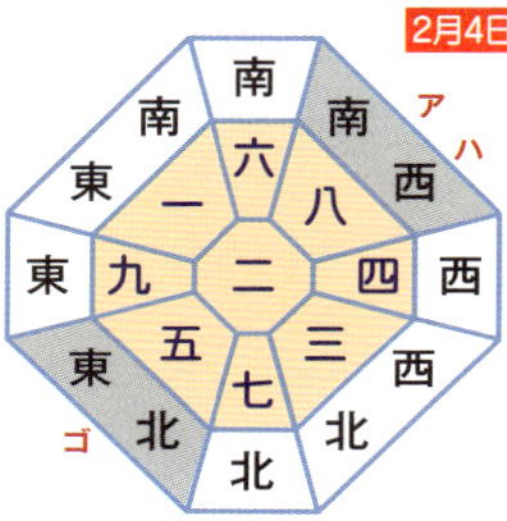

2035年／令和17年　乙卯
【一白の年】

2月4日立春

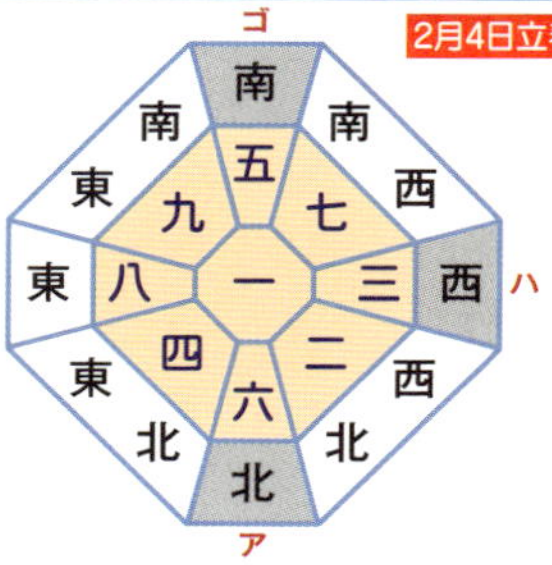

2036年／令和18年　丙辰
【九紫の年】

2月4日立春

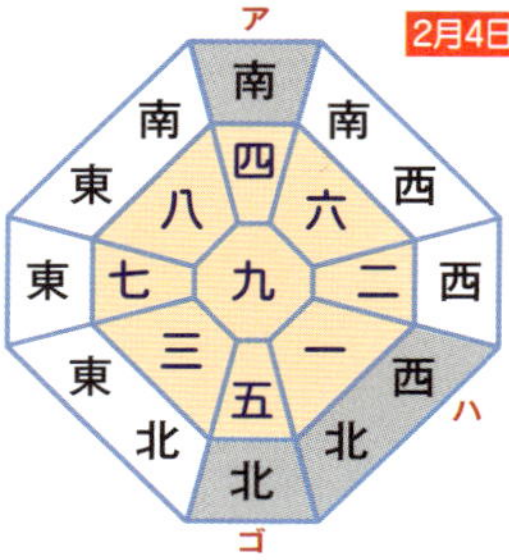

年盤表

■ ▶ 凶方位
ゴ ▶ 五黄殺
ア ▶ 暗剣殺
ハ ▶ 歳破

2037年／令和19年　丁巳【八白の年】

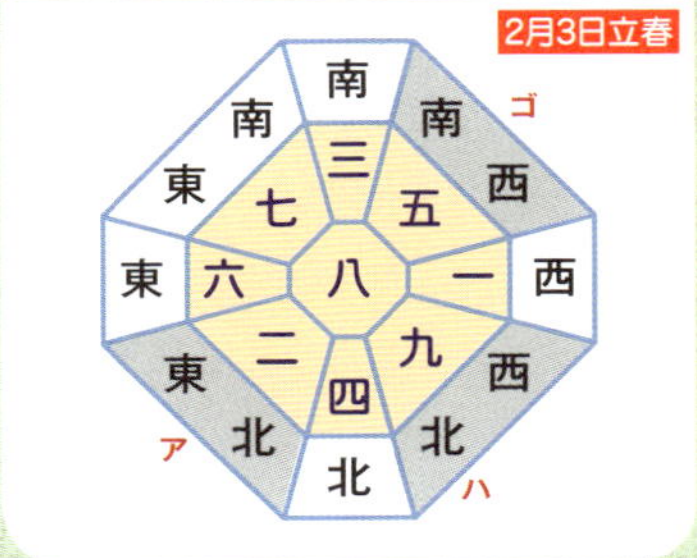

2038年／令和20年　戊午【七赤の年】

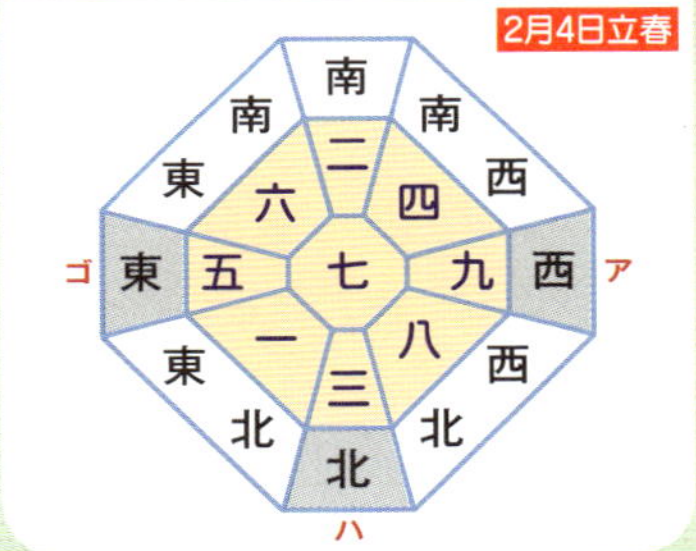

2039年／令和21年　己未【六白の年】

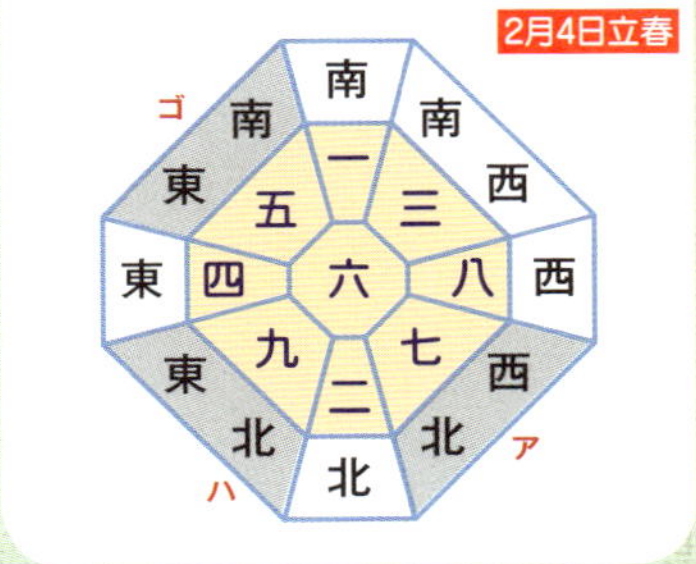

2040年／令和22年　庚申【五黄の年】

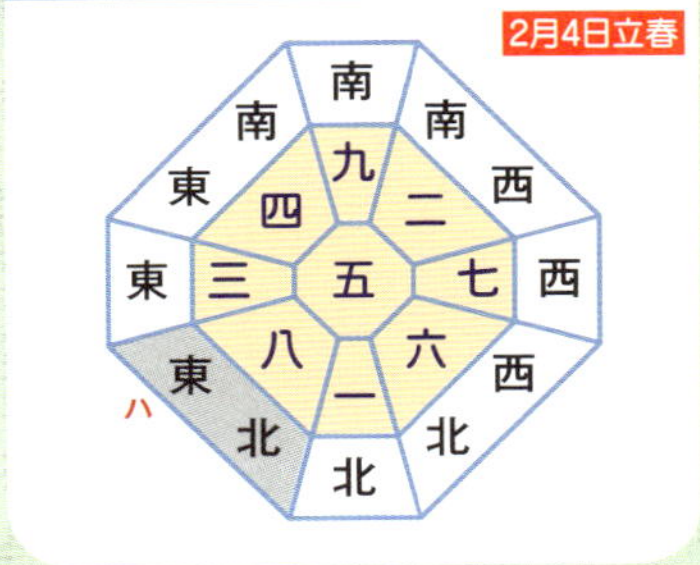

2041年／令和23年　辛酉【四緑の年】

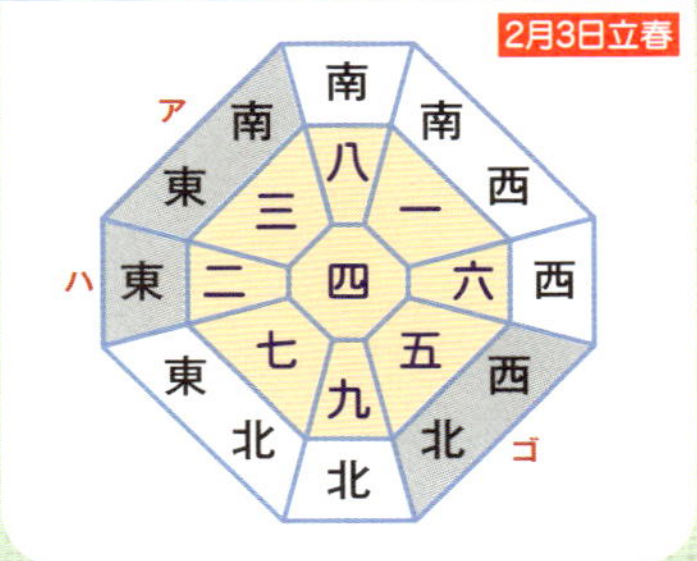

2042年／令和24年　壬戌【三碧の年】

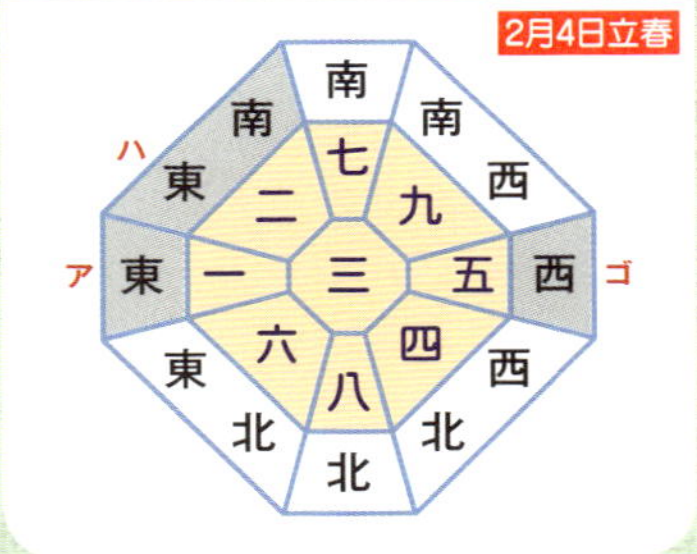

2043年／令和25年　癸亥【二黒の年】

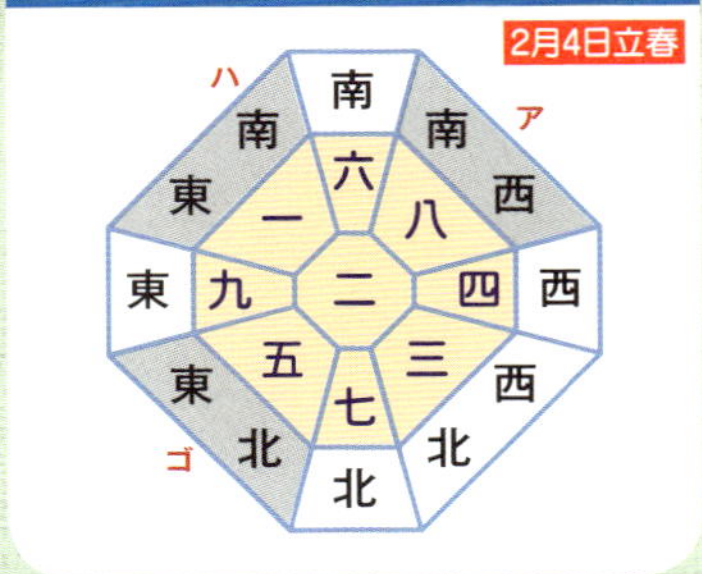

2044年／令和26年　甲子【一白の年】

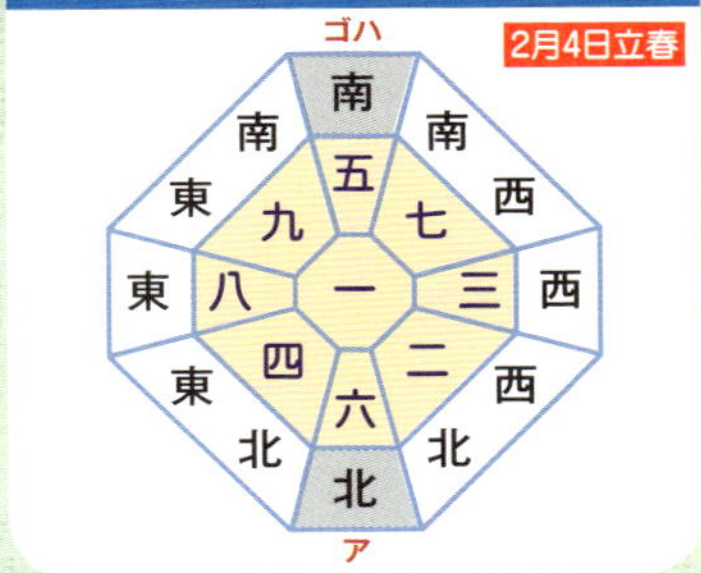

2045年／令和27年　乙丑【九紫の年】

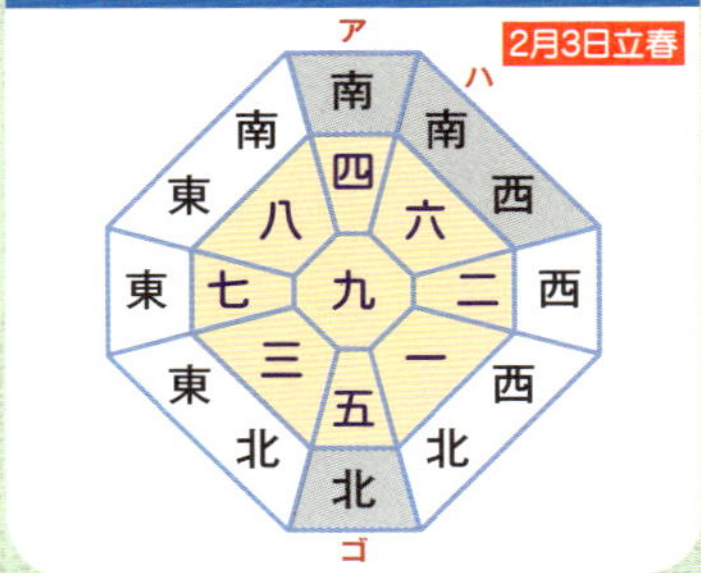

2046年／令和28年　丙寅【八白の年】

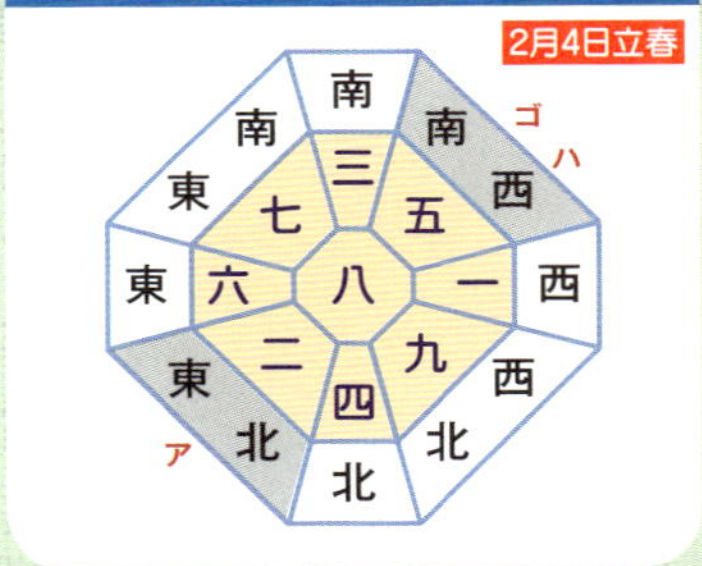

2047年／令和29年　丁卯【七赤の年】

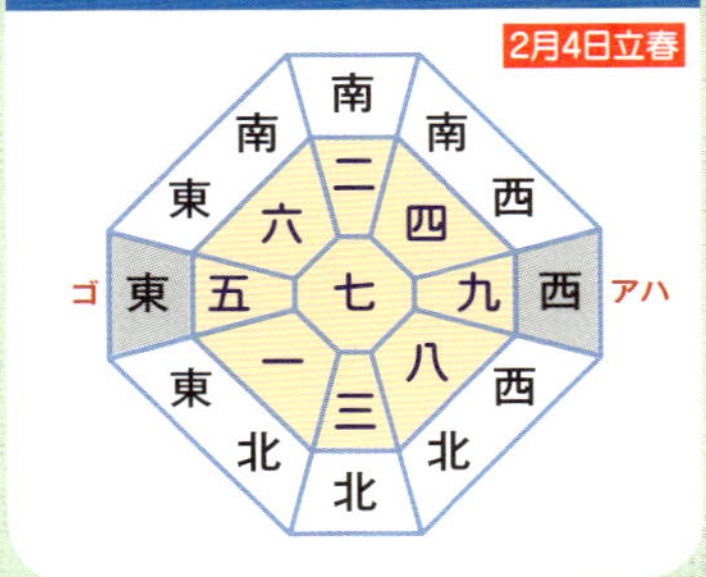

2048年／令和30年　戊辰【六白の年】

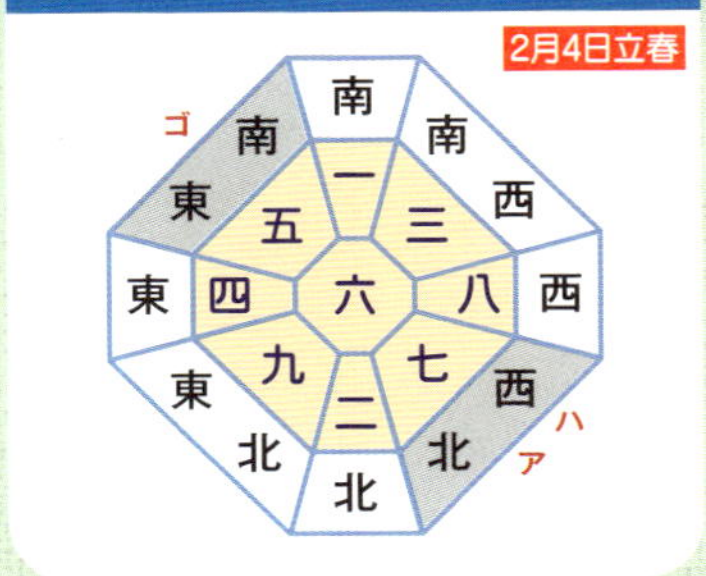

一白の年

子午卯酉年

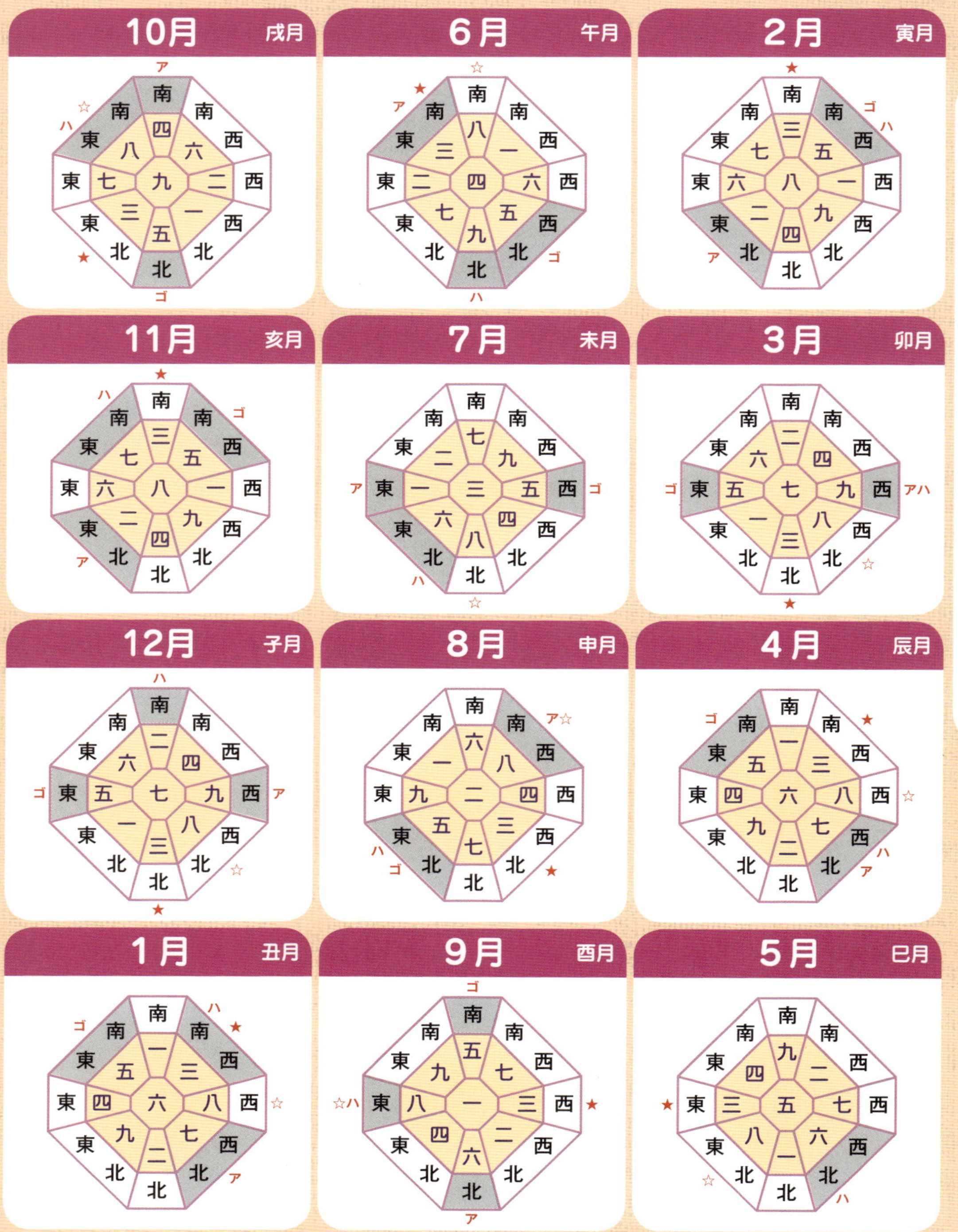

月 盤表

■…凶方位
ゴ…五黄殺
ア…暗剣殺
ハ…月破
☆…子年と午年の小児殺
★…卯年と酉年の小児殺

二黒の年

寅申巳亥年

月 盤表

凶方位 ゴ 五黄殺 ア 暗剣殺 ハ 月破

☆ 寅年と申年の小児殺 ★ 巳年と亥年の小児殺

2月 寅月

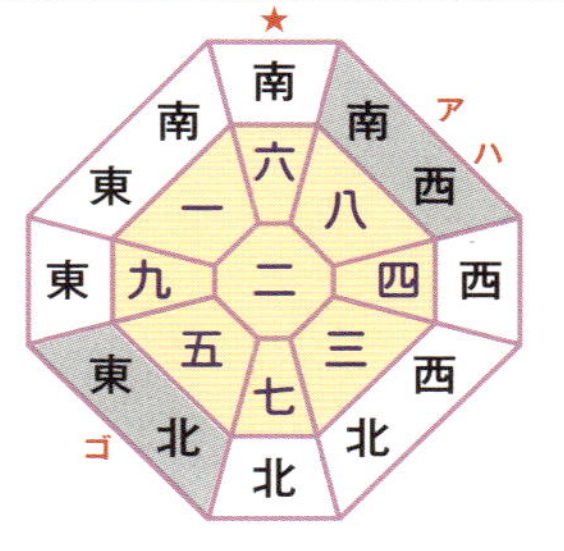

3月 卯月

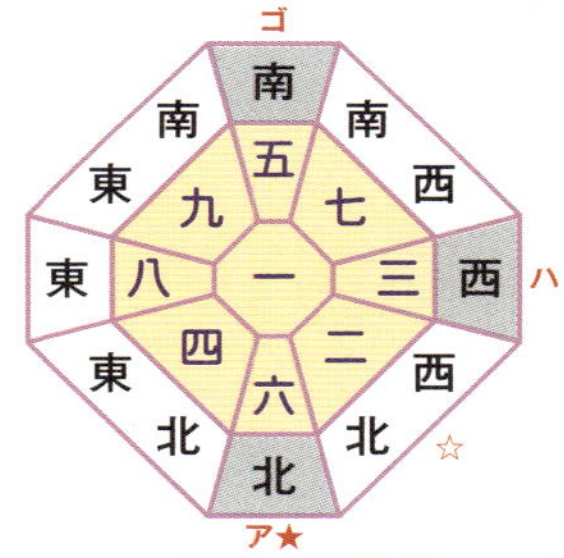

4月 辰月

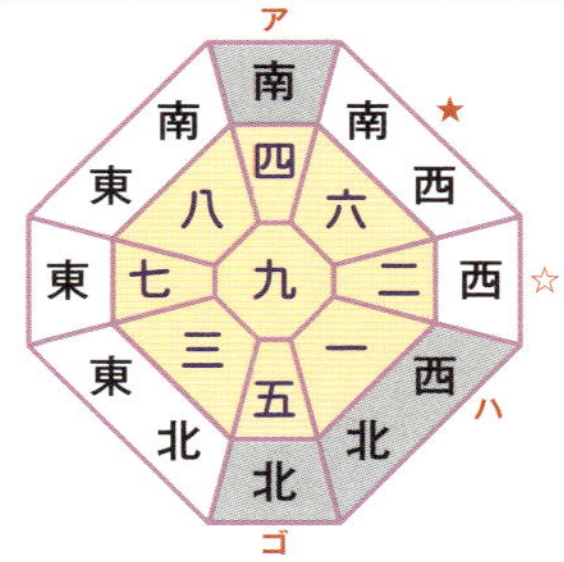

5月 巳月

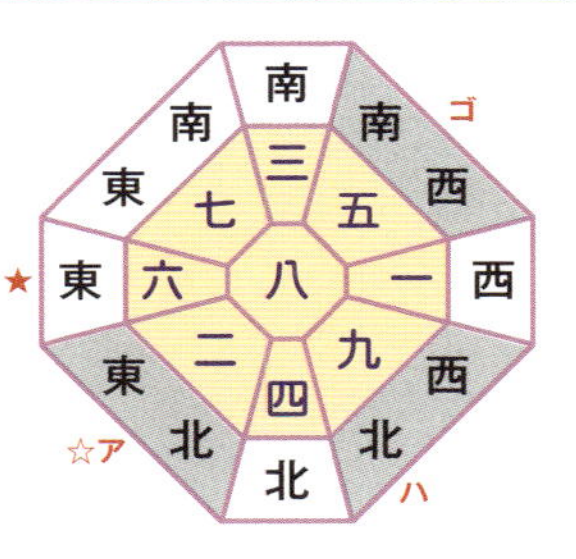

6月 午月

7月 未月

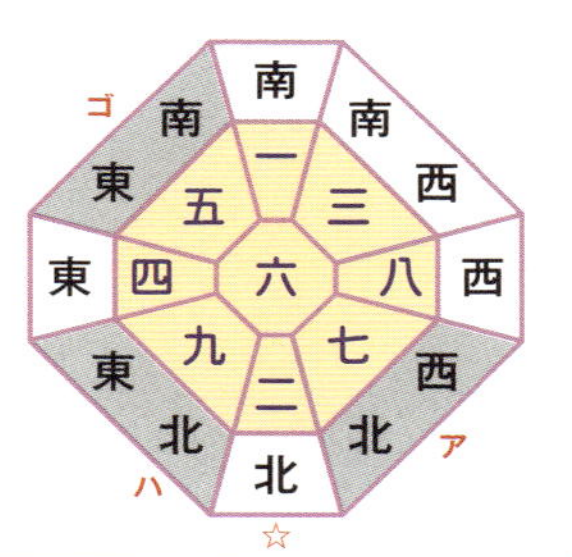

8月 申月

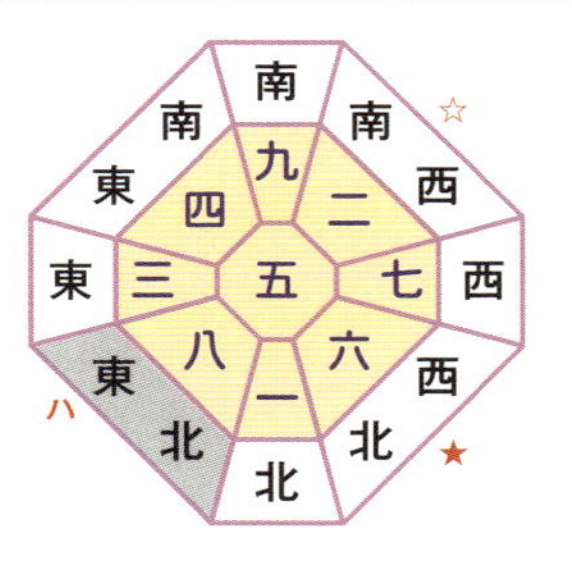

9月 酉月

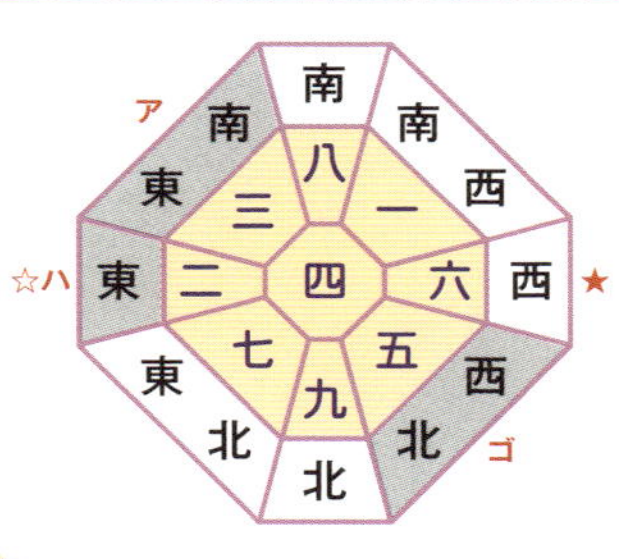

10月 戌月

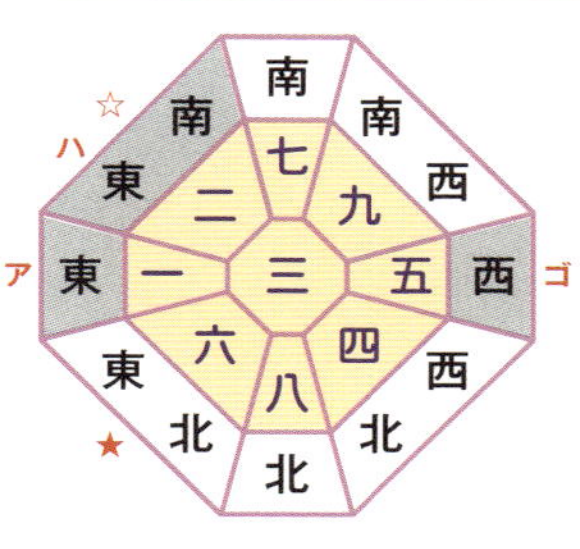

11月 亥月

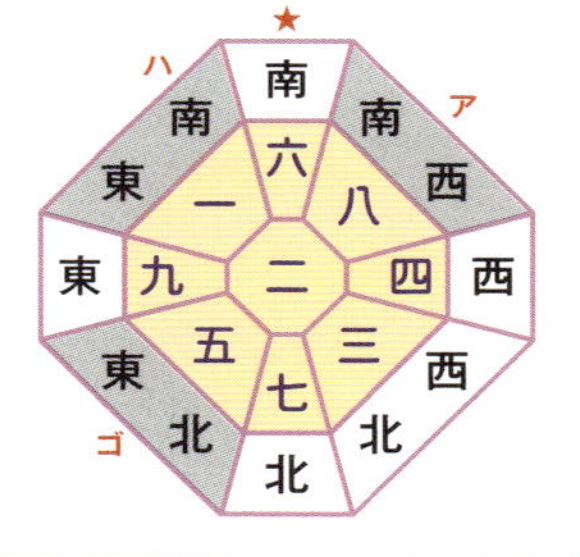

12月 子月

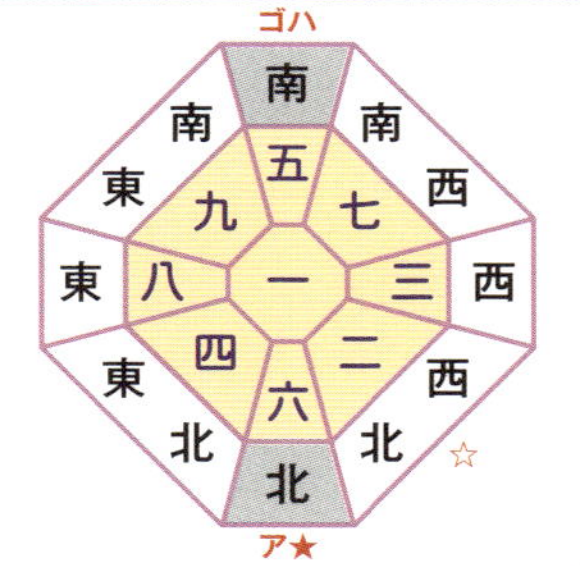

1月 丑月

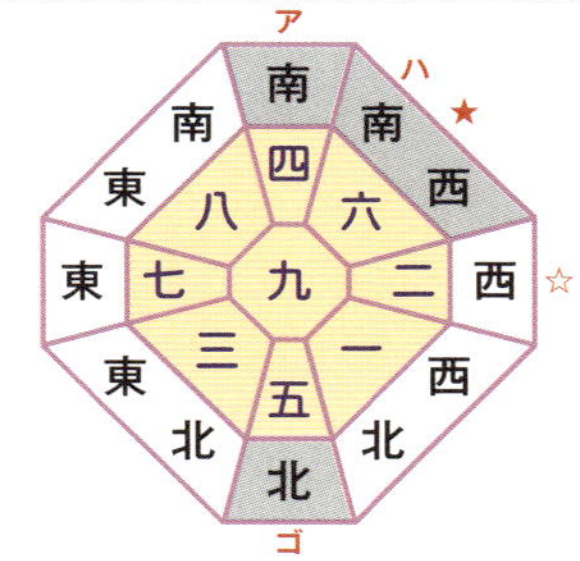

三碧の年

辰戌丑未年

10月　戌月

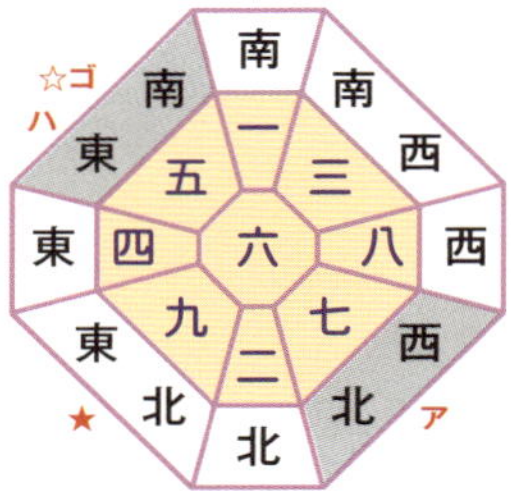

6月　午月

2月　寅月

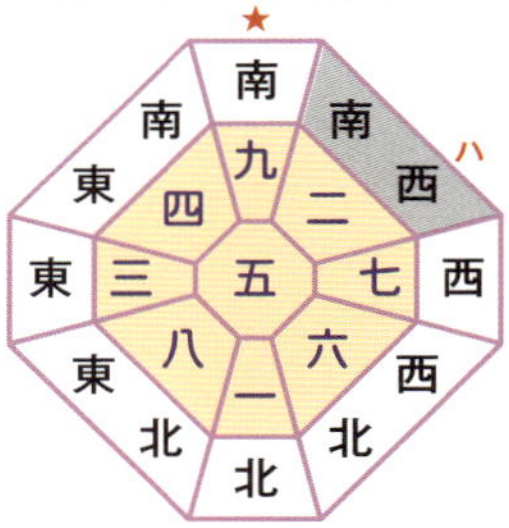

11月　亥月

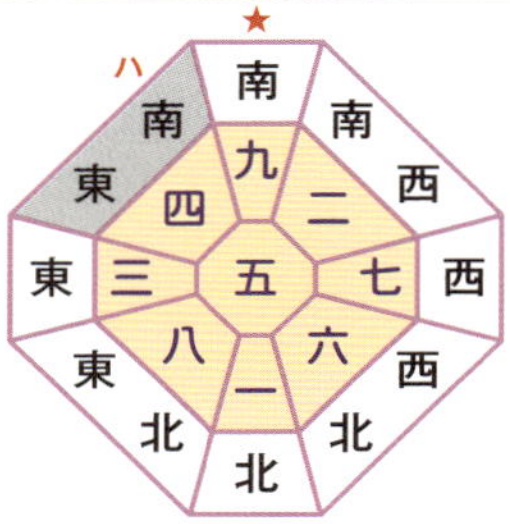

7月　未月

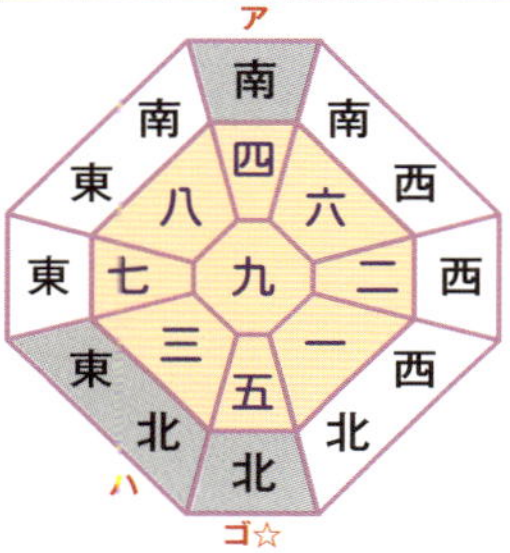

3月　卯月

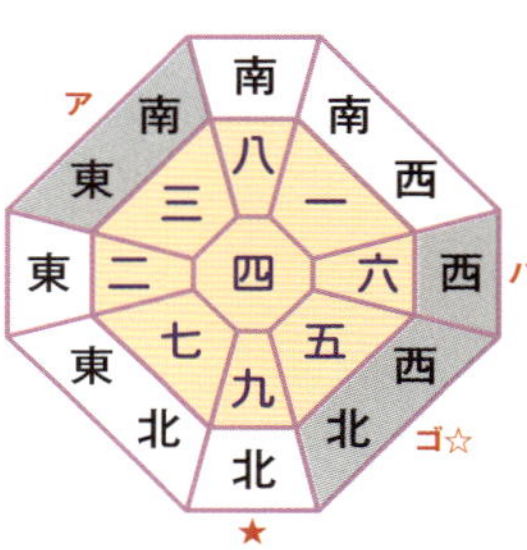

12月　子月

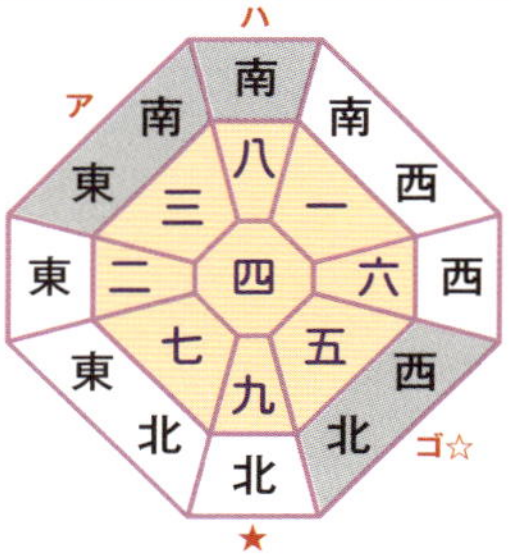

8月　申月

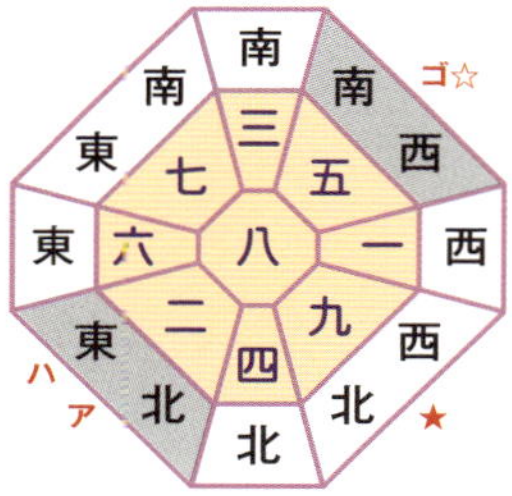

4月　辰月

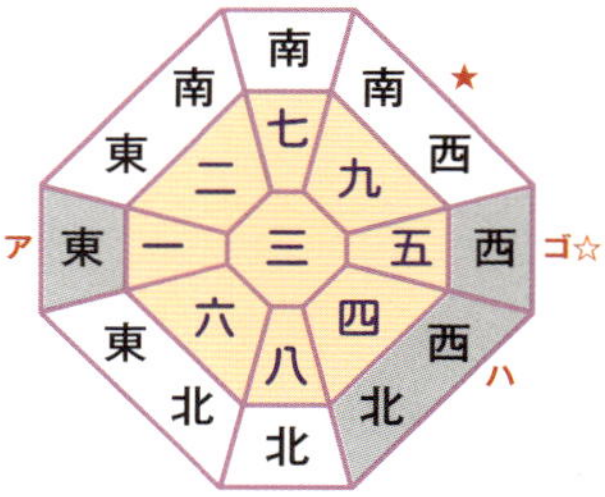

1月　丑月

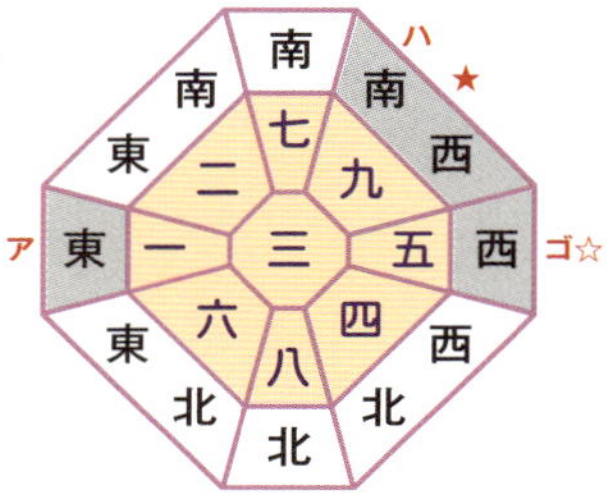

9月　酉月

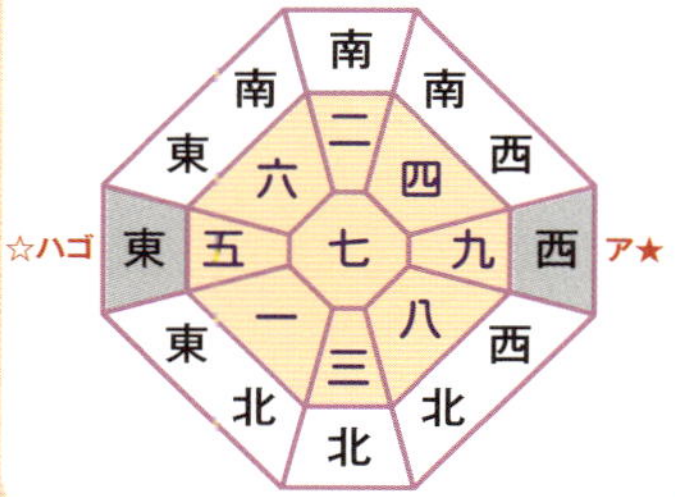

5月　巳月

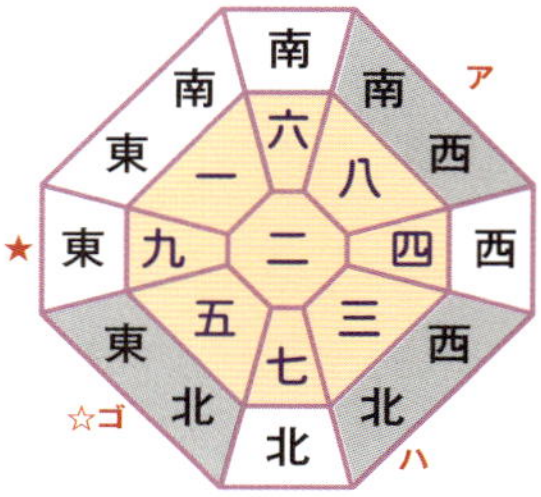

■…凶方位
ゴ…五黄殺
ア…暗剣殺
ハ…月破
☆…辰年と戌年の小児殺
★…丑年と未年の小児殺

四緑の年

子午卯酉年

- ▇ …凶方位
- ゴ…五黄殺
- ア…暗剣殺
- ハ…月破
- ☆…子年と午年の小児殺
- ★…卯年と酉年の小児殺

10月 戌月
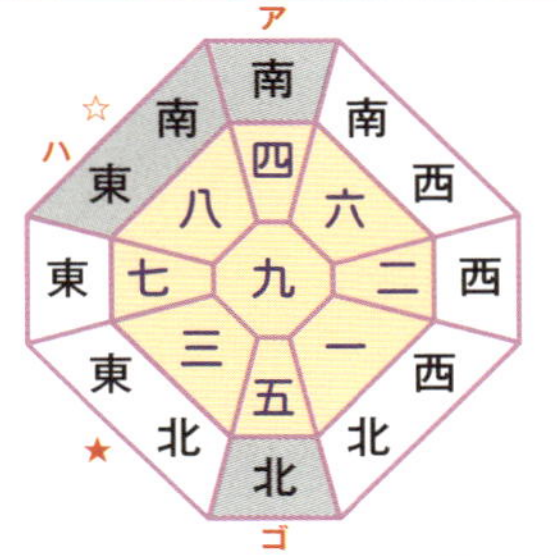

6月 午月
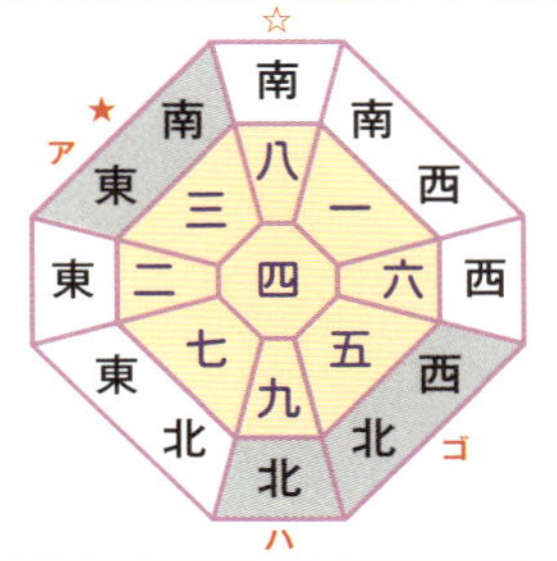

2月 寅月
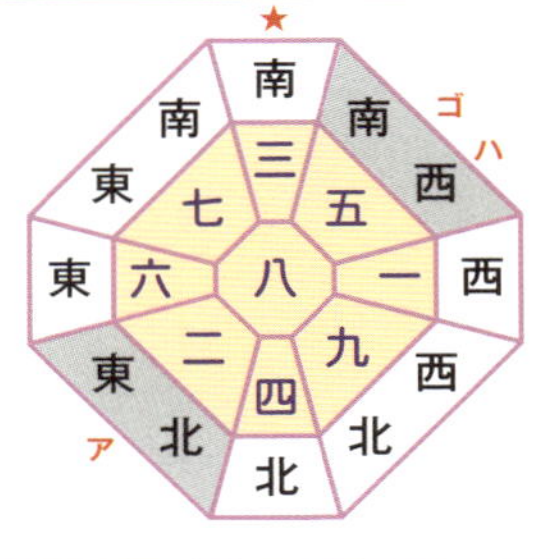

11月 亥月
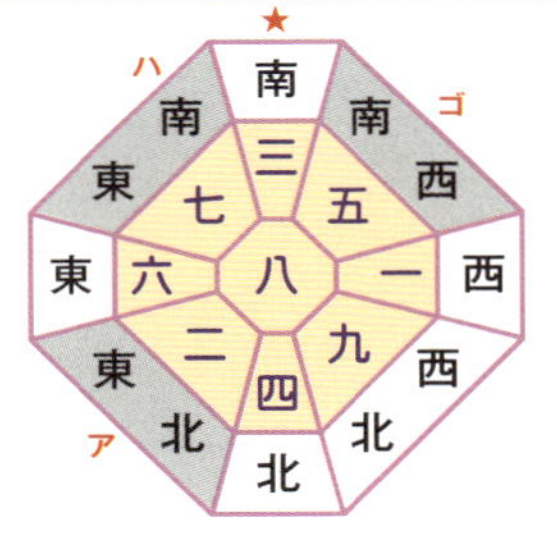

7月 未月
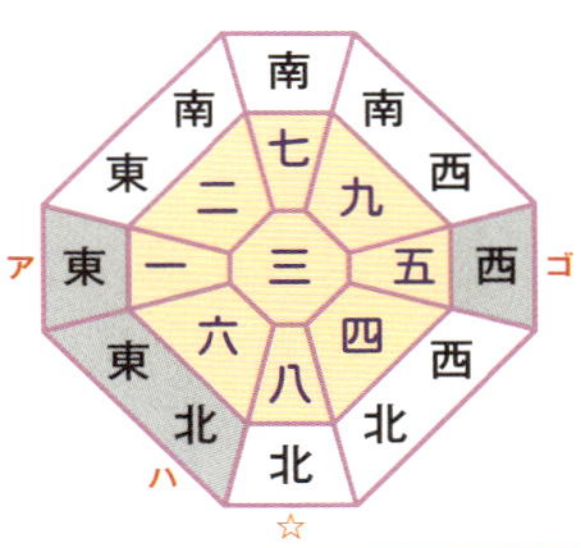

3月 卯月
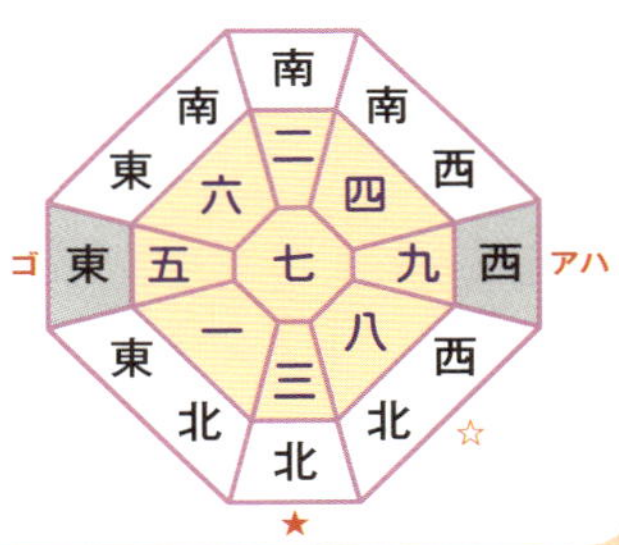

12月 子月
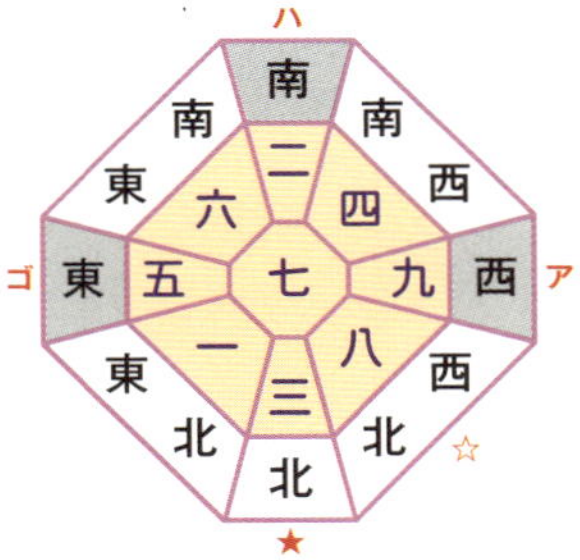

8月 申月
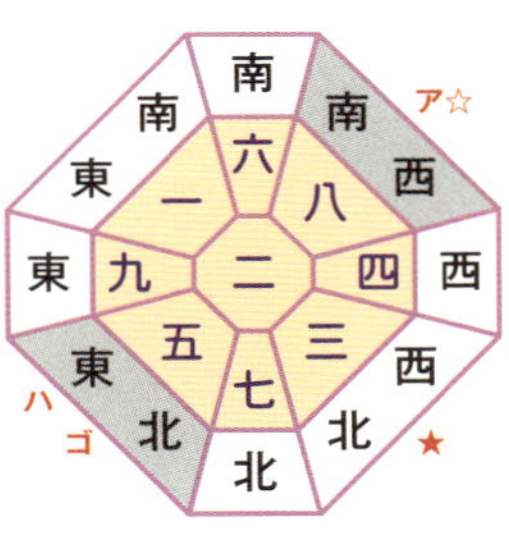

4月 辰月
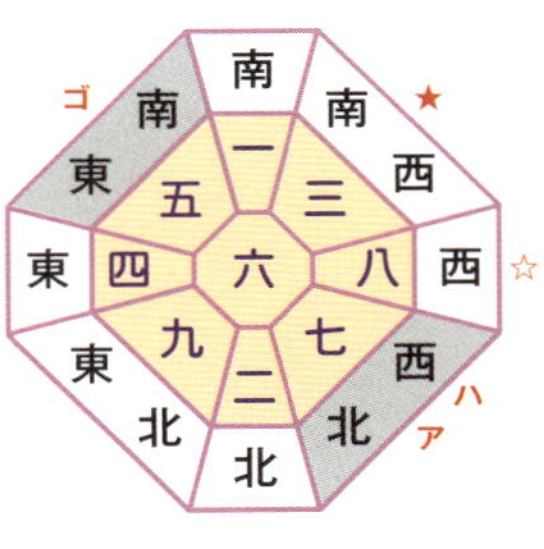

1月 丑月
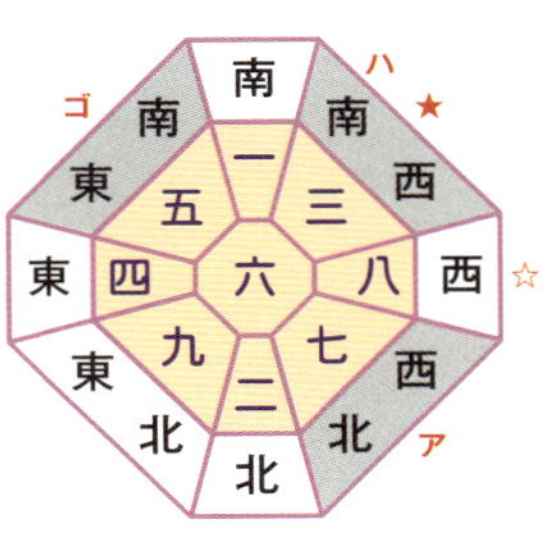

9月 酉月
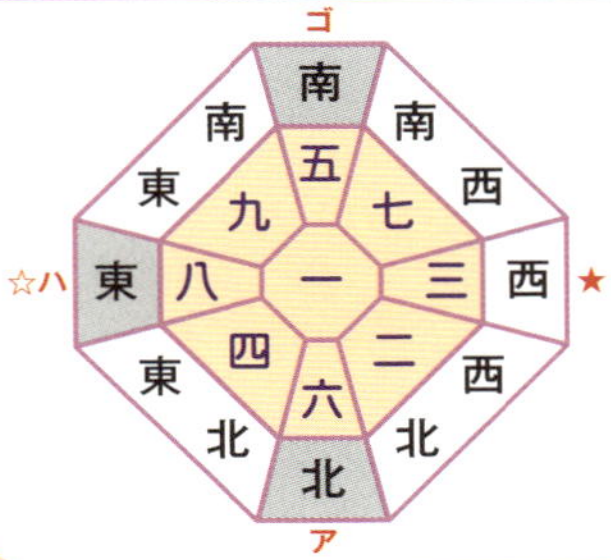

5月 巳月
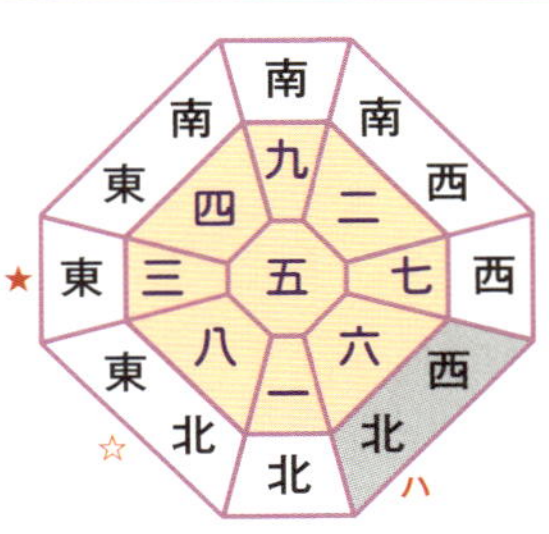

五黄の年

寅申巳亥年

10月　戌月

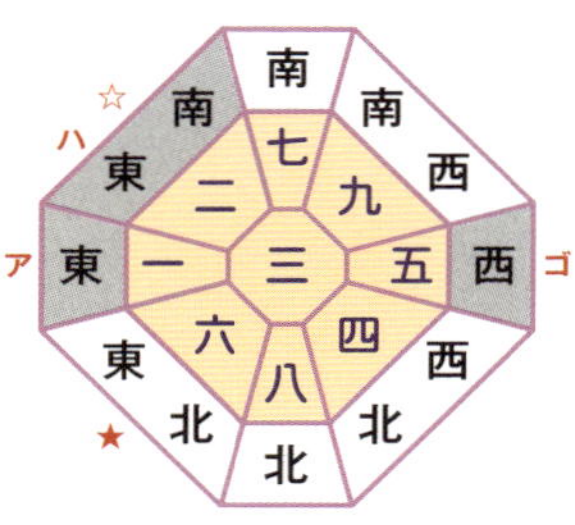

6月　午月

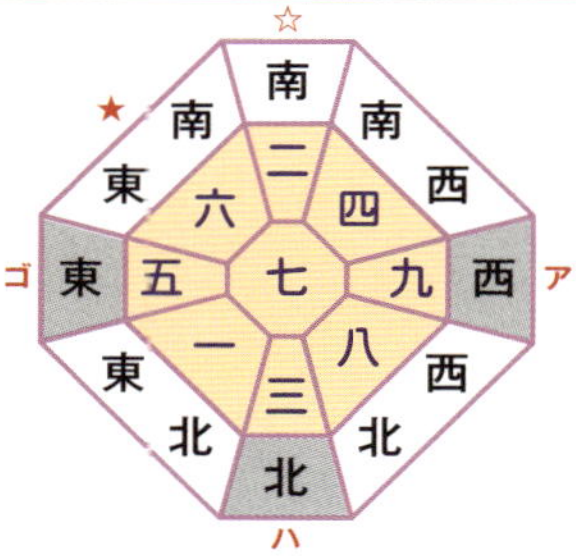

2月　寅月

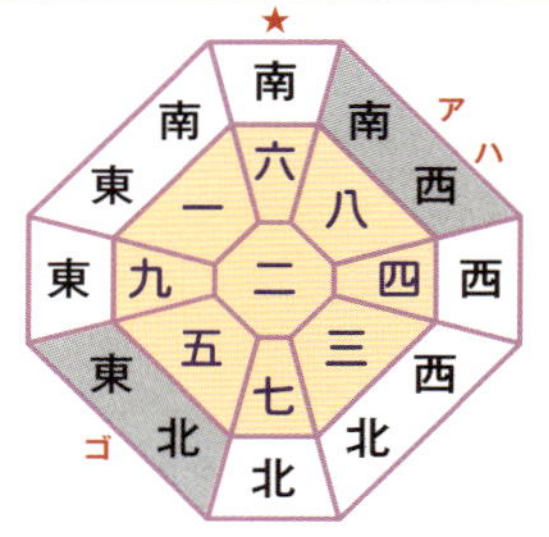

11月　亥月

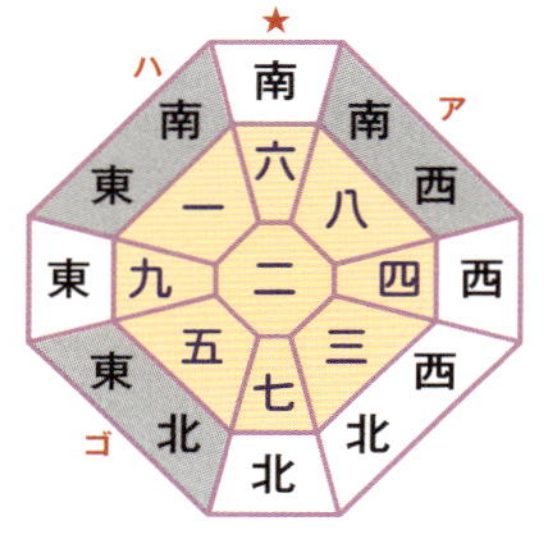

7月　未月

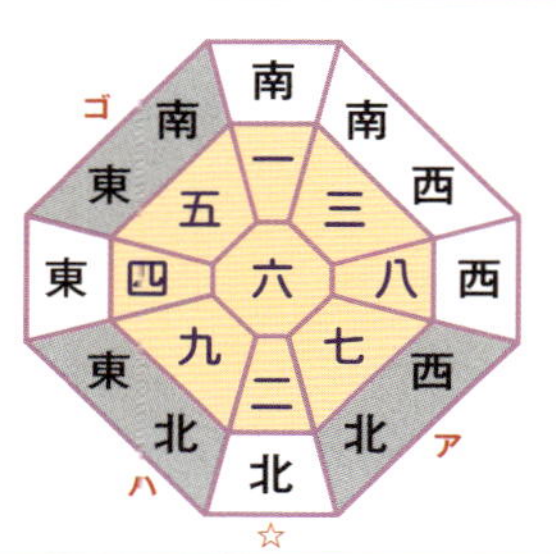

3月　卯月

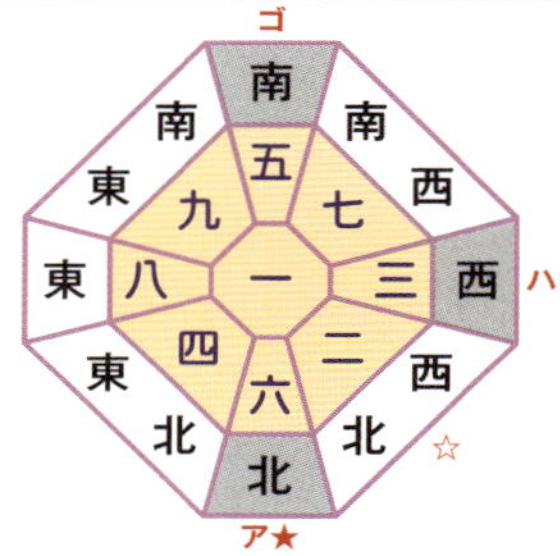

12月　子月

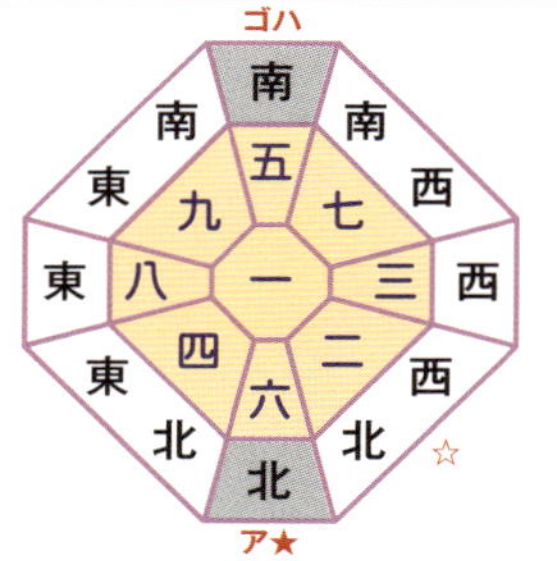

8月　申月

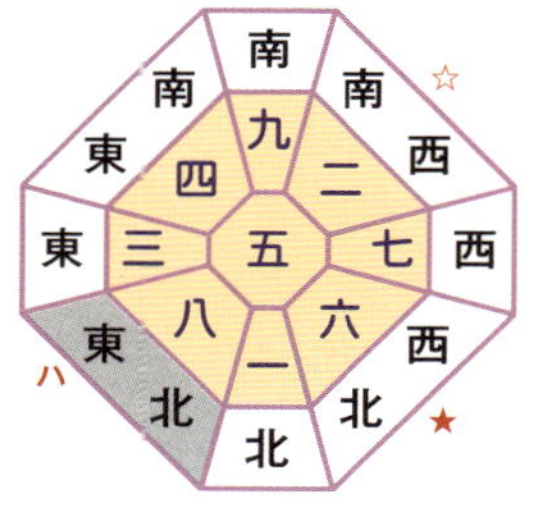

4月　辰月

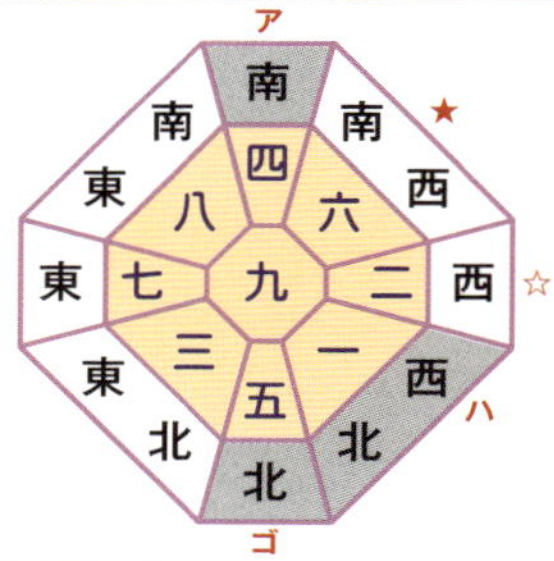

1月　丑月

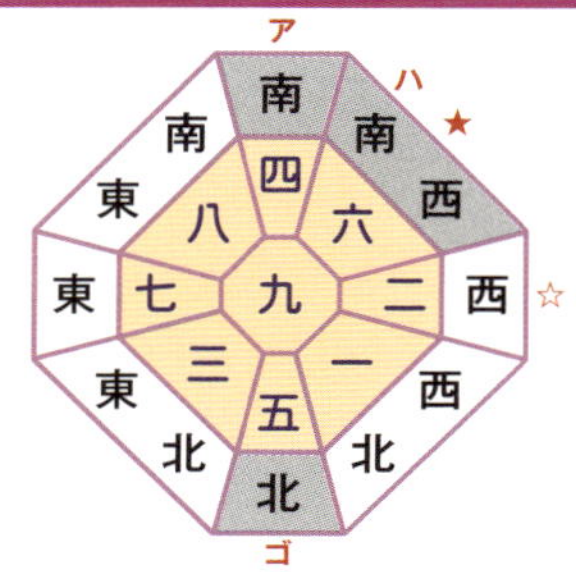

9月　酉月

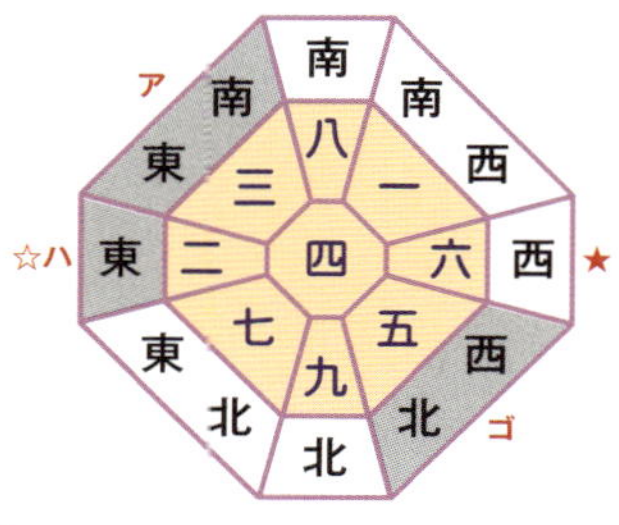

5月　巳月

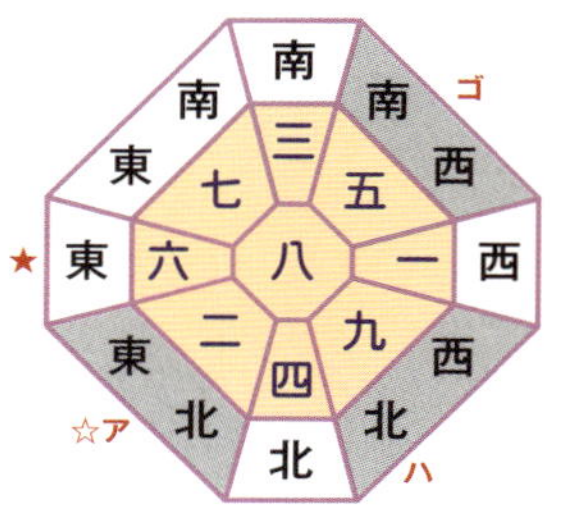

■ 凶方位
ゴ 五黄殺
ア 暗剣殺
ハ 月破
☆ 寅年と申年の小児殺
★ 巳年と亥年の小児殺

月盤表

六白の年

辰戌丑未年

(灰色)…凶方位　☆…辰年と戌年の小児殺　★…丑年と未年の小児殺
ゴ…五黄殺　ア…暗剣殺　ハ…月破

2月　寅月

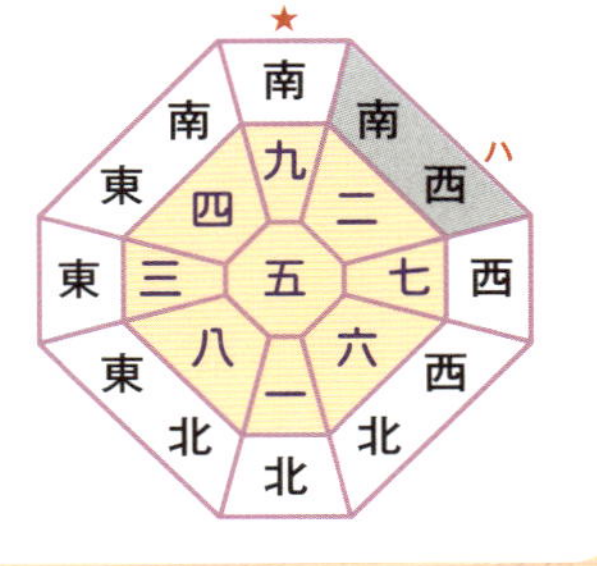

3月　卯月

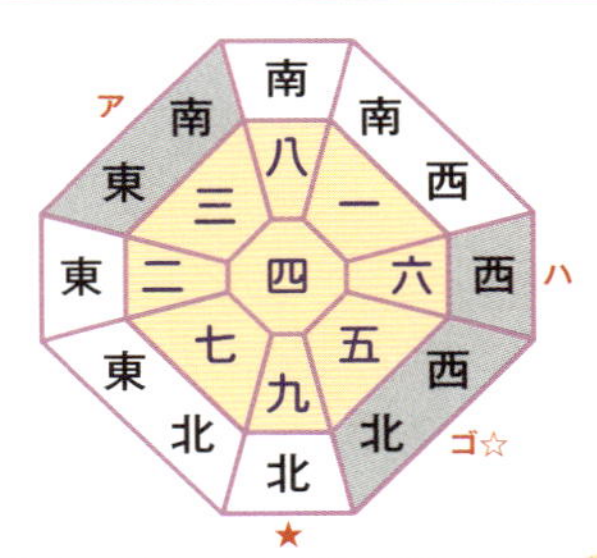

4月　辰月

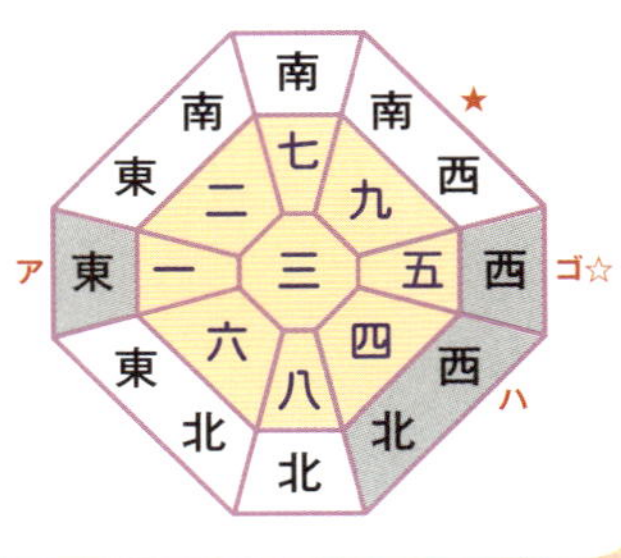

5月　巳月

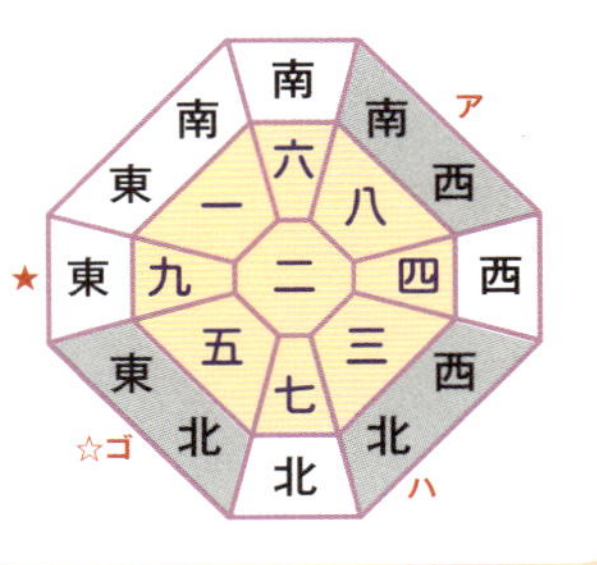

6月　午月

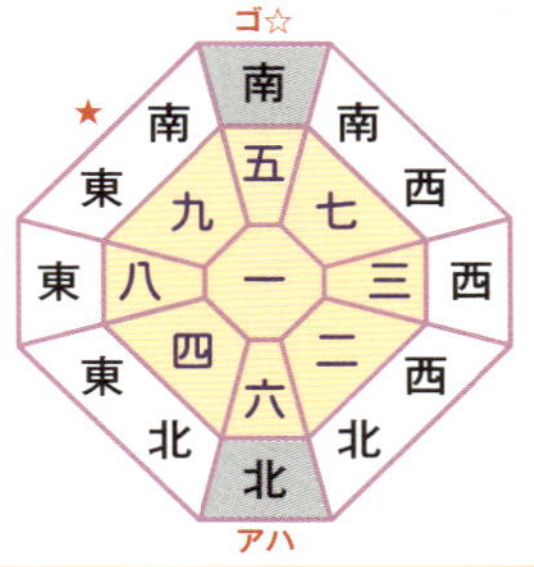

7月　未月

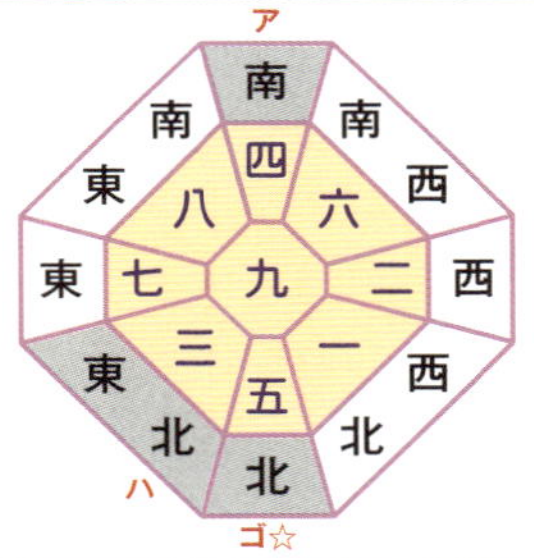

8月　申月

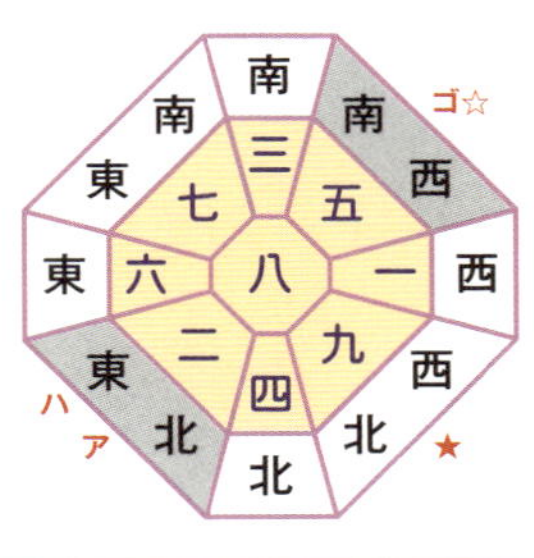

9月　酉月

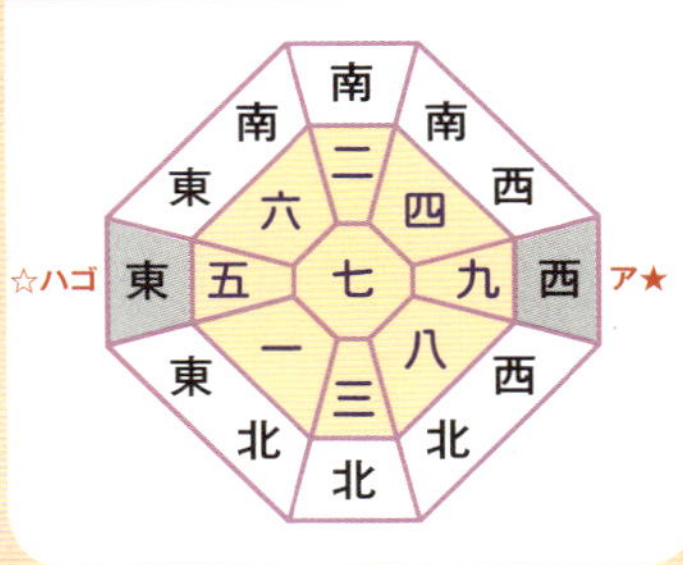

10月　戌月

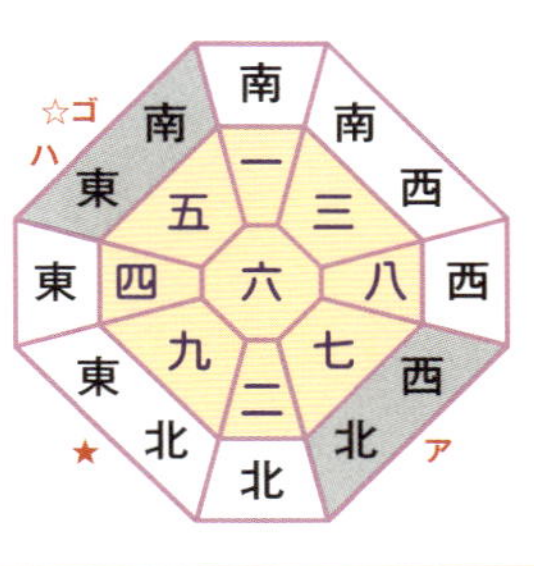

11月　亥月

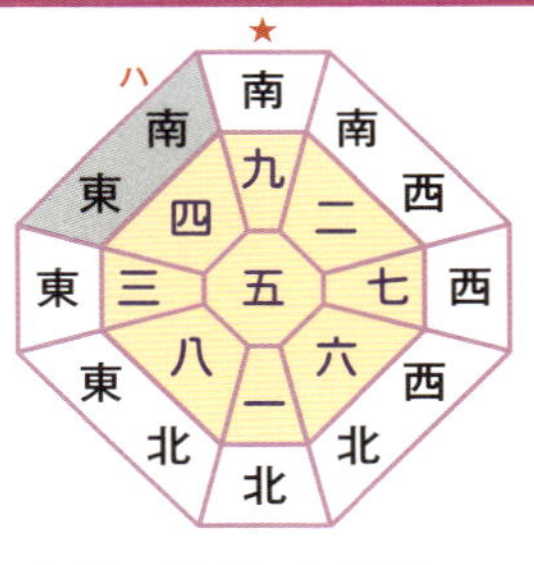

12月　子月

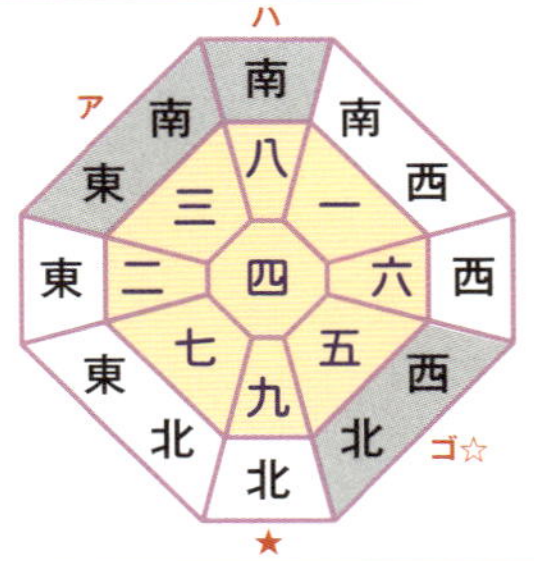

1月　丑月

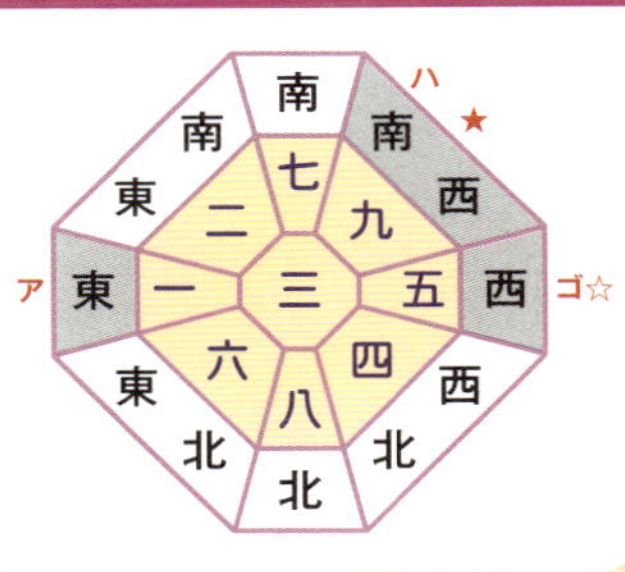

七赤の年

子午卯酉年

■ 凶方位　ゴ 五黄殺　ア 暗剣殺　ハ 月破
☆ 子年と午年の小児殺　★ 卯年と酉年の小児殺

2月 寅月

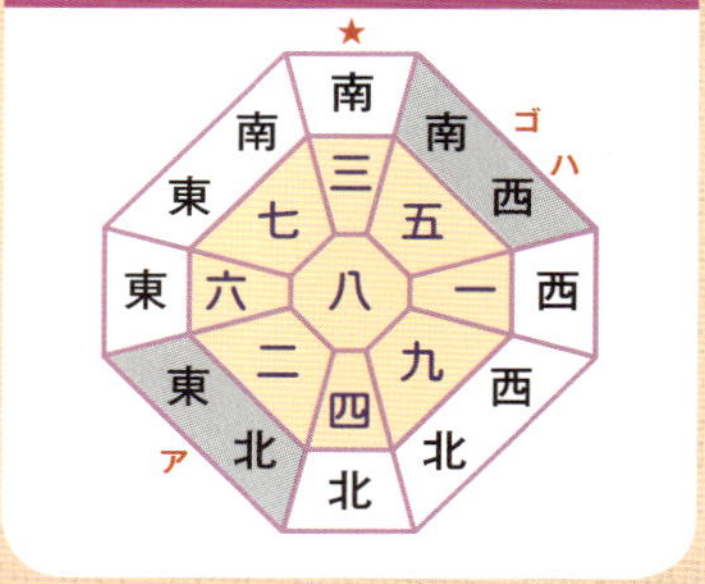

3月 卯月

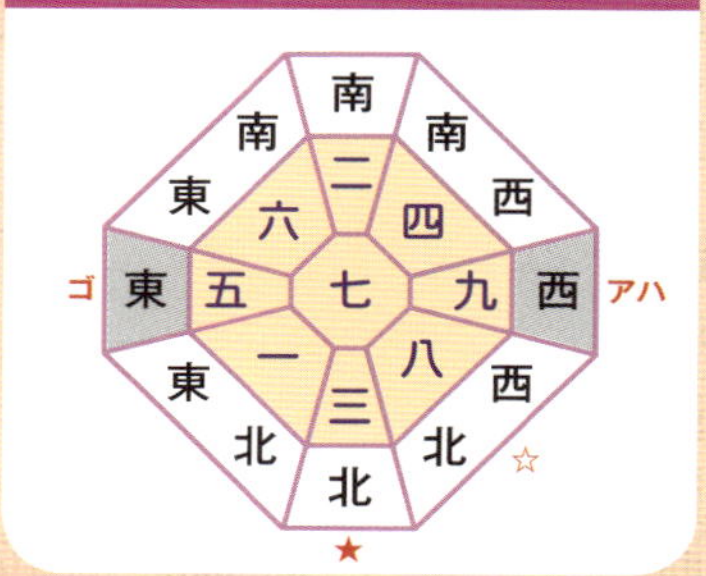

4月 辰月

5月 巳月

6月 午月

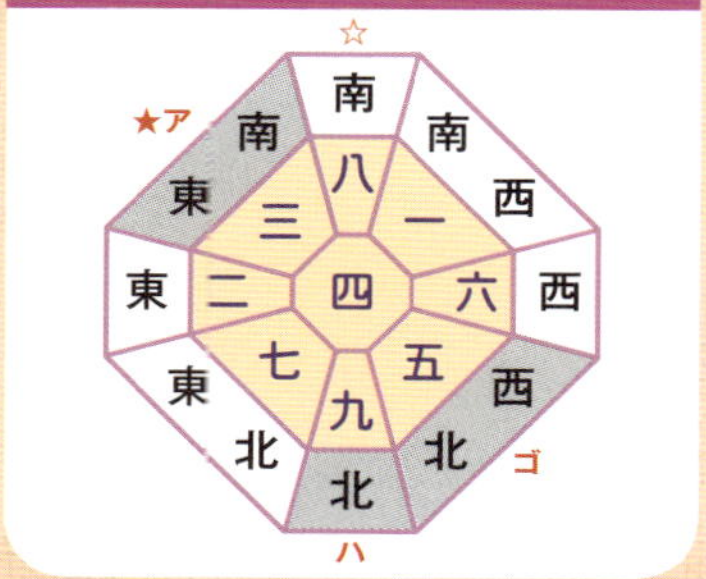

7月 未月

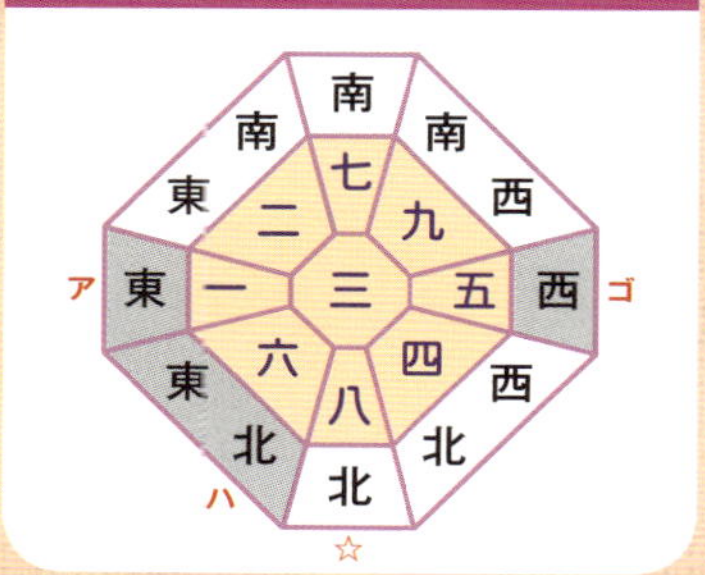

8月 申月

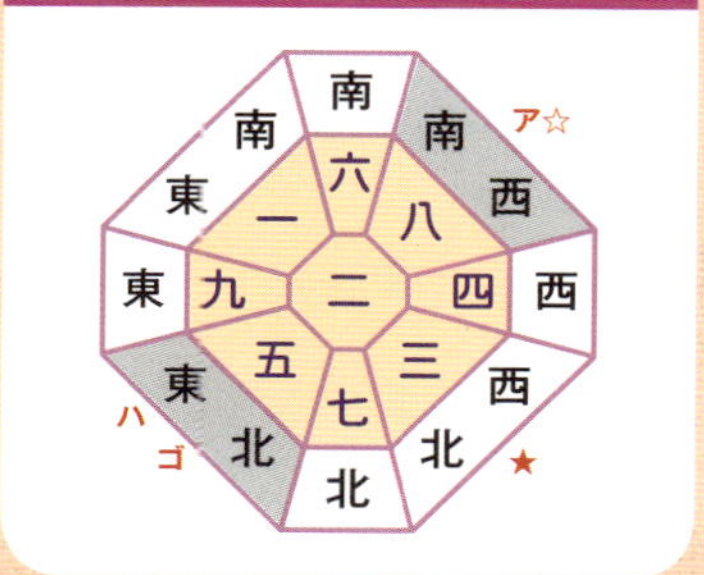

9月 酉月

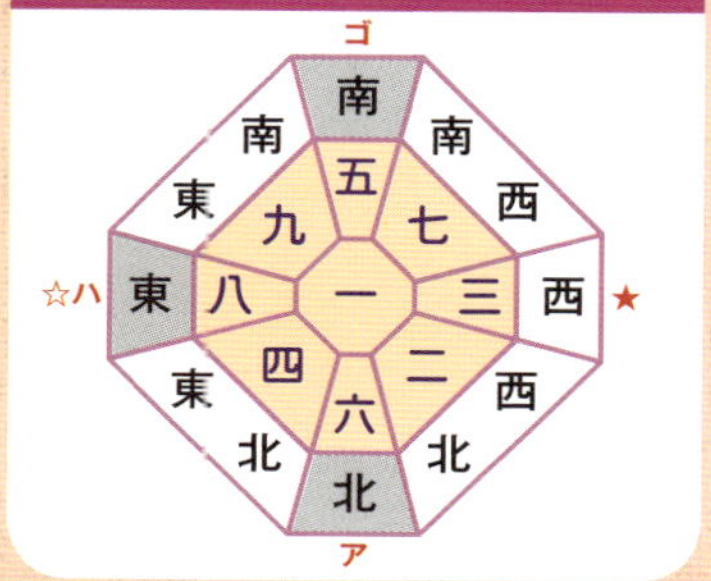

10月 戌月

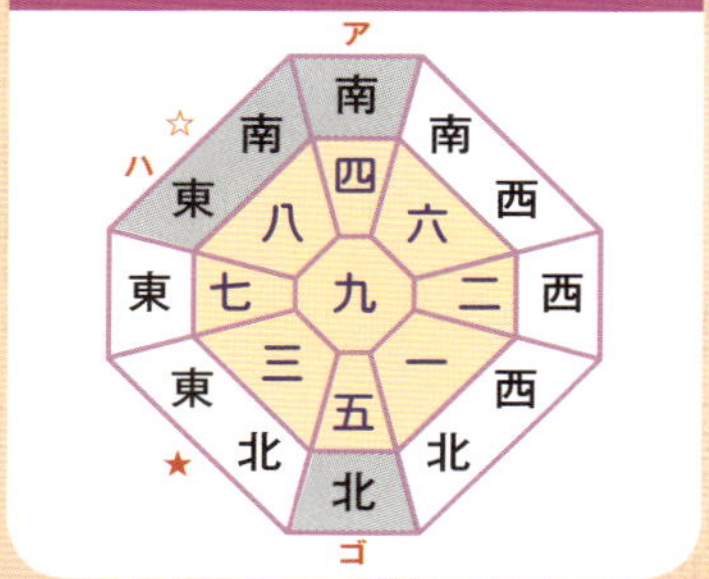

11月 亥月

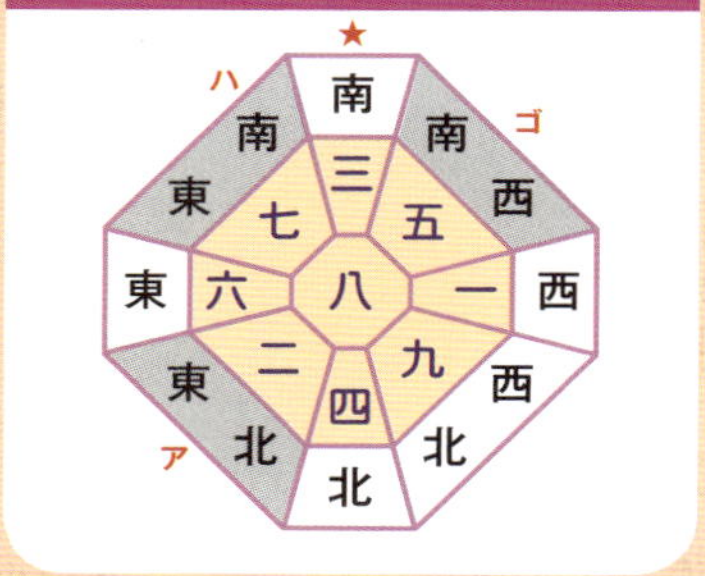

12月 子月

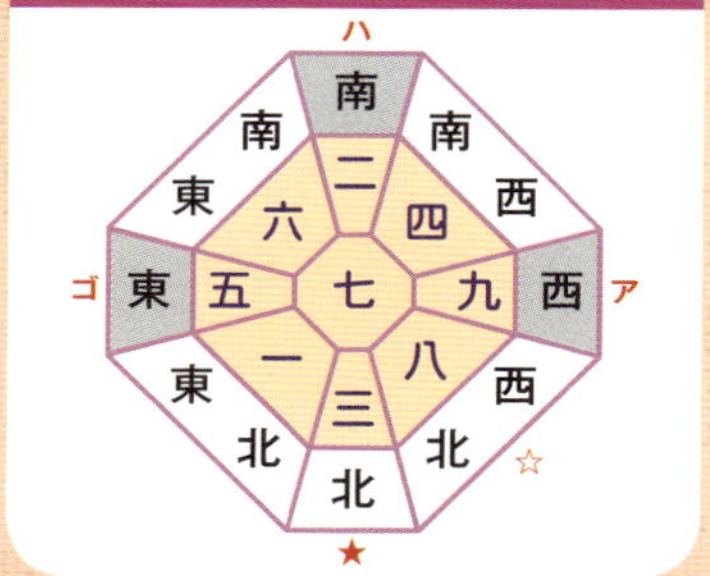

1月 丑月

月盤表

八白の年

寅申巳亥年

■…凶方位
ゴ…五黄殺
ア…暗剣殺
ハ…月破
☆…寅年と申年の小児殺
★…巳年と亥年の小児殺

10月 戌月
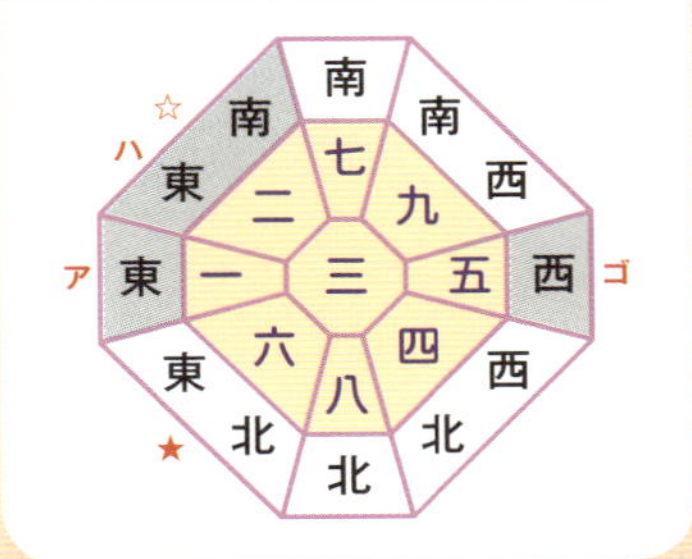

6月 午月

2月 寅月
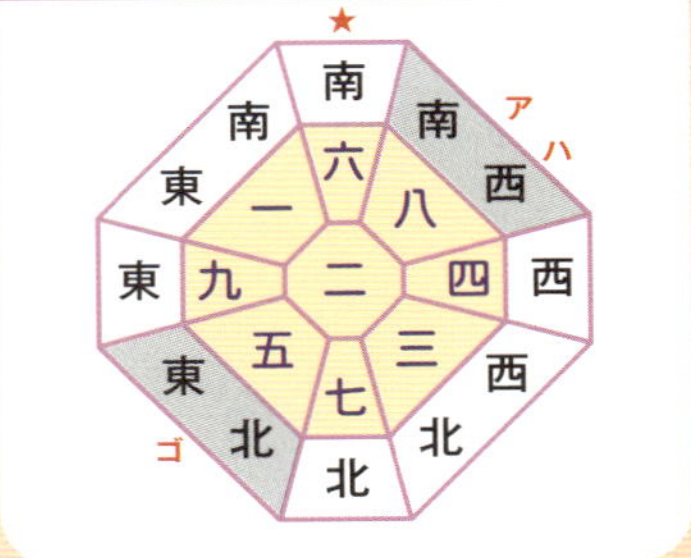

11月 亥月
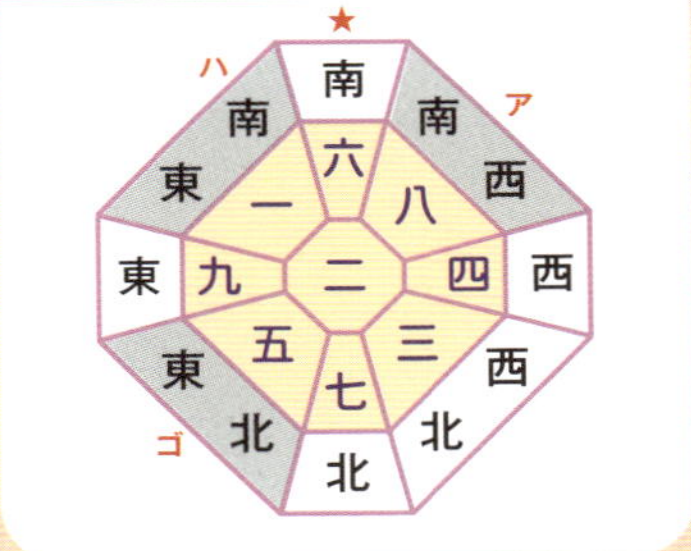

7月 未月
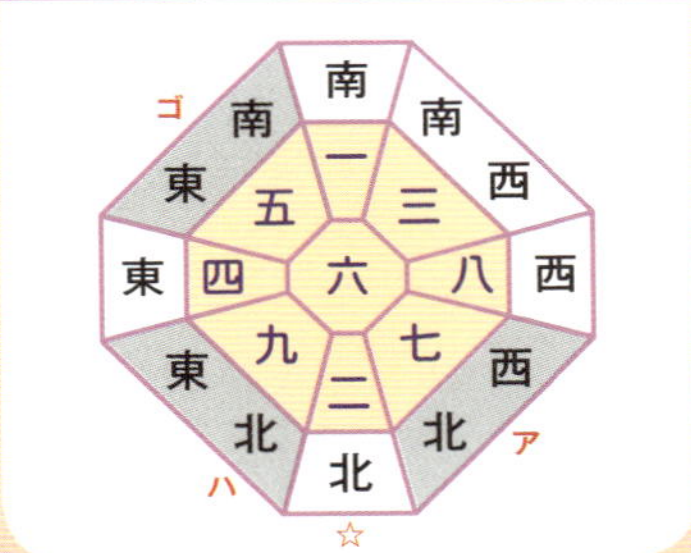

3月 卯月
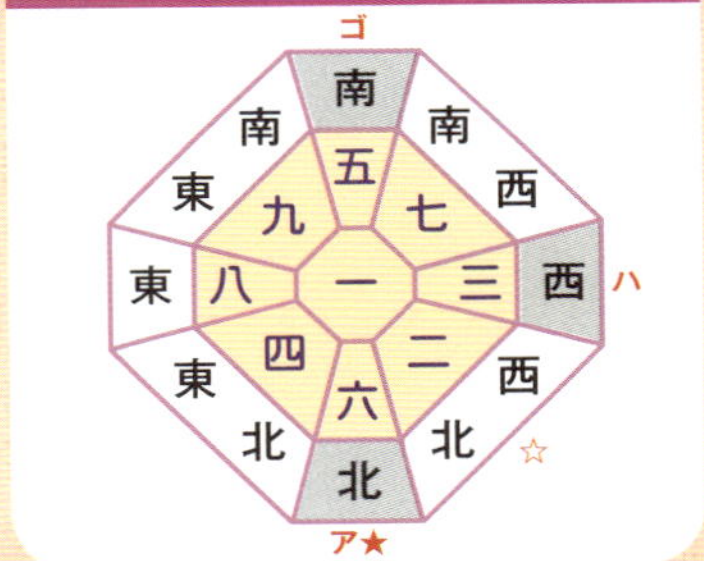

12月 子月
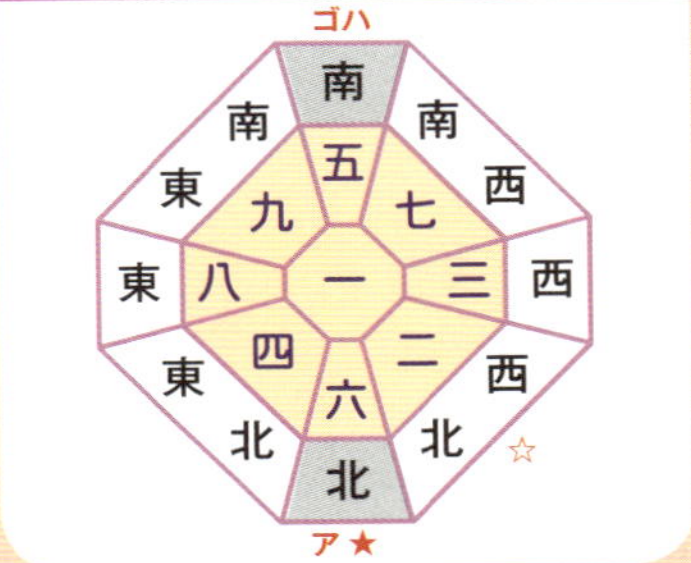

8月 申月
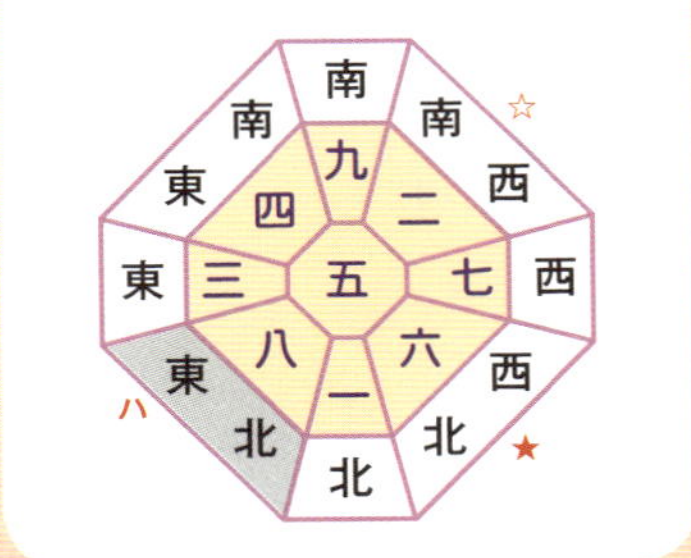

4月 辰月
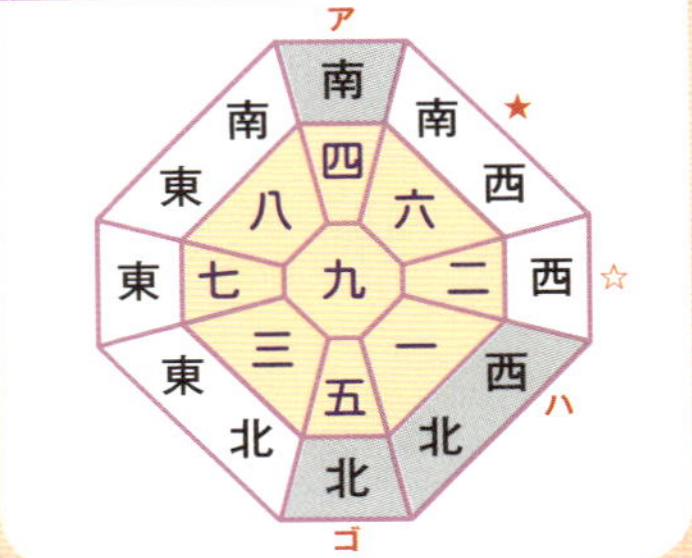

1月 丑月
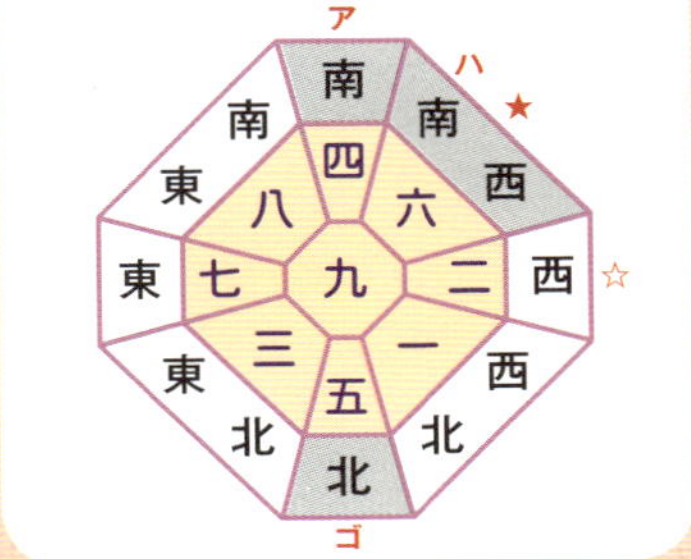

9月 酉月
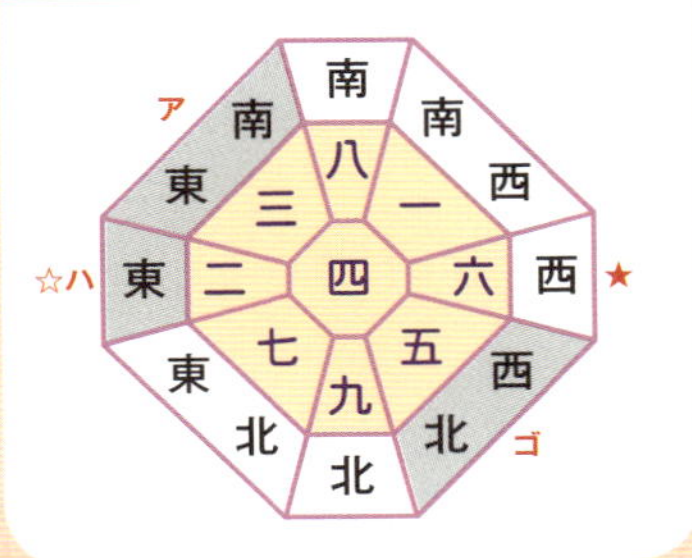

5月 巳月
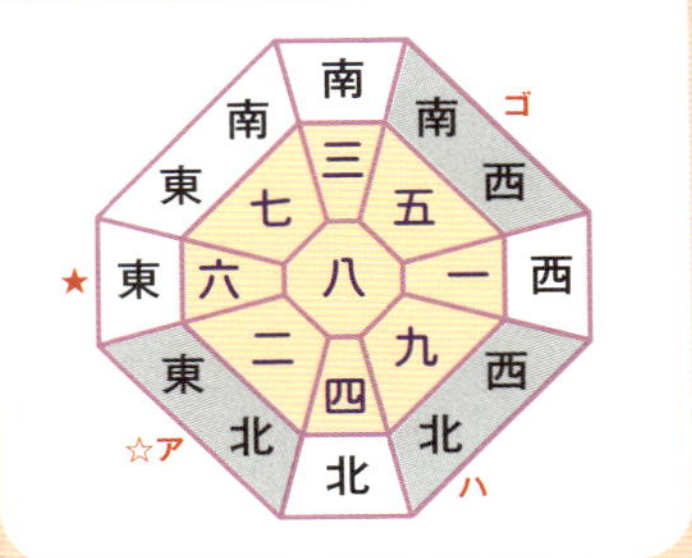

九紫の年

辰戌丑未年

■…凶方位　ゴ…五黄殺　ア…暗剣殺　ハ…月破　☆…辰年と戌年の小児殺　★…丑年と未年の小児殺

2月　寅月

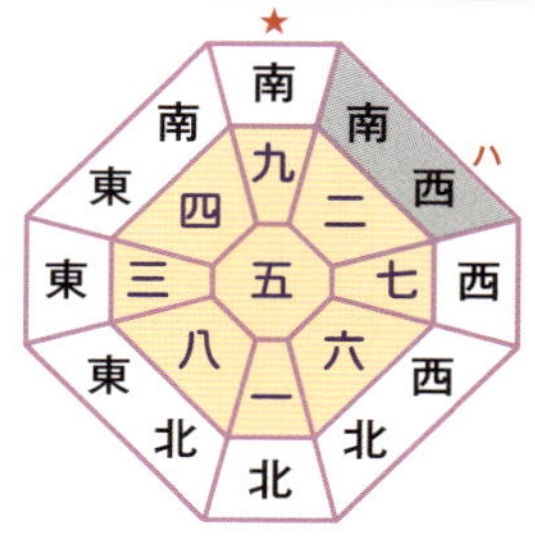

3月　卯月

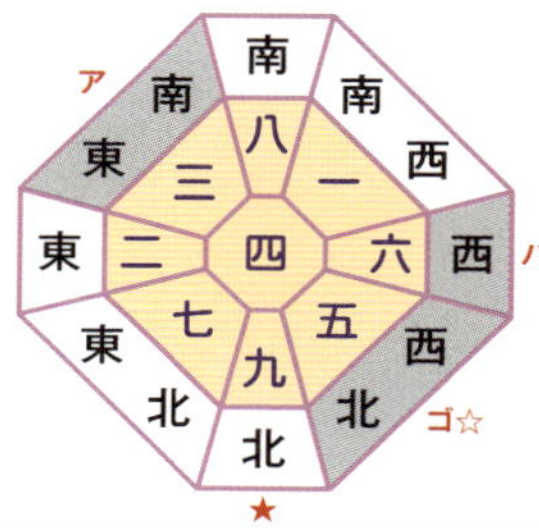

4月　辰月

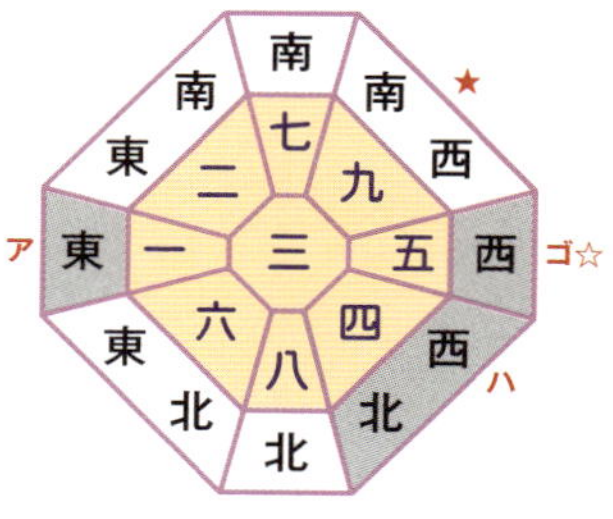

5月　巳月

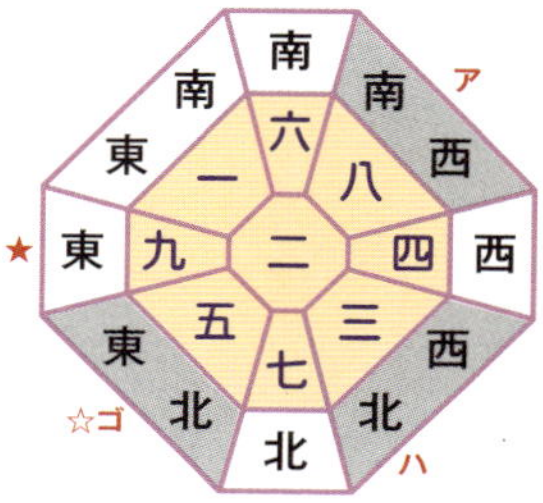

6月　午月

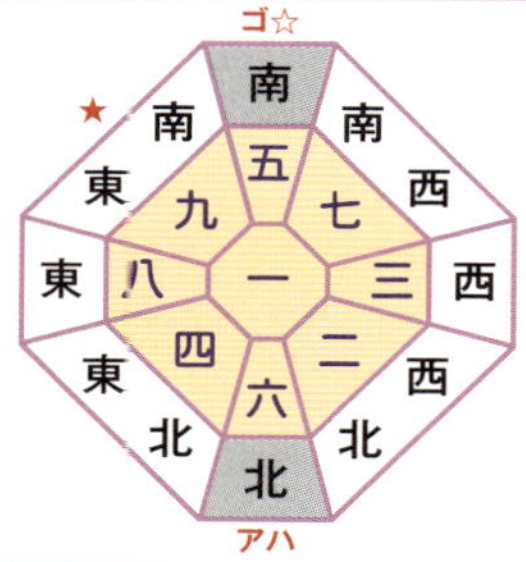

7月　未月

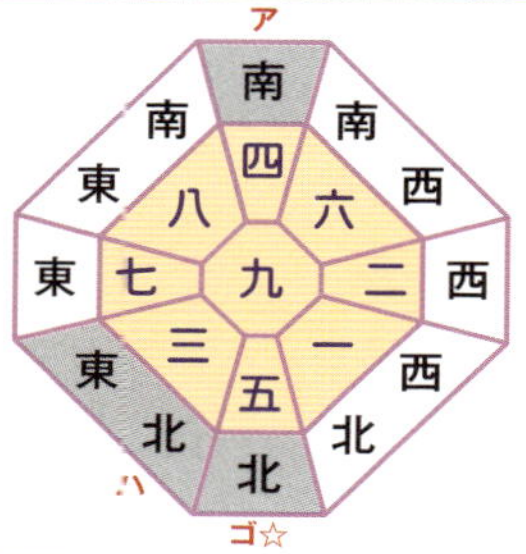

8月　申月

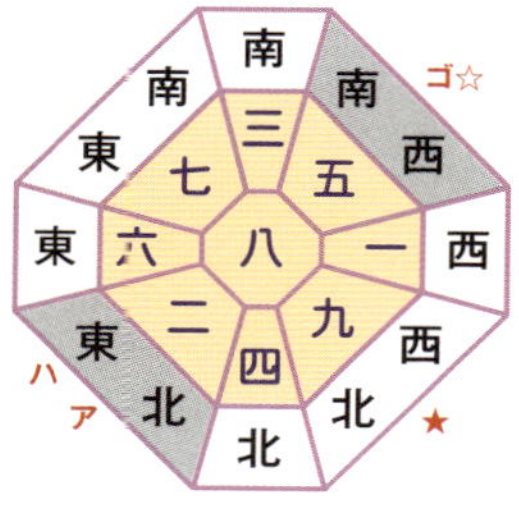

9月　酉月

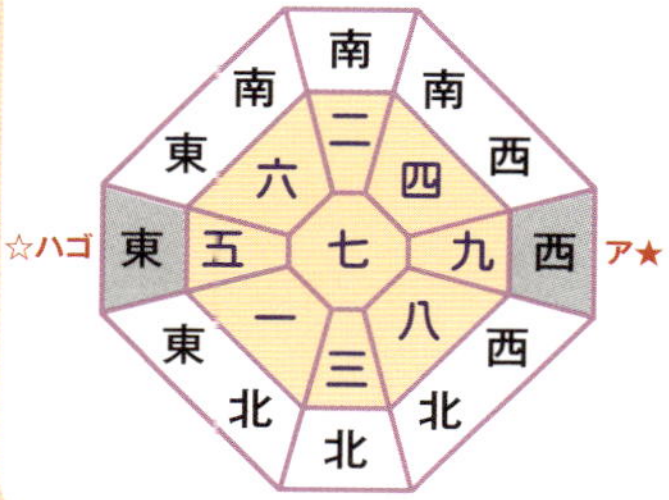

10月　戌月

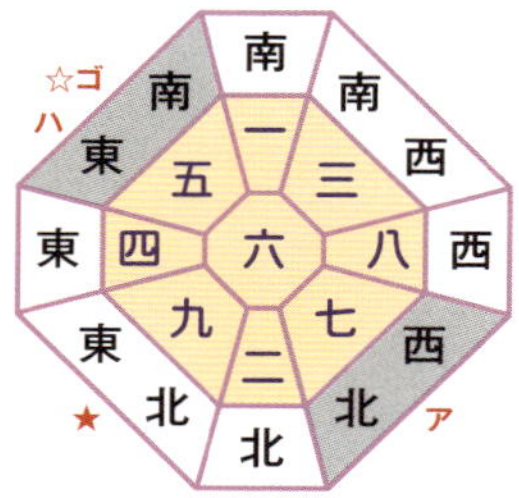

11月　亥月

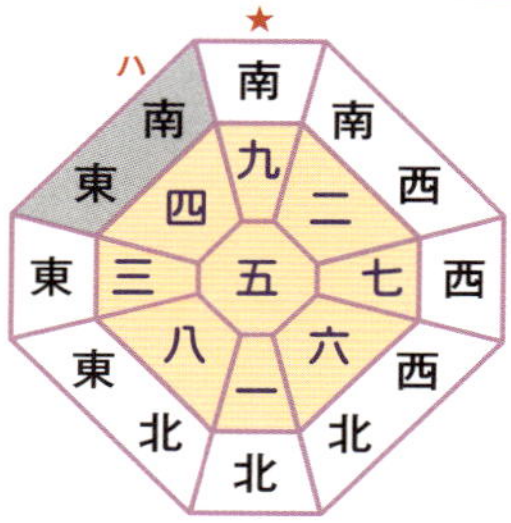

12月　子月

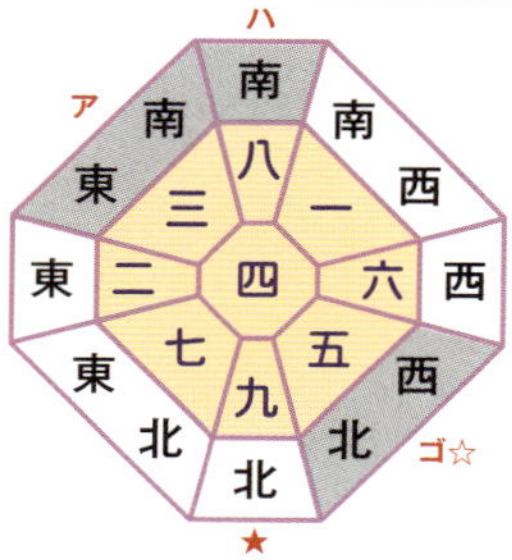

1月　丑月

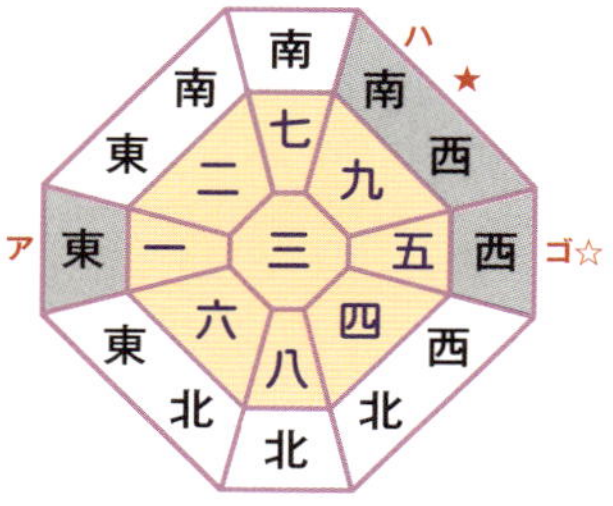

日盤表の見方

日盤表には、その月に中宮する九星と干支（十干《じっかん》・十二支《じゅうにし》）、月ごとの節入り日時、毎日の中宮する九星と干支、陰遁《いんとん》日と陽《よう》遁《とん》日が示されています。

その日の九星干支
「八壬《みずのえ》辰《たつ》」は、八白中宮の辰の日

節入り日
節入り日以降は、その月の年盤と月盤を見る

節入り日の前までは、前月の年盤と月盤を見る

その月の九星

その月の干支

黒字は陽遁《ようとん》日
青字は陰遁《いんとん》日
陰遁・陽遁は刻盤の作成で使う（P30〜31参照）

月の九星	月の干支	節入り日時	日/月	1日	2日	3日	4日	5日	6日	7日	8日	9日	10日	11日	12日	13日	14日	15日	16日
二黒	庚寅	4日 18:46	2月	五癸丑	六甲寅	七乙卯	八丙辰	九丁巳	一戊午	二己未	三庚申	四辛酉	五壬戌	六癸亥	七甲子	八乙丑	九丙寅	一丁卯	二戊辰
一白	辛卯	5日 12:43	3月	七壬午	八癸未	九甲申	一乙酉	二丙戌	三丁亥	四戊子	五己丑	六庚寅	七辛卯	八壬辰	九癸巳	一甲午	二乙未	三丙申	四丁酉
九紫	壬辰	4日 17:27	4月	二癸丑	三甲寅	四乙卯	五丙辰	六丁巳	七戊午	八己未	九庚申	一辛酉	二壬戌	三癸亥	四甲子	五乙丑	六丙寅	七丁卯	八戊辰
八白	癸巳	5日 10:41	5月	五癸未	六甲申	七乙酉	八丙戌	九丁亥	一戊子	二己丑	三庚寅	四辛卯	五壬辰	六癸巳	七甲午	八乙未	九丙申	一丁酉	二戊戌
七赤	甲午	5日 14:48	6月	九甲寅	一乙卯	二丙辰	三丁巳	四戊午	五己未	六庚申	七辛酉	八壬戌	九癸亥	九甲子	八乙丑	七丙寅	六丁卯	五戊辰	四己巳
六白	乙未	7日 01:03	7月	七甲申	六乙酉	五丙戌	四丁亥	三戊子	二己丑	一庚寅	九辛卯	八壬辰	七癸巳	六甲午	五乙未	四丙申	三丁酉	二戊戌	一己亥
五黄	丙申	7日 10:53	8月	三乙卯	二丙辰	一丁巳	九戊午	八己未	七庚申	六辛酉	五壬戌	四癸亥	三甲子	二乙丑	一丙寅	九丁卯	八戊辰	七己巳	六庚午
四緑	丁酉	7日 13:51	9月	八丙戌	七丁亥	六戊子	五己丑	四庚寅	三辛卯	二壬辰	一癸巳	九甲午	八乙未	七丙申	六丁酉	五戊戌	四己亥	三庚子	二辛丑

※ 時間は概算

日盤を作る

調べるポイント
・占いたい日に中宮する九星
・占いたい日の十二支

例：2016年7月2日の日盤の場合

①その日の九星から基本の日盤を選ぶ

日盤表からその日の九星干支を調べ、22ページの「基本の盤」から選びます。2016年7月2日を日盤表で調べると、「六乙《きのと》酉《とり》」なので、基本の盤は六白中宮盤となります。基本の盤には、「五黄殺《ごおうさつ》」「暗剣殺《あんけんさつ》」が示されています。

②日破《にっぱ》を調べる

凶方位の日破は、その日の十二支の方位と反対側の方位のこと。例題の酉の日の場合は、東が日破です。

年盤や月盤も一緒に見て、使いたい方位が「**五黄殺**」「**暗剣殺**」「**歳破《さいは》**」「**月破《げっぱ》**」の凶方位になっていないか確認しましょう。

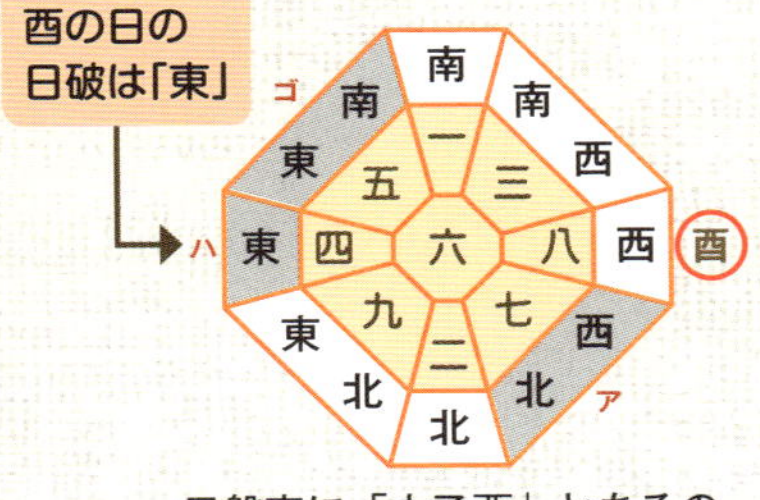

日盤表に「六乙酉」とあるので、六白中宮の酉の日。基本の盤は六白中宮を選ぶ。

方位盤につく十二支

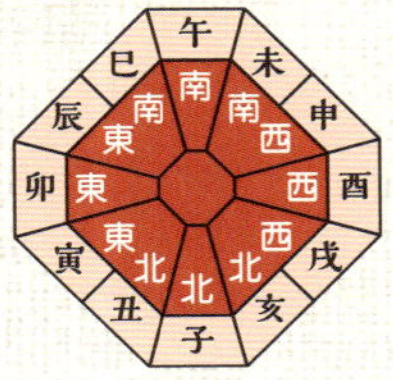

日の十二支と日破の方位

十二支	日破
子	南
丑	南西
寅	南西
卯	西
辰	西北
巳	西北
午	北
未	北東
申	北東
酉	東
戌	東南
亥	東南

基本の盤
（一白中宮盤〜九紫中宮盤）

日盤や刻盤を作るときに使う基本の盤です。
運勢を見る場合は、ここに日破や刻破を加えます。
方位を見る場合は、日破や刻破のほかに本命殺・本命的殺も加えます。

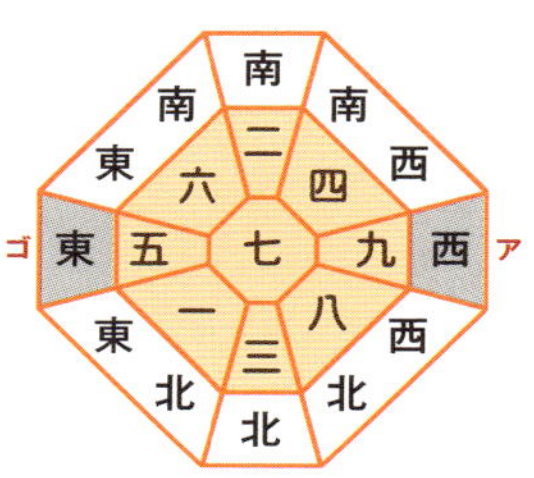

七赤中宮盤

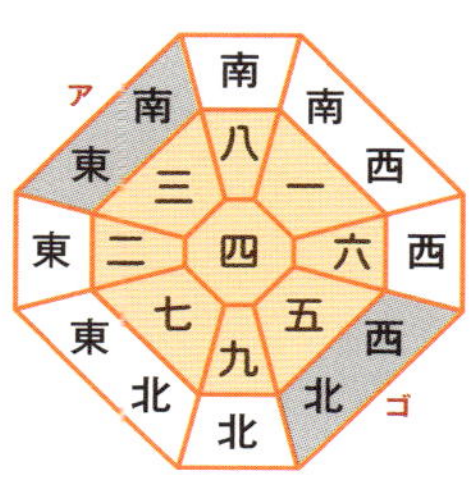

四緑中宮盤

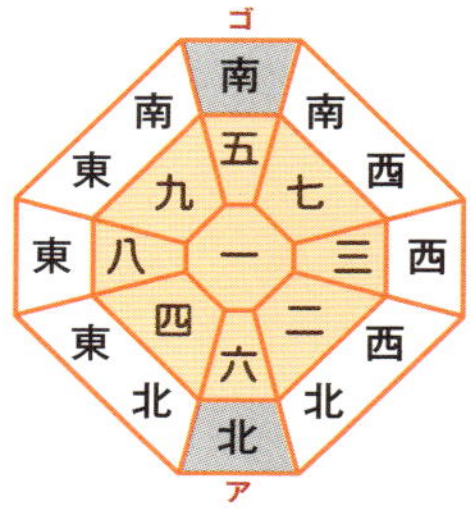

一白中宮盤

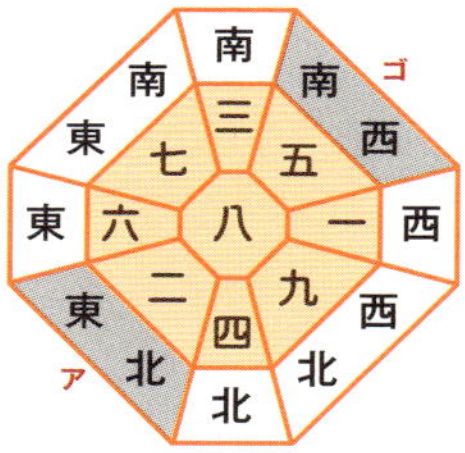

八白中宮盤

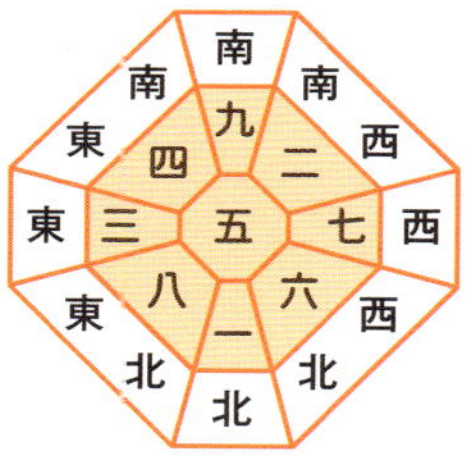

五黄中宮盤

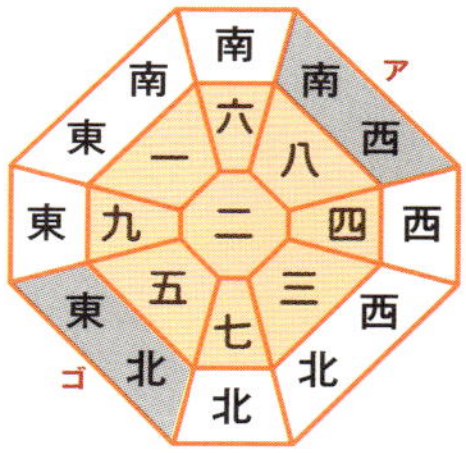

二黒中宮盤

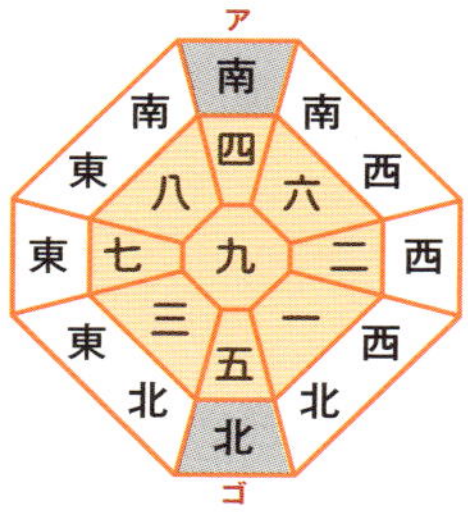

九紫中宮盤

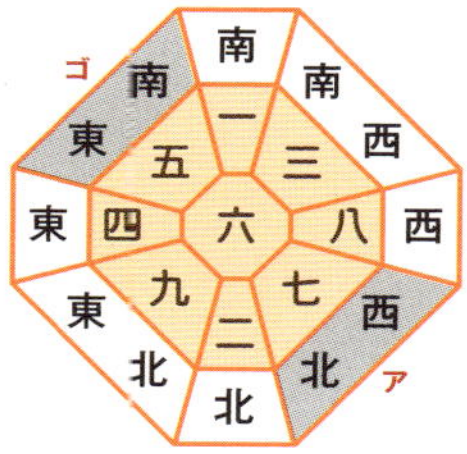

六白中宮盤

三碧中宮盤

▼凶方位
ゴ▼五黄殺
ア▼暗剣殺

日

盤表

（黄色の枠）▼ 節入り日

黒字 ▼ 陽遁日

青字 ▼ 陰遁日

2016年／平成28年【二黒土星／丙申《ひのえさる》年】

月	節入り日時	月の干支	月の九星	1日	2日	3日	4日	5日	6日	7日	8日	9日	10日	11日	12日	13日	14日	15日	16日	17日	18日	19日	20日	21日	22日	23日	24日	25日	26日	27日	28日	29日	30日	31日
2月	4日 18:46	庚寅	二黒	五癸丑	六甲寅	七乙卯	八丙辰	九丁巳	一戊午	二己未	三庚申	四辛酉	五壬戌	六癸亥	七甲子	八乙丑	九丙寅	一丁卯	二戊辰	三己巳	四庚午	五辛未	六壬申	七癸酉	八甲戌	九乙亥	一丙子	二丁丑	三戊寅	四己卯	五庚辰	六辛巳		
3月	5日 12:43	辛卯	一白	七壬午	八癸未	九甲申	一乙酉	二丙戌	三丁亥	四戊子	五己丑	六庚寅	七辛卯	八壬辰	九癸巳	一甲午	二乙未	三丙申	四丁酉	五戊戌	六己亥	七庚子	八辛丑	九壬寅	一癸卯	二甲辰	三乙巳	四丙午	五丁未	六戊申	七己酉	八庚戌	九辛亥	一壬子
4月	4日 17:27	壬辰	九紫	二癸丑	三甲寅	四乙卯	五丙辰	六丁巳	七戊午	八己未	九庚申	一辛酉	二壬戌	三癸亥	四甲子	五乙丑	六丙寅	七丁卯	八戊辰	九己巳	一庚午	二辛未	三壬申	四癸酉	五甲戌	六乙亥	七丙子	八丁丑	九戊寅	一己卯	二庚辰	三辛巳	四壬午	
5月	5日 10:41	癸巳	八白	五癸未	六甲申	七乙酉	八丙戌	九丁亥	一戊子	二己丑	三庚寅	四辛卯	五壬辰	六癸巳	七甲午	八乙未	九丙申	一丁酉	二戊戌	三己亥	四庚子	五辛丑	六壬寅	七癸卯	八甲辰	九乙巳	一丙午	二丁未	三戊申	四己酉	五庚戌	六辛亥	七壬子	八癸丑
6月	5日 14:48	甲午	七赤	九甲寅	一乙卯	二丙辰	三丁巳	四戊午	五己未	六庚申	七辛酉	八壬戌	九癸亥	九甲子	八乙丑	七丙寅	六丁卯	五戊辰	四己巳	三庚午	二辛未	一壬申	九癸酉	八甲戌	七乙亥	六丙子	五丁丑	四戊寅	三己卯	二庚辰	一辛巳	九壬午	八癸未	
7月	7日 01:03	乙未	六白	七甲申	六乙酉	五丙戌	四丁亥	三戊子	二己丑	一庚寅	九辛卯	八壬辰	七癸巳	六甲午	五乙未	四丙申	三丁酉	二戊戌	一己亥	九庚子	八辛丑	七壬寅	六癸卯	五甲辰	四乙巳	三丙午	二丁未	一戊申	九己酉	八庚戌	七辛亥	六壬子	五癸丑	四甲寅
8月	7日 10:53	丙申	五黄	三乙卯	二丙辰	一丁巳	九戊午	八己未	七庚申	六辛酉	五壬戌	四癸亥	三甲子	二乙丑	一丙寅	九丁卯	八戊辰	七己巳	六庚午	五辛未	四壬申	三癸酉	二甲戌	一乙亥	九丙子	八丁丑	七戊寅	六己卯	五庚辰	四辛巳	三壬午	二癸未	一甲申	九乙酉
9月	7日 13:51	丁酉	四緑	八丙戌	七丁亥	六戊子	五己丑	四庚寅	三辛卯	二壬辰	一癸巳	九甲午	八乙未	七丙申	六丁酉	五戊戌	四己亥	三庚子	二辛丑	一壬寅	九癸卯	八甲辰	七乙巳	六丙午	五丁未	四戊申	三己酉	二庚戌	一辛亥	九壬子	八癸丑	七甲寅	六乙卯	
10月	8日 05:33	戊戌	三碧	五丙辰	四丁巳	三戊午	二己未	一庚申	九辛酉	八壬戌	七癸亥	六甲子	五乙丑	四丙寅	三丁卯	二戊辰	一己巳	九庚午	八辛未	七壬申	六癸酉	五甲戌	四乙亥	三丙子	二丁丑	一戊寅	九己卯	八庚辰	七辛巳	六壬午	五癸未	四甲申	三乙酉	二丙戌
11月	7日 08:47	己亥	二黒	一丁亥	九戊子	八己丑	七庚寅	六辛卯	五壬辰	四癸巳	三甲午	二乙未	一丙申	九丁酉	八戊戌	七己亥	六庚子	五辛丑	四壬寅	三癸卯	二甲辰	一乙巳	九丙午	八丁未	七戊申	六己酉	五庚戌	四辛亥	三壬子	二癸丑	一甲寅	九乙卯	八丙辰	
12月	7日 01:41	庚子	一白	七丁巳	六戊午	五己未	四庚申	三辛酉	二壬戌	一癸亥	一甲子	二乙丑	三丙寅	四丁卯	五戊辰	六己巳	七庚午	八辛未	九壬申	一癸酉	二甲戌	三乙亥	四丙子	五丁丑	六戊寅	七己卯	八庚辰	九辛巳	一壬午	二癸未	三甲申	四乙酉	五丙戌	六丁亥
1月	5日 12:55	辛丑	九紫	七戊子	八己丑	九庚寅	一辛卯	二壬辰	三癸巳	四甲午	五乙未	六丙申	七丁酉	八戊戌	九己亥	一庚子	二辛丑	三壬寅	四癸卯	五甲辰	六乙巳	七丙午	八丁未	九戊申	一己酉	二庚戌	三辛亥	四壬子	五癸丑	六甲寅	七乙卯	八丙辰	九丁巳	一戊午

※ 時間は概算

2017年／平成29年【一白水星／丁酉《ひのととり》年】

月	節入り日時	月の干支	月の九星	1日	2日	3日	4日	5日	6日	7日	8日	9日	10日	11日	12日	13日	14日	15日	16日	17日	18日	19日	20日	21日	22日	23日	24日	25日	26日	27日	28日	29日	30日	31日
2月	4日 00:34	壬寅	八白	二己未	三庚申	四辛酉	五壬戌	六癸亥	七甲子	八乙丑	九丙寅	一丁卯	二戊辰	三己巳	四庚午	五辛未	六壬申	七癸酉	八甲戌	九乙亥	一丙子	二丁丑	三戊寅	四己卯	五庚辰	六辛巳	七壬午	八癸未	九甲申	一乙酉	二丙戌			
3月	5日 18:33	癸卯	七赤	三丁亥	四戊子	五己丑	六庚寅	七辛卯	八壬辰	九癸巳	一甲午	二乙未	三丙申	四丁酉	五戊戌	六己亥	七庚子	八辛丑	九壬寅	一癸卯	二甲辰	三乙巳	四丙午	五丁未	六戊申	七己酉	八庚戌	九辛亥	一壬子	二癸丑	三甲寅	四乙卯	五丙辰	六丁巳
4月	4日 23:17	甲辰	六白	七戊午	八己未	九庚申	一辛酉	二壬戌	三癸亥	四甲子	五乙丑	六丙寅	七丁卯	八戊辰	九己巳	一庚午	二辛未	三壬申	四癸酉	五甲戌	六乙亥	七丙子	八丁丑	九戊寅	一己卯	二庚辰	三辛巳	四壬午	五癸未	六甲申	七乙酉	八丙戌	九丁亥	
5月	5日 16:30	乙巳	五黄	一戊子	二己丑	三庚寅	四辛卯	五壬辰	六癸巳	七甲午	八乙未	九丙申	一丁酉	二戊戌	三己亥	四庚子	五辛丑	六壬寅	七癸卯	八甲辰	九乙巳	一丙午	二丁未	三戊申	四己酉	五庚戌	六辛亥	七壬子	八癸丑	九甲寅	一乙卯	二丙辰	三丁巳	四戊午
6月	5日 20:35	丙午	四緑	五己未	六庚申	七辛酉	八壬戌	九癸亥	九甲子	八乙丑	七丙寅	六丁卯	五戊辰	四己巳	三庚午	二辛未	一壬申	九癸酉	八甲戌	七乙亥	六丙子	五丁丑	四戊寅	三己卯	二庚辰	一辛巳	九壬午	八癸未	七甲申	六乙酉	五丙戌	四丁亥	三戊子	
7月	7日 06:50	丁未	三碧	二己丑	一庚寅	九辛卯	八壬辰	七癸巳	六甲午	五乙未	四丙申	三丁酉	二戊戌	一己亥	九庚子	八辛丑	七壬寅	六癸卯	五甲辰	四乙巳	三丙午	二丁未	一戊申	九己酉	八庚戌	七辛亥	六壬子	五癸丑	四甲寅	三乙卯	二丙辰	一丁巳	九戊午	八己未
8月	7日 16:40	戊申	二黒	七庚申	六辛酉	五壬戌	四癸亥	三甲子	二乙丑	一丙寅	九丁卯	八戊辰	七己巳	六庚午	五辛未	四壬申	三癸酉	二甲戌	一乙亥	九丙子	八丁丑	七戊寅	六己卯	五庚辰	四辛巳	三壬午	二癸未	一甲申	九乙酉	八丙戌	七丁亥	六戊子	五己丑	四庚寅
9月	7日 19:39	己酉	一白	三辛卯	二壬辰	一癸巳	九甲午	八乙未	七丙申	六丁酉	五戊戌	四己亥	三庚子	二辛丑	一壬寅	九癸卯	八甲辰	七乙巳	六丙午	五丁未	四戊申	三己酉	二庚戌	一辛亥	九壬子	八癸丑	七甲寅	六乙卯	五丙辰	四丁巳	三戊午	二己未	一庚申	
10月	8日 11:22	庚戌	九紫	九辛酉	八壬戌	七癸亥	六甲子	五乙丑	四丙寅	三丁卯	二戊辰	一己巳	九庚午	八辛未	七壬申	六癸酉	五甲戌	四乙亥	三丙子	二丁丑	一戊寅	九己卯	八庚辰	七辛巳	六壬午	五癸未	四甲申	三乙酉	二丙戌	一丁亥	九戊子	八己丑	七庚寅	六辛卯
11月	7日 14:37	辛亥	八白	五壬辰	四癸巳	三甲午	二乙未	一丙申	九丁酉	八戊戌	七己亥	六庚子	五辛丑	四壬寅	三癸卯	二甲辰	一乙巳	九丙午	八丁未	七戊申	六己酉	五庚戌	四辛亥	三壬子	二癸丑	一甲寅	九乙卯	八丙辰	七丁巳	六戊午	五己未	四庚申	三辛酉	
12月	7日 07:32	壬子	七赤	二壬戌	一癸亥	一甲子	二乙丑	三丙寅	四丁卯	五戊辰	六己巳	七庚午	八辛未	九壬申	一癸酉	二甲戌	三乙亥	四丙子	五丁丑	六戊寅	七己卯	八庚辰	九辛巳	一壬午	二癸未	三甲申	四乙酉	五丙戌	六丁亥	七戊子	八己丑	九庚寅	一辛卯	二壬辰
1月	5日 18:48	癸丑	六白	三癸巳	四甲午	五乙未	六丙申	七丁酉	八戊戌	九己亥	一庚子	二辛丑	三壬寅	四癸卯	五甲辰	六乙巳	七丙午	八丁未	九戊申	一己酉	二庚戌	三辛亥	四壬子	五癸丑	六甲寅	七乙卯	八丙辰	九丁巳	一戊午	二己未	三庚申	四辛酉	五壬戌	六癸亥

※ 時間は概算

日盤表

2018年／平成30年【九紫火星／戊戌年《つちのえいぬ》】

月	月の九星	月の干支	節入り日時	1日	2日	3日	4日	5日	6日	7日	8日	9日	10日	11日	12日	13日	14日	15日	16日	17日	18日	19日	20日	21日	22日	23日	24日	25日	26日	27日	28日	29日	30日	31日
2月	五黄	甲寅	4日 06:29	七甲子	八乙丑	九丙寅	一丁卯	二戊辰	三己巳	四庚午	五辛未	六壬申	七癸酉	八甲戌	九乙亥	一丙子	二丁丑	三戊寅	四己卯	五庚辰	六辛巳	七壬午	八癸未	九甲申	一乙酉	二丙戌	三丁亥	四戊子	五己丑	六庚寅	七辛卯			
3月	四緑	乙卯	6日 00:28	八壬辰	九癸巳	一甲午	二乙未	三丙申	四丁酉	五戊戌	六己亥	七庚子	八辛丑	九壬寅	一癸卯	二甲辰	三乙巳	四丙午	五丁未	六戊申	七己酉	八庚戌	九辛亥	一壬子	二癸丑	三甲寅	四乙卯	五丙辰	六丁巳	七戊午	八己未	九庚申	一辛酉	二壬戌
4月	三碧	丙辰	5日 05:12	三癸亥	四甲子	五乙丑	六丙寅	七丁卯	八戊辰	九己巳	一庚午	二辛未	三壬申	四癸酉	五甲戌	六乙亥	七丙子	八丁丑	九戊寅	一己卯	二庚辰	三辛巳	四壬午	五癸未	六甲申	七乙酉	八丙戌	九丁亥	一戊子	二己丑	三庚寅	四辛卯	五壬辰	
5月	二黒	丁巳	5日 22:24	六癸巳	七甲午	八乙未	九丙申	一丁酉	二戊戌	三己亥	四庚子	五辛丑	六壬寅	七癸卯	八甲辰	九乙巳	一丙午	二丁未	三戊申	四己酉	五庚戌	六辛亥	七壬子	八癸丑	九甲寅	一乙卯	二丙辰	三丁巳	四戊午	五己未	六庚申	七辛酉	八壬戌	九癸亥
6月	一白	戊午	6日 02:28	九甲子	八乙丑	七丙寅	六丁卯	五戊辰	四己巳	三庚午	二辛未	一壬申	九癸酉	八甲戌	七乙亥	六丙子	五丁丑	四戊寅	三己卯	二庚辰	一辛巳	九壬午	八癸未	七甲申	六乙酉	五丙戌	四丁亥	三戊子	二己丑	一庚寅	九辛卯	八壬辰	七癸巳	
7月	九紫	己未	7日 12:41	六甲午	五乙未	四丙申	三丁酉	二戊戌	一己亥	九庚子	八辛丑	七壬寅	六癸卯	五甲辰	四乙巳	三丙午	二丁未	一戊申	九己酉	八庚戌	七辛亥	六壬子	五癸丑	四甲寅	三乙卯	二丙辰	一丁巳	九戊午	八己未	七庚申	六辛酉	五壬戌	四癸亥	三甲子
8月	八白	庚申	7日 22:31	二乙丑	一丙寅	九丁卯	八戊辰	七己巳	六庚午	五辛未	四壬申	三癸酉	二甲戌	一乙亥	九丙子	八丁丑	七戊寅	六己卯	五庚辰	四辛巳	三壬午	二癸未	一甲申	九乙酉	八丙戌	七丁亥	六戊子	五己丑	四庚寅	三辛卯	二壬辰	一癸巳	九甲午	八乙未
9月	七赤	辛酉	8日 01:30	七丙申	六丁酉	五戊戌	四己亥	三庚子	二辛丑	一壬寅	九癸卯	八甲辰	七乙巳	六丙午	五丁未	四戊申	三己酉	二庚戌	一辛亥	九壬子	八癸丑	七甲寅	六乙卯	五丙辰	四丁巳	三戊午	二己未	一庚申	九辛酉	八壬戌	七癸亥	六甲子	五乙丑	
10月	六白	壬戌	8日 17:14	四丙寅	三丁卯	二戊辰	一己巳	九庚午	八辛未	七壬申	六癸酉	五甲戌	四乙亥	三丙子	二丁丑	一戊寅	九己卯	八庚辰	七辛巳	六壬午	五癸未	四甲申	三乙酉	二丙戌	一丁亥	九戊子	八己丑	七庚寅	六辛卯	五壬辰	四癸巳	三甲午	二乙未	一丙申
11月	五黄	癸亥	7日 20:31	九丁酉	八戊戌	七己亥	六庚子	五辛丑	四壬寅	三癸卯	二甲辰	一乙巳	九丙午	八丁未	七戊申	六己酉	五庚戌	四辛亥	三壬子	二癸丑	一甲寅	九乙卯	八丙辰	七丁巳	六戊午	五己未	四庚申	三辛酉	二壬戌	一癸亥	一甲子	二乙丑	三丙寅	
12月	四緑	甲子	7日 13:25	四丁卯	五戊辰	六己巳	七庚午	八辛未	九壬申	一癸酉	二甲戌	三乙亥	四丙子	五丁丑	六戊寅	七己卯	八庚辰	九辛巳	一壬午	二癸未	三甲申	四乙酉	五丙戌	六丁亥	七戊子	八己丑	九庚寅	一辛卯	二壬辰	三癸巳	四甲午	五乙未	六丙申	七丁酉
1月	三碧	乙丑	6日 00:39	八戊戌	九己亥	一庚子	二辛丑	三壬寅	四癸卯	五甲辰	六乙巳	七丙午	八丁未	九戊申	一己酉	二庚戌	三辛亥	四壬子	五癸丑	六甲寅	七乙卯	八丙辰	九丁巳	一戊午	二己未	三庚申	四辛酉	五壬戌	六癸亥	七甲子	八乙丑	九丙寅	一丁卯	二戊辰

※ 時間は概算

2019年／令和元年【八白土星／己亥年《つちのとい》】

月	月の九星	月の干支	節入り日時	1日	2日	3日	4日	5日	6日	7日	8日	9日	10日	11日	12日	13日	14日	15日	16日	17日	18日	19日	20日	21日	22日	23日	24日	25日	26日	27日	28日	29日	30日	31日
2月	二黒	丙寅	4日 12:15	三己巳	四庚午	五辛未	六壬申	七癸酉	八甲戌	九乙亥	一丙子	二丁丑	三戊寅	四己卯	五庚辰	六辛巳	七壬午	八癸未	九甲申	一乙酉	二丙戌	三丁亥	四戊子	五己丑	六庚寅	七辛卯	八壬辰	九癸巳	一甲午	二乙未	三丙申			
3月	一白	丁卯	6日 06:10	四丁酉	五戊戌	六己亥	七庚子	八辛丑	九壬寅	一癸卯	二甲辰	三乙巳	四丙午	五丁未	六戊申	七己酉	八庚戌	九辛亥	一壬子	二癸丑	三甲寅	四乙卯	五丙辰	六丁巳	七戊午	八己未	九庚申	一辛酉	二壬戌	三癸亥	四甲子	五乙丑	六丙寅	七丁卯
4月	九紫	戊辰	5日 10:51	八戊辰	九己巳	一庚午	二辛未	三壬申	四癸酉	五甲戌	六乙亥	七丙子	八丁丑	九戊寅	一己卯	二庚辰	三辛巳	四壬午	五癸未	六甲申	七乙酉	八丙戌	九丁亥	一戊子	二己丑	三庚寅	四辛卯	五壬辰	六癸巳	七甲午	八乙未	九丙申	一丁酉	
5月	八白	己巳	6日 04:01	二戊戌	三己亥	四庚子	五辛丑	六壬寅	七癸卯	八甲辰	九乙巳	一丙午	二丁未	三戊申	四己酉	五庚戌	六辛亥	七壬子	八癸丑	九甲寅	一乙卯	二丙辰	三丁巳	四戊午	五己未	六庚申	七辛酉	八壬戌	九癸亥	九甲子	八乙丑	七丙寅	六丁卯	五戊辰
6月	七赤	庚午	6日 08:05	四己巳	三庚午	二辛未	一壬申	九癸酉	八甲戌	七乙亥	六丙子	五丁丑	四戊寅	三己卯	二庚辰	一辛巳	九壬午	八癸未	七甲申	六乙酉	五丙戌	四丁亥	三戊子	二己丑	一庚寅	九辛卯	八壬辰	七癸巳	六甲午	五乙未	四丙申	三丁酉	二戊戌	
7月	六白	辛未	7日 18:20	一己亥	九庚子	八辛丑	七壬寅	六癸卯	五甲辰	四乙巳	三丙午	二丁未	一戊申	九己酉	八庚戌	七辛亥	六壬子	五癸丑	四甲寅	三乙卯	二丙辰	一丁巳	九戊午	八己未	七庚申	六辛酉	五壬戌	四癸亥	三甲子	二乙丑	一丙寅	九丁卯	八戊辰	七己巳
8月	五黄	壬申	8日 04:13	六庚午	五辛未	四壬申	三癸酉	二甲戌	一乙亥	九丙子	八丁丑	七戊寅	六己卯	五庚辰	四辛巳	三壬午	二癸未	一甲申	九乙酉	八丙戌	七丁亥	六戊子	五己丑	四庚寅	三辛卯	二壬辰	一癸巳	九甲午	八乙未	七丙申	六丁酉	五戊戌	四己亥	三庚子
9月	四緑	癸酉	8日 07:17	二辛丑	一壬寅	九癸卯	八甲辰	七乙巳	六丙午	五丁未	四戊申	三己酉	二庚戌	一辛亥	九壬子	八癸丑	七甲寅	六乙卯	五丙辰	四丁巳	三戊午	二己未	一庚申	九辛酉	八壬戌	七癸亥	六甲子	五乙丑	四丙寅	三丁卯	二戊辰	一己巳	九庚午	
10月	三碧	甲戌	8日 23:05	八辛未	七壬申	六癸酉	五甲戌	四乙亥	三丙子	二丁丑	一戊寅	九己卯	八庚辰	七辛巳	六壬午	五癸未	四甲申	三乙酉	二丙戌	一丁亥	九戊子	八己丑	七庚寅	六辛卯	五壬辰	四癸巳	三甲午	二乙未	一丙申	九丁酉	八戊戌	七己亥	六庚子	五辛丑
11月	二黒	乙亥	8日 02:23	四壬寅	三癸卯	二甲辰	一乙巳	九丙午	八丁未	七戊申	六己酉	五庚戌	四辛亥	三壬子	二癸丑	一甲寅	九乙卯	八丙辰	七丁巳	六戊午	五己未	四庚申	三辛酉	二壬戌	一癸亥	九甲子	八乙丑	七丙寅	六丁卯	五戊辰	四己巳	三庚午	二辛未	
12月	一白	丙子	7日 19:18	一壬申	九癸酉	八甲戌	七乙亥	六丙子	五丁丑	四戊寅	三己卯	二庚辰	一辛巳	九壬午	八癸未	七甲申	六乙酉	五丙戌	四丁亥	三戊子	二己丑	一庚寅	九辛卯	八壬辰	七癸巳	七甲午	八乙未	九丙申	一丁酉	二戊戌	三己亥	四庚子	五辛丑	六壬寅
1月	九紫	丁丑	6日 06:30	七癸卯	八甲辰	九乙巳	一丙午	二丁未	三戊申	四己酉	五庚戌	六辛亥	七壬子	八癸丑	九甲寅	一乙卯	二丙辰	三丁巳	四戊午	五己未	六庚申	七辛酉	八壬戌	九癸亥	一甲子	二乙丑	三丙寅	四丁卯	五戊辰	六己巳	七庚午	八辛未	九壬申	一癸酉

※ 時間は概算

（黄色の枠）▶ 節入り日

黒字 ▶ 陽遁日

青字 ▶ 陰遁日

日

盤表

（黄色）▼節入り日
黒字▼陽遁日
青字▼陰遁日

2020年／令和2年【七赤金星／庚子《かのえね》年】

月	月の九星	月の干支	節入り日時	1日	2日	3日	4日	5日	6日	7日	8日	9日	10日	11日	12日	13日	14日	15日	16日	17日	18日	19日	20日	21日	22日	23日	24日	25日	26日	27日	28日	29日	30日	31日
2月	八白	戊寅	4日 18:04	二甲戌	三乙亥	四丙子	五丁丑	六戊寅	七己卯	八庚辰	九辛巳	一壬午	二癸未	三甲申	四乙酉	五丙戌	六丁亥	七戊子	八己丑	九庚寅	一辛卯	二壬辰	三癸巳	四甲午	五乙未	六丙申	七丁酉	八戊戌	九己亥	一庚子	二辛丑	三壬寅	×	×
3月	七赤	己卯	5日 11:57	四癸卯	五甲辰	六乙巳	七丙午	八丁未	九戊申	一己酉	二庚戌	三辛亥	四壬子	五癸丑	六甲寅	七乙卯	八丙辰	九丁巳	一戊午	二己未	三庚申	四辛酉	五壬戌	六癸亥	七甲子	八乙丑	九丙寅	一丁卯	二戊辰	三己巳	四庚午	五辛未	六壬申	七癸酉
4月	六白	庚辰	4日 16:37	八甲戌	九乙亥	一丙子	二丁丑	三戊寅	四己卯	五庚辰	六辛巳	七壬午	八癸未	九甲申	一乙酉	二丙戌	三丁亥	四戊子	五己丑	六庚寅	七辛卯	八壬辰	九癸巳	一甲午	二乙未	三丙申	四丁酉	五戊戌	六己亥	七庚子	八辛丑	九壬寅	一癸卯	×
5月	五黄	辛巳	5日 09:50	二甲辰	三乙巳	四丙午	五丁未	六戊申	七己酉	八庚戌	九辛亥	一壬子	二癸丑	三甲寅	四乙卯	五丙辰	六丁巳	七戊午	八己未	九庚申	一辛酉	二壬戌	三癸亥	四甲子	五乙丑	六丙寅	七丁卯	八戊辰	九己巳	一庚午	二辛未	三壬申	四癸酉	五甲戌
6月	四緑	壬午	5日 13:57	六乙亥	七丙子	八丁丑	九戊寅	一己卯	二庚辰	三辛巳	四壬午	五癸未	六甲申	七乙酉	八丙戌	九丁亥	一戊子	二己丑	三庚寅	四辛卯	五壬辰	六癸巳	七甲午	八乙未	九丙申	一丁酉	二戊戌	三己亥	四庚子	五辛丑	六壬寅	七癸卯	八甲辰	×
7月	三碧	癸未	7日 00:14	九乙巳	一丙午	二丁未	三戊申	四己酉	五庚戌	六辛亥	七壬子	八癸丑	九甲寅	一乙卯	二丙辰	三丁巳	四戊午	五己未	六庚申	七辛酉	八壬戌	九癸亥	九甲子	八乙丑	七丙寅	六丁卯	五戊辰	四己巳	三庚午	二辛未	一壬申	九癸酉	八甲戌	七乙亥
8月	二黒	甲申	7日 10:07	六丙子	五丁丑	四戊寅	三己卯	二庚辰	一辛巳	九壬午	八癸未	七甲申	六乙酉	五丙戌	四丁亥	三戊子	二己丑	一庚寅	九辛卯	八壬辰	七癸巳	六甲午	五乙未	四丙申	三丁酉	二戊戌	一己亥	九庚子	八辛丑	七壬寅	六癸卯	五甲辰	四乙巳	三丙午
9月	一白	乙酉	7日 13:08	二丁未	一戊申	九己酉	八庚戌	七辛亥	六壬子	五癸丑	四甲寅	三乙卯	二丙辰	一丁巳	九戊午	八己未	七庚申	六辛酉	五壬戌	四癸亥	三甲子	二乙丑	一丙寅	九丁卯	八戊辰	七己巳	六庚午	五辛未	四壬申	三癸酉	二甲戌	一乙亥	九丙子	×
10月	九紫	丙戌	8日 04:54	八丁丑	七戊寅	六己卯	五庚辰	四辛巳	三壬午	二癸未	一甲申	九乙酉	八丙戌	七丁亥	六戊子	五己丑	四庚寅	三辛卯	二壬辰	一癸巳	九甲午	八乙未	七丙申	六丁酉	五戊戌	四己亥	三庚子	二辛丑	一壬寅	九癸卯	八甲辰	七乙巳	六丙午	五丁未
11月	八白	丁亥	7日 08:13	四戊申	三己酉	二庚戌	一辛亥	九壬子	八癸丑	七甲寅	六乙卯	五丙辰	四丁巳	三戊午	二己未	一庚申	九辛酉	八壬戌	七癸亥	六甲子	五乙丑	四丙寅	三丁卯	二戊辰	一己巳	九庚午	八辛未	七壬申	六癸酉	五甲戌	四乙亥	三丙子	二丁丑	×
12月	七赤	戊子	7日 01:09	一戊寅	九己卯	八庚辰	七辛巳	六壬午	五癸未	四甲申	三乙酉	二丙戌	一丁亥	九戊子	八己丑	七庚寅	六辛卯	五壬辰	四癸巳	三甲午	二乙未	一丙申	九丁酉	八戊戌	七己亥	六庚子	五辛丑	四壬寅	三癸卯	二甲辰	一乙巳	九丙午	八丁未	七戊申
1月	六白	己丑	5日 12:24	六己酉	五庚戌	四辛亥	三壬子	二癸丑	一甲寅	九乙卯	八丙辰	七丁巳	六戊午	五己未	四庚申	三辛酉	二壬戌	一癸亥	一甲子	二乙丑	三丙寅	四丁卯	五戊辰	六己巳	七庚午	八辛未	九壬申	一癸酉	二甲戌	三乙亥	四丙子	五丁丑	六戊寅	七己卯

※ 時間は概算

2021年／令和3年【六白金星／辛丑《かのとうし》年】

月	月の九星	月の干支	節入り日時	1日	2日	3日	4日	5日	6日	7日	8日	9日	10日	11日	12日	13日	14日	15日	16日	17日	18日	19日	20日	21日	22日	23日	24日	25日	26日	27日	28日	29日	30日	31日
2月	五黄	庚寅	3日 23:59	八庚辰	九辛巳	一壬午	二癸未	三甲申	四乙酉	五丙戌	六丁亥	七戊子	八己丑	九庚寅	一辛卯	二壬辰	三癸巳	四甲午	五乙未	六丙申	七丁酉	八戊戌	九己亥	一庚子	二辛丑	三壬寅	四癸卯	五甲辰	六乙巳	七丙午	八丁未	×	×	×
3月	四緑	辛卯	5日 17:53	九戊申	一己酉	二庚戌	三辛亥	四壬子	五癸丑	六甲寅	七乙卯	八丙辰	九丁巳	一戊午	二己未	三庚申	四辛酉	五壬戌	六癸亥	七甲子	八乙丑	九丙寅	一丁卯	二戊辰	三己巳	四庚午	五辛未	六壬申	七癸酉	八甲戌	九乙亥	一丙子	二丁丑	三戊寅
4月	三碧	壬辰	4日 22:34	四己卯	五庚辰	六辛巳	七壬午	八癸未	九甲申	一乙酉	二丙戌	三丁亥	四戊子	五己丑	六庚寅	七辛卯	八壬辰	九癸巳	一甲午	二乙未	三丙申	四丁酉	五戊戌	六己亥	七庚子	八辛丑	九壬寅	一癸卯	二甲辰	三乙巳	四丙午	五丁未	六戊申	×
5月	二黒	癸巳	5日 15:46	七己酉	八庚戌	九辛亥	一壬子	二癸丑	三甲寅	四乙卯	五丙辰	六丁巳	七戊午	八己未	九庚申	一辛酉	二壬戌	三癸亥	四甲子	五乙丑	六丙寅	七丁卯	八戊辰	九己巳	一庚午	二辛未	三壬申	四癸酉	五甲戌	六乙亥	七丙子	八丁丑	九戊寅	一己卯
6月	一白	甲午	5日 19:51	二庚辰	三辛巳	四壬午	五癸未	六甲申	七乙酉	八丙戌	九丁亥	一戊子	二己丑	三庚寅	四辛卯	五壬辰	六癸巳	七甲午	八乙未	九丙申	一丁酉	二戊戌	三己亥	四庚子	五辛丑	六壬寅	七癸卯	八甲辰	九乙巳	一丙午	二丁未	三戊申	四己酉	×
7月	九紫	乙未	7日 06:06	五庚戌	六辛亥	七壬子	八癸丑	九甲寅	一乙卯	二丙辰	三丁巳	四戊午	五己未	六庚申	七辛酉	八壬戌	九癸亥	九甲子	八乙丑	七丙寅	六丁卯	五戊辰	四己巳	三庚午	二辛未	一壬申	九癸酉	八甲戌	七乙亥	六丙子	五丁丑	四戊寅	三己卯	二庚辰
8月	八白	丙申	7日 15:54	一辛巳	九壬午	八癸未	七甲申	六乙酉	五丙戌	四丁亥	三戊子	二己丑	一庚寅	九辛卯	八壬辰	七癸巳	六甲午	五乙未	四丙申	三丁酉	二戊戌	一己亥	九庚子	八辛丑	七壬寅	六癸卯	五甲辰	四乙巳	三丙午	二丁未	一戊申	九己酉	八庚戌	七辛亥
9月	七赤	丁酉	7日 18:52	六壬子	五癸丑	四甲寅	三乙卯	二丙辰	一丁巳	九戊午	八己未	七庚申	六辛酉	五壬戌	四癸亥	三甲子	二乙丑	一丙寅	九丁卯	八戊辰	七己巳	六庚午	五辛未	四壬申	三癸酉	二甲戌	一乙亥	九丙子	八丁丑	七戊寅	六己卯	五庚辰	四辛巳	×
10月	六白	戊戌	8日 10:38	三壬午	二癸未	一甲申	九乙酉	八丙戌	七丁亥	六戊子	五己丑	四庚寅	三辛卯	二壬辰	一癸巳	九甲午	八乙未	七丙申	六丁酉	五戊戌	四己亥	三庚子	二辛丑	一壬寅	九癸卯	八甲辰	七乙巳	六丙午	五丁未	四戊申	三己酉	二庚戌	一辛亥	九壬子
11月	五黄	己亥	7日 13:58	八癸丑	七甲寅	六乙卯	五丙辰	四丁巳	三戊午	二己未	一庚申	九辛酉	八壬戌	七癸亥	六甲子	五乙丑	四丙寅	三丁卯	二戊辰	一己巳	九庚午	八辛未	七壬申	六癸酉	五甲戌	四乙亥	三丙子	二丁丑	一戊寅	九己卯	八庚辰	七辛巳	六壬午	×
12月	四緑	庚子	7日 06:57	五癸未	四甲申	三乙酉	二丙戌	一丁亥	九戊子	八己丑	七庚寅	六辛卯	五壬辰	四癸巳	三甲午	二乙未	一丙申	九丁酉	八戊戌	七己亥	六庚子	五辛丑	四壬寅	三癸卯	二甲辰	一乙巳	九丙午	八丁未	七戊申	六己酉	五庚戌	四辛亥	三壬子	二癸丑
1月	三碧	辛丑	5日 18:15	一甲寅	九乙卯	八丙辰	七丁巳	六戊午	五己未	四庚申	三辛酉	二壬戌	一癸亥	一甲子	二乙丑	三丙寅	四丁卯	五戊辰	六己巳	七庚午	八辛未	九壬申	一癸酉	二甲戌	三乙亥	四丙子	五丁丑	六戊寅	七己卯	八庚辰	九辛巳	一壬午	二癸未	三甲申

※ 時間は概算

日盤表

凡例：（黄色の枠）節入り日　黒字 陽遁日　青字 陰遁日

2022年／令和4年【五黄土星／壬寅年《みずのえとら》】

月	月の九星	月の干支	節入り日時	1日	2日	3日	4日	5日	6日	7日	8日	9日	10日	11日	12日	13日	14日	15日	16日
2月	二黒	壬寅	4日 05:51	四乙酉	五丙戌	六丁亥	七戊子	八己丑	九庚寅	一辛卯	二壬辰	三癸巳	四甲午	五乙未	六丙申	七丁酉	八戊戌	九己亥	一庚子
3月	一白	癸卯	5日 23:43	五癸丑	六甲寅	七乙卯	八丙辰	九丁巳	一戊午	二己未	三庚申	四辛酉	五壬戌	六癸亥	七甲子	八乙丑	九丙寅	一丁卯	二戊辰
4月	九紫	甲辰	5日 04:19	九甲申	一乙酉	二丙戌	三丁亥	四戊子	五己丑	六庚寅	七辛卯	八壬辰	九癸巳	一甲午	二乙未	三丙申	四丁酉	五戊戌	六己亥
5月	八白	乙巳	5日 21:25	三甲寅	四乙卯	五丙辰	六丁巳	七戊午	八己未	九庚申	一辛酉	二壬戌	三癸亥	四甲子	五乙丑	六丙寅	七丁卯	八戊辰	九己巳
6月	七赤	丙午	6日 01:25	七乙酉	八丙戌	九丁亥	一戊子	二己丑	三庚寅	四辛卯	五壬辰	六癸巳	七甲午	八乙未	九丙申	一丁酉	二戊戌	三己亥	四庚子
7月	六白	丁未	7日 11:38	一乙卯	二丙辰	三丁巳	四戊午	五己未	六庚申	七辛酉	八壬戌	九癸亥	九甲子	八乙丑	七丙寅	六丁卯	五戊辰	四己巳	三庚午
8月	五黄	戊申	7日 21:29	五丙戌	四丁亥	三戊子	二己丑	一庚寅	九辛卯	八壬辰	七癸巳	六甲午	五乙未	四丙申	三丁酉	二戊戌	一己亥	九庚子	八辛丑
9月	四緑	己酉	8日 00:32	一丁巳	九戊午	八己未	七庚申	六辛酉	五壬戌	四癸亥	三甲子	二乙丑	一丙寅	九丁卯	八戊辰	七己巳	六庚午	五辛未	四壬申
10月	三碧	庚戌	8日 16:21	七丁亥	六戊子	五己丑	四庚寅	三辛卯	二壬辰	一癸巳	九甲午	八乙未	七丙申	六丁酉	五戊戌	四己亥	三庚子	二辛丑	一壬寅
11月	二黒	辛亥	7日 19:45	三戊午	二己未	一庚申	九辛酉	八壬戌	七癸亥	六甲子	五乙丑	四丙寅	三丁卯	二戊辰	一己巳	九庚午	八辛未	七壬申	六癸酉
12月	一白	壬子	7日 12:46	九戊子	八己丑	七庚寅	六辛卯	五壬辰	四癸巳	三甲午	二乙未	一丙申	九丁酉	八戊戌	七己亥	六庚子	五辛丑	四壬寅	三癸卯
1月	九紫	癸丑	6日 00:05	五己未	四庚申	三辛酉	二壬戌	一癸亥	一甲子	二乙丑	三丙寅	四丁卯	五戊辰	六己巳	七庚午	八辛未	九壬申	一癸酉	二甲戌

月	17日	18日	19日	20日	21日	22日	23日	24日	25日	26日	27日	28日	29日	30日	31日
2月	二辛丑	三壬寅	四癸卯	五甲辰	六乙巳	七丙午	八丁未	九戊申	一己酉	二庚戌	三辛亥	四壬子	×	×	×
3月	三己巳	四庚午	五辛未	六壬申	七癸酉	八甲戌	九乙亥	一丙子	二丁丑	三戊寅	四己卯	五庚辰	六辛巳	七壬午	八癸未
4月	七庚子	八辛丑	九壬寅	一癸卯	二甲辰	三乙巳	四丙午	五丁未	六戊申	七己酉	八庚戌	九辛亥	一壬子	二癸丑	×
5月	一庚午	二辛未	三壬申	四癸酉	五甲戌	六乙亥	七丙子	八丁丑	九戊寅	一己卯	二庚辰	三辛巳	四壬午	五癸未	六甲申
6月	五辛丑	六壬寅	七癸卯	八甲辰	九乙巳	一丙午	二丁未	三戊申	四己酉	五庚戌	六辛亥	七壬子	八癸丑	九甲寅	×
7月	二辛未	一壬申	九癸酉	八甲戌	七乙亥	六丙子	五丁丑	四戊寅	三己卯	二庚辰	一辛巳	九壬午	八癸未	七甲申	六乙酉
8月	七壬寅	六癸卯	五甲辰	四乙巳	三丙午	二丁未	一戊申	九己酉	八庚戌	七辛亥	六壬子	五癸丑	四甲寅	三乙卯	二丙辰
9月	三癸酉	二甲戌	一乙亥	九丙子	八丁丑	七戊寅	六己卯	五庚辰	四辛巳	三壬午	二癸未	一甲申	九乙酉	八丙戌	×
10月	九癸卯	八甲辰	七乙巳	六丙午	五丁未	四戊申	三己酉	二庚戌	一辛亥	九壬子	八癸丑	七甲寅	六乙卯	五丙辰	四丁巳
11月	五甲戌	四乙亥	三丙子	二丁丑	一戊寅	九己卯	八庚辰	七辛巳	六壬午	五癸未	四甲申	三乙酉	二丙戌	一丁亥	×
12月	二甲辰	一乙巳	九丙午	八丁未	七戊申	六己酉	五庚戌	四辛亥	三壬子	二癸丑	一甲寅	九乙卯	八丙辰	七丁巳	六戊午
1月	三乙亥	四丙子	五丁丑	六戊寅	七己卯	八庚辰	九辛巳	一壬午	二癸未	三甲申	四乙酉	五丙戌	六丁亥	七戊子	八己丑

※ 時間は概算

2023年／令和5年【四緑木星／癸卯年《みずのとう》】

月	月の九星	月の干支	節入り日時	1日	2日	3日	4日	5日	6日	7日	8日	9日	10日	11日	12日	13日	14日	15日	16日
2月	八白	甲寅	4日 11:43	九庚寅	一辛卯	二壬辰	三癸巳	四甲午	五乙未	六丙申	七丁酉	八戊戌	九己亥	一庚子	二辛丑	三壬寅	四癸卯	五甲辰	六乙巳
3月	七赤	乙卯	6日 05:35	一戊午	二己未	三庚申	四辛酉	五壬戌	六癸亥	七甲子	八乙丑	九丙寅	一丁卯	二戊辰	三己巳	四庚午	五辛未	六壬申	七癸酉
4月	六白	丙辰	5日 10:12	五己丑	六庚寅	七辛卯	八壬辰	九癸巳	一甲午	二乙未	三丙申	四丁酉	五戊戌	六己亥	七庚子	八辛丑	九壬寅	一癸卯	二甲辰
5月	五黄	丁巳	6日 03:18	八己未	九庚申	一辛酉	二壬戌	三癸亥	四甲子	五乙丑	六丙寅	七丁卯	八戊辰	九己巳	一庚午	二辛未	三壬申	四癸酉	五甲戌
6月	四緑	戊午	6日 07:18	三庚寅	四辛卯	五壬辰	六癸巳	七甲午	八乙未	九丙申	一丁酉	二戊戌	三己亥	四庚子	五辛丑	六壬寅	七癸卯	八甲辰	九乙巳
7月	三碧	己未	7日 17:30	六庚申	七辛酉	八壬戌	九癸亥	九甲子	八乙丑	七丙寅	六丁卯	五戊辰	四己巳	三庚午	二辛未	一壬申	九癸酉	八甲戌	七乙亥
8月	二黒	庚申	8日 03:22	九辛卯	八壬辰	七癸巳	六甲午	五乙未	四丙申	三丁酉	二戊戌	一己亥	九庚子	八辛丑	七壬寅	六癸卯	五甲辰	四乙巳	三丙午
9月	一白	辛酉	8日 06:26	五壬戌	四癸亥	三甲子	二乙丑	一丙寅	九丁卯	八戊辰	七己巳	六庚午	五辛未	四壬申	三癸酉	二甲戌	一乙亥	九丙子	八丁丑
10月	九紫	壬戌	8日 22:15	二壬辰	一癸巳	九甲午	八乙未	七丙申	六丁酉	五戊戌	四己亥	三庚子	二辛丑	一壬寅	九癸卯	八甲辰	七乙巳	六丙午	五丁未
11月	八白	癸亥	8日 01:35	七癸亥	六甲子	五乙丑	四丙寅	三丁卯	二戊辰	一己巳	九庚午	八辛未	七壬申	六癸酉	五甲戌	四乙亥	三丙子	二丁丑	一戊寅
12月	七赤	甲子	7日 18:33	四癸巳	三甲午	二乙未	一丙申	九丁酉	八戊戌	七己亥	六庚子	五辛丑	四壬寅	三癸卯	二甲辰	一乙巳	九丙午	八丁未	七戊申
1月	六白	乙丑	6日 05:49	一甲子	二乙丑	三丙寅	四丁卯	五戊辰	六己巳	七庚午	八辛未	九壬申	一癸酉	二甲戌	三乙亥	四丙子	五丁丑	六戊寅	七己卯

月	17日	18日	19日	20日	21日	22日	23日	24日	25日	26日	27日	28日	29日	30日	31日
2月	七丙午	八丁未	九戊申	一己酉	二庚戌	三辛亥	四壬子	五癸丑	六甲寅	七乙卯	八丙辰	九丁巳	×	×	×
3月	八甲戌	九乙亥	一丙子	二丁丑	三戊寅	四己卯	五庚辰	六辛巳	七壬午	八癸未	九甲申	一乙酉	二丙戌	三丁亥	四戊子
4月	三乙巳	四丙午	五丁未	六戊申	七己酉	八庚戌	九辛亥	一壬子	二癸丑	三甲寅	四乙卯	五丙辰	六丁巳	七戊午	×
5月	六乙亥	七丙子	八丁丑	九戊寅	一己卯	二庚辰	三辛巳	四壬午	五癸未	六甲申	七乙酉	八丙戌	九丁亥	一戊子	二己丑
6月	一丙午	二丁未	三戊申	四己酉	五庚戌	六辛亥	七壬子	八癸丑	九甲寅	一乙卯	二丙辰	三丁巳	四戊午	五己未	×
7月	六丙子	五丁丑	四戊寅	三己卯	二庚辰	一辛巳	九壬午	八癸未	七甲申	六乙酉	五丙戌	四丁亥	三戊子	二己丑	一庚寅
8月	二丁未	一戊申	九己酉	八庚戌	七辛亥	六壬子	五癸丑	四甲寅	三乙卯	二丙辰	一丁巳	九戊午	八己未	七庚申	六辛酉
9月	七戊寅	六己卯	五庚辰	四辛巳	三壬午	二癸未	一甲申	九乙酉	八丙戌	七丁亥	六戊子	五己丑	四庚寅	三辛卯	×
10月	四戊申	三己酉	二庚戌	一辛亥	九壬子	八癸丑	七甲寅	六乙卯	五丙辰	四丁巳	三戊午	二己未	一庚申	九辛酉	八壬戌
11月	九己卯	八庚辰	七辛巳	六壬午	五癸未	四甲申	三乙酉	二丙戌	一丁亥	九戊子	八己丑	七庚寅	六辛卯	五壬辰	×
12月	六己酉	五庚戌	四辛亥	三壬子	二癸丑	一甲寅	九乙卯	八丙辰	七丁巳	六戊午	五己未	四庚申	三辛酉	二壬戌	一癸亥
1月	八庚辰	九辛巳	一壬午	二癸未	三甲申	四乙酉	五丙戌	六丁亥	七戊子	八己丑	九庚寅	一辛卯	二壬辰	三癸巳	四甲午

※ 時間は概算

日盤表

□ ▼ 節入り日

黒字 ▼ 陽遁日

青字 ▼ 陰遁日

2024年／令和6年【三碧木星／甲辰《きのえたつ》年】

月	月の九星	月の干支	節入り日時	1日	2日	3日	4日	5日	6日	7日	8日	9日	10日	11日	12日	13日	14日	15日	16日	17日	18日	19日	20日	21日	22日	23日	24日	25日	26日	27日	28日	29日	30日	31日
2月	五黄	丙寅	4日 17:27	五乙未	六丙申	七丁酉	八戊戌	九己亥	一庚子	二辛丑	三壬寅	四癸卯	五甲辰	六乙巳	七丙午	八丁未	九戊申	一己酉	二庚戌	三辛亥	四壬子	五癸丑	六甲寅	七乙卯	八丙辰	九丁巳	一戊午	二己未	三庚申	四辛酉	五壬戌	六癸亥	×	×
3月	四緑	丁卯	5日 11:22	七甲子	八乙丑	九丙寅	一丁卯	二戊辰	三己巳	四庚午	五辛未	六壬申	七癸酉	八甲戌	九乙亥	一丙子	二丁丑	三戊寅	四己卯	五庚辰	六辛巳	七壬午	八癸未	九甲申	一乙酉	二丙戌	三丁亥	四戊子	五己丑	六庚寅	七辛卯	八壬辰	九癸巳	一甲午
4月	三碧	戊辰	4日 16:01	二乙未	三丙申	四丁酉	五戊戌	六己亥	七庚子	八辛丑	九壬寅	一癸卯	二甲辰	三乙巳	四丙午	五丁未	六戊申	七己酉	八庚戌	九辛亥	一壬子	二癸丑	三甲寅	四乙卯	五丙辰	六丁巳	七戊午	八己未	九庚申	一辛酉	二壬戌	三癸亥	四甲子	×
5月	二黒	己巳	5日 09:09	五乙丑	六丙寅	七丁卯	八戊辰	九己巳	一庚午	二辛未	三壬申	四癸酉	五甲戌	六乙亥	七丙子	八丁丑	九戊寅	一己卯	二庚辰	三辛巳	四壬午	五癸未	六甲申	七乙酉	八丙戌	九丁亥	一戊子	二己丑	三庚寅	四辛卯	五壬辰	六癸巳	七甲午	八乙未
6月	一白	庚午	5日 13:09	九丙申	一丁酉	二戊戌	三己亥	四庚子	五辛丑	六壬寅	七癸卯	八甲辰	九乙巳	一丙午	二丁未	三戊申	四己酉	五庚戌	六辛亥	七壬子	八癸丑	九甲寅	一乙卯	二丙辰	三丁巳	四戊午	五己未	六庚申	七辛酉	八壬戌	九癸亥	九甲子	八乙丑	×
7月	九紫	辛未	6日 23:19	七丙寅	六丁卯	五戊辰	四己巳	三庚午	二辛未	一壬申	九癸酉	八甲戌	七乙亥	六丙子	五丁丑	四戊寅	三己卯	二庚辰	一辛巳	九壬午	八癸未	七甲申	六乙酉	五丙戌	四丁亥	三戊子	二己丑	一庚寅	九辛卯	八壬辰	七癸巳	六甲午	五乙未	四丙申
8月	八白	壬申	7日 09:09	三丁酉	二戊戌	一己亥	九庚子	八辛丑	七壬寅	六癸卯	五甲辰	四乙巳	三丙午	二丁未	一戊申	九己酉	八庚戌	七辛亥	六壬子	五癸丑	四甲寅	三乙卯	二丙辰	一丁巳	九戊午	八己未	七庚申	六辛酉	五壬戌	四癸亥	三甲子	二乙丑	一丙寅	九丁卯
9月	七赤	癸酉	7日 12:11	八戊辰	七己巳	六庚午	五辛未	四壬申	三癸酉	二甲戌	一乙亥	九丙子	八丁丑	七戊寅	六己卯	五庚辰	四辛巳	三壬午	二癸未	一甲申	九乙酉	八丙戌	七丁亥	六戊子	五己丑	四庚寅	三辛卯	二壬辰	一癸巳	九甲午	八乙未	七丙申	六丁酉	×
10月	六白	甲戌	8日 03:59	五戊戌	四己亥	三庚子	二辛丑	一壬寅	九癸卯	八甲辰	七乙巳	六丙午	五丁未	四戊申	三己酉	二庚戌	一辛亥	九壬子	八癸丑	七甲寅	六乙卯	五丙辰	四丁巳	三戊午	二己未	一庚申	九辛酉	八壬戌	七癸亥	六甲子	五乙丑	四丙寅	三丁卯	二戊辰
11月	五黄	乙亥	7日 07:20	一己巳	九庚午	八辛未	七壬申	六癸酉	五甲戌	四乙亥	三丙子	二丁丑	一戊寅	九己卯	八庚辰	七辛巳	六壬午	五癸未	四甲申	三乙酉	二丙戌	一丁亥	九戊子	八己丑	七庚寅	六辛卯	五壬辰	四癸巳	三甲午	二乙未	一丙申	九丁酉	八戊戌	×
12月	四緑	丙子	7日 00:17	七己亥	六庚子	五辛丑	四壬寅	三癸卯	二甲辰	一乙巳	九丙午	八丁未	七戊申	六己酉	五庚戌	四辛亥	三壬子	二癸丑	一甲寅	九乙卯	八丙辰	七丁巳	六戊午	五己未	四庚申	三辛酉	二壬戌	一癸亥	一甲子	二乙丑	三丙寅	四丁卯	五戊辰	六己巳
1月	三碧	丁丑	5日 11:32	七庚午	八辛未	九壬申	一癸酉	二甲戌	三乙亥	四丙子	五丁丑	六戊寅	七己卯	八庚辰	九辛巳	一壬午	二癸未	三甲申	四乙酉	五丙戌	六丁亥	七戊子	八己丑	九庚寅	一辛卯	二壬辰	三癸巳	四甲午	五乙未	六丙申	七丁酉	八戊戌	九己亥	一庚子

※ 時間は概算

2025年／令和7年【二黒土星／乙巳《きのとみ》年】

月	月の九星	月の干支	節入り日時	1日	2日	3日	4日	5日	6日	7日	8日	9日	10日	11日	12日	13日	14日	15日	16日	17日	18日	19日	20日	21日	22日	23日	24日	25日	26日	27日	28日	29日	30日	31日
2月	二黒	戊寅	3日 23:10	二辛丑	三壬寅	四癸卯	五甲辰	六乙巳	七丙午	八丁未	九戊申	一己酉	二庚戌	三辛亥	四壬子	五癸丑	六甲寅	七乙卯	八丙辰	九丁巳	一戊午	二己未	三庚申	四辛酉	五壬戌	六癸亥	七甲子	八乙丑	九丙寅	一丁卯	二戊辰	×	×	×
3月	一白	己卯	5日 17:07	三己巳	四庚午	五辛未	六壬申	七癸酉	八甲戌	九乙亥	一丙子	二丁丑	三戊寅	四己卯	五庚辰	六辛巳	七壬午	八癸未	九甲申	一乙酉	二丙戌	三丁亥	四戊子	五己丑	六庚寅	七辛卯	八壬辰	九癸巳	一甲午	二乙未	三丙申	四丁酉	五戊戌	六己亥
4月	九紫	庚辰	4日 21:48	七庚子	八辛丑	九壬寅	一癸卯	二甲辰	三乙巳	四丙午	五丁未	六戊申	七己酉	八庚戌	九辛亥	一壬子	二癸丑	三甲寅	四乙卯	五丙辰	六丁巳	七戊午	八己未	九庚申	一辛酉	二壬戌	三癸亥	四甲子	五乙丑	六丙寅	七丁卯	八戊辰	九己巳	×
5月	八白	辛巳	5日 14:56	一庚午	二辛未	三壬申	四癸酉	五甲戌	六乙亥	七丙子	八丁丑	九戊寅	一己卯	二庚辰	三辛巳	四壬午	五癸未	六甲申	七乙酉	八丙戌	九丁亥	一戊子	二己丑	三庚寅	四辛卯	五壬辰	六癸巳	七甲午	八乙未	九丙申	一丁酉	二戊戌	三己亥	四庚子
6月	七赤	壬午	5日 18:56	五辛丑	六壬寅	七癸卯	八甲辰	九乙巳	一丙午	二丁未	三戊申	四己酉	五庚戌	六辛亥	七壬子	八癸丑	九甲寅	一乙卯	二丙辰	三丁巳	四戊午	五己未	六庚申	七辛酉	八壬戌	九癸亥	九甲子	八乙丑	七丙寅	六丁卯	五戊辰	四己巳	三庚午	×
7月	六白	癸未	7日 05:04	二辛未	一壬申	九癸酉	八甲戌	七乙亥	六丙子	五丁丑	四戊寅	三己卯	二庚辰	一辛巳	九壬午	八癸未	七甲申	六乙酉	五丙戌	四丁亥	三戊子	二己丑	一庚寅	九辛卯	八壬辰	七癸巳	六甲午	五乙未	四丙申	三丁酉	二戊戌	一己亥	九庚子	八辛丑
8月	五黄	甲申	7日 14:51	七壬寅	六癸卯	五甲辰	四乙巳	三丙午	二丁未	一戊申	九己酉	八庚戌	七辛亥	六壬子	五癸丑	四甲寅	三乙卯	二丙辰	一丁巳	九戊午	八己未	七庚申	六辛酉	五壬戌	四癸亥	三甲子	二乙丑	一丙寅	九丁卯	八戊辰	七己巳	六庚午	五辛未	四壬申
9月	四緑	乙酉	7日 17:52	三癸酉	二甲戌	一乙亥	九丙子	八丁丑	七戊寅	六己卯	五庚辰	四辛巳	三壬午	二癸未	一甲申	九乙酉	八丙戌	七丁亥	六戊子	五己丑	四庚寅	三辛卯	二壬辰	一癸巳	九甲午	八乙未	七丙申	六丁酉	五戊戌	四己亥	三庚子	二辛丑	一壬寅	×
10月	三碧	丙戌	8日 09:41	九癸卯	八甲辰	七乙巳	六丙午	五丁未	四戊申	三己酉	二庚戌	一辛亥	九壬子	八癸丑	七甲寅	六乙卯	五丙辰	四丁巳	三戊午	二己未	一庚申	九辛酉	八壬戌	七癸亥	六甲子	五乙丑	四丙寅	三丁卯	二戊辰	一己巳	九庚午	八辛未	七壬申	六癸酉
11月	二黒	丁亥	7日 13:04	五甲戌	四乙亥	三丙子	二丁丑	一戊寅	九己卯	八庚辰	七辛巳	六壬午	五癸未	四甲申	三乙酉	二丙戌	一丁亥	九戊子	八己丑	七庚寅	六辛卯	五壬辰	四癸巳	三甲午	二乙未	一丙申	九丁酉	八戊戌	七己亥	六庚子	五辛丑	四壬寅	三癸卯	×
12月	一白	戊子	7日 06:04	二甲辰	一乙巳	九丙午	八丁未	七戊申	六己酉	五庚戌	四辛亥	三壬子	二癸丑	一甲寅	九乙卯	八丙辰	七丁巳	六戊午	五己未	四庚申	三辛酉	二壬戌	一癸亥	一甲子	二乙丑	三丙寅	四丁卯	五戊辰	六己巳	七庚午	八辛未	九壬申	一癸酉	二甲戌
1月	九紫	己丑	5日 17:23	三乙亥	四丙子	五丁丑	六戊寅	七己卯	八庚辰	九辛巳	一壬午	二癸未	三甲申	四乙酉	五丙戌	六丁亥	七戊子	八己丑	九庚寅	一辛卯	二壬辰	三癸巳	四甲午	五乙未	六丙申	七丁酉	八戊戌	九己亥	一庚子	二辛丑	三壬寅	四癸卯	五甲辰	六乙巳

※ 時間は概算

日盤表

黄色 ▼ 節入り日

黒字 ▼ 陽遁日

青字 ▼ 陰遁日

2026年／令和8年【一白水星／丙午《ひのえうま》年】

月	月の九星	月の干支	節入り日時	1日	2日	3日	4日	5日	6日	7日	8日	9日	10日	11日	12日	13日	14日	15日	16日	17日	18日	19日	20日	21日	22日	23日	24日	25日	26日	27日	28日	29日	30日	31日
2月	八白	庚寅	4日 05:02	七丙午	八丁未	九戊申	一己酉	二庚戌	三辛亥	四壬子	五癸丑	六甲寅	七乙卯	八丙辰	九丁巳	一戊午	二己未	三庚申	四辛酉	五壬戌	六癸亥	七甲子	八乙丑	九丙寅	一丁卯	二戊辰	三己巳	四庚午	五辛未	六壬申	七癸酉			
3月	七赤	辛卯	5日 22:59	八甲戌	九乙亥	一丙子	二丁丑	三戊寅	四己卯	五庚辰	六辛巳	七壬午	八癸未	九甲申	一乙酉	二丙戌	三丁亥	四戊子	五己丑	六庚寅	七辛卯	八壬辰	九癸巳	一甲午	二乙未	三丙申	四丁酉	五戊戌	六己亥	七庚子	八辛丑	九壬寅	一癸卯	二甲辰
4月	六白	壬辰	5日 03:40	三乙巳	四丙午	五丁未	六戊申	七己酉	八庚戌	九辛亥	一壬子	二癸丑	三甲寅	四乙卯	五丙辰	六丁巳	七戊午	八己未	九庚申	一辛酉	二壬戌	三癸亥	四甲子	五乙丑	六丙寅	七丁卯	八戊辰	九己巳	一庚午	二辛未	三壬申	四癸酉	五甲戌	
5月	五黄	癸巳	5日 20:48	六乙亥	七丙子	八丁丑	九戊寅	一己卯	二庚辰	三辛巳	四壬午	五癸未	六甲申	七乙酉	八丙戌	九丁亥	一戊子	二己丑	三庚寅	四辛卯	五壬辰	六癸巳	七甲午	八乙未	九丙申	一丁酉	二戊戌	三己亥	四庚子	五辛丑	六壬寅	七癸卯	八甲辰	九乙巳
6月	四緑	甲午	6日 00:47	一丙午	二丁未	三戊申	四己酉	五庚戌	六辛亥	七壬子	八癸丑	九甲寅	一乙卯	二丙辰	三丁巳	四戊午	五己未	六庚申	七辛酉	八壬戌	九癸亥	九甲子	八乙丑	七丙寅	六丁卯	五戊辰	四己巳	三庚午	二辛未	一壬申	九癸酉	八甲戌	七乙亥	
7月	三碧	乙未	7日 10:56	六丙子	五丁丑	四戊寅	三己卯	二庚辰	一辛巳	九壬午	八癸未	七甲申	六乙酉	五丙戌	四丁亥	三戊子	二己丑	一庚寅	九辛卯	八壬辰	七癸巳	六甲午	五乙未	四丙申	三丁酉	二戊戌	一己亥	九庚子	八辛丑	七壬寅	六癸卯	五甲辰	四乙巳	三丙午
8月	二黒	丙申	7日 20:42	二丁未	一戊申	九己酉	八庚戌	七辛亥	六壬子	五癸丑	四甲寅	三乙卯	二丙辰	一丁巳	九戊午	八己未	七庚申	六辛酉	五壬戌	四癸亥	三甲子	二乙丑	一丙寅	九丁卯	八戊辰	七己巳	六庚午	五辛未	四壬申	三癸酉	二甲戌	一乙亥	九丙子	八丁丑
9月	一白	丁酉	7日 23:41	七戊寅	六己卯	五庚辰	四辛巳	三壬午	二癸未	一甲申	九乙酉	八丙戌	七丁亥	六戊子	五己丑	四庚寅	三辛卯	二壬辰	一癸巳	九甲午	八乙未	七丙申	六丁酉	五戊戌	四己亥	三庚子	二辛丑	一壬寅	九癸卯	八甲辰	七乙巳	六丙午	五丁未	
10月	九紫	戊戌	8日 15:29	四戊申	三己酉	二庚戌	一辛亥	九壬子	八癸丑	七甲寅	六乙卯	五丙辰	四丁巳	三戊午	二己未	一庚申	九辛酉	八壬戌	七癸亥	六甲子	五乙丑	四丙寅	三丁卯	二戊辰	一己巳	九庚午	八辛未	七壬申	六癸酉	五甲戌	四乙亥	三丙子	二丁丑	一戊寅
11月	八白	己亥	7日 18:51	九己卯	八庚辰	七辛巳	六壬午	五癸未	四甲申	三乙酉	二丙戌	一丁亥	九戊子	八己丑	七庚寅	六辛卯	五壬辰	四癸巳	三甲午	二乙未	一丙申	九丁酉	八戊戌	七己亥	六庚子	五辛丑	四壬寅	三癸卯	二甲辰	一乙巳	九丙午	八丁未	七戊申	
12月	七赤	庚子	7日 11:52	六己酉	五庚戌	四辛亥	三壬子	二癸丑	一甲寅	九乙卯	八丙辰	七丁巳	六戊午	五己未	四庚申	三辛酉	二壬戌	一癸亥	一甲子	二乙丑	三丙寅	四丁卯	五戊辰	六己巳	七庚午	八辛未	九壬申	一癸酉	二甲戌	三乙亥	四丙子	五丁丑	六戊寅	七己卯
1月	六白	辛丑	5日 23:09	八庚辰	九辛巳	一壬午	二癸未	三甲申	四乙酉	五丙戌	六丁亥	七戊子	八己丑	九庚寅	一辛卯	二壬辰	三癸巳	四甲午	五乙未	六丙申	七丁酉	八戊戌	九己亥	一庚子	二辛丑	三壬寅	四癸卯	五甲辰	六乙巳	七丙午	八丁未	九戊申	一己酉	二庚戌

※ 時間は概算

2027年／令和9年【九紫火星／丁未《ひのとひつじ》年】

月	月の九星	月の干支	節入り日時	1日	2日	3日	4日	5日	6日	7日	8日	9日	10日	11日	12日	13日	14日	15日	16日	17日	18日	19日	20日	21日	22日	23日	24日	25日	26日	27日	28日	29日	30日	31日
2月	五黄	壬寅	4日 10:46	三辛亥	四壬子	五癸丑	六甲寅	七乙卯	八丙辰	九丁巳	一戊午	二己未	三庚申	四辛酉	五壬戌	六癸亥	七甲子	八乙丑	九丙寅	一丁卯	二戊辰	三己巳	四庚午	五辛未	六壬申	七癸酉	八甲戌	九乙亥	一丙子	二丁丑	三戊寅			
3月	四緑	癸卯	6日 04:40	四己卯	五庚辰	六辛巳	七壬午	八癸未	九甲申	一乙酉	二丙戌	三丁亥	四戊子	五己丑	六庚寅	七辛卯	八壬辰	九癸巳	一甲午	二乙未	三丙申	四丁酉	五戊戌	六己亥	七庚子	八辛丑	九壬寅	一癸卯	二甲辰	三乙巳	四丙午	五丁未	六戊申	七己酉
4月	三碧	甲辰	5日 09:17	八庚戌	九辛亥	一壬子	二癸丑	三甲寅	四乙卯	五丙辰	六丁巳	七戊午	八己未	九庚申	一辛酉	二壬戌	三癸亥	四甲子	五乙丑	六丙寅	七丁卯	八戊辰	九己巳	一庚午	二辛未	三壬申	四癸酉	五甲戌	六乙亥	七丙子	八丁丑	九戊寅	一己卯	
5月	二黒	乙巳	6日 02:24	二庚辰	三辛巳	四壬午	五癸未	六甲申	七乙酉	八丙戌	九丁亥	一戊子	二己丑	三庚寅	四辛卯	五壬辰	六癸巳	七甲午	八乙未	九丙申	一丁酉	二戊戌	三己亥	四庚子	五辛丑	六壬寅	七癸卯	八甲辰	九乙巳	一丙午	二丁未	三戊申	四己酉	五庚戌
6月	一白	丙午	6日 06:24	六辛亥	七壬子	八癸丑	九甲寅	一乙卯	二丙辰	三丁巳	四戊午	五己未	六庚申	七辛酉	八壬戌	九癸亥	九甲子	八乙丑	七丙寅	六丁卯	五戊辰	四己巳	三庚午	二辛未	一壬申	九癸酉	八甲戌	七乙亥	六丙子	五丁丑	四戊寅	三己卯	二庚辰	
7月	九紫	丁未	7日 16:36	一辛巳	九壬午	八癸未	七甲申	六乙酉	五丙戌	四丁亥	三戊子	二己丑	一庚寅	九辛卯	八壬辰	七癸巳	六甲午	五乙未	四丙申	三丁酉	二戊戌	一己亥	九庚子	八辛丑	七壬寅	六癸卯	五甲辰	四乙巳	三丙午	二丁未	一戊申	九己酉	八庚戌	七辛亥
8月	八白	戊申	8日 02:27	六壬子	五癸丑	四甲寅	三乙卯	二丙辰	一丁巳	九戊午	八己未	七庚申	六辛酉	五壬戌	四癸亥	三甲子	二乙丑	一丙寅	九丁卯	八戊辰	七己巳	六庚午	五辛未	四壬申	三癸酉	二甲戌	一乙亥	九丙子	八丁丑	七戊寅	六己卯	五庚辰	四辛巳	三壬午
9月	七赤	己酉	8日 05:29	二癸未	一甲申	九乙酉	八丙戌	七丁亥	六戊子	五己丑	四庚寅	三辛卯	二壬辰	一癸巳	九甲午	八乙未	七丙申	六丁酉	五戊戌	四己亥	三庚子	二辛丑	一壬寅	九癸卯	八甲辰	七乙巳	六丙午	五丁未	四戊申	三己酉	二庚戌	一辛亥	九壬子	
10月	六白	庚戌	8日 21:17	八癸丑	七甲寅	六乙卯	五丙辰	四丁巳	三戊午	二己未	一庚申	九辛酉	八壬戌	七癸亥	六甲子	五乙丑	四丙寅	三丁卯	二戊辰	一己巳	九庚午	八辛未	七壬申	六癸酉	五甲戌	四乙亥	三丙子	二丁丑	一戊寅	九己卯	八庚辰	七辛巳	六壬午	五癸未
11月	五黄	辛亥	8日 00:37	四甲申	三乙酉	二丙戌	一丁亥	九戊子	八己丑	七庚寅	六辛卯	五壬辰	四癸巳	三甲午	二乙未	一丙申	九丁酉	八戊戌	七己亥	六庚子	五辛丑	四壬寅	三癸卯	二甲辰	一乙巳	九丙午	八丁未	七戊申	六己酉	五庚戌	四辛亥	三壬子	二癸丑	
12月	四緑	壬子	7日 17:37	一甲寅	九乙卯	八丙辰	七丁巳	六戊午	五己未	四庚申	三辛酉	二壬戌	一癸亥	一甲子	二乙丑	三丙寅	四丁卯	五戊辰	六己巳	七庚午	八辛未	九壬申	一癸酉	二甲戌	三乙亥	四丙子	五丁丑	六戊寅	七己卯	八庚辰	九辛巳	一壬午	二癸未	三甲申
1月	三碧	癸丑	6日 04:54	四乙酉	五丙戌	六丁亥	七戊子	八己丑	九庚寅	一辛卯	二壬辰	三癸巳	四甲午	五乙未	六丙申	七丁酉	八戊戌	九己亥	一庚子	二辛丑	三壬寅	四癸卯	五甲辰	六乙巳	七丙午	八丁未	九戊申	一己酉	二庚戌	三辛亥	四壬子	五癸丑	六甲寅	七乙卯

※ 時間は概算

日盤表

■ ▼ 節入り日
黒字 ▼ 陽遁日
青字 ▼ 陰遁日

2028年／令和10年【八白土星／戊申《つちのえさる》年】

月	月の九星	月の干支	節入り日時	1日	2日	3日	4日	5日	6日	7日	8日	9日	10日	11日	12日	13日	14日	15日	16日	17日	18日	19日	20日	21日	22日	23日	24日	25日	26日	27日	28日	29日	30日	31日
2月	二黒	甲寅	4日 16:31	八丙辰	九丁巳	一戊午	二己未	三庚申	四辛酉	五壬戌	六癸亥	七甲子	八乙丑	九丙寅	一丁卯	二戊辰	三己巳	四庚午	五辛未	六壬申	七癸酉	八甲戌	九乙亥	一丙子	二丁丑	三戊寅	四己卯	五庚辰	六辛巳	七壬午	八癸未	九甲申		
3月	一白	乙卯	5日 10:25	一乙酉	二丙戌	三丁亥	四戊子	五己丑	六庚寅	七辛卯	八壬辰	九癸巳	一甲午	二乙未	三丙申	四丁酉	五戊戌	六己亥	七庚子	八辛丑	九壬寅	一癸卯	二甲辰	三乙巳	四丙午	五丁未	六戊申	七己酉	八庚戌	九辛亥	一壬子	二癸丑	三甲寅	四乙卯
4月	九紫	丙辰	4日 15:02	五丙辰	六丁巳	七戊午	八己未	九庚申	一辛酉	二壬戌	三癸亥	四甲子	五乙丑	六丙寅	七丁卯	八戊辰	九己巳	一庚午	二辛未	三壬申	四癸酉	五甲戌	六乙亥	七丙子	八丁丑	九戊寅	一己卯	二庚辰	三辛巳	四壬午	五癸未	六甲申	七乙酉	
5月	八白	丁巳	5日 08:10	八丙戌	九丁亥	一戊子	二己丑	三庚寅	四辛卯	五壬辰	六癸巳	七甲午	八乙未	九丙申	一丁酉	二戊戌	三己亥	四庚子	五辛丑	六壬寅	七癸卯	八甲辰	九乙巳	一丙午	二丁未	三戊申	四己酉	五庚戌	六辛亥	七壬子	八癸丑	九甲寅	一乙卯	二丙辰
6月	七赤	戊午	5日 12:14	三丁巳	四戊午	五己未	六庚申	七辛酉	八壬戌	九癸亥	九甲子	八乙丑	七丙寅	六丁卯	五戊辰	四己巳	三庚午	二辛未	一壬申	九癸酉	八甲戌	七乙亥	六丙子	五丁丑	四戊寅	三己卯	二庚辰	一辛巳	九壬午	八癸未	七甲申	六乙酉	五丙戌	
7月	六白	己未	6日 22:30	四丁亥	三戊子	二己丑	一庚寅	九辛卯	八壬辰	七癸巳	六甲午	五乙未	四丙申	三丁酉	二戊戌	一己亥	九庚子	八辛丑	七壬寅	六癸卯	五甲辰	四乙巳	三丙午	二丁未	一戊申	九己酉	八庚戌	七辛亥	六壬子	五癸丑	四甲寅	三乙卯	二丙辰	一丁巳
8月	五黄	庚申	7日 08:21	九戊午	八己未	七庚申	六辛酉	五壬戌	四癸亥	三甲子	二乙丑	一丙寅	九丁卯	八戊辰	七己巳	六庚午	五辛未	四壬申	三癸酉	二甲戌	一乙亥	九丙子	八丁丑	七戊寅	六己卯	五庚辰	四辛巳	三壬午	二癸未	一甲申	九乙酉	八丙戌	七丁亥	六戊子
9月	四緑	辛酉	7日 11:22	五己丑	四庚寅	三辛卯	二壬辰	一癸巳	九甲午	八乙未	七丙申	六丁酉	五戊戌	四己亥	三庚子	二辛丑	一壬寅	九癸卯	八甲辰	七乙巳	六丙午	五丁未	四戊申	三己酉	二庚戌	一辛亥	九壬子	八癸丑	七甲寅	六乙卯	五丙辰	四丁巳	三戊午	
10月	三碧	壬戌	8日 03:08	二己未	一庚申	九辛酉	八壬戌	七癸亥	六甲子	五乙丑	四丙寅	三丁卯	二戊辰	一己巳	九庚午	八辛未	七壬申	六癸酉	五甲戌	四乙亥	三丙子	二丁丑	一戊寅	九己卯	八庚辰	七辛巳	六壬午	五癸未	四甲申	三乙酉	二丙戌	一丁亥	九戊子	八己丑
11月	二黒	癸亥	7日 06:26	七庚寅	六辛卯	五壬辰	四癸巳	三甲午	二乙未	一丙申	九丁酉	八戊戌	七己亥	六庚子	五辛丑	四壬寅	三癸卯	二甲辰	一乙巳	九丙午	八丁未	七戊申	六己酉	五庚戌	四辛亥	三壬子	二癸丑	一甲寅	九乙卯	八丙辰	七丁巳	六戊午	五己未	
12月	一白	甲子	6日 23:24	四庚申	三辛酉	二壬戌	一癸亥	一甲子	二乙丑	三丙寅	四丁卯	五戊辰	六己巳	七庚午	八辛未	九壬申	一癸酉	二甲戌	三乙亥	四丙子	五丁丑	六戊寅	七己卯	八庚辰	九辛巳	一壬午	二癸未	三甲申	四乙酉	五丙戌	六丁亥	七戊子	八己丑	九庚寅
1月	九紫	乙丑	5日 10:42	一辛卯	二壬辰	三癸巳	四甲午	五乙未	六丙申	七丁酉	八戊戌	九己亥	一庚子	二辛丑	三壬寅	四癸卯	五甲辰	六乙巳	七丙午	八丁未	九戊申	一己酉	二庚戌	三辛亥	四壬子	五癸丑	六甲寅	七乙卯	八丙辰	九丁巳	一戊午	二己未	三庚申	四辛酉

※ 時間は概算

2029年／令和11年【七赤金星／己酉《つちのととり》年】

月	月の九星	月の干支	節入り日時	1日	2日	3日	4日	5日	6日	7日	8日	9日	10日	11日	12日	13日	14日	15日	16日	17日	18日	19日	20日	21日	22日	23日	24日	25日	26日	27日	28日	29日	30日	31日
2月	八白	丙寅	3日 22:21	五壬戌	六癸亥	七甲子	八乙丑	九丙寅	一丁卯	二戊辰	三己巳	四庚午	五辛未	六壬申	七癸酉	八甲戌	九乙亥	一丙子	二丁丑	三戊寅	四己卯	五庚辰	六辛巳	七壬午	八癸未	九甲申	一乙酉	二丙戌	三丁亥	四戊子	五己丑			
3月	七赤	丁卯	5日 16:18	六庚寅	七辛卯	八壬辰	九癸巳	一甲午	二乙未	三丙申	四丁酉	五戊戌	六己亥	七庚子	八辛丑	九壬寅	一癸卯	二甲辰	三乙巳	四丙午	五丁未	六戊申	七己酉	八庚戌	九辛亥	一壬子	二癸丑	三甲寅	四乙卯	五丙辰	六丁巳	七戊午	八己未	九庚申
4月	六白	戊辰	4日 20:57	一辛酉	二壬戌	三癸亥	四甲子	五乙丑	六丙寅	七丁卯	八戊辰	九己巳	一庚午	二辛未	三壬申	四癸酉	五甲戌	六乙亥	七丙子	八丁丑	九戊寅	一己卯	二庚辰	三辛巳	四壬午	五癸未	六甲申	七乙酉	八丙戌	九丁亥	一戊子	二己丑	三庚寅	
5月	五黄	己巳	5日 14:06	四辛卯	五壬辰	六癸巳	七甲午	八乙未	九丙申	一丁酉	二戊戌	三己亥	四庚子	五辛丑	六壬寅	七癸卯	八甲辰	九乙巳	一丙午	二丁未	三戊申	四己酉	五庚戌	六辛亥	七壬子	八癸丑	九甲寅	一乙卯	二丙辰	三丁巳	四戊午	五己未	六庚申	七辛酉
6月	四緑	庚午	5日 18:08	八壬戌	九癸亥	九甲子	八乙丑	七丙寅	六丁卯	五戊辰	四己巳	三庚午	二辛未	一壬申	九癸酉	八甲戌	七乙亥	六丙子	五丁丑	四戊寅	三己卯	二庚辰	一辛巳	九壬午	八癸未	七甲申	六乙酉	五丙戌	四丁亥	三戊子	二己丑	一庚寅	九辛卯	
7月	三碧	辛未	7日 04:22	八壬辰	七癸巳	六甲午	五乙未	四丙申	三丁酉	二戊戌	一己亥	九庚子	八辛丑	七壬寅	六癸卯	五甲辰	四乙巳	三丙午	二丁未	一戊申	九己酉	八庚戌	七辛亥	六壬子	五癸丑	四甲寅	三乙卯	二丙辰	一丁巳	九戊午	八己未	七庚申	六辛酉	五壬戌
8月	二黒	壬申	7日 14:12	四癸亥	三甲子	二乙丑	一丙寅	九丁卯	八戊辰	七己巳	六庚午	五辛未	四壬申	三癸酉	二甲戌	一乙亥	九丙子	八丁丑	七戊寅	六己卯	五庚辰	四辛巳	三壬午	二癸未	一甲申	九乙酉	八丙戌	七丁亥	六戊子	五己丑	四庚寅	三辛卯	二壬辰	一癸巳
9月	一白	癸酉	7日 17:12	九甲午	八乙未	七丙申	六丁酉	五戊戌	四己亥	三庚子	二辛丑	一壬寅	九癸卯	八甲辰	七乙巳	六丙午	五丁未	四戊申	三己酉	二庚戌	一辛亥	九壬子	八癸丑	七甲寅	六乙卯	五丙辰	四丁巳	三戊午	二己未	一庚申	九辛酉	八壬戌	七癸亥	
10月	九紫	甲戌	8日 08:57	六甲子	五乙丑	四丙寅	三丁卯	二戊辰	一己巳	九庚午	八辛未	七壬申	六癸酉	五甲戌	四乙亥	三丙子	二丁丑	一戊寅	九己卯	八庚辰	七辛巳	六壬午	五癸未	四甲申	三乙酉	二丙戌	一丁亥	九戊子	八己丑	七庚寅	六辛卯	五壬辰	四癸巳	三甲午
11月	八白	乙亥	7日 12:15	二乙未	一丙申	九丁酉	八戊戌	七己亥	六庚子	五辛丑	四壬寅	三癸卯	二甲辰	一乙巳	九丙午	八丁未	七戊申	六己酉	五庚戌	四辛亥	三壬子	二癸丑	一甲寅	九乙卯	八丙辰	七丁巳	六戊午	五己未	四庚申	三辛酉	二壬戌	一癸亥	一甲子	
12月	七赤	丙子	7日 05:13	二乙丑	三丙寅	四丁卯	五戊辰	六己巳	七庚午	八辛未	九壬申	一癸酉	二甲戌	三乙亥	四丙子	五丁丑	六戊寅	七己卯	八庚辰	九辛巳	一壬午	二癸未	三甲申	四乙酉	五丙戌	六丁亥	七戊子	八己丑	九庚寅	一辛卯	二壬辰	三癸巳	四甲午	五乙未
1月	六白	丁丑	5日 16:31	六丙申	七丁酉	八戊戌	九己亥	一庚子	二辛丑	三壬寅	四癸卯	五甲辰	六乙巳	七丙午	八丁未	九戊申	一己酉	二庚戌	三辛亥	四壬子	五癸丑	六甲寅	七乙卯	八丙辰	九丁巳	一戊午	二己未	三庚申	四辛酉	五壬戌	六癸亥	七甲子	八乙丑	九丙寅

※ 時間は概算

刻盤を作る

調べるポイント

・占いたい日が陰遁《いんとん》か陽遁《ようとん》か
・占いたい日の十二支
・占いたい時間の十二支

例：2016年10月30日午前10時の刻盤の場合

①2016年の日盤表を見ます。**10月30日は陰遁日**、十二支は**酉**です。

2016（平成28）年の日盤表

月	月の九星	月の干支	節入り日時	1日	2日	3日	4日	5日	6日	7日	25日	26日	27日	28日	29日	30日	31日
2月	二黒	庚寅	4日 18:46	五癸丑	六甲寅	七乙卯	八丙辰	九丁巳	一戊午	二己未	二丁丑	三戊寅	四己卯	五庚辰	六辛巳	×	×
3月	一白	辛卯	5日 12:43	七壬午	八癸未	九甲申	一乙酉	二丙戌	三丁亥	四戊子	四丙午	五丁未	六戊申	七己酉	八庚戌	九辛亥	一壬子
9月	四緑	丁酉	7日 13:51	八丙戌	七丁亥	六戊子	五己丑	四庚寅	三辛卯	二壬辰	二庚戌	一辛亥	九壬子	八癸丑	七甲寅	六乙卯	×
10月	三碧	戊戌	8日 05:33	五丙辰	四丁巳	三戊午	二己未	一庚申	九辛酉	八壬戌	八庚辰	七辛巳	六壬午	五癸未	四甲申	三乙酉	二丙戌
11月	二黒	己亥	7日 08:47	一丁亥	九戊子	八己丑	七庚寅	六辛卯	五壬辰	四癸巳	四辛亥	三壬子	二癸丑	一甲寅	九乙卯	八丙辰	×
12月	一白	庚子	7日 01:41	七丁巳	六戊午	五己未	四庚申	三辛酉	二壬戌	一癸亥	九辛巳	一壬午	二癸未	三甲申	四乙酉	五丙戌	六丁亥

②左のページの刻盤表を確認すると、**午前10時**の十二支は**巳**、刻盤は**「四緑木星が中宮」**する盤になります。

陽遁日の十二支 寅申巳亥	陽遁日の十二支 辰戌丑未	陽遁日の十二支 子午卯酉	時間	時間の十二支	陰遁日の十二支 寅申巳亥	陰遁日の十二支 辰戌丑未	陰遁日の十二支 子午卯酉
刻盤中宮	刻盤中宮	刻盤中宮			刻盤中宮	刻盤中宮	刻盤中宮
七赤金星	四緑木星	一白水星	23時～01時未満	子	三碧木星	六白金星	九紫火星
二黒土星	八白土星	五黄土星	07時～09時未満	辰	八白土星	二黒土星	五黄土星
三碧木星	九紫火星	六白金星	09時～11時未満	巳	七赤金星	一白水星	四緑木星
四緑木星	一白水星	七赤金星	11時～13時未満	午	六白金星	九紫火星	三碧木星
五黄	二黒	八白	13時～15時未満	未	五黄	八白	二黒

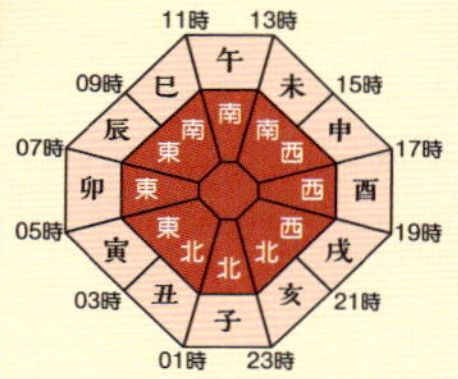

③基本の盤（P22）を参照して刻盤を作ります。午前10時は巳の刻ですから、**巳の対向の西北に刻破**を記入しましょう（P21参照）。

運勢を見る場合は**「五黄殺」「暗剣殺」**を記入します。吉方位を求める場合は**「本命殺」「本命的殺」**も記入します。

陰遁《いんとん》日・陽遁《ようとん》日とは

年と月の九星は、九紫火星→八白土星→七赤金星→六白金星→五黄土星→四緑木星→三碧木星→二黒土星→一白水星→九紫火星→八白土星……というように、必ず一白水星の次は九紫火星から始まります。干支と九星の組み合わせでいうと、180年（180ヵ月）で1サイクルになります。

ただし、日の九星だけは180日で1サイクルが終わると、冬至と夏至を境に九紫火星→九紫火星→八白土星→七赤金星……、一白水星→一白水星→二黒土星→三碧木星……と順番が変わります。これは、「陰極まって陽となる」（冬至）、「陽極まって陰となる」（夏至）の考えに基づくもので、陰遁・陽遁といいます。

陽遁日は、冬至に近い甲子《きのえね》の日から夏至に近い甲子の前日までをいい、陰遁日は、夏至に近い甲子の日から冬至に近い甲子の前日までをいいます。

ただし、一年は365日（366日）で、陰遁・陽遁は各180日のサイクルですから、このまま循環すれば、一年で約5～6日のずれが生じます。それを調整するために、約11年に一度、甲午《きのえうま》で切り替わることがあります。

陰遁日 ▼ 夏至に一番近い甲子の日から約半年間　**陽遁日** ▼ 冬至に一番近い甲子の日から約半年間
陰遁日と陽遁日は、23ページからの日盤表で調べましょう。

刻　盤　表
（陰遁《いんとん》・陽遁《ようとん》時間割）

陽遁日の十二支		
寅申巳亥	辰戌丑未	子午卯酉

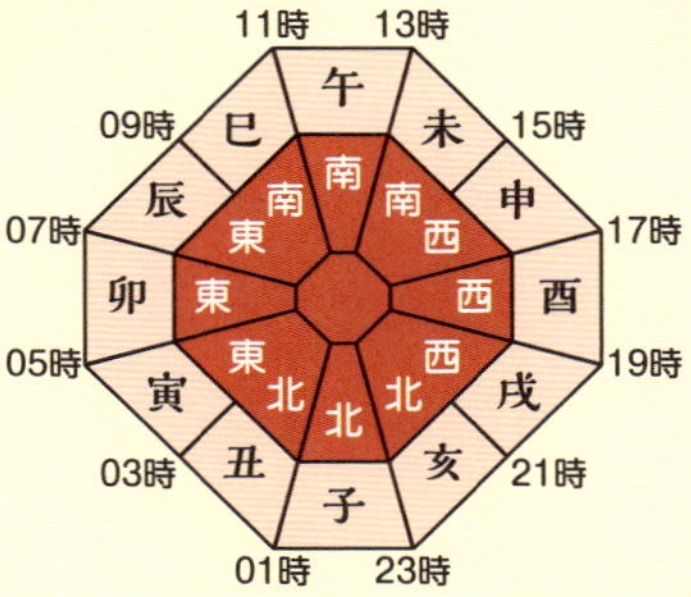

陰遁日の十二支		
寅申巳亥	辰戌丑未	子午卯酉

刻盤中宮（陽遁日）			時間	時間の十二支	刻盤中宮（陰遁日）		
七赤金星	四緑木星	一白水星	23時～01時未満	子	三碧木星	六白金星	九紫火星
八白土星	五黄土星	二黒土星	01時～03時未満	丑	二黒土星	五黄土星	八白土星
九紫火星	六白金星	三碧木星	03時～05時未満	寅	一白水星	四緑木星	七赤金星
一白水星	七赤金星	四緑木星	05時～07時未満	卯	九紫火星	三碧木星	六白金星
二黒土星	八白土星	五黄土星	07時～09時未満	辰	八白土星	二黒土星	五黄土星
三碧木星	九紫火星	六白金星	09時～11時未満	巳	七赤金星	一白水星	四緑木星
四緑木星	一白水星	七赤金星	11時～13時未満	午	六白金星	九紫火星	三碧木星
五黄土星	二黒土星	八白土星	13時～15時未満	未	五黄土星	八白土星	二黒土星
六白金星	三碧木星	九紫火星	15時～17時未満	申	四緑木星	七赤金星	一白水星
七赤金星	四緑木星	一白水星	17時～19時未満	酉	三碧木星	六白金星	九紫火星
八白土星	五黄土星	二黒土星	19時～21時未満	戌	二黒土星	五黄土星	八白土星
九紫火星	六白金星	三碧木星	21時～23時未満	亥	一白水星	四緑木星	七赤金星

九星早見表

※１月１日から立春（２月３日もしくは４日）までに
生まれた人は、前年の九星になります。

一白水星

1927年（昭 2）	1972年（昭47）
1936年（昭11）	1981年（昭56）
1945年（昭20）	1990年（平 2）
1954年（昭29）	1999年（平11）
1963年（昭38）	2008年（平20）

二黒土星

1935年（昭10）	1980年（昭55）
1944年（昭19）	1989年（平 1）
1953年（昭28）	1998年（平10）
1962年（昭37）	2007年（平19）
1971年（昭46）	2016年（平28）

三碧木星

1934年（昭 9）	1979年（昭54）
1943年（昭18）	1988年（昭63）
1952年（昭27）	1997年（平 9）
1961年（昭36）	2006年（平18）
1970年（昭45）	2015年（平27）

四緑木星

1933年（昭 8）	1978年（昭53）
1942年（昭17）	1987年（昭62）
1951年（昭26）	1996年（平 8）
1960年（昭35）	2005年（平17）
1969年（昭44）	2014年（平26）

五黄土星

1932年（昭 7）	1977年（昭52）
1941年（昭16）	1986年（昭61）
1950年（昭25）	1995年（平 7）
1959年（昭34）	2004年（平16）
1968年（昭43）	2013年（平25）

六白金星

1931年（昭 6）	1976年（昭51）
1940年（昭15）	1985年（昭60）
1949年（昭24）	1994年（平 6）
1958年（昭33）	2003年（平15）
1967年（昭42）	2012年（平24）

七赤金星

1930年（昭 5）	1975年（昭50）
1939年（昭14）	1984年（昭59）
1948年（昭23）	1993年（平 5）
1957年（昭32）	2002年（平14）
1966年（昭41）	2011年（平23）

八白土星

1929年（昭 4）	1974年（昭49）
1938年（昭13）	1983年（昭58）
1947年（昭22）	1992年（平 4）
1956年（昭31）	2001年（平13）
1965年（昭40）	2010年（平22）

九紫火星

1928年（昭 3）	1973年（昭48）
1937年（昭12）	1982年（昭57）
1946年（昭21）	1991年（平 3）
1955年（昭30）	2000年（平12）
1964年（昭39）	2009年（平21）